학문의 이해
9

교육철학의 이해

자기성장과 사회변혁을 향한 대화

교육철학의 이해

자기성장과 사회변혁을 향한 대화

초판 1쇄 인쇄 2022년 8월 22일
초판 1쇄 발행 2022년 8월 29일

—

지은이 이기범
펴낸이 이방원
편 집 송원빈·김명희·안효희·정조연·정우경·박은창
디자인 박혜옥·손경화·양혜진   **마케팅** 최성수·김 준·조성규

—

펴낸곳 세창출판사
　　　　신고번호 제1990-000013호 **주소** 03736 서울특별시 서대문구 경기대로 58 경기빌딩 602호
　　　　전화 02-723-8660 **팩스** 02-720-4579 **이메일** edit@sechangpub.co.kr **홈페이지** http://www.sechangpub.co.kr
　　　　블로그 blog.naver.com/scpc1992 **페이스북** fb.me/Sechangofficial **인스타그램** @sechang_official

—

ISBN 979-11-6684-128-6 93370

학문의 이해
9

교육철학의 이해

자기성장과 사회변혁을 향한 대화

이기범 지음

세창출판사

나의 학생들, 동료들과

서로 가르치고 배울 수 있음을 감사하고,

모두의 사랑에 빚지고 있음을 기억하며.

투쟁해 봤자 허사라고 말하지 말라

수고와 상처가 헛되며

적은 약해지지도 사라지지도 않았으며

세상은 조금도 변하지 않았다고

[…]

그러나 지친 파도가 헛되이 부서지며

이곳에선 한 치도 나아가지 못하는 것처럼 보일지라도

저 뒤쪽에선 개울과 작은 만을 만들면서

바다를 향해 조용히 밀려가고 있지 않은가…

—아서 휴 클러프(A. H. Clough), 「투쟁해 봤자 허사라고 말하지 말라」

　　교육은 멋진 일이다. 교육에 의해서 사람답게 성장하고, 살 만한 세상을 만드는 일에 참여할 수 있다. 교육뿐 아니라 정치, 경제, 문화 같은 사회활동도 이런 일에 관여한다. 그러나 그런 활동의 주요 목적이 사람의 성장에 있는 것은 아닌 듯하다. 교육은 사람의 성장을 주목적으로 삼고, 목적을 체계적으로 추구하는 제도를 갖추고 있다. 물론 교육의 과정이나 결과가 실망스러울 때가 더 많다. 그렇지만 사람의 성장과 세상의 변혁을 연결하는 역할을 한다는 것만으로도 교육은 멋진 일이고, 실행해야 하는 업(業)이다. 교육을 업으로 시도하려면 그에 합당한 교육철학이 필요하다. 수많은 조건을 갖추어야 하지만 교육을 기획하고 추진할 철학이 있어야 그런 조건들도 조성하고 조정할 수 있다. 어떤 교육철학이 필요한지 그리고 그것을 어떻게 실행할지에 관해 함께 대화해야 한다. 교육철학에 관한 대화에 여러

분을 초대한다.

교육에는 교육의 개념과 목적 그리고 교육의 내용을 구성하는 틀이 있고, 그 틀을 조망하는 여러 관점이 있다. 교육철학은 이런 여러 관점을 탐구하고, 각각의 실천 방향을 모색한다. 이 책은 교육철학의 탐구에 관련된 다양한 관점 사이의 대화를 소개한다. 여러분이 대화에 참여하면서 자신의 관점과 실천 방향을 모색하기를 기대한다. 우리가 대화해야 하는 이유는 사람의 성장과 세상의 변혁에 관해 단일한 관점이 존재하지 않기 때문이다. 교육철학에 관한 '모범답안'은 가능하지도 않고 바람직하지도 않다. 교육철학은 고정된 상태에 머물지 않고, 관점들끼리 부딪치고 갈라지고 모아지는 운동을 일으킨다. 그래서 그 운동에 참여하는 방식으로 '교육철학하기'를 실행해야 한다. 다채로운 관점의 대화와 운동에 참여하면서 자신의 관점을 새롭게 기록하고 새로운 교육을 전망해야 한다.

지난 30여 년 동안 교육과 교육철학은 격변기를 헤쳐 왔다. 근대교육을 떠받치던 이성과 가치의 보편성을 비판하고 재구성하려는 도전이 확산되고 있다. 보편성에 근거한다는 윤리, 지식, 정의가 특정한 사람들을 억압하고, 정당한 대안을 거부하는 도구로 사용된 혐의가 크다는 것이다. 보편성의 근거가 빈약한데도 권력이 보편성을 임의적으로 확립했으므로 부정하고 해체해야 한다는 주장도 제기된다. 그러므로 '우리'의 교육개념과 교육목적을 말할 때 우리 중에서 특권을 누리는 사람은 누구이고, 배제되는 사람은 누구인가를 따져야 한다. 교육내용을 구성하는 틀로 삼는 윤리교육, 지식교육, 시민교육의 정당성도 톺아봐야 한다. 이 책에서 소개하는 다양한 관점들은 이런 도전과 모색을 증언한다.

교육과 교육철학은 전환의 와중에서 유례없을 정도로 과중한 책임을 떠안고 있다. 교육이 모든 사회문제를 해결하는 '만능해결사'로 여겨지고 있다. 빈부격차, 가치 양극화, 혐오와 갈등 증대처럼 어떤 제도도 홀로 해결하기 어려운 모순을 해소해 달라는 요구를 받고 있다. 미래를 예측하는 일이 불가능한데도 불구하고 '미래교육'을 완수하는 시늉을 내고 있다. 특히 한국 교육은 정의를 증진하기는커녕 불평등을 정당화하는 통로 역할을 한다고 비난받고 있다. 교육제도에 대한 믿음은 곤두박질하고, 교사들이 실패의 책임을 뒤집어쓰고 있다. 그러다 보니 자본과 권력의 논리가 교육목적을 지배하고, 과학기술이 교육방법을 지시하게 되었다. 그람시(A. Gramsci)가 걱정한 대로 옛것은 사라졌으나 새로운 것은 정립되지 못한 상태에서 '병적인 징후들(morbid symptoms)'이 불거지고 있다(Gramsci, 1987: 276). 교육에 대한 희망을 실현하려는 사람들에게는 우울하고 불확실한 시대이다. 시대의 모순에 굴복하지 않으려면 교육목적과 내용, 교육제도와 실천을 성찰하고 재구성하는 대화에 힘써야 한다. 교육이 해야 할 일과 할 수 없는 일을 구분하고, 교육의 역할과 정체성을 재구성해야 한다. 교육에 대한 희망을 다시 심고 길러야 한다.

교육에 관한 대화에 그치지 말고 교육을 실천하면서 동료들과 대화하고 연대하는 일로 연결해야 희망을 세울 수 있다. 그런 연결을 통해서 학문뿐 아니라 실천의 차원에서 '내부의 외부인'이 되어야 한다. 교육제도 안에서 교육을 실천하되 외부인의 관점으로 거리두기를 함으로써 제도의 경계를 넘어서서 새로운 실천을 모색해야 한다.

자신이 행사하는 권력과 영향력을 비판하고, 타인이 겪는 고통과 모욕에 공감해야 한다. 새로운 시도를 하는 사람들 그리고 목소리를 내지 못하는 사람들의 경험을 존중하고 경청해야 한다. 통찰력과 상상력을 이끌어 내고, 사유와 실천의 지평을 확대해야 한다. 자신의 성취와 좌절, 역량과 취약성을 성찰하면서 자기성장의 길로 나아가야 한다. 자신을 성찰하면서 자신이 성장하는 일에 열의를 쏟아야 다른 사람과 대화하고 연대할 수 있다. 성찰과 성장의 경험이 빈곤한 사람이 대화하고 연대할 것을 기대하기 어렵다.

내부의 외부인으로서 자기성찰과 자기성장을 시도하는 일은 결코 쉬운 일이 아니다. 그래서 '온몸'으로 밀고 나가야 한다. 시를 쓰는 일이 그렇다고 김수영 시인(2022: 10)이 말한 것처럼 자기성찰과 자기성장도 "'머리'로 하는 것이 아니고 '심장'으로 하는 것도 아니고 [⋯] 온몸으로 동시에 밀고 나가는 것이다." 밀고 나가면서 넘어지고 쓰러진다. 멈추기도 하고 쉬기도 해야 한다. 그러나 다시 일어나서 다시 나아가야 한다. 그리스신화에 나오는 시시포스처럼 자신의 취약성을 직면함으로써 용기를 길어 올려야 한다. 시시포스가 산꼭대기로 밀어 올린 바위는 매번 아래로 굴러 떨어져서 시시포스는 바위를 다시 밀어 올리는 고역을 영원히 되풀이한다. 그러나 시시포스는 밀어 올리는 일을 기꺼이 할 수 있다(Camus, 1975: 378). 그 일은 자신이 해야만 하는 일이고, 자신만이 할 수 있는 일이기 때문에 "모든 것이 좋기만 한 것이다(all is well)." 자기성찰과 자기성장을 다른 사람이 대신해 줄 수 없으니 스스로 해야 한다. 교육을 업으로 삼는 사람은 성찰하고 성장하는 일을 거듭하면서 교육을 온몸으로 밀고 나가는 용기를 북

돌아야 한다. 자기성찰과 자기성장을 온몸으로 밀고 나감으로써 새로운 교육과 새로운 자신을 창조하는 기쁨이 늘어난다.

교육을 통한 성장과 변혁의 희망은 가까스로 만들어진다. 온몸을 다해 희망을 만드는 일은 고독하다. 현실 저 너머로 비상하는 일은 고독하고 위태롭다. 진지한 대화와 새로운 시도는 거절당하기 쉽다. 거절을 회피하지 말아야 한다. '거절당할 수 있는 용기'를 벼르면서 자신이 해야 할 교육을 실천할 때 손을 내미는 동료들이 몇몇은 있을 것이다. 변혁을 향한 연대는 한두 사람에서 시작된다. 희망은 주어지는 것이 아니므로 자기 자신이 온몸으로 밀어 올리고, 다른 사람들과 대화하고 연대하는 힘으로 밀고 나가야 한다. '교육철학하기'는 자기성찰과 자기성장을 향해 대화하고 연대하는 힘으로 교육제도와 사회구조를 변혁하는 일이 되어야 한다.

이 책에서 소개하는 대화는 네 부분으로 나누어서 펼쳐진다. 1부에서는 교육철학이 교육의 실천과 제도를 이해하려는 탐구뿐 아니라 변혁하려는 상상과 실험까지 아우르는 활동이라는 것을 밝힌다. 교육은 다양한 시도로 분산되는 운동과 일관된 제도로 수렴되는 운동이 교차되는 어떤 지점에서 이루어진다. 그 지점은 변화무쌍하므로 그 지점을 끈질기게 추적하고 평가할 수 있는 기준과 태도를 벼려야 한다. 그래야 실천과 변혁의 타당한 방향에 관해 대화할 수 있다. 1부에서는 교육을 각각의 실천으로 포착하는 동시에 제도로 조망하는 일이 '교육철학하기'라는 것을 알아본다(1장). 교육철학하기를 통해서 교육 실천을 안내하는 지도를 만들고 삶을 계획하는 지도와 연결할 수 있다. 교육철학하기를 '교육을 이해하고 실천하기'(2장)와 '교육을 성찰하고 변혁하기'(3장)로 나누어서 살펴본다. 이런 과정은 흐름을 파악하기 위해 구분하지만 실제로는 잇대서 순환되는 과정이다. 실천과 성찰은 흔히 함께 진행되고, 새로운 제도도 일정 시간이 지나면 다시 변혁되기 때문이다. 그러므로 교육의 실천과 제도에 관한 '학습(이해와 실천)-탈학습(성찰)-재학습(변혁)'의 순환을 조명한다. 이런 과정을 순환하면서 자신의 관점과 실천을 되돌아보고 내다보는 성찰에 힘써야 한다. 성찰(탈학습)이 학습과 재학습을 촉진하고 연결하기 때문이다. 교육자와 학습자가 공동 탐구와 대화를 통해서 자기성찰과 자기성장을 도모하는 일에 동행해야 교육변혁과 세상변혁을 향해서 연대할 수 있다.

　　2부에서는 교육의 개념과 목적에 관한 관점들과 대화한다. 우리가 교육을 실천하려면 교육개념과 목적을 어느 정도는 공유해야 한다. 교육개념과 교육목적에 관해 대화하면서 교육과 삶이 어떻게 연관되는지 그리고 우리가 어떤 실천 주체로 성장해야 하는지를 살펴보자. 교육개념에 관해 많은 의견이 있지만 피터스(R. S. Peters), 듀이(J. Dewey)와 정범모의 정의를 배울 것이다(4장). 세 학자의 개념 정의는 교육연구와 실천에 큰 영향을 미쳤고 논쟁도 일으키고 있다. 교육개념을 이해하는 일은 교육목적에 관한 자신의 의견을 형성하는 일로 이어져야 한다. 교육의 목적은 우리가 교육과 어떤 관계를 맺고, 교육을 통해 어떤 삶을 살 것인가를 모색할 수 있는 방향을 안내한다. 가장 자주 제시되는 교육의 목적으로 지식의 추구, 일의 추구, 좋은 삶의 추구를 알아본다(5장). 교육목적이 달라도 각 목적을 자율적으로 추구하는 실천 주체로 성장해야 한다는 기대는 공통으로 나타난다. 또한 지식, 일, 좋은 삶을 강조하는 비중은 달라도 그 목적들을 통합적으로 추구하는 주체로 성장하라는 기대도 일관되게 나타난다. 초등교육이건 고등교육이건 혹은 형식교육이건 비형식교육이건 세 가지 교육목적을 고려한다. 교육개념과 교육목적에 관한 대화를 통해 현재의 교육제도와 실천을 검토하고 변혁하는 방향을 공동으로 탐구할 수 있다.

3부, 4부와 5부는 교육내용을 구성하는 틀을 모색하기 위해 각각 윤리교육, 지식교육, 시민교육의 대표적인 관점들과 대화한다. 이런 대화는 교육에서 배워야 할 내용들을 일일이 선별하는 일이 아니라 내용들을 연결하고 조직하는 틀을 형성하는 것을 목적으로 한다. 예컨대 언어교육, 수학교육, 과학교육, 사회교육 등의 내용을 공통적으로 구성하는 틀을 탐색하는 것이다. 그 틀을 이루는 윤리교육, 지식교육, 시민교육에 관한 대표적인 관점들과 주제들을 검토한다. 3부에서는 사회구성원으로서의 의무와 도리를 실행하는 윤리 주체로 성장하는 일을 안내하는 윤리교육을 살펴본다. 윤리교육의 대표적인 패러다임으로 여겨지는 의무윤리와 인지발달 도덕교육 그리고 덕윤리와 덕윤리교육을 검토한다. 인지발달 도덕교육은 도덕 판단의 합리성을 발달시킴으로써 보편적 정의를 지향한다(6장). 덕윤리교육은 덕과 실천적 지혜를 함양함으로써 개인과 공동체의 좋은 삶을 지향한다(7장). 그리고 이에 대한 비판과 대안으로 여성주의윤리와 돌봄윤리교육, 소통윤리교육, 사회적 직관주의의 윤리교육을 알아본다(8장).

4부에서는 인식의 유형(경험, 추론, 해석, 비판 등)을 활용하여 인식 주체로 성장하는 일을 안내하는 지식교육을 알아본다. 지식교육은 지식을 정당화하며 구성하는 교육활동을 가리킨다. 지식교육을 통해 학생들이 더 타당한 지식을 탐구하는 인식 주체로 성장할 수 있다. 인식을 떠받치는 굳건한 정초(foundation)를 세우려는 '정초주의'를 따르는 인식론으로 실증주의를 배우고, 실증주의에 기초한 지식교육을 배운다(9장). 실증주의의 지식교육은 감각경험과 논리추론에 의해 '기술적·도구적 지식'을 학습하는 일에 주력한다. 인식의 정초를 부정하는 '반정초주의' 인식론으로 해석학과 비판이론을 알아보고, 해석학의 지식교육과 비판이론의 지식교육을 배운다. 해석학의 지식교육은 대화적 이해와 자기도야에 의해서 '실천적·성찰적 지식'을 확대하는 일에 주력한다(10장). 비판이론의 지식교육은 '이상적 담화'에 의해서 자기성찰을 촉진함으로써 실증적 지식과 해석적 지식을 적합하게 사용하는 동시에 사회변혁의 방안에 합의하는 '소통적·변혁적 지식'을 구성한다(11장). 정초를 더 의심하거나 심지어 해체를 주장하는 패러다임으로 여성주의와 포스트모더니즘의 지식교육을 배운다(12장).

5부에서는 권리와 권력의 주체로 성장하여 사회에 참여하는 일을 안내하는 시민교육의 방향을 살펴본다. 정의롭고 민주적인 사회를 바란다면, 학교에서 정치교육과 시민교육을 확대해야 한다는 목소리는 국내외에서 높아지고 있다. 여기에서는 시민교육에 관한 여러 관점들 사이의 긴장을 검토함으로써 시민교육에 관한 사회적 대화를 추진하는 발판을 제공한다. 시민교육이 지향해야 할 이념과 원리로서 자유주의와 공동체주의(공화주의) 그리고 두 이념의 결합을 시도하는 숙의 민주주의를 살펴본다(13장). 시민들이 자유롭고 평등하게 사회에 참여하는 일을 정의라고 규정하고, 정의를 실현하는 방안으로서 인정정의와 분배정의를 알아본다(14장). 인정정의는 모든 사람을 온전한 사회구성원으로 인정하고, 자유롭고 평등한 사회참여의 보장을 촉구한다. 분배정의는 자격 있는 모든 사람에게 사회참여에 필요한 사회적 기본재(교육, 문화, 소득, 직업, 자존감의 기반 등)를 평등하게 분배할 것을 요구한다. 이어서 교육정의를 증진할 수 있는 사례 연구로서 한국 사회의 능력주의를 비판하고, 인정정의와 분배정의를 결합하는 대안을 모색한다. 마지막으로 시민으로 성장하는 토대가 되는 권리, 특히 '아동-시민'의 권리를 살펴본다(15장). 아동의 권리를 떠받치는 원리인 의견존중원리와 최상의 이익보장원리의 충돌을 알아본다. 그리고 두 원리를 결합하는 연결고리로서 '열린 미래를 향한 아동의 권리'와 권리역량 발달에 기여할 수 있는 교육의 방향을 살펴본다. 이런 의견들을 살펴보면서 "좋은 시민이 될 수 있도록 무엇에 관해 어떻게 공동 탐구를 해야 하는가?"에 관심을 집중할 것이다.

교직생활을 마치고 새로운 길로 들어서는 시점에 책을 펴내게 되었다. 이루지 못한 꿈이 적지 않지만 이루지 못한 꿈도 아름답다는 것을 배우게 되어 홀가분한 마음으로 길을 떠난다. 그동안 내 수업에 동행했던 학부와 대학원의 모든 학생에게 감사드린다. 교육철학을 전공하는 제자들에게 사랑을 전한다. 연구와 실천의 현장에서 교육의 희망을 만드느라 분투하는 동료들에게 깊은 연대감을 느끼며 찬사를 바친다. 원고를 기다려 주고 편집에 공들여 준 세창출판사의 여러분에게 감사의 뜻을 전한다. 분에 넘치는 사랑을 베풀어 준 아내와 가족들 그리고 부족한 나를 지켜보아 주신 너그러운 분들이 계셨기에 내가 여기까지 올 수 있었다. 깊이 감사드린다.

2022년 8월
이기범

차례

일러두기

● 12장 2절의 "푸코의 '지식권력'과 근대교육 비판"은 『사회교육과학연구』(1996년, 1호, 85-108쪽)에 게재된 「후기구조주의의 근대 공교육 정당성 비판과 그 대안」에서, "포스트모던 지식교육의 불가지론"은 『교육철학』(1993년, 11호, 327-353쪽)에 게재된 「포스트모던 교육의 비판적 이해」에서 일부 내용을 가져와 수정, 보완하였다. 「14장. 인정정의와 분배정의가 결합된 교육정의」는 『횡단인문학』(2022년, 10호, 77-105쪽)에 게재된 「인정정의와 분배정의에 의한 능력주의 비판과 변혁방향 모색」을 수정, 보완한 것이다. 「15장. 의견존중과 최상이익을 조화하는 '아동-시민'의 권리」는 『아동과 권리』(2018년, 22권 1호, 23-43쪽)에 게재된 「열린 미래를 향한 권리'를 통한 아동의 의견 존중과 최상 이익의 조화 방안」을 수정, 보완한 것이다.

● 각 장의 본문 말미에 동료들과 토의하거나 혼자 생각해 볼 수 있는 주제들을 제시했다.

● 외국어 문헌을 인용할 경우 번역본이 있으면 찾아볼 수 있도록 출처를 밝혔다. 필요할 경우 더 이해에 도움이 되도록 번역을 다듬었다.

제1부

교육철학하기:
자신과 교육을 이해하고 변혁하기

네가 이타카로 가는 길을 나설 때
그 길이 모험과 배움으로 가득한
오랜 여정이 되기를 기원하라

[…]

언제나 이타카를 마음에 두라
네 운명은 그곳에 도달하는 것이니
그렇다고 여정을 마치려고 서둘지
마라
오랜 세월이 걸려서
나이 들어서 그 섬에 도달하는 것
이 더 좋으리
너는 여정에서 얻은 모든 경험으로
이미 풍요해졌으니
이타카가 너를 풍요롭게 해 주기를
기대하지 말라

이타카는 너에게 놀라운 여행을 선
물했고
이타카가 없었다면 길을 떠나지도
않았을 것이니
이타카는 이제 너에게 더 줄 것이
없다

혹시 그 땅이 척박할지라도 이타카
가 너를 속인 것은 아니리니
그렇게 충만한 경험으로 너는 지혜
로워졌을 것이니
마침내 이타카의 뜻을 이해하게 될
것이리라.

－콘스탄티노스 카바피(K. P. Kavafis),
「이타카(Ithaka)」[01]

---

01 C. P. Cavafy(1975), *Collected Poems*, E. Keeley & P. Sherrard(trans.), Princeton: Princeton University Press. 이타카(Ithaka, Ithca)는 그리스에 실제로 있는 섬인데, 호메로스(Homer)의 『오디세이아(Odysseia)』에 나오는 오디세우스(Odysseus)의 고향으로 추정된다. 이 시에서는 꿈과 이상향을 뜻한다. 시인의 이름은 Konstantinos Petrou Kavafis로, 영어 표기는 Constantine Peter Cavafy이다.

가슴 뛰는 일이 삶을 살 만하게 만든다. 가슴 벅찬 일이 삶의 이정표가 되고, 이정표들이 모여서 우리를 삶의 목적으로 이끈다. 가슴 뛰는 일이 없다면, 삶의 목적이 희미하다면 로드무비를 보자. 영웅들의 이야기가 아니라 별로 내세울 것이 없는 사람들의 이야기이다. 길에서 자신을 발견하고 성장하면서 삶의 목적을 찾아가는 여정에 공감할 수 있다. 어떤 로드무비? 매우 많아서 떠오르는 대로 적는다. 〈오즈의 마법사〉, 〈이지라이더〉, 〈델마와 루이즈〉, 〈기쿠지로의 여름〉, 〈바닷마을 다이어리〉, 〈벌새〉, 〈윤희에게〉…. 여행길에 동행하면서 별난 사람들을 만나고 새로운 곳을 향해 간다. 주인공은 자신이 나아갈 길을 발견하면서, 자신도 발견하는 '길잡이(pathfinder)'다.[02] 역경에서 좌절하지만 가까스로 일어선다. 고독하게 모색하고, 무모하게 도전한다. 나의 내면에 있는 불안과 두려움을 주인공에게서 본다. 주인공의 자기성장과 자기발견에 동행한다. 때로는 목적지에 도달하는 일보다 자신을 탐색하면서 성장을 이루어 가는 길 자체가 흥미롭다. 자기 자신을 찾고 삶의 목적을 만들어 가는 여행이라는 점에서 로드무비와 교육은 같은 길을 간다. 로드무비의 여행길을 안내하는 시나리오가 있는 것처럼 교육의 여행길을 안내하는 지도를 만들 수 있다. 교육철학이 교육이라는 여행을 안내하는 지도의 역할을 할 수 있을 게다. 교육이라는 세상이 어떻게 생겼는지, 그 세상에는 어떤 마을과 어떤 산이 있으며, 어떤 길이 마을과 산을 이어 주는지를 안내한다. 지도가 여행을 안내하는 것처럼 교육철학은 교육을 안내하는 지도이다. 교육철학은 교육이라는 세상의 이정표(교육의 개념과 목적, 윤리교육, 지식교육, 시민교육)와 이정표에 이를 수 있는 길('교육철학하기')을 안내한다. 이 책에서 우리는 교육지도를 만드는 방식으로 교육의 목적과 개념은 무엇이고, 교육철학은 어떻게 해야 하는가를 조망한다. 그리고 교육내용 전반에 관련되는 이정표(구성의 틀)로서 지식교육, 윤리교육과 시민교육의 방향을 검토한다.

1. '교육지도'와 '인생지도' 만들기

우리는 교육지도를 만들면서 여행하는 방식으로 '교육철학하

---

02 〈길잡이(Pathfinder)〉(1987)라는 노르웨이 로드무비가 있다. 사미(Sami)라는 원시부족이 길잡이와 정착할 곳을 찾아가는 여정에 관한 영화이다. 2007년에 할리우드에서 다시 제작되었는데 나는 원작이 더 좋다.

기'를 할 것이다. '교육철학하기'에서 교육의 목적과 개념 그리고 그에 도달하는 이정표를 익히지만 정작 중요한 것은 목적, 개념과 이정표를 잇는 길, 그리고 그 길을 걷는 연습을 하는 것이다. 그래서 연습을 기초로 삼아 자기 스스로 길을 찾거나 만드는 힘을 길러야 한다. '정답'을 아는 사람은 정해진 곳만 가지만 자신이 목적지를 정하고 길을 만드는 사람은 온갖 곳에 갈 수 있다. 교육철학하기를 통해 교육의 '인지지도 만들기(cognitive mapping)'를 하면서 길을 만들고 길을 갈 수 있는 힘을 길러야 한다. 이렇게 만들어진 힘은 힘이 세다. 교육지도를 만들고, 교육의 길을 만들 수 있으면, 인생지도를 만들고 인생의 길을 갈 수 있을 게다.

교육지도는 교육 그 자체가 아니고, 인생지도도 인생 그 자체가 아니다. 세상 혹은 영토를 완벽하게 복사해서 세상을 있는 그대로 지도로 그리는 일은 불가능하다. 지도는 세상 혹은 영토(territory)가 아니다(Bateson, 1972: 454-455). 지도는 영토를 여행하고 측량하여 눈으로 영토를 재현한 후 다시 종이에 재현한 것이므로 '재현의 재현(representations)'이다. 세상을 '물자체(Ding an sich)'라고 보면, 그것을 완벽하게 재현할 수 없다.[03] 재현은 물자체의 어떤 부분은 살리고 어떤 부분은 걸러내는 부분적이고 불완전한 과정이므로 세상을 완벽하게 재현하는 일은 불가능하다. 완벽하게 재현하더라도, 예컨대 한반도의 표면을 통째로 도려내어 종이에 앉힌 지도가 있더라도 그 지도는 지

---

03 베이트슨은 칸트가 구분하는 현상과 물자체의 개념을 사용하는 것으로 보인다. 칸트에 의하면 세상은 인간이 인식해야 할 대상으로 펼쳐져 있다. 인간이 이성의 주체로서 인지하고 구성한 대상은 '현상(phenomenon)'이라고 표현되는 반면에, 주체에게 인지되지 않지만 여전히 존재하는 사물의 본질은 '물자체(Ding an sich, thing-in-itself)' 혹은 '누메논(noumenon)'이라고 표현된다.

나치게 정밀해서 쓸모가 없을 게다. 과유불급(過猶不及). 지나친 것은 모자란 것과 같다. 지도가 유용한 것은 완벽성 때문이 아니라 '적당한 정도'로 지형지물과 경로를 안내하기 때문이다. 지도는 정밀도와 유용성의 균형이 적정해야 한다. 어느 정도의 균형이 적정한가는 사용 목적에 따라 달라진다. 목적에 따라 정밀지도가 필요할 때가 있고 약도로 충분할 때도 있다. 그러니 교육을 어떤 목적으로 실행하려는가를 설정해야 어떤 교육지도가 필요한가를 가늠할 수 있다. 목적지가 정해져야 가는 길을 계획할 수 있는 것처럼 교육의 목적을 정해야 그에 적합한 교육지도를 만들 수 있다. 교육의 목적을 자신이 결정하는 것이 중요하다.

지도는 어떤 목적을 갖고 사용해야 지도가 된다. 식당의 메뉴가 식사가 아닌 것은 누구나 안다. 마찬가지로 지도가 여행이 아니며, 교육철학 또한 교육이 아니다. 길이 있어도 내가 걸어야 길이 되듯이, 지도가 있어도 내가 여행을 해야 지도를 사용할 수 있는 것과 같은 이치이다. 그러므로 이 책에서 만든 지도를 갖고 실제로 여행을 떠나야 한다. 여행의 경험을 통해 지도를 수정하고 보완해야 한다. 실제로 여행을 경험하지 않으면 지도는 쓸모가 없다. 지도가 얼마나 유용한지는 스스로 여행을 해야 알 수 있다. 여행경험을 되짚고 성찰하면서 지도를 보완해야 지도의 유용성이 늘어난다. 경험이 중요하고, 경험에 관한 성찰은 더 중요하다. 모두에게 적합한 지도를 제시하겠다는 약속은 공허하거나 위험하다. 이 책은 그저 여정의 윤곽을 표시한 지도를 제시할 뿐이다. 그 지도를 각자의 목적에 맞게 성찰하고 변형하는 일은 각자의 몫이다.

교육지도를 갖고 교육을 실행하면서 지도를 수정하고 재구성하는 일을 하려면 교육에 관해 성찰해야 한다. 성찰이라는 말 대신 사유, 반성, 숙고라는 말을 쓸 수 있고 그냥 생각이라고 해도 좋다. 그저 떠오르는 생각을 말하는 것이 아니라 가끔씩은 골똘히 생각하고 깊게 생각해야 한다. 실제 교육을 생각해야 하고, 자신이 지금 참여하고 있거나 참여했던 교육 혹은 앞으로 참여할 교육을 생각해야 한다. 직선으로 이어지는 길은 없다. 철저하게 여행을 준비해도 어디선가 길을 지나치거나 길이 어긋나서, 종종 낯선 곳에서 나를 만난다. 여행과 교육은 자신을 곤경에 빠트릴 수도 있고, 희망을 보여 줄 수도 있다. 자신이 어디에 있는지, 곤경과 희망이 무엇을 의미하는지를 스스로 생각해야 한다. 시행착오를 겪으면서 교육을 꾸준히 실행하는 일은 자신의 힘을 외부로 뿜어내는 일이다. 이런 외향적 활동을 통해 교육을 잘 할 수 있는 이치와 방법을 체득한다. 경험에 의해 '노하우(know-how)'를 실천지(phronesis)로 학습하는 것이다. 왜 저것이 아니고 이것을 해야 하는지, 그리고 이것이 나에게 어떤 의미가 있는지를 이해하려면 자신의 힘이 내면으로 향해야 한다. 내면적 활동을 통해 자신이 한 일을 돌아보고, 다른 선택과 비교하면서 가치와 의미를 성찰해야 한다. 성찰에 의해서 왜 교육하는가, 왜 사는가(know why)를 실천지로 탐색하는 것이다. '어떻게'와 '왜'에 관한 실천과 성찰을 결합하면, 무엇을 할까(know what), 어떤 교육을 할까, 어떤 삶을 살까를 선택할 수 있다. '무엇을-어떻게-왜'에 관한 질문을 실천과 사유를 통해 순환하면, 자기 자신의 힘으로 교육과 삶을 걸어가는 길을 만들 수 있다.

교육을 실천하고 성찰해야 한다. 성찰하고 사유하는 일은 다른 사람에게 해답을 구하거나 잘나가는 동네를 기웃거리는 일이 아니라 자신의 내면을 스스로 들여다보는 일이다. 시인 릴케(Rilke, 2000: 19-20)처럼 사막에서 자신을 만나는 일이다.

> 만약 누군가 바다를 보았다 하더라도, 또 평평한 땅에 비추인 하늘이나 옹벽 같은 산맥으로 땅이 떠받치고 있는 그 하늘의 한없는 현존에 익숙해졌다 하더라도, 무엇보다 만약 누군가 하나의 시원(始原)을 파악했다 하더라도, 아직 여전히 포괄되지 않은 마지막 하나, 즉 사막이 남습니다. 당신은 그 사막을 보게 될 거예요.

자기내면의 사막, 사유의 사막이다. 어떻게 사유하고 무엇을 찾을 수 있을까? 릴케(1962: 18-19)는 다시 말한다.

> 아무도 당신에게 충고하거나 당신을 도와줄 수 없습니다. […] 오직 하나의 방법이 있을 뿐입니다. 자신의 내면으로 들어가십시오. […] 마음속으로 파고들어가서 깊은 해답을 찾으십시오.[04]

이제까지 나는 어떤 교육을 경험했나? 나는 왜 그 교육을 선택하고 참여했나? 나는 교육을 받아서 어떤 사람이 되고 어떤 삶을 살기를 원하나? 자신의 교육을 조정하는 이념들도 성찰해야 한다. 예컨

---

04 영문본을 사용하여 번역했다. 독일어를 우리말로 번역한 책이 여러 종류가 있다.

대 교육정의가 가능한지? 그로 인해 나는 어떤 혜택을 받을 수 있는지? 각자도생의 세상에서 도덕적 인간이 될 필요가 있는지를 생각해야 한다. 교육철학은 일반지도를 갖고 실천하고 사유하면서, 자기발견과 자기성장을 이루고 자신의 교육지도를 만드는 일이다. 교육철학은 사유의 사막을 걸어가는 로드무비다.

한국 학생들의 공부 시간은 세계 최장이고, 지식 보유량은 세계 최대이다. 반면에 공부로 인한 즐거움과 세상에 대한 관심은 뚜렷하지 못하다. 스스로 무언가를 해 본 경험은 빈약하고 생각할 시간도 부족하다. 경험과 생각이 부족하면 자신의 길을 열어 가기 힘들지 않을까? 삶은 선택과 책임의 연속인데 선택할 수 있는 능력과 책임질 수 있는 용기가 성장하기 어렵지 않을까? 부모 혹은 자기계발서의 말을 따라 선택했다면 그 선택은 자신의 선택이 아니므로 책임질 엄두도 내지 않게 된다. 생각과 실천의 순환이 필요하다. "실천하기만 하고 생각하지 않으면 허망하고, 생각하기만 하고 실천하지 않으면 위태롭다"라는 『논어』「위정편」의 말이 있지 않나. 생각과 실천은 순환되므로 하나를 버리면 다른 하나도 즉각 손상된다. 릴케(1962: 35)가 조언한다.

당신 마음속의 해결되지 않은 모든 것에 대해 인내를 가지십시오. 그리고 물음 그 자체를 사랑하십시오. 지금 당장 해답을 찾을 수 없을 것입니다. [⋯] 모든 것을 몸으로 직접 살아 보아야 합니다. 지금은 물음을 살아가십시오. [⋯] 그렇게 하면 아마도 당신은 자기도 모르는 사이에 먼 미래의 어느 날, 해답 속으로 점차 들어가서 해답을 살 수 있게 될 것입니다. 아마도 당신 내면에 행복하고 순수한 삶의 방식을 형성하고 구성할 수 있는 가능성이 있을 것입니다. 그것을 스스로 실현하십시오.

교육철학은 교육지도를 참고해서 교육을 실천하고 사유함으로써 자기 자신을 이해하고 형성하는 일이다. 배우고 생각하고 실천하고 경험해야 한다. 경험하고 실천하고 생각하고 배워야 한다. 생각은 저절로 떠오르지 않는다. 낯선 경험을 하거나, 예외를 직면하거나, 곤경에 처한 가운데 생각이 펼쳐진다. 지식의 양이 어느 정도 필요하지만, 지식의 활용과 확장을 이끌어 가는 실천과 생각이 중요하다. 그래야 '경험치'가 생겨나고 '실천지'가 늘어난다. 한국 교육과 한국 사회에서 부족한 부분이다. 교육철학은 자신의 생각과 실천이 순환하는 지도를 그리는 일이다. 자기 자신으로 세상을 살아가기 위해, 이 세상에서 스스로를 '정향하기(나아갈 방향을 스스로 정하기)' 위해 올바른 지도가 필요한 것이 아니라 자신의 고유한 지도가 필요하다. 삶에서는 속도가 아니라 방향이 중요하다는데 '정향', 즉 방향을 정하는 일은 스스로가 해야 하지 않을까? 교육에 참여하고 세상과 만나면서 실천과 생각의 순환을 통해 자신을 확장(enlarged self)하고 지도를 만드는 일을 시도하자.

2. 학습, 탈학습, 재학습의 순환

아무도 가르쳐 주지 않아
이 길이 옳은지, 다른 길로 가야 할지
난 저 길 저 끝에
다다르면 멈추겠지
끝이라며…

가수 김윤아가 부른 〈길〉(2016)의 노랫말이다. 철학하기는 "내
가 나의 갈 길을 모르겠다"에서 시작된다(Wittgenstein, 1958: 123).[05] 비트
겐슈타인(L. Wittgenstein)은 철학하기를 여행에 비유하면서 "당신에게 철
학을 가르칠 때 나는 마치 런던에서 길을 찾는 방법을 가르쳐 주는 여
행안내자와 같은 역할을 한다"라고 설명한다(Burbules & Peters, 2001: 44).
아무리 탁월한 지도를 갖고 있어도 자신이 선택한 길에 대한 확신이
흔들리기도 하고 길을 잃기 마련이다. 많이 배운 사람도, 총명한 사
람도 불완전하고 불안하며 취약할 수밖에 없다. 길을 잃었다는 사실
혹은 다른 길이 있다는 가능성을 인식하고 자신의 한계를 인정하는
지점이 철학 여행의 출발점이다. 만약 실패한 적이 없고 자신의 한계
를 느낀 적도 없다면 시도다운 시도를 별로 한 적이 없어서 그럴지 모
르겠다. 비트겐슈타인(1958: 255)은 철학하기를 통해 자신의 한계와 취

---

05 여기서 인용하는 비트겐슈타인의 책에는 항목별로 번호가 표시되어 있으므로 나의 인용도 항
목 번호를 표시하는 방식을 따른다. 쪽수와 혼동하지 말기 바란다. 쪽수를 표기할 때는 따로
주에서 설명한다.

약성을 다루는 방식을 병을 치료하는 방식에 비유한다. 병이 낫는다는 것은 증세가 사라지거나 가라앉아서 살 만할 정도가 된 상태인 경우가 대부분이다. 병이 완전히 없어지는 경우는 드물고, 그 병이 재발하거나 다른 병을 촉발하며 새로운 병이 불거지는 경우가 더 흔하다. '완전한 건강'은 이상 혹은 허구에 가까운 것이다. 인간은 작건 크건 병을 겪기 마련이고, 수술, 복약, 운동, 식이조절 등으로 적응하면서 살아야 한다. 병에 적응하듯이 취약함과 부족함을 성장의 발판으로 삼을 수 있다.

판단과 선택의 불완전성을 인정하고, '철학하기'를 통해 삶의 불확실성에 적응해야 한다. "철학은 불변의 교리가 아니라 활동"이므로(Wittgenstein, 1922: 4.112) '철학하기'라는 말이 적확한 것이다. 철학하기의 중심은 생각하기이다. 생각하기 또한 활동이다. 자신의 문제에 대하여 자신이 생각하는 활동을 해야 한다. 깊이 찬찬히 끈질기게 생각해야 한다. 정작 우리는 정보 검색은 즐겨도 검색한 정보에 관해 생각하기를 성가셔한다. 길을 잃었는데, 자신의 한계에 맞닥뜨렸는데 어찌 생각하지 않고 길을 찾을 수 있을까? "누구든 방문을 통하지 않고 밖으로 나갈 수는 없다. 그런데 왜 다들 그 길을 거치지 않으려 하는가?"라는 말을 새겨 보자.[06] 비트겐슈타인 또한 말한다. "아무도 나를 대신해서 모자를 써 줄 수 없는 것처럼 아무도 나를 대신해서 생각해 줄 수 없다." 학교현장을 오래 연구한 학자는 '생각하기'를 가르칠 수 있는가에 의문을 제기한다.

---

06 「논어」, 「옹야편」, "誰能出不由戶 何莫由斯道也."

생각하는 일을 가르칠 수 있는지 참으로 의심스럽다. 생각은 어떤 것의 여러 부분이 다른 모든 부분과 어떻게 관련되어 있는가를 알고, 자신의 머릿속에 그 구조의 모델을 가지는 일이다. 우리는 다른 사람에게 명칭과 목록은 줄 수 있지만 우리의 생각의 구조를 줄 수는 없다. 자신의 생각의 구조는 자신이 세워야 한다. (Holt, 1982a: 165)

철학이 존재하는 이유는 "생각하는 수고를 덜어 주려는 것이 아니라 자신이 스스로 생각하도록 자극하는 것이다"(Wittgenstein, 1958: vi).[07] 교육이 존재하는 이유도 교사와 학생들이 생각하는 수고를 덜어 주려는 것이 아니라 스스로 생각하도록 자극하는 것이다. 물론 우리는 늘 생각할 수는 없다. 그럴 능력도 없거니와 그러면 필시 우울증에 걸리거나 미칠 것이다. 막다른 길에 도달했다고 느낄 때, 자신의 한계를 느낄 때, 그래서 생각해야 할 때는 생각해야 한다.

철학하기의 목적은 병에 갇혀 있는 파리가 병 밖의 세계로 나갈 수 있는 길을 찾는 것과 같다. 비트겐슈타인(1958: 309)에 의하면, 우리에게 익숙한 관점과 언어가 우리를 병에 가둔다. 인간은 평소에는 생각하지 않고 의심하지 않고 그저 관성대로 말한다. 파리가 갇힌 병은 언어와 관점의 한계이다. '게임'이라는 말을 예로 들면 우리는 일상에서 그 말을 별 생각 없이 사용한다. 그러나 '야구 게임', '밀당 게임', '오징어 게임'은 전혀 다른 게임이다. 공통의 요소도 있지만 차이

---

07 vi는 쪽 표시다.

가 확연하다. 그러므로 "생각하지 말고 보고(see), 살펴보라(look)!"라고 비트겐슈타인은 외친다(1958: 66). 알려면 보아야 한다. 관성에 갇힌 채 아무리 생각해야 소용이 없고, 그 대신 찬찬히 보고 거듭 실천하고 새롭게 경험함으로써 보지 못했던 측면을 보아야 새로운 생각을 하게 된다. 비트겐슈타인의 유명한 '오리토끼' 그림은 늘 보던 대로 보지 말고 다르게 보라고 말한다(1958: 194).[08] 고정관념은 매일 사용하는 언어 속에 붙박여서 우리를 사로잡고 있으므로 그것에서 벗어나기는 매우 어렵다(1958: 115). 어떤 현상에서 '새로운 측면의 출현(the dawning of an aspect)'을 상상하고 포착하기 위해 의식적이고 지속적인 노력을 경주해야 한다. '코페르니쿠스의 혁명'을 혁명이라고 부르는 것은 새로운 진리를 발견했기 때문이 아니라 새로운 관점을 드러내기 때문이다. 철학하기는 자신의 관점을 벗어나는 '탈신비화하는 작업'을 통해 새로운 관점을 재구성하는 것이므로 학습보다는 '탈학습(unlearning, de-learning)'과 '재학습(relearning)'에 가깝다(Burbules & Peters, 2001: 43, 51). 철학하기가 질병을 치료하는 것과 비슷하다고 했듯이 철학하기를 통해 언어의 질병 속에서 갇혀 있던 생각이 새로운 관점으로 삶을 보게 되면, 삶은 자유로워지고 삶의 질이 향상된다. 철학하기는 제대로 살기, 새롭게 살기, 다르게 살기와 연관된다. 철학하기는 자신의 삶에서 자신이 주인공이 되는 인생지도를 그리는 일이다.

---

08 194는 쪽 표시다.

3. 사다리를 걷어차기

　지식 자체가 중요한 것이 아니라 지식을 구성할 수 있는 실천과 사유가 중요하다. 지식은 이제 사방에 널려 있다. 지식을 알고 전달하는 일은 '인공지능 교사'가 더 잘할 것이다. 대학수학능력시험을 치르고 나오면서 헤드뱅잉을 몇 번 하고 나면 배운 지식이 송두리째 바람과 함께 사라지는 것 같다. 결국 10년 공부라는 것은 별 감흥도 없고 소용도 없는 지식을 전달하는 수업을 버텨 내는 역량을 기르는 일인가? 무의미한 일과 지루함에 무감각한 만큼 성적도 좋기 마련이다. 인생은 원래 무의미한 일을 견뎌 내는 일이라고 믿는 사람들이 그런 연습을 시키는 것 같다. 지식이 홍수처럼 넘쳐나서 허우적거리고, 생각과 실천이 가물어서 목마르다. 생각과 실천의 순환이라는, "목적에 도달하기 위해 제시한 수단이 목적 자체가 되어 버렸고 결국에 가서는 해답 사냥을 위해 통과해야만 하는 일종의 의례로 변질되었다"는 것이다(Holt, 1982a: 177). 교육에서 생각과 실천이 억제되면서 삶을 설계하고 선택하고 책임질 수 있는 기회도 메마르게 된다. 교육을 통한 인생지도 그리기의 꿈은 멀어진다.

　지식의 전달자와 재생산자가 되지 말고, 지식을 생산하고 사유하는 사람이 되어야 한다. 흔히 말하는 교육이 '전달'의 지도라면 '자기형성'의 지도를 찾아야 한다. 자기형성 혹은 도야(self-formation, *Bildung*)는 파이데이아(*paideia*)와 더불어 교육의 근본 뜻을 담고 있지만 교육의 과학화와 공학화에 밀려 잊혀 가는 용어이다.[09] 루소(J.-J. Rousseau)는 교육을 자기형성의 과정으로 조명하면서 근대교육을 세상으로 쏘아 올린다. 형성은 기존 관점과 외부 권위를 학습하되, 학습을 활용하여 스스로 경험하고 생각하는 순환을 확대하는 과정이다. 스스로 생활할 수 있는 자생력, 사람들과 서로 이해하고 공감할 수 있는 상생력, 그리고 사회참여를 통해 정의로운 사회를 만들어 가는 공생력(公生力)을 육성하는 과정이다(이기범, 2021: 91). 자신의 능력을 증진하는 동시에 한계를 이해함으로써 다른 사람들과 협력하여 세상을 만들어 가는 자기발견과 자기형성의 과정인 것이다. 도야는 성취와 좌절 그리고 조화와 모순을 함께 직면하면서 이런 대립을 실천과 생각의 순환을 통해 조정하는 과정이다. 교육은 지식 전달의 과정이 되기보다는 자기형성과 도야의 과정이 되어야 한다. 도야로서의 "교육은 자기 스스로가 자신을 교육하는 일, 즉 자기교육(self-education)이다"(Gadamer, 2001: 529). 누구나 기존의 지식을 배우지만 어떤 생각과 행동을 하고 어떤 사람이 되는가는 자기 자신이 선택해야 하는 일이므로 교육은 자기교육이다. 자기교육의 과정에서 우리는 지식을 배우는 한편, 적용을 통해 한계를 인식하고 새로운 지식을 창조하면서 자기 자신을 형성한다. 지도에 비유하면 일반지도를 배우고 그것을 가지고 여행하면서, 새로운 환경에 맞게 일반지도를 수정하여 자신만의 지도를 만들게 된다.

> 현재 생각하고 사는 방식과 다른 방식이 있다는 것을 상상하
> 고 탐구하는 일이 중요하다. […] 우리가 고정불변의 것으로 보

---

09 파이데이아는 탁월성의 덕을 학습하여 이상적인 시민이 되는 그리스 시대의 교육을 일컫는다.

이는 신념체계, 습관적 행동, 견고한 사회구조에 대한 대안이 항상 존재한다는 것을 인식하면 우리는 성찰적 회의(reflective scepticism)를 시작할 수 있다. 우리가 과거의 가치, 상식적 생각, 습관적 행동을 비판적으로 돌아보면 새로운 자아 이미지, 새로운 관점과 새로운 행동을 탐색하는 위태로운(precarious) 일을 시작할 수 있다. (Brookfield, 1987: 8-10)

자신의 필요와 환경에 맞추어 자신의 지도를 만드는 일은 '위태로운 일'이 될 수 있다. 대다수의 사람들과 달리 나 혼자 삶을 다른 관점에서 보고 다른 방향으로 가는 일 자체가 위험한 일이다. 〈죽은 시인의 사회〉(1989)라는 영화에서 '키팅 선생'은 위험한 일을 학생들에게 권한다. 학생들이 권위의 상징인 책상 위로 올라가서 다른 관점에서 세상을 봐야 한다는 것을 깨닫기를 소망한다. 니체는 말한다. "현재의 삶에서 최대의 결실을 거두고 최대의 만족을 얻을 수 있는 비결은 위험하게 사는 것이다! (활화산인) 베수비오산의 언덕에 도시를 건설하라! 미지의 바다로 배를 띄워라! 너의 동료들과 네 자신과 다툼을 불사하라!"(Nietzsche, 1974: 228). 기왕에 위험한 일을 해야 한다면 기쁘게 하자! 힘차게 하자! 여기까지 오르는 데에 쓴 '사다리'를 기쁜 마음으로 걷어차 버리자! 자신의 지도 만들기는 목표에 오르기 위해 사용했던 "사다리를 걷어차 버리는 것"을 요구한다(Wittgenstein, 1922: 6.54). 그래야 자신의 관점으로 세상을 보고 길을 갈 수 있다. 덜컥 두려울 게다. 나는 지금도 두렵다. 그래도 여러 가지 관점을 살펴보면서 그 관점을 사유하고 변혁하는 길을 배우기를 여전히 기대한다.

4. 자기교육과 타인의 교육을 연결하기

교육철학하기를 통해 '정답지도'를 찾거나 바위처럼 공고한 의견을 구하려는 환상에서 벗어나야 한다. 칸트(I. Kant)는 수학 같은 학문과 달리 철학을 배울 수는 없고 기껏해야 '철학하기(philosophize)'를 배울 수 있다고 말한다(Bailey, 2010a: 14). 철학하기를 배운다는 것은 앞서 말한 대로 실천, 경험, 사유와 성찰의 순환을 촉진하는 방식을 배우는 것이다. 철학하기를 통해 자율적으로 사유하고, 자율적으로 지식과 가치를 창조해야 한다. 일반지도를 통해서 여러 관점을 배우지만 지도를 암기하거나 유일한 지도로 추앙하는 것을 철학하기로 착각하지 말아야 한다. 칸트가 경고한 대로 일반지도들을 불변의 모델로 신봉해서는 안 되고, 그것들을 비판적으로 판단하는 기회로 삼아야 한다. 나아가서 칸트가 말한 대로 우리가 갖고 있는 '비사회적 사회성(unsocial sociability)', 즉 기존의 질서에 저항하려는 개별성이 비판과 창조를 촉발하는 가능성을 사유하고 실천해야 한다(Kant, 1991: 44). 이런 일을 추구하기 위해 우리는 다양한 일반지도들을 비판적으로 학습하고, 탈학습하고, 재학습하면서 자신의 지도를 만드는 발판으로 삼을 것이다.

교육철학하기를 통해 교육지도를 만들지만 교육지도와 인생지도는 다르다. 평생교육을 염두에 두더라도 삶은 교육보다 훨씬 더 넓기 때문이다. 그러나 교육을 통해 살아갈 수 있는 힘을 기른다는 점에서 교육지도 만들기를 본으로 삼아 인생지도를 만들 수 있다. 우리는 교육의 개념과 목적 그리고 윤리교육, 지식교육, 시민교육의 방향과 내용을 배운다. 각 주제에 대하여 단일한 패러다임을 배우는 것이 아니라 경쟁하는 패러다임을 검토한다. 그런 검토를 거쳐서 자신에게 적합한 패러다임을 재창조하는 일은 스스로 해야 할 일이다. 각 패러다임을 교육지도에서 꼭 거쳐야 할 이정표 또는 도구로 볼 수 있다. 교육을 지식과 가치의 전달로 보는 입장은 패러다임을 도구로 여긴다. 여행에서 소용될 도구처럼 패러다임을 배낭에 욱여넣는 일을 교육이라고 여긴다. 도구를 많이 소유할수록 유능하다고 칭찬한다. 장래에 도구를 어떻게 쓸지는 교육의 관심사가 아니라고 여긴다. 도구를 파는 사람만 내내 돈을 번다. 교육을 소유로 보는 입장은 교육을 '도구배낭' 만드는 일로 전락시킨다. 교육은 자신의 형성과 무관하고 삶의 여정에 무심한 일이 된다.

　　교육을 도야와 자기형성의 과정으로 여기고, 패러다임을 학습하고 재학습하면서 자신의 패러다임을 자신의 일부로 만들어야 한다. 여행에서 어떤 이정표에 도달하는 길을 자신이 직접 걸어가면서 경험해야 하고, 그 이정표를 다른 이정표들과 비교하여 자신의 '이정표 경험(a peak experience, landmark experience)'으로 만들어야 한다. 그러면 '이정표 경험'은 여행을 이어 가면서 스스로 변형할 수 있는 힘으로 성장할 수 있다. 신발 끈을 매는 작은 일조차 어떤 사람에게는 이정표 경험이 된다.

　　나는 지퍼가 달린 신발을 살 수도 있었다. 그러나 나는 끈 달린 신발을 신기로 했고 신발 끈 매는 법을 숙달하는 데에 열 달이 걸렸다. 그러면서 분노와 좌절의 소리를 질렀다. 그러던 어느 날 신발 끈을 제대로 맬 수 있게 되었다. 아무도 그것을 나에게서 빼앗아 갈 수 없다. 나는 편한 학습(the pedagogy of ease)이라는 것이 있다고 믿지 않는다.[10]

끈 매는 법을 배우는 데에 그리 오래 걸렸으니 한심하다 생각할 수 있지만 어쨌든 해냈다. 어제까지 못하던 일을 오늘 할 수 있게 될 때 우리는 부쩍 성장한다. 지리산 천왕봉에 땀 흘려 오른 성취감을 누가 대신 할 수 없고 빼앗아 갈 수 없다. 그런 이정표 경험에서 770km의 해파랑 길을 완주하는 힘이 자란다. 유명한 이정표가 아니라 자신의 이정표를 만들고 길을 걸어가는 이정표 경험이 중요하다. 다양한 이정표와 다양한 길을 학습하고 재학습하면서 자생력, 상생력과 공생력을 개발하면, 자신의 삶을 형성하고 수정할 수 있으며 교육지도와 인생지도를 조율할 수 있다.

자신을 형성하고 자신을 기르는 일을 스스로 하는 사람만이 다른 사람의 교육에 개입할 수 있다. 교육은 자기교육이므로 자기교육을 경험한 사람이 다른 사람의 교육에 관여할 수 있다. 자신을 이해하고 성찰하면서 자신의 성장에 열의를 쏟아야 다른 사람의 교육을 안내할 수 있다. 교육을 통해 사람이 성장하기를 기대한다면 먼저 자신의 성장에 관심이 있어야 한다. 교육을 통해 세상이 변화하기를 기대한다면 먼저 자신이 세상의 변화를 열망해야 한다. 교육에 관심이 있는 사람이라면 다른 사람을 교육하기에 앞서 자신의 교육에 관

10 문학비평을 전공하고 교육에 관한 책을 펴낸 스타이너(G. Steiner) 교수의 말을 『워싱턴포스트』(2020.02.05.) 기사에서 인용했다.

심을 쏟아야 한다. 자기형성의 경험이 빈곤한 사람이 다른 사람의 성장을 안내할 것이라고 기대하기 어렵다. 가치 있는 삶을 추구할 수 있는 역량이 발달하는 과정을 안내하려면 가치 있는 삶이 무엇인가에 관한 자신의 의견이 필요하다. 그래서 다른 사람의 성장을 안내하려는 사람은 늘 자기 자신의 경험을 되돌아보고 의문을 제기하면서 재구성하는 데에 힘써야 한다. 우리는 학생이 어떤 사람이 되도록 만들 수 없고 그래서도 안 된다. 우리는 다만 자기 자신에 대하여 진실하게 노력할 수 있다. 그런 노력을 학생들이 보면서 자기도야의 길을 선택할 수 있다. 이 책에 대해서도 마찬가지이다. 이 책은 지식의 전달이 아니라 도야의 과정에 사용되어야 한다. 책을 읽으면서 이의를 제기하고 질문해야 한다. 그런 일이 교육철학하기의 불쏘시개(tinder)가 된다. 교육을 자아 정체성을 형성하는 도야의 과정으로 추구하면 교육하기와 철학하기는 같은 길을 가게 되고, 내가 삶의 주인이 되는 나의 인생지도를 만드는 일이 된다. 쉽지 않다. 허나 해 볼 만한 일이다. 책을 읽으면서 사유하고 실천하자! 사다리를 걷어차라! 지도 밖으로 나아가자! 자신의 지도를 만들자!

○ 왜 교육과 삶을 여행에 비유할까? 여행을 기획한 경험이 있는지 생각해 보고, 여행 중에 자신과 자신의 삶을 다른 관점에서 보거나 재발견한 적이 있는지 떠올려 보자. 여행이 사유를 자극한 경험 혹은 여행이 교육지도와 인생지도 만들기에 영향을 미친 경험이 있다면 이야기해 보자. 일반지도를 갖고 여행하면서 자기만의 지도를 만들 수 있을까? 본문에서 예로 든 로드무비에서 이런 사례를 찾아보자.

○ 자신의 교육경험에서 가장 유의미하고 큰 영향을 미친 경험(이정표 경험)을 말해 보자. 그 경험은 자신을 이해하는 데에 그리고 앞으로 걸어가야 할 길을 전망하는 데에 어떤 역할을 할까?

○ 목적지에 도달한 뒤에 사다리를 걷어차야 한다고 비트겐슈타인은 주장한다. 이 주장은 어떤 의미일까? 꼭 그렇게 해야 할까? 그런데 목적지에 도달했는지를 어떻게 알 수 있을까? 사다리를 걷어차려면 사다리를 볼 수 있어야 하는데 자신의 사다리를 볼 수 있는지도 생각해 보자. 지도의 경계를 넘어가라는 말의 뜻과 가능성도 함께 토의해 보자.

불안정하고 불확실한 세상을 여행하는 법을 배워야 한다. 세상이 좋아진다고 전망하기 어려워서 더욱 그러하다. 빈부격차는 더 심해지고, 감염병이 또 창궐하고, 환경은 더 손상될 것이다. 사회조정을 담당해야 할 정치는 오히려 갈등과 불신의 진원지가 되고 있다. 사회는 더 각박해지고 삶은 더 위축될 것 같다. 이런 세상에서 여행하는 법을 누가 가르칠 수 있을까?

이 세상에 믿고 의지하거나 걸을 수 있는 땅이나 반석은 없고 오로지 급변하는 바다, 하늘과 바람만을 발견할 수 있다면 이런 현실에 대한 성숙한 대처 방식은 안정성이 상실되었다고 한탄하는 것이 아니라 항해하는 방법을 배우는 것이다. (White, 1985: 95)

항해하는 법까지는 몰라도 어떤 선택을 하고 어떤 책임을 안아야 할지를 학생들과 함께 모색하기를 희망한다. 전력을 다해야 가까스로 이룰 수 있는 희망이다. 왜냐하면 "교육은 심각한 위기에 처해 있다. 학생은 배우고 싶어 하지 않으며, 교사는 가르치고 싶어 하지 않는 경우가 태반이다"(hooks, 1994: 19). 왜 이럴까? 그 이유 중 하나는 교사와 학생 모두 자신이 교육의 주인이 아니라고 생각하고, 교육은 자신의 삶과 관련이 없다고 생각하기 때문이 아닐까? 주인이 된다는 것은 스스로 판단하고 선택하며 실천한다는 것이자 그럴 수 있는 능력을 갖춘다는 뜻이다. 판단과 선택은 검토를 거쳐야 하고, 적용하기에 합당해야 한다.

교육철학은 삶과 교육에 관한 판단과 선택을 할 수 있도록 관련된 개념과 이론을 검토하는 동시에 그 학문적 토대 위에서 실천과 정책을 안내한다. 교육철학은 일반철학처럼 개념과 이론을 탐구하는 한편 실천철학과 응용철학으로서 개념과 이론을 활용하여 더 타당한 해결 방향이나 실천의 지침을 제공한다. 이런 점에서 교육철학은 생태철학, 법철학, 의료철학과 비슷한 성격을 갖는다. 대부분의 사람은 교육철학을 철학적 이해를 통해 교육을 탐구하는 일로 여긴다. 맞는 말이다. 그러나 더 중요한 일은 철학적 이해가 교육과 삶에서 실천되도록 검토하고 보완하는 역할을 하는 것이다. 듀이(Dewey, 1916: 469-470)의 설명을 들어 보자.

철학과 교육 사이의 긴밀한 관계가 나타난다. […] 만약 철학적 이론이 교육적 노력에 아무런 차이를 가져오지 않는다면 그것은 허구라고 보아야 한다. […] 교육이 자연과 인간에 대한 지적, 정서적인 면의 근본적 성향을 형성하는 과정이라는 관점을 받아들인다면 철학은 '교육의 일반이론'이라고 정의해도 좋을 것이다. 철학이 상징적, 언어적인 것에 그치거나 몇몇 사람을 위한 유희나 독단이 아니라면 […] 철학의 과업은 반드시 그 결과가 구체적 행위로 나타나야 한다. […] 철학이 인간의 에너지를 의미 깊은 삶의 개념에 맞게 활용하는 방법을 만들어 내는 데에는 교육이라는 활동이 필요하다. 교육은 철학적 구분이 구체화되고 검증되는 실험실이다.

듀이(J. Dewey)는 철학을 교육의 일반이론이라고 부르고, 교육은 철학과 이론을 실험하는 현장이라고 부른다. 특히 교육철학은 철학적 탐구를 교육실천과 연결시키는 역할을 해야 한다. 물론 교육에 관련된 사람이면 나름대로의 교육철학을 갖고 있다. 이런 개인 차원의 교육철학은 '실물 경제'처럼 개인의 경험에 의해 형성되는 의의가 있다. 그러나 여기서 그치지 않고 학문적으로 검증되고 보완되어서 타당성과 정당성이 확보되어야 한다. 검증된 교육철학이 공공 차원의 교육철학으로 작동하여 정책의 목적과 방향 등을 협의하는 데에 활용되면 바람직할 것이다. 늘 그렇지는 못해도 학문 차원의 교육철학은 개인의 삶과 공공정책을 안내하고 두 영역을 연결하는 역할을 해야 한다. 교육철학이 하는 일을 아래에서 세 가지로 정리하고 살펴본다.

① 교육철학은 교육을 구성하는 교육의 개념과 목적, 교육의 내용 그리고 중요 주제들을 철학적으로 탐구하는 학문이다.

② 교육철학을 하는 목적은 자기 자신과 교육의 관계를 비판적으로 이해하여, 자신과 교육 그리고 세상을 변혁할 가능성을 모색하는 것이다.

③ 이해와 변혁의 가능성은 학문 차원의 논의에서 그치는 것이 아니라 교육에 관한 개인(교육자, 학생, 시민)의 관점, 교육현장의 실천, 교육정책의 방향을 안내해야 한다.

교육철학이 이런 일만 하라는 법은 없다. 각자가 필요한 일을 하는 데에 자유롭게 활용할수록 좋다. 그런 '자유형'이 가능하려면 교육철학의 '기본형'을 익히는 것이 유용하다. 기본형을 익힌다는 것은 교육에 관한 정형화된 관점 혹은 패러다임을 통해 생각하고 실천할 수 있다는 것이다. 혹은 교육을 안내하는 일반지도를 익힐 수 있다는 것이다. 우리와 교육의 관계를 구성하는 언어와 규칙이 그런 관점을 구성하므로, 언어와 규칙의 역할을 하는 교육의 개념과 목적에 관한 다양한 관점들을 알아볼 것이다. 예를 들면, 교육의 목적을 좋은 삶의 추구라고 보는 관점의 의미는 무엇이고, 그 목적은 나의 삶에 어떤 의미가 있는가를 사유한다. 그리고 어떤 교육이든 그 형식과 내용을 이루는 지식교육, 윤리교육, 시민교육에 관한 관점들을 만날 것이다. 그러면서 교육의 목적과 내용으로 어떤 관점이 더 의미가 있는가를 사유할 것이다. 대표적 관점들을 배우는 목적은 교육과 우리 삶의 관계를 여러 측면에서 사유하고 관계를 변화시키는 데에 유용하기 때문이다. 교육의 일반지도를 익혀서 각자의 교육지도를 만들 수 있기를 기대한다.

1. 언어와 개념의 명료화

학교교육이 교육의 전부일까? 운전교육이나 예비군교육도 교육일까? '사교육'에는 '공공성'이 적용되지 않을까? 인성교육에 관한 법까지 제정되었는데 '인성'을 교육할 수 있을까? 배운 사람이 그런 짓을 하면 안 된다고 비난할 때 '배웠다'는 뜻은 무엇일까? 이런 질문을 논의하려면 교육이 무엇인지를 어느 정도는 명료화해야 한다. 교육은 '언어'이다. 언어라는 뜻은 교육이 언어를 사용하는 활동일 뿐 아니라, 교육에 관련된 언어를 이해함으로써 교육을 이해하고 실천할 수 있게 된다는 뜻이다. 또한 언어를 통해 교육을 설명함으로써 이해를 공유하고 공동의 실천을 할 수 있다는 뜻이다. 나아가서 언어를 통해 교육이라는 세계의 역사를 돌아보고 미래를 내다볼 수 있다. 피터스(Peters, 1966: 74)는 교육에 관련된 언어를 학습함으로써 교육에 입문할 수 있다고 설명한다.

언어를 순전히 수단의 용도로 파악하는 것은, 다시 말하면 어떤 목적이나 표준을 달성하고 감정이나 신념을 표현하는 도구로서만 파악하는 것은 매우 그릇된 견해이다. 사람들이 사용하는 언어에는 그 사람들이 보는 세계관이 응결되어 담겨 있다.

그 언어를 배움으로써 개인은 [⋯] 공적인 유산으로 입문된다.

언어의 예로 피터스(R. S. Peters)는 읽기와 쓰기 그리고 산수를 대비시킨다. 읽기와 쓰기에서 언어는 어떤 내용을 읽고 쓰는 도구에 그친다. 그러나 수학에서는 수를 하나의 개념으로 이해하고 조작한다. 수라는 개념 사이의 관계 그리고 수와 세상의 관계를 파악하는 것은 "특별한 세계에 관한 탐색을 시작하는 것이며 새로운 종류의 언어를 배우는 것이다"(Peters, 1966: 74). 우리가 잘 아는 피타고라스(Pythagoras)는 만물의 근원이 수라고 주장하고, 세상을 이해할 수 있는 규칙을 숫자에서 찾았다고 한다. 예컨대 '피보나치 수(Fibonacci numbers)'를 통해 세상의 질서를 새로운 관점으로 이해할 수 있다.[11] 교육에 관한 언어를 이해하고 활용함으로써 교육과 관계를 맺고 교육을 탐구할 수 있게 된다. 교육의 언어를 사용할 수 있다는 것은 교육을 이해하고 교육에 참여할 수 있게 된다는 것을 뜻한다. 나아가서 교육에서 나타나는 문제들, 예컨대 억압과 불평등에 대해 다른 사람들과 함께 대화하고 이를 개혁할 가능성을 모색하는 '권한을 획득(empowerment)'하게 된다(Freire, 1970: 113). 언어를 통해 우리는 목소리를 형성하고 발언할 수 있다. 언어는 권력이다.

교육철학은 교육의 언어를 배우고, 교육에 참여할 수 있는 권

---

11 피보나치 수는 첫째 항과 둘째 항이 모두 1이다. 그 뒤의 모든 항은 바로 앞 두 항의 합인 수열이다. 처음 여섯 항은 각각 1, 1, 2, 3, 5, 8이다. 편의상 0번째 항을 0으로 두기도 한다. 영화 '다빈치코드'에서 이 수열이 언급된다. 피보나치 수열은 황금비를 만든다. n+1번째 피보나치 수를 n번째 피보나치 수로 나누면 그 비율은 1.6으로 수렴하기 때문이다. 고대건축, 자연에서뿐 아니라 스마트폰 같은 첨단제품의 디자인에도 황금비율이 적용된다. https://news.samsungdisplay.com/23402/

한을 획득하는 일이다. 교육철학은 교육을 이해하고 소통하는 데에 필요한 언어와 개념의 의미를 명료화한다. 언어와 개념은 교육을 이해하고 평가하는 공통 언어, 공통 이해, 공통 참조점을 제공한다. 언어를 활용하여 교육에 관해 소통할 수 있는 '사회적 망(the social matrix)'으로 학문공동체와 실천공동체를 생성할 수 있다(Taylor, 1988a: 36). 언어라고 통칭하지만 그중에서도 개념이 가장 중요하다. 그래서 특정 분야를 이해하는 데에 필요한 개념어를 따로 구분하고 '개념어 사전'을 만들기도 한다. 개념은 이해와 소통의 디딤돌이지만 모르거나 지나치게 엉뚱하면 걸림돌이 된다. 『어린왕자』의 이야기처럼 코끼리를 삼킨 보아 뱀을 보고 '모자'라고 말한다면 같은 대상에 관해 서로 다른 개념을 갖고 있으므로 더 이상의 대화가 무의미하다. 공통된 언어와 개념이 없다면 '아무 말 대잔치'가 된다. 탐구를 하는 사람들의 생각이 다를수록 그 내용이 풍부해지는 것이 분명하지만 탐구하는 주제의 개념이 무엇인지는 공유해야 다양한 생각을 소통할 수 있다.

개념은 교육과 내가 관계 맺는 방식이며, 개념과 개념의 관계를 이해하는 일은 내가 교육과 더 깊은 관계 속으로 진입하는 것을 의미한다. 언어와 개념을 명료화하는 일은 쉽지 않다. 교육에 관련된 언어를 말끔하게 정의하는 것에 한계가 있다. 예를 들면 "지력이 성장한다"는 말은 "키가 큰다"는 말과 다르다. 지력은 실체가 없다. 실체에 관한 논란은 과학적 증거가 나타나면 상당 부분 해결된다. 「토의하기」에서 살펴보겠지만 동서남북의 방향에서 남쪽이 어디인가를 정의하거나, 왼쪽이 어디인가를 정의하는 일은 실체가 없어서 개념 정의가 어렵다. 그래도 결국 정답이 하나로 모아진다. 그러나 교육에 관련된 쟁점은 과학의 경우와 다르다. 실체가 없을뿐더러 개념 자체가 논란거리이다. 교육을 논의하기 위해 가장 근본이 되는 "교육이 무엇인가?"에 관해서부터 개념이 분분하다. 이런 질문은 어떨까? 교육의 '질'과 제품의 '질'은 같은 뜻을 가리킬까? 학생이라고 부르는 것과 학습자, 인적 자원 혹은 교육수요자라고 부르는 것은 각각 어떤 차이가 있을까? 이런 질문에 대한 토의의 결과로 교육개념에 관해 어느 정도의 합의가 이루어져야 하는데 그 일이 쉽지 않다.

교육을 흔히 가르치고 배우는 일이라고 정의한다. 이런 정의는 '일상 언어(ordinary language)'로는 무난하지만 교육개념으로 사용하려면 더 명료화해야 할 부분이 많다. 예컨대 배신의 기술을 가르치고 배우는 일을 교육이라고 할 수 있을까? 최고의 인재를 만들기 위해서는 수단과 방법을 가리지 않아도 좋을까?[12] 교육에 관한 의견이 일치하지 않기 때문에 개념들의 확고한 기반을 찾기 어렵다. 교육의 개념처럼 중요한 개념들은 본질적으로 논란의 가능성이 많다(Standish, 2010). 교육의 개념은 현실에서 '교육이라고 부르는 일'을 기술하기보다 '교육이 해야 할 일'을 규명해야 한다고 주장하기도 한다. "교육이 무슨 일을 하고 있나?"는 실태를 조사하는 일로서 실태를 경험하고 '사실'이 어떠한가를 따지는 일이다. 그래서 사실(*de facto*)을 기술하는 연구로서 기술적(descriptive) 접근, 경험적 접근 혹은 과학적 접근이라고 부른다. 반면에 "교육이 무엇을 해야 하는가?"는 바람직한 교

---

12 영화 〈위플래쉬(Whiplash)〉(2014)에는 명문 음악대학의 최고 지휘자인 '플레처' 교수가 등장한다. 그는 학생들에게 폭언을 쏟아붓고 폭력까지 쓰면서 학생들의 연주가 최고 수준에 도달하도록 몰아붙인다.

육의 규범(de jure)을 찾는 일이다. 교육은 마땅히 이래야 한다는 '당위 (ought)'를 모색하는 규범적(normative) 접근 혹은 철학적 접근이 요구된 다. 성격유형검사(MBTI)에 흥미를 느끼는 학생들이 많은데 그 검사는 기술적 접근으로 'ENFJ'처럼 성격유형과 특징을 기술하므로 유용하 다. 그러나 성격유형이 어떤 사람이 살아야 할 가치 있는 삶을 규정 하는 것은 아니므로 규범적 접근이 필요하다. 이런 차이가 심리학과 철학, 경험적 접근과 규범적 접근의 차이이다. 교육철학은 규범적 판 단을 하면서 교육이 어떤 지식이나 어떤 삶에 더 가치를 두고 그것을 추구해야 하는지를 밝힌다. 교육철학은 주요 개념들을 명료화하려고 노력함으로써 경험연구들이 개념에 의해 측정과 평가를 하도록 돕 는다. 교육사회학, 교육행정학, 교육공학 등은 교육의 개념과 기준을 활용하여 기술적 연구를 진행한다. 예를 들면, 자긍심의 개념을 정의 해야 개인의 자긍심을 측정하는 심리학 연구에 착수할 수 있다. 교육 기회가 얼마나 평등한가를 조사(기술적 접근)하려면 평등이 교육현실을 평가하는 규범으로 타당하다는 것과 평등의 개념을 제시하는 일, 즉 규범적 기준을 제공하는 일이 선행되어야 한다. 기술적 접근이 규범 적 기준을 갖추지 못하면 신뢰성과 타당성을 평가하기 어렵다.

철학을 탐구하는 일은 현실과 관련되어야 한다. 아니면 잠꼬 대나 몽상에 불과하다. 철학은 현실을 개선하는 방향을 제안하는 사 명을 갖고 있으므로 현실의 한계와 가능성을 이해하여 더 타당한 방 향을 구상해야 한다. 그러므로 기술적 접근과 규범적 접근을 상호보 완적으로 활용해야 한다. 예컨대 비판이론과 여성주의의 일부 이론 은 각각의 접근이 수행하기에 적합한 역할을 구분하고, 유기적 보완을 통해 교육개혁과 사회진보의 방향을 제안해야 한다고 말한다. 교육과학은 현실의 기술과 평가에 치중하는 반면, 교육철학은 바람직한 규범과 타당한 개념의 탐색에 집중한다는 차이는 분명하다. 개념이 있어야 이해와 소통이 가능한 것처럼 교육철학이 있어야 교육과 교육학이 덜 혼란스러울 수 있다. 따라서 교육철학은 실천을 안내할 수 있는 개념과 목적을 다듬어야 한다. 교육철학의 개념과 언어를 다듬기 위해서는 교육현실에 관심을 갖고 문제의식을 벼려야 한다.

2. 규칙의 이해와 실천

대입 경쟁은 공정해야 할까? 능력주의를 말하면서 '부모 찬스'를 쓰는 것이 정당할까? 장학금을 성적이 우수한 학생에게 몰아주는 것이 정당할까? 이런 질문은 가치에 관한 논란에서 비롯된다. 가치판단을 위해 전문가의 조언을 참고할 수는 있지만 결국 스스로 판단해야 한다. 개인생활이나 전문 영역에서나 그러하다. 그러므로 교육이 추구해야 할 가치를 스스로 배우고 다듬어야 한다. 가치를 배우는 방식의 하나는 교육의 규칙을 배우는 것이다. 교육철학은 교육을 성립시키는 원리 혹은 규칙을 해석하고 비판하면서 대안을 탐색한다. 사람들이 함께 어떤 활동을 진행하려면 규칙이 필요한 것처럼 교육실행에도 규칙이 필요하다. 교육을 게임에 비유하면 게임의 규칙을 끌어낼 수 있다. 규칙은 교육이라는 게임의 목적을 달성하기 위해 참여자들이 해야 할 일과 하지 말아야 할 일을 규정하고, 참여자들의 행동을 예상하게 함으로써 게임을 지속하게 해 준다. 교육철학은 교육을 구성하고 성립시키는 규칙을 탐구한다. 교육의 목적, 교육의 개념, 그리고 교육내용을 지식교육, 윤리교육, 시민교육 등으로 구분하는 틀(framework)이 구성적 규칙에 해당된다. 공통으로 지켜야 할 규칙이 없다면 교육이라는 활동이 성립하기 어렵다.

1) 구성적 규칙과 조절적 규칙

교육의 규칙에는 두 가지 종류가 있다. 구성적 규칙(constitutive rules)과 조절적 규칙(regulative rules)으로서 아래와 같이 구분된다.

> 조절적 규칙은 […] 사람들 간의 관계를 조절하지만 그 관계는 규칙과 필연적 관계에 있지는 않다. 그러나 구성적 규칙은 활동을 조절할 뿐 아니라 새로운 형태의 활동을 창조하거나 규정한다. 예컨대 축구나 장기의 어떤 규칙들은 게임을 조절할 뿐 아니라 그런 게임을 할 수 있는 가능성 자체를 창조한다. (Searle, 1984: 33).

예를 들면 바둑의 규칙은 바둑이라는 게임을 성립시키고 유지시키는 구성적 규칙이다. 바둑을 할 때 지켜야 하는 예절과 품격은 조절적 규칙으로, 게임의 성립과 무관하지만 게임을 제대로 하려면 지켜야 하는 태도 같은 것이다. 구성적 규칙은 활동과 '논리적 관계'를 갖고 있어서 그 규칙을 따라야 활동을 수행할 수 있게 되는 규칙이다. 그 규칙을 어기면 활동을 하지 않는 것으로 간주되는 종류의 규칙이다. 필요조건과 충분조건으로 구분하면 필요조건에 해당된다. 예를 들면 가치 있는 내용을 가르치기, 기회의 평등을 보장하기 같은 규칙이 있다. 조절적 규칙은 활동과 논리적 관계를 갖고 있지 않지만 활동을 수행하는 방식에 관련된 규칙이다. 구성적 규칙이 필요조건과 비슷하다면 조절적 규칙은 충분조건에 해당된다. 예를 들면, '코로나19 대유행' 기간에도 수업을 해야 한다는 것은 구성적 규칙이고, 비대면 수업을 녹화 강의로 하거나 실시간 온라인 강의로 하는 방식은 조절적 규칙에 해당된다.

　　앞으로 배울 교육의 개념과 목적은 구성적 규칙에 해당된다. 또한 지식교육, 윤리교육, 시민교육의 패러다임들도 교육내용을 구성하는 틀이므로 구성적 규칙을 제공한다. 교육철학은 구성적 규칙을 탐구하여, 교육을 논의하고 실천하는 데에 일관성, 예측 가능성, 변혁 가능성을 제공한다. 구성적 규칙과 조절적 규칙의 구분을 각각 위층과 아래층에서 하는 일 혹은 이차원적 활동과 일차원적 활동에 비유하기도 한다. 윌슨(J. Wilson)에 의하면, 교육철학은 아래층에서 일어나는 활동(일차원적 활동)을 성립시키고, 평가하는 규칙을 위층에서 세우는 일(이차원적 활동)을 한다. 이는 논리 차원의 구분(이돈희, 1994: 51, 57; Standish, 2010)이지만 실제 게임에서 각 역할을 이끌기도 한다. 여기서 규칙은 교육실행의 규칙뿐 아니라 교육의 개념과 목적 등을 논리와 가치판단에 의해 정립한 것이므로 교육은 규칙을 따라 진행되어야 한다. 규칙은 개념이나 목적이 반영된 행동지침이다. 물론 규칙은 실천에 의해 변형되지만 규칙이 있어야 실천과 변형이 가능하다.

2) 분석철학과 실천철학

교육철학이 이차원적 활동에 주력해야 한다는 입장과 일차원적 활동에 더 참여해야 한다는 입장이 대립되기도 한다. 앞의 입장은 분석철학(analytic philosophy)이 채택하고, 뒤의 입장은 실천철학(practical philosophy)이 선호한다. 예컨대 교육의 목적을 "개개인의 특성을 개발하여 성장하도록 돕고, 가치 있는 삶을 추구하도록 이끄는 것"이라고 정해 보자.[13] 분석철학은 성장의 개념, 가치의 개념 그리고 성장과 삶의 논리적 연결을 명료화하는 데에 집중한다. 개념 정의와 개념들 사이의 관계 명료화에 몰두한다. 그런 개념 분석과 정의(이차원적 활동)를 통해 교육의 '본질'을 발견하고 지적 혼란을 줄이면 교육의 실행규칙은 자연히 따라오므로 그대로 실천(일차원적 활동)만 하면 된다고 믿기 때문이다. 교육은 그 자체의 논리를 갖고 있으므로 핵심 개념, 즉 가르침(교수), 학습(배움), 지식 등을 면밀하게 정의하면 교육의 논리와 규칙이 제시된다는 것이다(Standish, 2010). 1960-70년대 영미학계에서 피터스 등 그런 믿음을 가진 분석철학자들이 많았고, 한국 교육학계에서도 아직 그 입장을 유지하는 경향이 우세하다. 분석철학은 교육철학이 독립된 학문으로 성립되는 데에 기여했다. 교육의 내재적 목적, 교육의 준거, 교육과 훈련의 구분 등 유용한 개념과 개념체계를 제공하였기 때문이다. 그러나 개념분석의 엄밀성을 '완성'하려는 사명이 지나쳐서 실천의 세계로부터 멀어지게 된다(Pring, 2010). 위에서 예시한

---

13 이렇게 약속에 의해 정의하는 방식을 약정적(stipulative) 정의라고 부른다.

교육목적에서 성장을 떼어내어 "성장은 경험을 재구성하여 다음 경험의 방향을 예측하는 일"이라고 성장 개념을 명료화했다고 하더라도 그 정의 속에 더 명료화해야 하는 용어들이 많다. 경험, 재구성, 방향의 개념을 명료화해야 하고, 그 개념들 사이의 논리적 연관을 따져야 한다. 나아가서 경험의 유형을 구분하고 다른 유형들 사이의 관계를 분석하고, 그런 분석을 끝없이 이어 가야 한다. 분석철학에 몰두하는 사람들끼리 '그들만의 리그'에 몰두함으로써 교육현실을 안내하고 개선하는 일과 무관해지는 한계를 초래하게 되었다.

　　분석철학과는 다르게 교육실천에 초점을 두는 입장도 있다. 비트겐슈타인에 의하면, 모든 게임을 아우르는 단일한 정의와 규칙은 없다. 혹은 게임의 개념을 명료화할 할 수 없고 그러려고 애쓸 필요가 없다고 주장한다.

> 우리는 게임이 무엇인지를 어떻게 설명해야 하는가? 나는 우리가 다양한 게임들을 상상해야 한다고 생각하며, "이것, 그리고 유사한 것들을 '게임'으로 부른다"라고 덧붙일 수 있다. [⋯] 우리는 '게임'의 개념이 경계가 모호한 개념이라고 말할 수 있다. "하지만 모호한 개념이 도대체 개념인가?" 희미한 사진이 도대체 한 사람의 사진인가? 심지어 희미한 사진을 선명한 사진으로 바꾸는 것이 항상 유익한가? 흔히 희미한 사진이 정확히 우리가 필요로 하는 것은 아닌가? (Wittgenstein, 1958: 69. 71)[14]

인용문 밑줄 부분에서 나오는 '게임'의 의미는 각기 다르다. 비트겐슈타인은 게임에 관해 생각하지 말고, 게임이 실제 어떤가를 보라고 강조했음을 이미 지적했다. 인간의 언어행위와 게임의 목적은 다양하고 규칙도 다양하기 때문이다. 게임의 본질이 되는 단일한 목적과 규칙은 없다.[15] 그러나 차이점에도 불구하고 다양한 게임들이 공유하는 유사한 특성은 발견할 수 있는데 그 특성을 '가족유사성(family resemblance)'이라고 한다(Wittgenstein, 1958: 67). 가족구성원의 생김새나 버릇은 각기 다르지만 어떤 점은 닮았기 때문, 즉 가족유사성이 있기 때문에 그 사람들을 한 가족으로 인식할 수 있다. 가족유사성은 똑같지는 않지만 비슷한 특성들이 다양한 게임들에 걸쳐 중복되고 교차되는(overlapping and criss-crossing) 성향이다. 가족유사성에 유의하여 진행하는 게임이 '언어놀이(language game)'이다. 이런 의견을 따르면 교육이라는 게임을 하는 방식은 여러 가지이고 서로 비슷하지만 다르다. 교육개념 역시 다양하고 불확실하다. 그래서 언어놀이의 규칙을 목록으로 제시하는 일보다 실제로 어떻게 놀이하는가가 중요하다. 분석철학의 입장에서 보면 가족유사성 개념은 분석능력의 부족과 한계의 결과이지만 비트겐슈타인은 오히려 바람직하다고 주장한다. 물론 아는 것은 정확히 말해야 하지만 언어의 불확실성과 부정확성은 불가피하므로 엄밀한 정확성은 확보할 수 없다고 인정하는 것이 타당하다는 것이다. 아닌 게 아니라 개념의 명료함이나 확실성은 실제의 복잡성과 다양성을 무시하거나 단순화한 덕에 도출된 것으로

---

14 밑줄은 저자의 강조.
15 비트겐슈타인은 후기에 들어서면서 언어의 공통 본질이 있다는 전기의 주장을 철회한다. 가족유사성과 언어놀이의 개념은 후기에 등장한다.

볼 수 있다. 그러면 그 개념을 사용하여 교육을 소통하는 일의 범위는 편협해질 것이다. 분석철학이 교육실천과 멀어지게 된 이유 중의 하나도 이런 데에서 비롯되는 것 같다.

우리는 불확실할 때 더 탐구하고 소통한다. 그렇다고 게임의 규칙이 없으면 안 된다. 그러나 규칙이 의무와 명령으로 적용되고 게임의 모든 수를 통제하는 것은 바람직하지 못하다. 교육처럼 복잡한 활동에 규칙체계가 기계적으로 적용되면 게임이 경직되고 위축될 확률이 크다. 실제 교육은 늘 정해진 규칙대로 진행되는 것도 아니고, 규칙대로 진행되어야 한다는 법도 없다. 규칙이 더 타당하기 위해서는 실제 게임에 참여하면서 진행을 평가하는 일(일차원적 활동)과 평가를 반영하여 규칙을 수정하는 일(이차원적 활동)이 긴밀하게 연관되어야 한다. 야구경기에서 9회까지 승부가 가려지지 않으면 승부가 날 때까지 연장전을 거듭해야 한다는 규칙을 생각해 보라. 거듭되는 연장전이 야구의 본질을 해칠 정도로 지루하다는 여론이 커진 결과 '승부치기'라는 새로운 규칙을 만들게 된 것이다. 이 사례는 구성적 규칙도 교육을 진행하면서 교육목적을 실현하기 위해 변경되어야 한다는 것을 보여 준다. 규칙이 원활한 진행과 목적 실현을 저해하는데도 변경이 금지되면 저마다 규칙을 대놓고 무시하게 된다. 규칙을 지킨다는 것은 목적 실현을 위해 규칙을 언제 변경할 것인지 심지어는 '깰 것인지'를 허용한다(Burbules, 1993: 122). 우리가 말하는 구성적 규칙은 진행 방식, 공통 준거 혹은 지침으로 사용해야 한다. 교육철학이 탐구하는 규칙은 일관성과 지속성을 촉진하는 동시에 자발성과 창조성을 허용하는 것으로 이해해야 한다.

규칙이 게임을 위해 존재하는 것이지 게임이 규칙을 위해 존재하는 것은 아니다. 그런 뜻에서 가다머(Gadamer, 1988: 93)는 '게임의 주체는 게임'이라고 표현한다. 규칙의 유연성과 다양성이 교육에 관한 관점과 실천을 풍부하게 한다, 이런 의견들에 동의하더라도 그런 규칙을 어떻게 배울까라는 의문이 생긴다. 오히려 구조화된 규칙 목록을 배우는 게 쉽겠다. 편의를 위해 명문화된 규칙을 배우더라도 게임을 실제로 잘하려면 '실천지(phronesis)'를 발휘해야 한다. 비트겐슈타인의 설명을 다시 들어 보자.

> 규칙은 목록으로 지정되어 있지 않다. 우리는 다른 사람들이 어떻게 게임을 하는지를 살펴봄으로써 게임을 배운다. 그래도 우리는 이러이러한 규칙에 의해 게임이 실행된다고 말한다. 왜냐하면 관찰자는 이런 규칙을 게임의 실제로부터 알 수 있기 때문이다. […] 우리는 여하튼 규칙을 배우거나 공식화하지 않고 누군가가 게임을 배우는 것을 상상할 수도 있다. (Wittgenstein, 1958: 54)

공식화된 규칙이 이론적 지식, 명제적 지식이라면 유연하게 운영되는 규칙은 실천적 지식, '암묵적 지식(implicit knowledge)'이다. 실천적 지식은 실제로 게임을 함으로써 다듬어지고 탁월해진다. 올림픽에서 우승을 하는 사람은 게임을 잘 아는 사람이나 잘하는 사람(명제적 지식을 많이 저장한 사람을 비유)이 아니라 게임에 출전한 사람이라는 아리스토텔레스의 비유는 유명하다. 참여자들이 규칙을 명제적 지식의 목록으로 알고 있더라도 그중에서 어떤 명제를 언제, 어떻게 가동할지는 판단을 거쳐야 한다(Burbules, 1993: 107). 예를 들면 학생을 편애하지 말아야 한다는 구성적 규칙을 오랫동안 소외된 '왕따' 학생에게도 적용하지 말아야 할지는 사려 깊은 판단이 요구된다. 판단에 시행착오가 있겠지만 비슷한 상황에서, 즉 가족유사성이 있는 상황에서 여러 번의 판단을 거치면서 제법 타당한 실천적 지식을 형성하게 될 것이다.

 교육을 타당하게 이해한다는 것은 규칙의 다양성과 복잡성을 이해하는 것이고, 그런 이해에는 실천적 지식이 더 합당하다는 입장이 실천철학이다. 그러면 교육철학 역시 실천적 지식을 다듬는 활동으로 펼쳐져야 한다. 몇 가지 결론을 확인할 수 있다. 첫째, 교육의 구성규칙은 필요하지만 유연하게 상황적으로 이해하고 활용해야 한다. 규칙을 바꾸거나 깰 수 있는 것은 기존의 규칙이 있기 때문이라는 점에 유의해야 한다. 그러므로 교육의 개념과 목적에 관한 기존의 명제들을 학습하고, 판단과 재구성의 사례를 학습하는 것이 도움이 된다. 그러나 그것을 고정불변으로 여겨서는 안 된다. 둘째, 교육실천에 참여하면서 실천을 증진하는 방향으로 규칙을 판단하고 재구성하도록 노력해야 한다. 교육이론을 배우지만 그 자체가 교육철학은 아니다. 교육철학에 관해 학습한 내용을 참고할 수 있지만 결국 자신이 참여하고 판단하고 사유해야 한다. 교육철학은 지식을 배우는 일이 아니라 교육을 실천하는 일이자, 그 실천에 대해 판단하고 성찰하는 일이다. 셋째, 규칙은 혼자가 아니라 참여자들의 협의와 동의에 의해 바꿀 수 있듯이 교육철학은 공동 탐구의 과정으로 추구해야 한다. 교육, 언어, 게임은 모두 공동의 활동이다. 철학을 하는 일에 개인의 사유가 필수이지만 소통을 통해 사유가 검토되고 수정되어야 한다.

3. 패러다임의 탐구와 전환

패러다임을 활용해서 언어와 규칙에 의해 교육이 구성되고 실천되는 과정을 총체적으로 조망할 수 있다. 철학은 삶과 세상을 포괄적으로 이해하려는 학문이다. 삶과 사람의 특수성에 초점을 두는 문화인류학과 비교하면 철학의 성격이 더 두드러진다. 교육철학 역시 삶, 세상, 교육에 관해 통합되고 일관된 조망을 추구하고, 총체성, 일반성, 궁극성을 향상시키려고 노력한다(Dewey, 1916: 464). 이런 총체적 조망을 패러다임(paradigm)으로 표현할 수 있다. 패러다임은 그리스철학 용어 *paradeigma*에 어원을 두는데 유형, 본보기, 모범의 뜻으로 쓰였다. 현대적 뜻은 토마스 쿤(T. Kuhn, 1970)이 과학실천의 구조의 변화를 설명하는 데에 사용하면서 확산된다. 패러다임은 뚜렷하게 구분되는 개념과 사유 유형의 결합체로서 이론, 탐구 방법, 가정과 준거들을 통해 학문의 발전에 기여하고 있다고 인정받는 체계와 구조를 말한다. 특정 패러다임은 다수 학자가 공유하여 학문의 실천공동체(a community of practice)를 이룬다(Kuhn, 1970: 10). 패러다임과 가족유사성을 갖는 개념들은 전형(archetype), 틀, 관점(point of view, perspective)이라고 일컫는 것들이다. 사고방식(mindsets) 같이 작은 규모로부터 이데올로기, 시대적 인식유형(episteme), 담론(discourse), 세계관 같이 큰 범위를 아우른다. '뉴턴역학'을 과학 패러다임의 예로 들 수 있다. 쿤은 패러다임을 과학을 논의하는 데에 한정하고 사회과학의 패러다임에 의문을 제기했지만(Kuhn, 1970: 15), 철학과 사회과학 등 학문 전반에서 사용되고 있다.

　　같은 시기에 독립된 학문구조를 가진 여러 패러다임이 경쟁한다. 어떤 패러다임은 새롭게 등장하는 패러다임에 통합되거나 소멸되기도 하는데 이런 현상을 '패러다임의 전환(paradigm shift)'이라고 부른다. 패러다임이 전환되면 새로운 언어와 개념 체계, 방법들을 장착하게 된다. '코페르니쿠스적 혁명'을 대표적 예로 드는데 이런 전환은 학문이 발달하는 통상적인 방식으로 이해된다(Kuhn, 1970: 12). 분석철학과 실천철학은 경쟁하는 패러다임의 사례가 되겠다. 교육학에서 분석철학의 영향력은 줄고, 실천철학의 영향력이 커지는 패러다임의 전환이 나타난다고 볼 수 있다. 그렇다고 패러다임이 관심사에 대한 정답을 제공하는 것으로 오해해서는 안 된다. 대표적 패러다임이 권위 있는 이론과 '정설'을 제시하기도 하지만 그보다는 유의미한 문제를 공동으로 탐지하고 탐구를 촉진하는 측면에 더 중점을 두어야 한다.

　　우리는 교육개념과 교육목적을 논의하는 대표적인 패러다임을 알아볼 것이다. 그런 패러다임을 배우는 목적은 특정 패러다임을 추종하려는 것이 아니라 다양한 패러다임의 비교를 통해 교육에 관한 전망을 넓히고 총체성과 일반성을 확장하는 것이다. 이런 특성들은 철학이 지향하는 방향이지만 최근에는 다원성을 무시하고 억압한다는 비판을 집중적으로 받는 과녁이기도 하다. 그래서 그 뜻을 차분하게 살피는 것이 중요하다. 듀이(1916: 466)는 "문자 그대로 해석하면, 철학이 일반성이나 궁극성을 추구한다는 것은 말도 안 되는 허장강세이며 정신 나간 헛소리다"라고 지적한다. 대신 이런 인식이 필요하다.

> 전체성이라는 것은 모든 세부사항의 양적인 총화를 만들어 내는 도저히 가망 없는 일을 말하는 것이 아니다. […] 전체성이라는 것은 계속성 – 즉, 종래의 행동 습관을 따르되 그 습관이 언제나 생생한 의미를 가지고 성장을 이루어 나갈 수 있도록 새로운 환경에 재적응해 나가는 것을 말한다. […] 궁극성이라는 것은 경험이 끝났다든지 완결되었다는 뜻이 아니라, 보다 깊은 수준의 의미를 파고 들어가는 성향을 의미한다. 일반성을 나타낸다고 하는 것은 철학을 어떤 것이든지 따로따로 떼 내어 생각하려고 하지 않는다는 것. 하나의 행동을 그 맥락 속에서 파악하려고 하며 거기서 의미를 규정하려고 한다는 뜻이다.
>
> (Dewey, 1916: 466)

총체성을 향상하려면 변화와 불확실성에 "개방된 마음을 가지고 민감하게 받아들이는 사람"(Dewey, 1916: 466)이 되어야 한다. 유연성과 창의성의 발휘를 통한 실천적 지식의 확대가 중요하다. 실천적 지식을 확대하는 노력이 태도와 성향으로 습관화되어야 한다. 실천적 지식은 거듭된 시행착오에 관한 사유를 거치면서 생성되는 것이므로 사유 역시 태도와 성향으로 습관화되어야 한다. 교육철학은 실천과 사유를 습관화함으로써 진전된다. 교육철학을 한다는 것은 역경과 고통 속에서도 "무엇인가를 학습하고 의미를 뽑아내며 그렇게 학습한 것을 기초로 하여 다음의 학습을 계속해 나가는 힘"(Dewey, 1916: 466)이 성장하는 것이다. 난감한 일에 직면할수록 다양한 패러다임을 적용하여 실천하고 사유하려고 노력해야 한다. 나아가서 패러다임을 의심하고 탈학습해야 한다. 패러다임이 편중되지 않았는가를 의심하고 더 타당하도록 재구성하려는 관심을 가져야 한다. 다양한 패러다임을 배우는 과정은 학습, 탈학습과 재학습의 과정이 되어야 하고, 자신의 교육지도와 인생지도를 만드는 과정이 되어야 한다.

○ 동서남북의 방향에서 남쪽의 위치를 정의해 보자. 왼쪽의 위치는 어떻게 정의할 수 있을까?[16]

○ 여러분이 재학하는 학교의 학칙을 살펴보자. 그중에서 학교의 교육 목적에 관한 구성적 규칙을 담고 있는 조항은 어떤 것인지 알아보자. 조절적 규칙에 관한 조항도 알아보자. 조절적 규칙은 필요할까? 왜 그럴까? 학칙 중에서 구성적 규칙이 더 많은지, 조절적 규칙이 더 많은지 알아보자. 왜 그 규칙이 더 많을까?

16 영화 〈행복한 사전(舟を編む)〉(2013)에 나오는 질문이다.

3장. 교육을 성찰하고 변혁하기

인생여행 길에서 몇 번이고 길을 잃기 마련이다. 그래서 두렵고 외로워지면 자신이 걸어온 길, 걸어가야 할 길 그리고 길을 걷는 자신에 대해 새삼 생각하게 된다. 낯선 곳에서 몰랐던 나를 만난다는 말이다. 여행길에서 놀라운 경험에 휩싸일 때도 있다. 하루 종일 걸은 끝에 다다른 제주 협제해변의 석양! 경이롭다. 그 감동에 의해 이전의 나와 이후의 나는 달라진다. 우리 안의 무엇이 외부와 조응하여 그런 놀라움을 일으킬까? 교육이 이렇게 강렬한 경험을 제공할 수 있을까? 어렵다. 그래도 교육이 할 수 있는 일이 있다. 예상하지 못한 놀라움과 두려움을 만났을 때 그것을 어떻게 수용하고 성찰할지를 조언할 수 있다. 삶의 기술을 가르칠 수 없지만 살려면 성찰이 필요하다는 것을 알게 하고, 놀라움과 두려움을 경험하고 성찰하도록 격려할 수 있다.

여행길에서 성찰과 변화의 계기를 만나듯이 자신이 참여하는 교육을 성찰하고 변혁할 수 있는 계기를 조성해야 한다. 교육철학은 교육을 이해하는 일에서 더 나아가서 교육을 비판하고 성찰하여 교육을 변혁할 가능성을 모색해야 한다. 사다리를 타고 올라가서 사다리를 걷어차야 한다. 일반지도를 익히면서 지도 밖으로 뛰쳐나가고 자신의 지도를 만들어야 한다. 때로는 분노하고 절망해야 한다. 교육과 사회가 명백히 부정의하고 불평등하다면 분노하고 절망해야 한다. 분노와 절망은 변혁과 창조의 동력이다. 내가 참여하는 교육이고 살아야 하는 사회이므로 교육과 사회를 변혁하는 데에 관심을 쏟아야 한다. 우리가 교육에 대한 희망을 포기하지 못하는 이유는 교육이 나를 형성하고 내가 교육에 참여하기 때문이다. 교육을 받은 나와 다른 사람들이 세상을 더 나은 방향으로 변혁할 것을 기대하기 때문이다. 우리가 교육철학을 탐구하는 이유 중 하나도 교육이 변혁의 힘을 제공하기 때문이다. 교육철학은 변혁을 지향한다. "이제까지 철학자들은 이런저런 방식으로 세상을 이해하려고만 했다. 지금, 여기에서부터 철학자들의 사명은 세상을 변화시키는 것이 되어야 한다"는 마르크스(K. Marx)의 주장은 철학의 변혁적 소명을 세상으로 쏘아 올린다.[17] 교육철학을 하는 교육자는 '관찰자'로서 기존의 관점과 지식을 설명하는 객관적 존재에 그쳐서는 안 되고, '변혁자'로서 새로운 관점의 가능성과 변혁의 희망을 찾아야 한다(Giroux, 1992: 32-33). 교사의 전

---

17 "The philosophers have only interpreted the world, in various ways; the point, however, is to change it." 마르크스의 글 「포이허바흐 테제」의 마지막 문구로서 영국 런던에 있는 마르크스의 비문에 새겨져서 널리 알려졌다. 이 글은 D. McLellan(ed.)(1988), *Karl Marx: Selected writings*, p. 158에서 찾을 수 있다. 서지사항은 참고문헌을 참조.

문성은 기존의 지식을 효과적으로 전달하는 기술에서 비롯되는 것이 아니라 지성인(intellectuals)으로서 비판하고 변혁하는 공적 책임감에서 확보된다.

　　많은 사람이 우리 사회에 불의와 거짓이 늘어난다고 걱정한다. 그러나 자신들의 힘으로 정의와 진실을 증진할 수 없다고 포기하는 경향이 늘어나는 것이 더 큰 걱정이다. 사회변혁에 대한 무기력은 무지보다 자신감 상실에서 비롯되며, 자신감 상실은 사유의 부족에서 비롯된다고 한다. 교육자들의 무기력은 어떠한가?

　　너무나 많은 경우에 교육자는 현실을 부정하거나 정면대결을 회피하는 쪽으로 가는 것 같다. 그 원인은 대개 무지보다 혼란과 자신감의 상실에 있다. […] 자기 자신이 되기를 원하며 이 세계에서 뭔가 의미 있는 것을 성취하기 원하는 교육자를 위한 단순한 제안은 "우리가 바로 지금 하고 있는 것에 대해 깊이 성찰하는 일이다." (Greene, 2007: 17-18)

　　우리 사회에서 지식과 정보는 넘쳐나니 무지가 무기력의 원인은 아닐 것이다. 사유의 부족은 의미의 탐색이 빈곤한 것이다. 자신이 사회에 존재하는 의미와 삶의 의미에 대한 사유의 빈곤이다. 우리가 의미 있는 존재가 되기를 원하고, 뭔가 의미 있는 일을 추구하기를 원한다면 단순하고 분명한 일을 해야 한다. 그것은 우리의 교육 현실과 우리가 바로 지금 하고 있는 일을 성찰하는 일이라고 그린(M. Green)은 강조한다. 현실을 변혁하기 원한다면 자기 자신의 생각이 변화되어야 하고, 실천의 방향과 방식이 변화되어야 한다. 자신의 변화가 제도와 구조 변혁의 씨앗이 된다. 교육이 변혁되어야 하는 이유와 가능성 그리고 그 방안으로 성찰과 비판의 방향을 모색하자.

1. 교육의 가치지향성

1) 공적 가치판단의 필요성

교육에 관한 논의에는 좋은 인간상이나 좋은 삶에 관한 의견이 붙박여 있다. 이런 인간의 특성이 다른 인간의 특성보다 더 가치있고, 이런 삶이 다른 삶보다 의미 있다는 것에 관한 의견이다. 인간상이나 삶에 관한 의견은 가치와 의미에 관한 의견이며 미래 전망에 관한 의견이다. 인간의 특성과 삶의 방식을 둘러싸고 종종 충돌과 투쟁이 일어난다.

교육실천과 교육과정은 우리 자신, 우리의 아이들과 공동체를 위한 우리의 꿈을 드러낸다. 그러나 그런 꿈은 결코 중립적이지 않다. 그 꿈은 항상 특정한 사람들의 꿈이고, 그 꿈을 다른 사람들의 미래를 만드는 데에 적용하므로 항상 도덕적, 정치적 갈등의 소지가 있다. […] 교육은 특정한 지식과 의미를 특정한 방식으로 전달함으로써 정체성, 사회적 위치, 존엄성 그리고 가치에 큰 영향을 미치기 때문이다. (Simon, 1987: 372)

삶의 방식과 전망에 관한 가치와 의미는 다양하므로 교육에서 어떤 것을 택하거나 우선해야 하는지에 관해 논란이 치열할 수밖에 없다. 교육의 언어, 규칙과 패러다임은 특정한 인간과 삶의 모습을 함의하고, 특정한 가치와 의미를 전제한다. 그래서 "교육을 통하여 성취하고자 하는 바, 그것을 흔히 '교육목적' 혹은 '교육적 가치'라고 표현"(이돈희, 1994: 64)하면서 목적과 가치를 동일시한다. 교육의 개념, 목적과 내용은 특정 가치를 지향하므로 가치판단을 둘러싼 논란이 생길 수밖에 없다. 정책을 정당화하는 데에도 가치판단이 요구된다. 교육은 수월성을 증진해야 하는가, 평등을 증진해야 하는가라는 질문을 논의하기 위해 수월성과 평등 중에서 어떤 가치에 중점을 두어야 할지를 판단해야 한다. 교육에 관해 진지하게 고민한다면 어떤 식으로든 가치판단을 하게 된다. 우리는 앞으로 교육의 개념과 목적을 둘러싼 가치논쟁을 배우게 될 것이다. 교육철학의 세계에 진입하는 것이다.

교육은 가치중립적이어야 한다는 주장은 정당화하기 어렵다. "교육행위는 그 자체가 가치중립적인 행위가 아니다"(이돈희, 1994: 64). 가치중립을 지지하는 주장은 이미 비중립보다 중립이 가치 있다는 가치판단에 기초한다. 교육학자라면 보수적인 이념을 갖고 있어도 교육의 가치지향성을 인정한다. 교육은 중립적이어야 하므로 가치에 관해 침묵해야 한다고 오해하면 불필요한 혼란과 갈등을 빚어낸다. 「헌법 제31조 4항」은 교육의 정치적 중립성을 자주성, 전문성과 함께 명시한다. 「교육기본법 제6조(교육의 중립성) 1항」은 "교육은 교육 본래의 목적에 따라 그 기능을 다하도록 운영되어야 하며, 정치적, 파당적 또는 개인적 편견을 전파하기 위한 방편으로 이용되어서는 아니 된다"라고 규정한다. 이런 법 조항은 교육자가 지나친 정치활동을 하거나 정치적 편향성을 학생에게 주입하는 것을 금지하는 것이지 교육의 가치지향성을 부정하는 것으로 이해해서는 안 된다. 가치와 신념의 다양성이 실제로 존재하고 법에 의해 보장된다고 전제하기 때문에 지나친 편향성을 금지한다고 이해해야 한다. 다양한 가치와 신념이 학교에서 개방적으로 토의되어야 하고, 그런 토의를 통해 학생들은 자신의 가치와 신념을 선택하고 형성해야 한다. 사회에서 가치갈등이 치열하다는 것을 파악하고, 갈등을 토의의 계기로 전환하여 합당한 가치를 합리적으로 채택할 수 있어야 한다. 가치판단을 주관적이고 개인적인 일이라고 생각하는 것 또한 잘못이다. 물론 어떤 학생이 급식으로 나온 떡볶이가 싫다고 말하면 그 판단은 주관적인 것이므로 그 친구에게 '식성이 정당하지 못하다'라고 시비를 거는 것은 이상한 짓이다. 그러나 교실에서 다문화가족 학생을 혐오하는 말을 하면 그것은 공적 차원의 문제이다. 교육에 관한 많은 문제는 공적인 성격을 갖는다. 교육을 둘러싼 많은 문제는 개인적 관심과 공적 관심이 연결되는 지점에 있으므로 공적 가치판단이 필요하다.

2) 교육변혁을 향한 가치 정당화와 권한 획득

가치판단을 공적으로 수행하기 위해 정당화(justification)가 요구된다. 어떤 기준에 의해 추구해야 할 가치를 결정해야 하고, 그 기준과 적용과정을 합리적으로 설명할 수 있어야 한다. 그런데 합리성의 기준 자체가 비판받고 흔들리고 있다. 합리성이 정당화의 기준이 되는 것은 그것이 보편적이기 때문이었는데 알고 보니 합리성 자체가 가치편향적이라는 것이 비판의 골자이다. 합리성은 기득권자들의 경험, 삶의 방식과 관점에 의해 형성되고 그 사람들의 이익에 종사한다는 비판이 이어진다. 기득권자들이란 대개 남성, 고학력자, 부유층, 비장애인, 이성애자, 백인, 서구 사회 구성원들로서 권력을 행사하는 사람들이다. 권력에 의해 억압과 피억압의 관계가 정착되는데 권력관계는 평상시에는 피억압자를 직접 억압하는 방식으로 작동하지 않는다. 교육을 통해 피억압자가 억압을 억압으로 인식하지 못하고, 기존의 권력관계를 당연하게 여기도록 의식을 규격화시킨다. "억압적 세계에 적응하도록 가르치려는 이데올로기적 의도"에서 특정 지식과 가치가 보편적인 것으로 전달되는데, 그런 의도를 학생들은 물론 교사들도 인식하지 못하는 경우가 많다(Freire, 2000: 99). 그래서 교육을 통해 억압에서 해방되어야 한다는 주장이 프레이리(P. Freire) 같은 비판교육자들에 의해 다음과 같이 제기된다(Shaull, 2000: 42).

> 중립적인 교육과정이란 것은 없다. 교육은 젊은 세대들을 기존 체제의 논리에 복종하도록 만드는 도구로 쓰이거나, '자유의 실천'으로서 현실에 대해 비판하고 창조적으로 대응하고 세계의 변혁에 참여하는 방법을 발견하기 위한 수단으로 기능할 뿐이다. 후자의 과정을 촉진시키는 교육방법론의 개발은 불가피하게 우리 사회 내에 긴장과 갈등을 유발할 것이다.

억압자들의 지식과 가치가 권력으로 작용하므로 그 권력에서 해방되고자 하는 교육은 권력투쟁의 장이 된다. 가진 사람들의 관점만이 가치 있는 지식과 규범으로 인정된다면 덜 가진 사람들의 존재는 무시되기 마련이다. 기득권의 특성을 모두 가진 사람은 극소수이다. 고학력인 여성도 여성이라는 이유로 무시되고, 부자 남성도 이주민이면 무시당할 수 있다. 해방은 변혁을 요구한다.

교육철학은 변혁의 학문이며, 변혁의 실천을 지향하는 실천철학이다. 교육은 불평등과 부정의의 제약 속에서 실행되지만 그런 제약을 개선하고 변혁할 가능성을 열어야 한다(Martin, 1985: 368). 교육철학이 실천과 변혁의 철학으로 작동하려면 교육의 실제 문제를 직접 평가하는 동시에 추구해야 할 가치를 직접 판단하는 일을 중심에 두어야 한다. 교육의 목적에 관해 어떤 삶이 더 가치 있는 삶인가를 해석하고, 교육이 얼마나 그 추구에 기여하고 있는가를 비판하는 일을 열심히 해야 한다. 그런 목적을 실현하려고 애쓰는 사람이라면 결국 가치 있는 삶은 무엇인가라는 '큰' 주제로 들어가게 되고 철학적 탐구를 하게 된다. 그러면 '가치 있는 삶'의 개념을 명료화해야 한다는 분석철학으로 돌아가야 하는 것인가? 그렇지 않다는 것이 실천철학의 주장이다. 실천철학은 '가치 있는 삶'의 개념을 현실의 삶과 거리를 두고 중립적으로 분석하는 분석철학과 달리 현실의 삶을 평가하고 성찰하고 해석하려고 시도한다. 실천철학의 핵심은 삶의 현실과 교육의 현실을 성찰하여 더 가치 있는 삶과 교육을 상상하는 일이다. 성찰과 상상이 교육철학의 중심이 되어야 한다. 삶의 현실과 교육 현실에 관한 성찰을 통해 더 가치 있는 삶과 더 바람직한 교육을 지향할 수 있다는 것이 실천철학의 주장이다. 우리는 실천에 관련된 개념과 규범을 잠정적으로 정의(working definition)하면서, 실천을 해석하고 비판하며 상상력을 발휘하여 더 타당한 규범을 창출하고 실천을 개선하는 데에 힘써야 한다.

교육은 억압을 성찰하고 변화를 도모할 수 있도록 자신의 주체적 언어와 목소리를 만드는 일을 돕는 역할을 해야 한다. 교육에 관한 기존의 언어, 규칙, 패러다임이 우리의 경험을 소통할 수 있게 하는 동시에 억압의 매체로 작동할 수 있음을 인식해야 한다. 기존의 언어, 규칙, 패러다임을 주입하는 '은행저금식 교육'을 지양하고 '문제 제기식 교육'을 지향해야 한다. 문제 제기식 교육은 각기 배경이 다른 학생들이 차별이나 불공정에 관한 다양한 경험들을 표현하고 대립하면서 시작된다. 경험의 충돌이 있더라도 어떤 사안에 관해서는 인식과 해결방안에 관한 의견 수렴이 가능할 수 있다. 예컨대 학교 차원에서 지구온난화에 대처하는 방안을 공동으로 탐구할 수 있다. 사회적 배경과 경험이 다르더라도 어떤 문제를 총체적으로 전망하면 공통의 문제로 인식하고 공동의 문제 해결 가능성을 모색할 수 있다.

> 학생들은 점점 세계와 더불어 그리고 세계 속에서 자신들과 관련된 여러 문제를 대하게 되기 때문에, 점점 자극을 받으며 그 자극에 반응할 의무를 느낀다. 학생들은 그 자극을 이론적 문제로 받아들이지 않고 총체적 맥락 속에서 다른 문제들과 연관된 것으로 이해하므로, 점점 비판적 인식을 가지게 되고 점점 덜 소외된다. 자극에 대한 그들의 반응은 새로운 자극을 낳고

뒤이어 새로운 이해를 낳는다. 학생들은 자신의 행동으로 문제를 해결하고 상황을 변화시킬 수 있다고 헌신하게 된다. (Freire, 2000: 103)

결국 소통을 통해 나의 삶을 제약하는 현실의 모순을 인식하고, 그 모순이 사회적 모순이라는 것을 학생들이 인식할 수 있다. 이런 소통은 공동 탐구의 과정이며 그 과정에서 스스로 생각하고 스스로 행동할 수 있는 가능성 또한 인식하게 된다. 생각과 행동이 결합되고 통합되면 사회개선에 참여할 수 있는 권력이 획득된다(Freire, 2000: 112). 성찰적 방식의 공동 탐구를 통해 학생들은 권한을 획득하고 유능한 실천자(agent)로 성장할 수 있다.

교육은 가치지향적인 활동이다. 어떤 가치가 정당한가를 둘러싼 논쟁은 피할 수 없고 그 과정에 권력관계가 개입되므로 논쟁은 더욱 복잡해진다. 이런 논쟁에서 사실관계를 확인하는 일이 필요하다. 그러나 과학의 힘을 빌려서 사실 여부를 따지는 일만으로는 정당성 논의에 충분하지 못하다. 과학적 사실이 '사실'의 의미를 밝혀 주지는 못하며 오히려 '확증편향'만 강화시킬 수 있다. 학력경쟁을 하는 '운동장'이 기울어져서 불공정하다면 규칙만 개선하면 될까? 아니면 운동장 자체를 바꾸어야 할까? 이런 논쟁을 과학이 입증하는 데에는 한계가 있다. 공정성에 관한 가치판단이 요구된다. 가치판단을 타당하게 증진하기 위해 성찰이 요구된다. 우리는 교육의 개념과 목적에 관해 경쟁하는 패러다임을 배우고 검토하면서 어떤 패러다임이 정당한가를 성찰할 것이다. 또한 윤리교육, 지식교육, 시민교육에 관한 패러다임을 검토하면서 어떤 패러다임이 교육에서 정당한가를 성찰할 것이다. 성찰의 과정에서 권력의 작용을 비판하고 더 정당한 교육을 구성하는 방향을 모색할 것이다. 이런 탐구를 통해 성찰과 변혁의 역량이 성장해야 한다.

2. 성찰을 통한 자기변화와 교육변혁

1) 성찰의 의미와 특성

성찰은 어떤 방법과 의미를 재검토하여 새로운 방법과 의미를 탐색하는 활동이다. 교육철학은 성찰을 통해 교육의 방법과 의미에 관한 기존 패러다임을 재검토하여 새로운 패러다임을 구성하려고 시도한다. 성찰을 통해 생각이 변혁되고 자기 자신이 변혁되어야 세상을 변혁하는 일을 시도할 수 있다. 성찰은 과거와 현재의 실천을 돌아봄으로써 미래의 실천을 전망하는 일이기도 하다. 아렌트(H. Arendt)는 성찰을 자신이 생각하는 일, 자신이 하는 일, 살고 있는 현실을 재검토하여 다른 가능성을 전망하는 일, 즉 실제 삶에 관한 실천지를 증진(doing phronesis)하는 일이라고 설명한다. 이를 위해 "우리의 가장 새로운 경험과 가장 최근에 느낀 두려움의 교차점"에서 자신을 돌아보고 나아갈 길을 내다보라고 권고한다(Arendt, 1958: 5). 그린(2007: 37)은 아렌트의 제안을 더 풀어서 설명한다.

경이와 놀라움 그리고 두려움과 긴장은 함께 온다. 탐구는 놀라움과 두려움에서 시작된다. 자신의 마음이 움직여서 스스로 세상에 관한 질문을 던지고 다른 사람들의 다양한 세계 해석에 관해 자기 자신과의 대화에 참여해야 한다. 그렇게 할 용기가 있으려면 내가 살아갈 세상이 나에게 무엇을 요청하는지를 탐구하고 판단을 내리는 가운데 실천해야 한다.

여기에서 성찰의 몇 가지 특성이 드러난다. 첫째, 놀라움과 두려움을 동시에 느낄 정도의 강렬함으로 성찰할 수 있는 계기를 마련해야 한다. 둘째, 과거의 검토를 통해 미래를 전망해야 한다. 셋째, 검토할 수 있는 실천과 경험이 풍부해야 전망이 풍부하다. 교육이 이런 성찰의 계기를 만들 수 있을까? 자기 자신을 형성하는 도야의 과정에서 자기 자신을 새롭게 발견하고 성찰하는 일은 놀라운 일이 될 수 있다. 자신의 변화가 세상의 변화로 이어지면 그 또한 놀랍고 두려운 일이다. 누구나 때때로 성찰은 하지만 교육철학을 통해 성찰에 몰두하는 일을 익히면 좋겠다. 성찰은 생각, 사유, 사고, 반성(reflection), 숙고(deliberation) 등으로 부르기도 한다. 성찰적 사고, 반성적 사고, 비판적 사고라고 말하기도 하는데 여기에서는 주로 성찰이라는 용어를 쓰겠다. 성찰하기를 철학하기라고 여겨도 좋겠다. 철학하기로서의 성찰은 일상보다 더 강도 높게 성찰을 습관화하는 것이다. 그러려면 성찰하기를 경험해야 한다. 교육과 삶에 관한, 그리고 자기 자신과 세상에 관한 성찰을 더 타당하게 지속하도록 교육철학을 배우면서 연습한다.

2) 실천적 아포리아의 직면

이제까지 해 오던 방식으로는 해결 방안을 찾을 수 없거나 의미를 알 수 없을 때 우리는 생각하고 성찰한다. 그런 막다른 길에 도달한 상태를 철학 용어로 '아포리아(aporia)'라고 부른다. 우리는 아포리아에 직면하면 기계적으로 반응하지 않고 성찰한다. 성찰은 관습이나 습관 혹은 외적 권위를 따르는 '판에 박힌 행동(routine action)'에서 벗어나는 것이다. 일상을 유지하기 위해 판에 박힌 행동을 정착시키지만 판에 박힌 행동으로 문제를 해결할 수 없을 때, 아포리아에서 성찰이 시작된다. 성찰을 익히고 지속하기는 쉽지 않다. 특히 "성찰은 자유가 있다면 누구나 할 수 있는 일로 여겨진다. 그러나 불행하게도 성찰하는 힘은 인간의 다른 능력에 비해 가장 취약하다. 성찰하는 것보다 성찰하지 않고 행동하는 일이 훨씬 쉽다"는 아렌트(1958: 324)의 지적을 감안하면 더욱 그렇다. 누구나 성찰의 가능성은 갖고 있지만 그 능력이 취약하므로 단련해야 한다. 아포리아는 외부에서 주어지기도 하지만 자신이 생성해야 성찰과 밀접해진다. 예컨대 짱짱하게 잘 살고 있는 것처럼 보이는 사람도 "어느 날 난 낙엽 지는 소리에 갑자기 텅 빈 내 마음을 보았죠. 난 참 바보처럼 살았군요"라는 노래가 사처럼 삶의 의미에 관한 아포리아를 생성한다. 야포리아를 의도적으로 생성하려고 노력해야 한다.

성찰을 통해 과거의 검토와 미래의 예측이 연결되어야 한다. 앞에서 '실천하기-경험하기-생각하기'의 순환을 소개하였고 '학습-탈학습-재학습'의 순환도 소개했다. 성찰은 이런 순환을 통해 새로운 지식, 새로운 방법, 새로운 의미를 창출하는 '실천적 추론(practical reasoning)'의 과정이다. 듀이는 성찰을 성찰적 경험이라고도 부르면서 행동과 연관됨을 강조한다. 많은 교육학자가 실천과 성찰의 밀접한 관계를 강조한다. 성찰은 추상적 사고가 아니라 구체적 경험과 연관된 사고이고, 그 결과로 구체적 상황을 변화시키는 일종의 활동이다. 앞서 소개했듯이 비트겐슈타인은 사유를 활동이라고 조명한다. 아렌트(Arendt, 1958: 5) 또한 "성찰은 우리가 지금 실제로 하고 있는 실천에 관한 사유이어야 한다"고 강조한다. 실천에서 발생하는 문제를 문제로 인식하는 것이 중요하다. 위기를 위기로 인식해야 성찰이 시작된다. 점수 올리기나 주식 투자에 몰두하여 자신의 영혼이 스러져 가고 있는 것을 인식조차 하지 못하면 삶의 방향을 성찰하기 어렵다. 위기를 위기로 인식하면 이제까지 유지했던 문제 해결 방식을 받치고 있는 지식과 믿음이 의심되기 시작한다. '당연하다고 여겼던(take for granted)' 것, 즉 당연성에 질문을 제기하면 새로운 정보와 자료, 다른 방식이나 지식 혹은 다른 의미와 가치를 조사하고 고려하게 된다. 현실의 관성과 당연성으로부터 '거리두기(distantiation)'를 해야 한다. 아포리아를 수용할 뿐 아니라 스스로 생성하려고 노력해야 한다.

3) 성찰의 과정

성찰은 과거의 검토와 미래의 예측을 통해 더 타당한 방안을 도출하거나 새로운 의미를 창출하는 활동이다. 이런 성찰은 방법과 의미의 검토와 창조를 가리킨다(Dewey, 1916: 236). 성찰의 유형을 보면,

첫째는 문제 상황을 해결하려는 방안에 관한 성찰로서 어떤 방법의 적용 결과를 예측하거나 과거의 시행착오 경험을 검토하여 더 타당한 방안을 채택하는 활동이다. '어떻게에 관한 성찰(know how)'이다. 둘째는 방법의 적합성이 아니라 실천의 의미를 따지는 성찰로서 "당연하다고 여겼던 것들에 대하여 새로운 의미를 창출"하는 활동이다. 바로 '왜에 관한 성찰(know why)'이다. 두 유형의 성찰은 아포리아에서 시작하여 ① 의심과 해체, ② 대안 모색과 보완, ③ 재구성과 변혁의 세 과정을 거치며 진행된다. 앞으로 배우겠지만 이런 과정을 거쳐 통합성이 회복된 상태를 콜버그(L. Kohlberg), 하버마스(J. Habermas), 롤스(J. Rawls) 등의 학자들은 '성찰적 평형'이라고 부른다. 학습의 과정으로 표현하면 학습, 탈학습, 재학습이 순환되는 것이다. 듀이는 위의 성찰의 세 과정을 더 세분화하여 다섯 과정으로 제시한다(Dewey, 1916: 243).

① 성격이 충분히 파악되지 않은 불완전한 사태에 처하여 느끼는 곤혹, 혼란, 의심, 즉 문제의 인식
② 주어진 요소에 관한 잠정적 해석과 그것이 가지고 올 결과를 예측
③ 문제의 성격을 규정하고 명료화하는 데에 도움이 되는 모든 고려사항의 세밀한 조사
④ 더 넓은 범위의 사실에 맞도록 잠정적 가설을 더 정확하고 일관성 있게 정련
⑤ 설정된 가설을 기초로 하여, 현재의 사태에 적용할 행동의 계획을 수립하고, 예견된 결과를 일으키기 위하여 실제로 행동

을 함으로써 가설을 검증

이런 성찰의 과정은 과학적 검증에서도 활용된다. 과학적 검증도 성찰의 한 방식이지만 주로 '어떻게와 무엇에 관한 검증(know how, know what)'이다. 철학적 성찰은 주로 '왜에 관한 성찰(know why)'로서 과학적 검증과 비슷해 보이지만 추구하는 질문이 다르고 고려해야 할 내용도 다르다. '왜'에 관한 성찰의 결과로 '어떻게'와 '무엇'이 달라진다.

철학적 성찰은 대상에 관한 새로운 방법에 국한되는 것이 아니라 새로운 시각과 태도, 즉 관점의 총체적인 변화를 초래한다. 과학과 철학이 구분되는 예를 들어 보자. 단풍이 어떻게 생겨나는지가 궁금하면 단풍은 안토시아닌이라는 화학물질의 발생 여부에서 시작된다는 정보를 알면 된다. 그러나 지리산 피아골의 삼홍소라는 곳에서 산이 단풍으로 붉게 타고, 물도 붉게 타고, 자신의 눈도 붉게 타는 심미적 경험을 겪으면, 자신의 존재의 의미와 삶의 의미를 성찰하고 재구성하는 일이 일어날 수 있다. 이런 경험과 성찰은 철학적 특성을 나타낸다. 물론 철학적 성찰도 과학이나 지식을 참고해야 한다. 철학은 특정 지식이나 방법을 참고하지만 역시 '왜'라는 질문을 추구한다. 철학하기는 지식보다 사유와 관련된다. 철학은 물리학이나 경제학이 제공하는 특정한 지식의 내용을 가리키는 것이 아니고 그런 지식을 제공한다고 말하기도 어렵다. 철학이 가치 있는 교육으로 직접 인도할 수 있는 것도 아니고, 가장 효과적인 학습방법을 알려 줄 수도 없다. 교육철학은 성찰을 통해 교육의 가치와 의미를 검토하고 재구성하여 교육실천의 방향을 새롭게 제시하는 일을 잘 할 수 있다.

4) 취약성의 인식을 통한 자기성찰

철학적 성찰은 대상에 관한 성찰보다 자신에 관한 성찰에 주력한다. 그래서 자기성찰 혹은 자기이해라는 말을 자주 한다. "너 자신을 알라(Know thyself)"는 요구는 아주 오래된 질문이지만 누구도 명쾌하게 답하기 어렵다. 그러나 교육지도를 만들려면 미래의 목적지를 설정해야 하고 그러려면 우선 자신이 어디에 있는가를 파악해야한다. 삶의 경로를 지도에 표시하려면 목적지뿐 아니라 출발지를 알아야 하는 것과 같은 이치이다. 컴퓨터 내비게이션에는 자기위치 찾기 기능이 탑재되어 있지만 나의 인생지도를 만들려면 내 위치는 내가 파악해야 한다. 자신의 위치를 발견하는 자기이해는 자신의 능력과 한계뿐 아니라 자신이 부여하는 교육의 의미와 삶의 가치를 검토하는 자기성찰을 요구한다. 교육을 자기형성이라는 도야의 과정으로 접근하면 학생들의 자기형성에 관여하는 교육자들은 자기성찰에 힘써야 한다. 그러나 현 실태는 그렇지 못한 것 같다. "교사나 교수들이 아무에게도 자아성찰을 하라는 요구를 받지 않는다는 사실은 그들이 누리는 호사와 특권 중의 일부이다"라는 비판을 귀담아들어야 한다 (hooks, 1994: 25). 자신을 이해하고 성찰하면서 자신의 성장에 열의를 쏟아야 다른 사람을 교육하는 일에 개입할 수 있다.

자기성찰을 시작하려면 이제까지 설명한 일반적인 성찰방식을 자신의 필요와 상황에 맞게 개인적 방식으로 수정해야 한다. 일반지도를 참고하여 자신의 지도로 재구성하는 일과 비슷하다. 자기성찰의 개인적 방법은 자기 자신을 거리를 두고 보는 일인데 역설적이게도 자기내면으로 더 깊이 들어가려고 노력하는 일과 비슷하다. 자기성찰은 자신의 욕망, 감정, 태도, 가치, 인식을 들여다보는 일이다. 자기 자신을 성찰하는 길을 일반이론에서 발견할 수 있지만 내면에 관한 성찰이 선행되어야 한다. 다음의 사례를 보자.

> 내가 이론에 관심을 갖게 된 이유는 상처 때문이었다. 내 안의 고통은 너무나 격렬해서 나는 살아가기조차 힘들었다. 내 내부와 주변에 어떤 일이 벌어지고 있는지 이해하고 파악하고 싶어서 필사적으로 이론에 매달렸다. 내 상처가 사라지기를 원했다는 점이 중요했다. 그리고 나는 이론에서 치유의 공간을 발견했다. (hooks, 1994: 76)

이 사례는 일반이론이 자기성찰을 촉진하는 경우, 즉 자기내면을 더 이해하는 수단으로 일반이론을 활용하는 경우이다. 우리가 교육철학의 이론들을 배우는 이유 중의 하나는 우리 자신의 교육을 성찰하기 위해서이다. 일반이론을 활용하더라도 스스로 자기내면으로 더 들어가는 노력을 해야 한다. 이런 노력은 '내관(introspection)'과 비슷하다. 내관은 직관의 방식으로 자신의 생각과 감정을 스스로 관찰하여 보고하는 방식을 통한 자기성찰과 자기이해의 방법이다. 이렇게 자신을 인식하는 방식은 '내면의 눈을 일깨우기(awakening the inner eye)'이고 이런 인식은 직관에 의해 가능하다고 한다(Noddings & Shore,

1984). '내면의 눈'이라는 표현에서 '내면의 목소리'보다 더 직관의 작용이 잘 드러난다. 내면의 인식을 통한 자기이해는 "지식과 느낌의 대상과 직접적인 접촉"이라는 주장이 있다(이지영, 2015: 33).[18] 직접적 접촉이 얼마나 가능할지는 잘 모르겠지만 이런 직관의 방식으로 자신의 감정에 주목할 수 있다. 자신의 감정을 되돌아보고 평가하는 활동으로써 자기성찰을 이해하는 접근을 참고할 만하다(Boud, Keogh & Walker, 1985: 26-31). 어떤 감정이 유용한지는 상황에 따라 다르다. 외롭고 힘들고 버거운 감정, 부끄럽고 수치스럽고 억울한 감정, 이런 감정을 직면해야 가까스로 새로운 자기성찰을 전망할 수 있다. 자신을 돌아볼수록 부끄럽고 한심한 자신이 보인다. 외면하고 싶지만 직면하려고 애를 써야 한다. 또한 다른 사람들이 겪는 고통과 슬픔에 공감하면서 자신의 경험을 성찰하고 삶의 방향을 재설정할 수도 있다. 감정(emotion)의 뜻에 이미 움직임(motion)이 포함되어 있음을 유의하자. 「토의하기」에 나올 백석 시인의 시를 읽으면서 감정의 움직임을 통한 성찰 가능성을 탐색하자.

직관을 통해 자기내면을 직면하고 자기이해를 증진하려면 특히 자신의 취약성과 한계를 인정해야 한다. 자신의 취약성과 한계를 직시하는 일은 자아이해와 자기발견의 과정이다. 완전하고 막강한 자신에 대한 환상은 자기기만으로 왜곡되기 쉬우며, 그런 사람이 다른 사람과 공감하고 소통하기를 기대하기는 어렵다. 자신의 약점과

---

18 이런 입장은 직관에 의한 인식을 비성찰적 인식으로 구별하기도 한다(이지영, 2015). 그러나 우리는 성찰이 직관을 포함하는 활동이라고 이해한다. 듀이(1916: 335-336)도 감성과 지성의 연관성을 설명하면서 자기성찰로 들어가면 감정의 역할을 더 고려해야 한다고 강조한다.

불완전성을 직면하면 타인의 두려움과 불안을 이해하고 공감할 가능성도 높다는 지적은 일찍이 루소가 강조하였다(이기범, 2021: 130-131). 교육이 공감력을 메마르게 한다는 지적은 곧 자신의 취약성을 인정하지 못하는 데에서 비롯되며 자기성찰의 부족으로 나타난다. 교사들에게서 이런 성향이 두드러질 수 있다고 지적된다.

> 우리[교사들]는 아이들에게 진실해야 한다는 의무를 느끼지 않는다. […] 더 나쁜 것은 우리가 우리 자신에 대해, 그리고 우리 자신의 두려움, 한계, 약점, 편견, 동기에 대해 정직하지 않다는 것이다. 우리는 마치 우리가 모든 것을 알고, 전지전능하고, 항상 합리적이고, 항상 정의롭고, 항상 옳은 신이라도 되는 것처럼 아이들에게 군림한다. […] 무엇보다 우리는 자신의 감정에 정직하지 않다. 우리는 우리 자신에게 정직하지 않기 때문에 아이들이 우리를 정직하게 대하는 것조차 허용하지 않는다.
> (Holt, 1982b: 170-171)

한국 교육은 아동들에게 무엇이든지 할 수 있다고 가르친다. 성취하지 못하면 노력이 부족한 것이라고 질책한다. "안 되면 되게 하라!"고 강요하기도 한다. 그래서 열등감과 죄의식에 시달리고 위선에 능한 사람들이 늘어나는지 모르겠다. 자신의 한계를 인정하고 그 한계를 극복하려고 노력하지만 완전할 수는 없다는 것을 인정해야 한다. 그런 인식은 완전해져야 한다는 강박에 시달리는 일과 큰 차이가 있다. '참된 교육'은 교사가 학생을 위해 실행하는 것이 아니라 교사와 학생이 함께 실행하는 것이다(Freire, 2000: 119). 교사와 학생이 함께 자신의 한계와 가능성을 성찰하는 계기를 확대해야 한다.

5) 자기변화, 교육변혁과 사회변혁

자기 자신에 관해 성찰하고 스스로 변화되면서, 교육과 세상에 관해 성찰하고 변혁을 상상할 수 있다. 교육이 신비한 것은 이미 정착된 규칙과 패러다임을 배운 사람이 그 규칙과 패러다임을 수정하여 자신과 사회를 변혁하는 데에 활용하기를 기대할 수 있기 때문이다. 변혁을 기대할 수 있는 근거는 교육을 받은 사람은 성찰이 가능하기 때문이다. 기존의 언어, 규칙, 패러다임을 사용하여 현실을 인식하지만 그 인식의 한계와 모순을 직면하면서 다른 가능성을 상상하게 된다. 기존의 교육에서 정의와 진실을 어느 정도로 배우는 동시에 불의와 오류를 포착하여 그것으로부터 대안을 모색하게 된다. 반면교사(反面教師)에 의한 탈학습의 과정에서 개선방안을 상상할 수 있다. 그런 점에서 교육 자체에 모순이 허다함에도 불구하고 희망의 교육과 가능성의 교육을 말할 수 있는 것이다.

자기성찰이 자기변혁으로 이어지는 일보다 교육과 세상에 관한 성찰이 변혁으로 이어지는 일은 훨씬 더 어렵다. 그러므로 그 방향을 각자가 가늠하는 데에 도움이 되도록 두 가지만을 말하려고 한다. 첫째, 교육 자체가 아니라 교육을 받은 사람이 세상을 변화시키는 것이므로 성찰에 의해 작은 변화가 가능하다는 것을 스스로 경험해야 한다. 흔히 교육을 통해 사회가 진보한다고 말하지만, 그 뜻은 교육을 통해 성장한 사람들이 사회에 참여하여 변혁을 일으킨다는 말이다. 학생들이 학교사회를 개선하는 작은 변화를 경험하면 그런 경험의 범위가 확대되어 사회에서 더 큰 변화를 시도하는 일로 이어질 수 있다. 그런데 성찰의 유형에 따라 변화의 유형이 달라지는 데에 주목해야 한다. 어떤 변화를 가능하게 하는가에 따라 성찰을 도구적 성찰, 맥락적(contextual) 성찰, 재구성적 성찰로 구분한다(Grimmett, MacKinnon, Erickson & Riecken, 1990). 도구적 성찰은 기술적 성찰이라고도 하는데, 더 효과적인 지식이나 방법을 찾으면 문제가 해결되는 비교적 간단한 활동으로 과학적 조사에 가깝다. 맥락적 성찰 혹은 숙고적 성찰은 문제의 맥락과 의미를 해석하는 활동이다. 예를 들면, '출산율'이라는 용어에는 여성에게 모든 책임을 지우는 의미와 맥락이 함의되어 있음을 해석하는 것이다. 재구성적 성찰은 효과적인 방법이나 새로운 의미를 발견하는 것에 그치지 않고 자신의 관점을 전환하여 문제 상황을 새롭게 보고 대안을 창출하는 일이다. 예컨대 출산율을 사회의 문제로 재인식하고 '출생률'을 대안적 용어로 선택하고 육아, 교육, 취업, 주택, 복지 등 출생에 친화적인 환경을 조성하는 사회적 책임을 인식하는 활동이다. 세 가지 수준의 변화와 성찰 모두 자기변혁과 세상의 변혁을 포함하지만 맥락적 성찰에서 그 비중이 더 크고 재구성적 성찰에서 가장 분명하게 작동된다. 세 가지 수준의 변화와 성찰을 적절하게 활용할 수 있는 학습이 필요하다. 세 유형의 성찰은 지식교육에서 배울 실증주의, 해석학, 비판이론에 각기 대응되므로 그때 더 살펴보도록 하자.

둘째, 변혁 시도를 검토하는 성찰과 더불어 변혁을 전망하고 계획하는 성찰의 역량이 증진되어야 한다. 돌아보는 성찰과 내다보는 성찰이 함께 요구되는 것이다. 「토의하기」에서 보게 될 백석의 시에서 나타난 것처럼 성찰은 자신과의 대화이며, 그 대화는 과거를 돌아봄으로써 미래의 희망을 내다보는 활동이다. 변혁을 시도하려면 과거 성찰도 중요하지만 미래를 전망하면서 실시간으로 행위를 수정해야 한다. 성찰에 익숙하지 못한 단계에서는 행위의 결과에 관한 성찰에 제한되지만 성찰을 거듭하다 보면 행위 전에 결과와 의미를 예측할 수 있고, 행위 중에 성찰하면서 행위를 수정할 수 있다. 이런 과정을 '행위 전 성찰(reflection for action)', '행위 중 성찰(reflection in action)', '행위 후 성찰(reflection on action)'로 구분한다(Schön, 1983: 278-280). 시행착오에 의해 결과를 성찰하는 일을 여러 번 거치면 행위의 결과를 예측할 수 있게 되므로 행위 전 성찰을 통해 실천을 미리 전망하고 계획할 수 있게 된다. 또한 행위 중 성찰을 통해 행위를 적합하게 수정할 수 있게 된다. 성찰은 '행위 전 성찰 - 행위 중 성찰 - 행위 후 성찰'의 순환과정으로 이루어지며, 이런 순환을 통해 변혁방향을 상상하고 실행하며 수정할 수 있다.

　　「토의하기」에 나올 영화 〈어바웃 타임(About time)〉(2013)의 주인공인 '팀'은 바로 "가장 새로운 경험과 가장 최근에 느낀 두려움의 교차점"에서 자신의 실천을 검토하고 전망함으로써 실천을 수정할 수 있게 된다. 우리는 팀처럼 과거로 시간 여행 하는 초능력이 없지만 잘못된 일, 아쉬운 일을 되돌아봄으로써 그런 일을 되풀이하지 않을 수 있다. 과거의 경험을 되돌아보면서 미래의 결과를 내다볼 수 있게 되어 더 타당한 방안을 찾는 '초능력'이 성찰이다. '돌아보기'를 하는 성찰에는 과거를 검토하고 미래를 예측하는 '시간의 측면'뿐 아니라, 익숙한 방안과 결과를 당연시하지 않고 '거리두기'를 하는 '공간의 측면'이 담겨 있다. 팀의 시간 여행은 '행위 전 성찰 - 행위 중 성찰 - 행위 후 성찰'로 이루어지는 '성찰 여행'을 뜻한다. 성찰을 통해 과거로 돌아가지 않고도 결과를 예측할 수 있으므로 오늘을 두 번 사는 것처럼 살 수 있게 된다. '행위 후 성찰'에 의해 오늘을 살면서 '행위 중 성찰'을 하고, 내일에 관해 '행위 전 성찰'을 한다. 삶의 불확실성 때문에 긴장하고 걱정하지만 성찰을 시도하면서 시도의 보람과 아름다움을 느낀다. 팀은 이렇게 말한다.

96

> 마치 두 번째 기회가 없는 것처럼 오늘을 살아야 한다. [⋯] 나는 시간 여행으로부터 최종 교훈을 얻게 되고 아버지가 알려 준 비법보다 더 나아갔다. 그래서 지금은 과거로 돌아가는 여행을 전혀 하지 않는다. 단 한 번도 하지 않는다. 그 대신 의도적(deliberately)으로 오늘로 돌아가는 것처럼 오늘을 산다. 삶의 진실은 오늘이 마치 비범한(extraordinary) 동시에 평범한(ordinary) 삶을 사는 온전한 날의 마지막 날인 것처럼 만끽하고 사는 것이다.

매일매일은 평범한 날이지만 성찰을 통해 오늘을 살게 됨으로써 오늘은 비범하고 특별한 날이 된다. 자기성찰과 자기갱신의 과정에서 삶의 의미가 창출된다. '의도적(deliberately)으로 오늘로 돌아가는 일'은 숙고(deliberation)하고 성찰하면서 오늘을 특별하게 살 수 있다는 말이다.

성찰은 자신이 변하는 만큼 세상을 변화시킬 수 있는 길을 안내하는 활동이므로 삶과 교육의 변혁을 위한 실천적 활동이다. 성찰을 통해 자신의 생각과 실천의 방식이 바뀌면 사회변혁의 가능성이 열린다. 물론 사회가 변화된다는 보장은 없다. 그러나 자신이 변화되지 않으면 세상의 변화를 기대조차 할 수 없다. 성찰하는 사람은 '경계 교차자(border crosser)'로서 불평등과 부정의의 경계를 허물고 작은 변혁이라도 상상하고 시도하는 실천자가 되어야 한다. 다른 사람들이 교육을 통해 바뀌기를 바라기 전에 내가 성찰하고 변해야 한다. "처음 떨어진 물방울이 가장 용감하다"는 것을 기억하면 좋겠다.[19] 자기성찰을 통해 자신이 변화해야 교육과 사회가 변화할 수 있는 가능성이 열린다.

---

19 2000년 12월 노벨평화상 수상식에서 베르게(G. Werge) 노벨위원장이 김대중 대통령을 수상자로 소개하면서 인용한 노르웨이 시인 군나르 롤드크밤(G. Roalddkvam)의 시 「마지막 한 방울」의 한 구절이다.

○ 한국 사회와 교육에서는 성찰을 두고 과학적 방법을 검증하는 일로 국한하는 경향이 강하다. 즉각 적용할 수 있는 효율적인 방법을 찾는 일에 치우쳐서 그런 것 같다. 그런 경향에서 벗어나서 지구온난화, 해수면 상승 등의 자연현상이 자신의 삶의 의미에 어떻게 관련되는지 그리고 자신과 사회에 어떤 변화를 요구하는지에 관한 철학적 성찰을 시도해 보자.

○ '행위 전 성찰 – 행위 중 성찰 – 행위 후 성찰'의 순환을 영화 〈어바웃 타임〉을 보면서 느껴 보자. 주인공 '팀'은 성년이 되면서 아버지에게서 아버지와 자신이 시간 여행의 초능력을 공유하고 있다는 비밀을 듣는다. 그 이후 팀은 일이 잘 풀리지 않으면 과거로 돌아가서 원하는 대로 일이 되도록 만든다. 팀의 아버지는 암에 걸려 죽음을 맞이하면서 행복의 비법을 알려 준다. 그것은 과거로 돌아가는 것이 아니라 현재에서 하루를 두 번 사는 것이다. 처음엔 긴장과 걱정을 느끼면서, 그리고 두 번째에는 미처 볼 수 없었던 세상의 아름다움을 느끼면서 사는 것. 팀은 비법대로 살면서 시간 여행을 그만둔다. 우리도 이런 성찰 여행을 할 수 있을까?

○ 백석의 시 「남신의주 유동 박시봉방」이다. 어떤 상황, 감정, 고통에 공감이 되는지 생각하면서 읽어 보자. 그런 공감이 자신에 관한 성찰

과 연관되는가를 살펴보자. 성찰의 시간(되돌아보기, 내다보기)과 공간(거리두기)의 측면을 식별할 수 있을까? '갈매나무'는 무엇을 상징할까?

어느 사이에 나는 아내도 없고, 또,

아내와 같이 살던 집도 없어지고,

그리고 살뜰한 부모며 동생들과도 멀리 떨어져서,

그 어느 바람 세인 쓸쓸한 거리 끝에 헤매이었다.

[…]

나는 어느 목수네 집 헌 삿을 깐,

한 방에 들어서 쥔을 붙이었다.

이리하여 나는 이 습내 나는 춥고, 누긋한 방에서,

낮이나 밤이나 나는 나 혼자도 너무 많은 것 같이 생각하며,

[…]

나는 내 슬픔이며 어리석음이며를 소처럼 연하여 쌔김질하는

것이었다.

내 가슴이 꽉 메어 올 적이며,

내 눈에 뜨거운 것이 핑 괴일 적이며,

또 내 스스로 화끈 낯이 붉도록 부끄러울 적이며,

나는 내 슬픔과 어리석음에 눌리어 죽을 수밖에 없는 것을 느

끼는 것이었다.

그러나 잠시 뒤에 나는 고개를 들어,

허연 문창을 바라보든가 또 눈을 떠서 높은 천장을 쳐다보는

것인데,

이때 나는 내 뜻이며 힘으로, 나를 이끌어 가는 것이 힘든 일인 것을 생각하고,

이것들보다 더 크고, 높은 것이 있어서, 나를 마음대로 굴려가는 것을 생각하는 것인데,

이렇게 하여 여러 날이 지나는 동안에,

내 어지러운 마음에는 슬픔이며, 한탄이며, 가라앉을 것은 차츰 앙금이 되어 가라앉고

외로운 생각만이 드는 때쯤 해서는,

더러 나줏손[20]에 쌀랑쌀랑 싸락눈이 와서 문창을 치기도 하는 때도 있는데,

나는 이런 저녁에는 화로를 더욱 다가 끼며, 무릎을 꿇어 보며,

어느 먼 산 뒷옆에 바우섶에 따로 외로이 서서,

어두워 오는데 하이야니 눈을 맞을, 그 마른 잎새에는,

쌀랑쌀랑 소리도 나며 눈을 맞을,

그 드물다는 굳고 정한 갈매나무라는 나무를 생각하는 것이었다.

---

20 '저녁 무렵'이라는 뜻의 평안도 방언.

제2부

교육의 개념과 목적

교육의 목적은 어떤 한 사람에게 진정하고 자발적인 방식으로
세상과 관계를 맺으면서 자신을 형성할 수 있는 방식을 보여
주는 것이다. […] 대학의 가장 중요한 역할은 학생들이 스스로
자신을 발견하고, 자신이 누구인가를 인식하고, 자신이 되기로
선택한 사람이 누구인가를 알 수 있게 도와주는 일이다. […] 대
학과 수도원(수도의 천국, *paradisus claustralis*)에서 독창적이고 진정한
'천국'이라는 개념은 대가(Magistri)와 스승이 열쇠를 쥐고 있는 이
론적인 생각들을 쌓아 둔 하늘의 창고에 불과한 것이 아니라,
학생 자신의 고유한 품격의 토양을 발견할 수 있는 내면의 자
아이다. […] 교육의 결실은 가장 중심이 되는 그 내면을 발화하
는 데에 있다.

—토마스 머튼(T. Merton), 『사랑과 삶(*Love and living*)』[01]

01 Thomas Merton(1985), *Love and living*, N. B. Stone & Brother P. Hart(eds.), New York:
Harcourt, pp. 3–4, 8–9.

4장. 교육의 개념

교육을 논의하고 실행하려면 교육개념을 공유해야 한다. 교육을 변혁하려고 해도 개념을 공유해야 개념을 바꾸고 교육도 바꿀수 있다. 교육철학은 교육의 개념과 언어를 명료화하여 탐구와 실천의 공통 언어를 제시하려고 노력한다. 교육의 개념 정의에 의해 교육을 보는 관점을 형성하고, 교육인 것과 교육이 아닌 것을 구분할 수 있으며, 다양한 교육활동을 조직할 수 있다. 개념 정의는 교육활동에서 공통적인 특성을 도출하고 언어로 재현하는 추상화 과정이다. 개념은 추상화의 산물이지만 단순하고 명료할수록 좋다. 개념의 정의 방식에는 여러 유형이 있다. 비유를 통해 교육의 뜻을 드러내기도 한다. 여기에는 주형의 비유, 성장의 비유, 입문의 비유, 여행의 비유 등이 있다.[02] 흔히 사용하는 성장, 입문도 비유인 것이다. 우리는 교육을 여행에 비유하고 있다.

개념 정의 방식에서 내포적(intensional) 정의와 외연적(extensional) 정의를 구분할 수 있는데, 교육개념은 대개 내포적 정의를 시도한다. 내포적 정의는 정의하려는 개념에 공통되는 본질, 속성, 특성을 추상화하여 제시하는 방식이므로 그 내용이 함축적(connotative)이다. 외연적 정의는 개념이 지시하는 대상의 범위 혹은 개념을 구성하는 대상을 모두 망라하려고 노력하므로 그 내용이 지시적(denotative)이다. 예를 들면 사전에 나와 있는 나무의 내포적 정의는 '줄기나 가지가 목질로 된 여러해살이식물'이고, 외연적 정의는 '삼나무, 오동나무, 단풍나무 등'이다.

교육의 개념은 내포적 정의를 통해 모색하는 것이 유용하다. 내포적 정의의 유형으로 조작적 정의, 기술(서술)적 정의, 약정적 정의와 규범적 정의를 구분한다. 조작적 정의는 자연과학의 방식을 차용한 것으로서 양적 연구를 통해 교육활동을 관찰하고 측정하도록 정의하는 방식이다. 우리가 앞으로 배울 "교육은 인간행동의 계획적 변화"라는 정범모의 정의가 이에 속한다. 약정적 정의는 소통을 위한 약속으로서 "90점 이상은 A학점이라고 평가하자" 또는 "교육은 인재를 육성하는 과정이라고 하자"를 예로 들 수 있다. 기술(서술)적 정의는 교육이 실제로 하는 일을 쉬운 말로 풀어내는 방식으로 사전적 정의와 비슷하다. "교육은 가르치고 배우는 일"이라는 정의가 대표적이다. 마지막으로 규범적 정의는 교육이 무엇을 해야 하는가에 관한 당위(ought)에 관련되고 가치판단을 필요로 한다. 교육활동을 성립시키

02 피터스와 듀이는 주형의 비유와 성장의 비유를 비판한다. 피터스는 입문의 비유를, 듀이는 성장을 재해석한 비유를 제공한다.

는 구성적 규칙을 정립하여 교육이 해야 할 일을 탐색하는 학문적 시도이다. "교육은 내재적으로 가치 있는 진리를 탐구하는 일"이라는 피터스의 개념과 "교육은 경험의 재구성을 통한 성장"이라는 듀이의 개념이 이에 속한다. 가장 어렵고 논란이 초래되지만 학문적으로 의의가 있는 정의 방식이다.

교육개념의 정의 중에서 피터스, 듀이와 정범모의 정의를 배울 것이다. 피터스와 듀이의 정의는 규범적 정의이다. 정범모의 정의는 기술적 정의라고 분류되지만 규범적 전제를 상정해야 정의가 성립될 게다. 세 학자의 개념 정의는 교육연구와 실천에 큰 영향을 미쳤고 큰 논쟁도 일으키고 있다. 각 관점이 대비되므로 함께 비교하는 것이 유용하다. 어떤 교육을 하던 공통으로 참조할 만해서 선정하였지만 개념을 외우려고 애쓰지 말기를 당부한다. 그 대신 개념을 정의하는 근거(rationale)와 맥락, 논리전개의 방식, 차별성을 살펴보기를 부탁한다. 문제점을 발견하게 되겠지만 그에 앞서 장점과 유용성을 이해하면 좋겠다. 이런 시도를 통해 자신의 교육개념을 구성하고 실행에 활용하기를 기대한다.

각 개념을 알아보기 전에 피터스, 듀이와 정범모가 교육개념을 정의하는 맥락을 간략하게 살펴보는 것이 좋겠다. 세 사람 모두 교육과 교육이 아닌 것을 구분하고, 가치 있는 무언가를 추구하는 것만이 교육이라고 생각한다. 모두 지식이나 기술을 전달하는 일 자체가 가치 있는 것은 아니라는 데에 동의한다. 그러나 각자가 겨냥하는 그릇된 교육 실태는 다르다. 예컨대 듀이는 지식의 권위를 신봉함으로써 학습자의 관심과 흥미를 고려하지 않은 채 외부에서 지식을 부과하는 행태를 비판한다. 피터스는 그 반대 현상으로서 학습자의 관심과 흥미를 지나치게 고려해서 위대한 학문 유산을 제대로 배우지 못하는 것을 개탄한다. 정범모는 교육의 비체계성과 비과학성을 안타까워한다. 대안으로 듀이는 삶의 문제를 해결할 수 있는 수단이 되는 교육을 제안하면서 학습자가 경험과 소통을 통해 실용적 지식을 탐구해야 한다고 주장한다. 피터스는 교육의 도구적 가치를 부정하고 학문과 지식의 구조를 학습하는 일 자체가 가치 있는 일이라고 주장하면서 이론적 명제의 가치를 옹호한다. 듀이는 교육의 도구적 가치를 지지하지만 피터스는 교육의 내재적 가치를 입증하려고 노력한다. 듀이는 현실 세계에서 지식의 세계로 올라가는, 즉 땅에서 하늘로 올라가는 식의 교육개념을 지지한다. 반면에 피터스는 지식의 세계에서 현실의 세계로 내려오는, 즉 하늘에서 땅으로 내려오는 식의 개념을 선호한다. 듀이(1938: 18-19)는 자신의 접근 방식은 외부 지식을 학생의 내부에 심는 것이 아니라 학생의 내부에서 지식이 외부로 창출되도록 하는 것이라고 설명한다. 듀이는 학습자의 관점에 초점을 두지만 피터스는 교수자의 관점에 초점을 둔다. 피터스(1977)는 듀이가 제시한 교육개념이 교육에 혼란을 초래했다고 지적하고, 자신은 제대로 된 개념을 정립하겠다고 벼른다. 정범모의 시각에서 보면 양쪽 모두 좋은 얘기를 하지만 계획수립, 실행, 평가라고 하는 과학체계가 정연하지 못하다. 교육을 과학으로 발달시킬 수 있는 개념 정의가 필요한 것이다. 시대로 보면 듀이가 가장 앞서지만 피터스의 교육개념을 논의하고, 정범모의 정의를 소개한 후 듀이의 개념을 검토한다.

1. 지식 자체의 가치를 탐구: 피터스의 교육개념

1) 학문의 내재적 가치를 정당한 방법으로 탐구

피터스는 『윤리학과 교육』에서 "교육은 내재적 가치를 지니는 진리와 지식을 탐구하는 일"이라고 교육개념을 정의한다. 피터스(1966: 59)는 분석철학에 의해 교육개념을 정의하면서 "논쟁의 주제가 되는 쟁점이 어떤 것인가를 객관적으로 명료하게 보여 주는 일"을 하겠다고 다짐한다. 먼저 교육과 가치 있는 어떤 일이 논리적으로 연관되어 있다는 것을 논증한다. 그렇게 분석된 교육의 개념은 "무엇인가 가치 있는 것을 도덕적으로 정당한 방법에 의해 의도적으로 전달"하는 일이다(Peters, 1966: 23). 피터스(1966: 25)에 의하면, 교육은 라일(G. Ryle)이 구별하는 과업어(task words)와 성취어(achievement words) 중에서 우선 성취어와 관련된다. 예컨대 탐색은 과업이고, 발견은 성취다. 교육은 성취일뿐더러 특히 가치 있는 것의 성취를 뜻한다. 교육에서 성취가 우선되지만 성취를 위해 노력한다는 뜻도 포함해야 하므로 과업어도 포함하는 경우도 있다. 중요한 주장은 "교육의 목적이 무엇인가를 묻는 것은 […] 성취할 가치가 있는 것에 관한 명확한 인식"을 요구하는 것이지 "교육의 결과로서 교육에 외재하는 산물을 묻는 질문이 아니다"(Peters, 1966: 29). 피터스는 내재적 가치와 도구적 가치를 구분한다. 그리고 교육은 그 자체로서 가치 있는 일, 즉 내재적 가치를 추구하는 일이 되어야지, 다른 가치를 추구하기 위한 도구로 전락하면 안 된다고 주장한다. 예컨대 교육을 통해 행복이나 성공을 추구하면 교육을 도구로 사용하는 셈이다. 교육개념에 관한 혼란은 개념에 "붙박여 있는 규범적 측면을 빼고 교육을 다른 목적을 위한 수단으로 생각하는 데에서 비롯된 것"이다. 교육은 도구적 가치를 거부하고 내재적 가치를 실현해야 한다.

피터스는 교육의 규범적 측면을 정당화하는 데에 방점을 둔다. 그러면서 개념을 명료화하는 방식은 특정 규범이나 특정 규범을 경험적으로 검증하는 일에 의존해서는 안 된다고 강조한다. 경험적 검증이란, 실행한 결과를 보니 그 규범이 적합하더라는 식의 검증이므로 보편성에 도달하지 못한다. 오로지 보편적인 방식의 논증과 정당화를 통해 교육에 관해 참이라고 판별되는 '분석명제'를 끌어내야 한다. 피터스가 채택하는 방식을 '내용적 이론', '실체적 이론(substantive theory)'과 대비되는 '절차적 이론(procedural theory)' 그리고 논리실증주의라고 부른다.[03] 피터스는 이런 방식을 통해 보편적이고 확고부동한 개념을 정의할 수 있다고 믿는다. 교육이 내재적 가치를 추구하려면 다음과 같은 규범적 기준, 인지적 기준, 과정적 기준을 충족해야 한다는 것을 논리적으로 입증할 수 있다고 한다(Peters, 1966: 59).

① 규범적 기준: 교육은 가치 있는 일을 전달하여 그것에 헌신하게 될 사람을 만든다는 뜻을 함의한다.

② 인지적 기준: 교육은 지식과 이해 그리고 폭넓은 지적 안목을 길러 주는 일이며 이런 것들은 '무기력(inert)한 것'이서는 안

---

03 실체적 이론과 절차적 이론의 대비는 공동체주의와 자유주의의 대립에서도 등장한다. 이 책 13장 「시민교육의 이념」에서 이에 관해 더 알아본다.

된다.

③ 과정적 기준: 교육은 학습자의 의식과 자발성을 전제로 하므로 그런 것들이 결여된 전달과정은 교육으로 간주될 수 없다.

이런 개념을 따르면 교육은 사실과 기술을 전달하는 것에 그쳐서는 안 되고 '지식체계와 개념적 틀(scheme)'을 전달해야 한다. 이런저런 사실들을 마구잡이로 제공하거나 지식을 처넣는 일이 아니라 사실들을 유기적으로 결합할 수 있는 원리를 이해하는 일이 교육이다(Peters, 1966: 32-34). 사실과 기술은 사유와 인식의 일부분에 불과하다. 사유와 인식에는 사실과 지식의 가치를 사정(appraisal)할 수 있는 내적 기준이 장착되어 있으므로 그 기준을 배우는 것이 진정한 뜻의 학습이 된다. 사실과 지식 자체는 별 가치가 없다. 기준, 체계, 틀을 사용할 수 있어야 참과 거짓을 구분하고, 옳음과 그름을 구분할 수 있게 된다. 교육을 통해 인식의 기준을 이해하고 사용할 수 있게 되어야 한다는 것이 피터스가 강조하는 의견이고, 이 의견을 거부하기는 어렵다.

피터스의 논증 방식을 검토하여 교육개념의 타당성을 살펴보자. 관련된 문제는 '교육이 내재적 가치를 지닌다는 것을 어떻게 알 수 있는가'라는 정당화(justification)의 문제이다. 피터스는 칸트의 '선험적 연역(transcendental deduction)'을 도입하여 교육개념의 중심이 되는 진리와 지식의 내재적 가치를 정당화한다. 교육이 진리를 추구하는 활동이라는 것을 정당화하는 일은 진리에 내재적 가치를 부여해야 성립된다고 믿는다. 진리가 왜 가치 있는가를 진지하게 질문한다면 그 질문은 이미 진리의 가치를 전제해야 가능하기 때문이다. 즉 진리에 관해 논의하려면 진리의 가치를 먼저 선험적으로 전제해야 한다는 것이다. 피터스는 다음과 같이 설명한다.

> 누구든지 일상생활에서 한 발자국 물러서서 '왜 이렇게 하지 않고 저렇게 해야 하는가'라는 '질문을 제기하는 것'은 그 사람이 이미 자신의 의식 속에 진리에 대한 진지한 관심을 가지고 있다는 것을 의미한다. […] 질문을 진지하게 한다는 것은 아무리 초보적인 수준일지라도, 그 질문을 하게 하는 실재 세계의 다양한 측면에 관함 심각한 관심, 즉 이론적 탐구의 의욕을 가지고 있다는 것을 의미한다. 이론적 탐구는 '왜 이렇게 하지 않고 저렇게 해야 하는가'라는 질문에 대답하는 일뿐만 아니라 그 '질문을 제기하는 일'에도 관련되어 있다는 점에서 그저 수단적인 가치만을 가지는 것은 아니다. [그러므로 정당화될 수 있다.]
>
> (Peters, 1966: 221-222)

"왜 지식을 추구해야 하는가?"라고 질문하면서, 자신은 지식에 대해 관심이 없다고 말하면 논리적으로 모순이 된다. 무엇을 알려고 하는 관심 자체가 지식 자체의 가치를 인정하는 일이다. 무엇을 알려는 관심이 전혀 없는 사람은 없으므로 우리는 인식하든 인식하지 못하든 지식의 내재적 가치를 인정하고 있는 것이다. 피터스의 논리 전개 방식은 다음과 같다(Cuypers, 2012).

① 진리에 관한 관심과 관련된 지식의 형식이 없다면 합리적 방식으로 정당화를 진행할 수 없다.

② 그러므로 정당화는 진리에 관한 관심과 지식의 형식이 내재적 가치를 지닌다는 것을 필연적으로 인정해야 한다.

③ 그러므로 우리는 진리와 지식의 형식에 관심이 있다는 명제 자체를 진리로 인정할 수 있다.

학생들과 여러 해 동안 공부한 나의 경험에 의하면 이런 설명을 낯설어하는 학생들이 적지 않다. 그러므로 단순화의 위험을 무릅쓰고 피터스의 교육개념 논증을 간략하게 톺아보자. 피터스는 우리가 교육을 논의하고 실천하려면 교육은 무엇인가 가치 있는 일을 추구해야 한다는 주장을 가정해야 한다고 주장한다. 그런 가정을 부정하면 논의하고 실천할 이유가 없어진다. 그러므로 이 주장은 누구나 인정해야 할 '선험적 명제'이다. 선험적 명제를 인정하면 교육이 추구하는 가치 있는 일이 과연 무엇인가를 질문해야 한다. 이런 질문은 우리가 진리와 지식 그 자체에 관심이 있다는 것을 가정해야 성립된다. 전혀 관심이 없는데도 이런 질문을 한다는 것은 자기모순이기 때문이다. 또한 그런 관심이 있다면 진리와 지식이 어떤 목적을 실현하기 위한 도구인지 아닌지에 관계없이 질문을 제기해야 한다. 그러므로 우리가 진리와 지식 탐구에 관심이 있고, 진리와 지식을 추구하는 일이 그 자체로 내재적 가치가 있다는 것은 누구나 인정해야 하는 선험적 명제이다. 이 두 가지의 선험적 명제를 결합하면 "교육은 내재적 가치를 지니는 진리와 지식을 탐구하는 일"이라는 선험적 명제가 교육의 개념으로 도출된다. 이 개념을 따르는 교육은 규범적 기준, 인지적 기준, 과정적 기준을 충족해야 한다. 세 가지 기준은 모든 교육이 충족해야 하는 기준이다. 교육의 내용은 각기 달라도 모든 교육이 충족해야 하는 형식적 특성인 것이다. 이런 형식적 특성을 따르는 교육은 내재적 가치를 지닌다. 마찬가지로 지식을 추구하는 일도 지식의 내용보다는 지식의 형식이 내재적 가치를 지닌다는 것을 인정하고 실행해야 한다.

2) 선험적 논증 비판

피터스는 선험적 연역에 의해 보편적 교육개념을 도출한다고 주장하지만, 그런 주장은 몇 가지 측면에서 비판된다. 첫째, 교육이 내재적 가치를 지닌 지식의 형식을 전달한다고 해서 교육 역시 내재적 가치를 지닌다고 정당화할 수 없다. 교육이 전달하는 지식이 내재적 가치를 지닌다는 명제로부터 교육 자체가 내재적 가치를 지닌다는 결론을 자동적으로 도출할 수 없다는 말이다. 지식 전달이 아닌 다른 활동, 예컨대 예술적 체험에 의해 교육이 내재적 가치를 가지게 될 수 있다. 어떤 명제에서 예측이나 결론을 끌어내기 위해서는 선험적 연역만으로는 한계가 있고 실제 교육이 어떻게 이루어지는가를 경험적으로 검증할 필요가 있는 것이다. 즉 피터스가 채택한 논리실증주의에서 어떤 명제(A)에 기초한 추론을 통해 결론(B)를 도출하려면 'A)=(B)'라는 필연성을 입증해야 하는데 피터스의 논증에는 그런 필연성이 없다. 잘 알려진 대로 "삼각형은 세 개의 각을 가진 도형이다"라는 명제는 분석명제이다. 주어(삼각형)와 술어(세 개의 각을 가진 도형)는 일치하며 서로 바꾸어도 명제의 참 혹은 거짓이 바뀌지 않는 필연성을 갖는다. 그러나 지식이 내재적 가치를 지닌다는 명제와 교육이 내재적 가치를 지닌다는 명제는 서로 대체될 수 있는 필연성을 확보하지 못한다. 피터스의 기대와 달리 교육의 내재적 가치는 경험 차원의 검증을 통해 입증되어야 하는 명제로 보인다. 따라서 형식적 지식의 전달이 내재적으로 가치 있는 일이라는 것은 인정해도, 교육이 내재적으로 가치 있어야 한다거나 오직 지식 전달만이 내재적으로 가치 있는 일이라고 주장할 수 없다(Marples, 2010). 기술 숙달, 사회참여 경험, 좋은 삶을 추구하는 역량 등 가치 있는 교육 활동은 훨씬 폭이 넓다.

둘째, 지식전달이 궁극적 가치를 지닌다는 것을 입증하지 못하였으므로 개인 혹은 집단의 교육 필요성을 고려해야 한다. 혹은 지식전달도 도구적 가치를 지니고 있다는 것을 인정하면서 다양한 교육활동의 가치를 인정해야 한다. 반론을 제기하는 사람들은 어떤 활동이 도구적 가치를 지닌다고 말하려면 그 활동이 어떤 최종가치를 실현하는 도구 역할을 한다는 것을 논증해야 한다고 지적한다(Cuypers, 2012). 그러나 피터스는 지식의 형식 탐구가 최종가치라는 것을 입증하지 못했다. 지식의 형식을 진심으로 추구하지만 그 역시 다른 상위 목적 혹은 최종가치, 예컨대 박사학위 취득을 위한 도구라면 끝없는 입증의 책임이 이어질 수 있다. 교육의 목적은 더 다양하다. 지식 형식의 학습도 직업기술의 학습과 마찬가지로 도구적 가치를 지니는 일로서 여길 수 있다. 워녹(B. Warnock) 같은 학자는 당장 취업하기 위해 기술과 지식을 습득해야 하는 윤리적 필요성이 피터스가 지지하는 윤리적 가치성(worthwhileness)보다 우선되어야 한다고 주장한다(Beckett, 2011). 지식전달만을 교육의 목적으로 삼거나 그것이 다른 활동에 우선되어야 한다는 주장은 생각만큼 견고하지 못하다. 개인 혹은 집단의 필요성을 검토하여 활동의 가치를 판별해야 한다.

마지막으로 피터스의 교육개념이 교사의 관점에 편중되고 편협하다는 지적이 제기된다. 지식의 '전달'이라는 용어에서 나타나듯이 이 정의는 기본적으로 교사의 관점에서 주어진 것으로서 교사가 가치 있는 무엇인가를 전달할 것을 요구한다(Beckett, 2011). 우리는 앞에서 전달을 중심에 두는 교육모형의 한계를 지적하고 도야모형을 알아보았다. 피터스의 개념은 일방적 전달이 아니라 교수자와 학습자의 상호작용을 촉진하는 개념으로 확장되어야 한다. 이런 확장의 여지에 관해서는 다음 장에 나오는 교육의 목적에서 알아보자.

피터스는 자신의 교육개념 분석에 허점이 많다는 것을 시인한다. 『윤리학과 교육』의 한국어 번역판 서문에서 이렇게 말한다.

제2부 교육의 개념과 목적

> 첫째 과오는 '교육'의 개념을 분석하는 데에 있어서 너무 거창하고 막연한 용어를 사용했다는 것이다. [⋯] 둘째 중대한 과오는 『윤리학과 교육』의 5장에서 '가치 있는 활동'을 선험적으로 연역하려고 했다는 것이다. 거기서 저자는 "교육받은 사람이 되는 데에 필요한 활동"과 "이미 교육받은 사람들이 하는 활동"을 당연히 구분했어야 했는데도 그것을 잘 구분하지 않았다.
>
> (Peters, 2004: ix-x)[04]

'교육받은 사람이 되는 데에 필요한 활동'과 '이미 교육받은 사람이 하는 활동'을 구분했어야 한다는 말은 앞선 첫 번째 비판과 관련된다. '교육받은 사람이 하는 활동'으로 지식 형식의 탐구에 전념히지만 그렇게 되기 위해서 '교육받은 사람이 되는 데에 필요한 활동', 즉 다양한 놀이의 경험, 다양한 기술의 숙달 등 폭넓은 활동을 교육으로 포함해야 한다는 뜻이다. 더 나아가서 교육의 최종가치를 추구하려면 도구적 가치를 익히는 것도 요구된다는 뜻으로 풀이할 수 있다. 피터스는 다른 논문에서 더 신랄하게 자신의 한계를 인정하면서 자신의 교육개념을 더 이상 고집하지 않는다고 선언한다. 그 선언은 "나는 가치 있는 활동을 선험적으로 정당화하려고 시도했으나 설득력 있게 논증하는 데에 실패했다"라는 고백이다(Cuypers, 2012: 4에서 재인용). 피터스는 진솔한 자기성찰이 자신의 명성을 실추시킨다고 생각하지 않는 것 같다. 더 타당한 의견을 계속 추구하는 그의 자세에서 그가 말하는 내재적 가치를 탐구하는 모범을 본다.

2. 인간행동의 계획적인 변화: 정범모의 교육개념

1) 인간행동의 계획적 변화

한국 교육학계에서는 정범모(1976)가 제시한 "교육은 인간행동

---

04 2004년에 출판된 번역판에 피터스가 쓴 서문의 내용이다. 참고문헌 목록에서 Peters(1966)를 찾으면 된다.

의 계획적인 변화"라는 개념을 교육에 대한 최초의 체계적 정의라고 볼 수 있다. 이 정의는 『교육과 교육학』에서 등장하는데 지금까지도 널리 소개된다. 나도 이 책을 공부하면서 교육학에 입문하였고, 책을 아직까지 간직하고 있다. 정범모(1976: 1-2)의 업적은 교육의 개념모형 정립을 시도한 것이다.

> 교육관이란 교육의 방향이나 이념에 관한 관(觀)을 말하는 것이 아니라, 교육 그 자체에 관한 관을 말한다. 즉 하나의 인간적, 사회적 현상으로서의 교육을 실천하고 연구하는 데에 기초가 될 수 있는 개념모형을 말한다. 말하자면 교육을 계획, 실천하고 분석, 연구하는 데에 교육현상을 의미 있게 걸러 생각할 수 있는 "개념의 그물(網)"을 시도하려는 것이다.

이 시도는 교육의 방향과 이념을 교육 그 자체와 구분하고 교육 그 자체의 개념을 밝히려는 것이다. 교육개념에서 방향이나 이념, 예컨대 가치와 규범을 배제한다는 것이다. 그런 시도는 교육학을 사회과학으로 정립할 것으로 기대된다. 물론 정범모는 "교육활동 그 자체는 가치지향적이다"라고 인정한다(정범모, 1976: 3). 그러나 교육가치와 관련된 형이상학적인 논의 또는 인식론적 연구는 교육철학 등의 영역이지 교육학의 영역이 아니라고 본다. 여기서 교육철학 등은 '초과학적인 개념들'을 도입하여 교육학을 과학도 아니고 철학도 아닌 뒤범벅으로 만들고 있다고 비판된다(정범모, 1976: 3). 그래서 교육학을 사회과학으로 정립하여 혼란을 정리해야 한다. 교육학을 과학으로 발전시키기 위해 '분석적인 이론 구성'이 필요하며 이는 교육개념을 정의하는 일에서 시작된다(정범모, 1976: 5).

교육을 인간행동형의 계획적인 변화라고 규정하고 출발한다. 이 규정대로라면 교육은 실로 중대한 뜻을 갖는다. 교육은 인간행동형, 예컨대 사고력, 창의력 또는 가치관, 정신자세 또는 지식, 기술 등을 의도대로 계획에 따라 척척 조사하고 중대하고 교정하고 한다는 것을 의미하기 때문이다. 규정 그대로의 교육은 거의 마력적인 가공할 만한 힘일 가능성을 지니고 있다.

정범모(1976: 3)는 이 정의를 따르려면 "교육과 교육자와 교육학은 아직 갈 길이 멀다"라고 평가한다. 그 원인은 "교육을 직시하는 교육관의 부족"이라고 해석하면서 교육개념의 정의를 제공한다. 그런 정의는 "기술적 내지는 조작적 정의, 즉 실제에 포함되고 있는 요인과 활동의 견지에서의 한 정의"라고 한다(정범모, 1976: 16). 그리고 "이 정의는 실제적으로 의미 있는 개념들로서 교육을 규정하고 있으며, 또 교육인 것과 아닌 것의 구별도 명백하게 지어 준다"고 주장한다. '민주적 인격의 개발과정'처럼 어떤 가치를 지향하는 규범적 정의는 교육현상과 과정을 분석적으로 파악하는 데에 도움이 되지 않는다. 바로 다음에 우리가 알아볼 듀이의 개념이 이런 비판의 표적이 된다.

조작적 정의는 추상적인 개념을 경험적으로 측정이 가능하도록, 즉 계량화할 수 있도록 조작하여 의미를 나타낸다. 이런 정의는 개념의 모호성을 해소하여 교육을 과학적으로 연구하는 것을 가능하게 할 것으로 기대된다. 행동은 행동주의에서 말하는 표출되는 행동 뿐 아니라 지식, 사고, 가치관, 동기체제, 자아개념 같은 내면적이고 불가시한 행동이나 특성을 포함한다(정범모, 1976: 18). 변화 또한 "육성, 조성, 함양, 계발, 교정, 개선, 성숙, 발달, 증대 등을 포함하는 포괄적 개념"이다(정범모, 1976: 19). 계획은 변화의 목적과 교육과정을 명확하게 하는 일과 관련된다. 또한 교육으로 인한 변화와 교육이 아닌 요인에 의한 변화, 예컨대 영화를 보고 일어나는 변화와 구분하는 기준이 된 다. "교육에 관한 규범과 사실을 엄밀히 구별해야 한다"는 가정이 굳 건하므로 어떤 변화가 바람직한가는 규범의 문제로 간주하여 논의에 서 배제한다(정범모, 1976: 3). 그 대신 얼마나 강력하고 얼마나 오래 지 속되는 변화인가에 관심을 두어야 한다(정범모, 1976: 21-22). 행동 변화의 목적이 교육의 목적으로 설정되고, 변화의 이론은 교육이론으로 개 발되며, 변화의 방법은 교육과정 설계의 토대가 된다.

2) 교육의 과학화 비판

정범모의 교육개념 정의의 특징과 한계를 몇 가지 지적한다. 첫째, 이 정의는 교육개념이 아니라 교육과학의 개념에 제한된 것으 로 이해하는 것이 적합하다. 아닌 게 아니라 정범모는 "교육학의 과 학으로서의 정립"을 위해 교육학을 기술과학(descriptive science), 즉 교육 과학으로 한정한다(정범모, 1976: 267-269). 정범모는 "교육 자체가 과학이 란 말도 아니고, 교육 자체가 온통 과학적으로 규제되며 또 되어야 한 다는 말도 아니다"라고 주장한다(정범모, 1976: 3). 따라서 교육 그 자체에 관한 이론을 지향하였지만 결과는 '분석적인 이론 구성'을 위해 교육을 과학화하는 데에 한정되는 개념을 제안한 것으로 보는 것이 타당할 듯하다.

둘째, 교육이 가치와 당위를 지향해야 한다고 인지하면서도 '사실법칙에 의한 당위'로만 범위를 한정하고 있는 점은 교육과학으로 이해하기에도 한계가 있다(정범모, 1976: 270). 사실적 당위는 "코로나 19 바이러스에 감염되지 않으려면 백신을 맞아야 한다"와 같은 당위이다. 반면 "불법체류자에게도 백신을 접종해야 하는가?"라는 질문에 답하려면 규범적 당위도 따져야 한다. 정범모는 규범적 질문에 대한 답은 무엇이 가능한가에 의해 결정된다고 본다. 기술과학과 경험과학이 입증하지 못하는 당위와 규범은 말할 수 없다. 초기 비트겐슈타인(Wittgenstein, 1922: 7)이 주장하듯이 "말할 수 없는 것에 관해서는 침묵해야 한다"는 말처럼 들린다. 후기 비트겐슈타인이 제시하는 '불분명하고 다양한 규칙'은 용납될 수 없다. 교육은 과학이므로 교육학은 사실적 당위에 집중해야 한다. 그러나 과학이 할 수 있지만 결코 해서는 안 되는 것을 규정해야 한다는 사회적, 도덕적 요구도 크다. 유전자 복제 등에 관한 과학윤리가 필요하다. 교육과학으로 한정하더라도 규범적 당위를 검토해야 한다. 강력한 효과에 의해서만 교육을 실행하면 부작용이 클 수 있다. 예컨대 영화 〈위플래쉬〉에 등장하는 '플레처' 교수의 과격한 교수법을 정당하다고 평가하기에는 언짢다. 교육에서 가치판단을 배제한다면 교육과 교육이 아닌 것을 개념적으로 구분하기 곤란해진다. 예를 들면 의술에 의한 치료와 교육에 의한 변화를 구분할 수 있는 기준이 모호해진다. 왜 변화시켜야 하는가에 관한 질문을 중단하고 변화 방법에만 치중한다면 교육과학이 근거해야 할 이유에도 침묵하게 될 수 있다.

물론 정범모는 교육의 기본 가정에 관한 논의(정범모, 1976: 40-66)를 통해 인간존엄성과 주체성, 진보관, 질서 세계관, 합리주의 등 교육이 지향해야 할 가치와 규범을 제시하고 있다. 그러나 이 가치들을 가치로 부르는 것이 아니라 '기본 가정과 신조'로 취급한다. 가치는 전제되어야 하지만 그것은 개인적 가치로서 배경에 머물러야지 교육학이 검토해야 할 주제로 삼기에는 부적절하다고 판단하는 것 같다. 교육을 과학으로 정립시키려는 의도는 교육개념을 탐구하는 일을 압도하여 교육을 교육과학으로 축소하고 가치지향을 배제하는 한계를 초래한다. 정범모의 교육개념은 경험적 실증주의를 채택하고 있다. 인간행동의 계획적 변화라는 교육개념의 한계는 대부분 경험적 실증주의의 한계에서 비롯된다. 이에 관한 내용은 지식교육 중 실증주의에 관한 논의에서 더 알아볼 것이다. 듀이도 과학모형을 참고하여 경험적 검증의 중요성을 강조하고 특정 가치지향을 경계하지만, 정범모의 교육과학 모형과 다른 관점에서 교육개념을 이야기한다.

3) 자아실현으로서의 교육

정범모는 계속 책을 펴내면서 사유를 확장하는 학자의 본을 보여 주고 있다. 특히 『인간의 자아실현』에서는 "한국 교육의 가장 심각한 문제는 '철학이 없다'는 것이다. 있다면 그것은 살벌한 입신출세의 '철학'뿐이다"라는 화두를 던진다(정범모, 1997: 341). 피터스와 듀이의 교육철학과 교육목적을 검토하면서 교육이 어떤 가치를 지향해야 한다는 데에 동의한다(정범모, 1997: 328-329). 새로운 교육개념으로 "전인교육을 통한 자아실현"을 제안한다. 자아실현에 관련되는 개념으로 기능성, 자유, 창조, 몰입, 용기 등의 '비과학적' 개념을 제시한다. 초기에 주장했던 교육과학과 사뭇 다르게 교육을 윤리적 행위로 해석하고, 실존철학에 가까운 교육개념을 말한다.

> 교육이 이렇게 윤리적 행위이기 때문에 교육의 기저적인 관심은 우선 '인간에 대한 관심'이어야 한다. 그것은 다른 무엇보다도 지금껏 우리가 '자아실현'이라고 불러온 '인간의 인간적인 성장'에 대한 관심을 말한다. 그래서 교육자에게는 남다른 인간적 감수성, 인간의 애환에 예민하게 반응하는 민감함이 요구된다. 우리는 지금껏 인간이란 불확실성을 안고 있는 가능성 속에서 외로운 자아가 불안과 책임을 감내하며 자유를 행사하면서 어떤 가치창조 활동에 전심, 몰입하는 용기를 가져야 하는 존재라고 밝혔다. 인간의 애환은 그런 인간적 존재의 내면에 같이 깃들어 있다. 이런 인간에 대한 감수성의 회복은 모든 교육개혁 노력의 대전제가 되어야 할 것이다. (정범모, 1997: 357-358)

자아실현을 지향하는 교육의 방향으로 자유, 도덕, 민주주의를 연결하는 인문교육, 자유교육, 자유인의 교육을 제안한다(정범모, 1997: 347-350). 이런 방향 전환은 교육과학화를 위해 제시했던 교육개념이 인간과 삶에 관한 철학적 이해를 소홀히 한 것에 관한 아쉬움에서 비롯되었을지도 모르겠다. 자신의 성장에 관한 정범모의 소회를 보면서 우리는 교육이 무엇인가를 더 배우게 된다.

나는 이 책을 써 내면서 나의 모든 '배움의 벗'을 회상하게 된다. 나는 많은 벗에게서 배웠다. [⋯] 결국 사람들의 아이디어는 그 한 사람만의 소산이 아니라 여러 '학문의 벗들'의 사고가 빈번하게 흐르고 만나는 교차로에서 태어나는 것이다. 그런 교차로 언저리에 서서 보고 듣고 생각하게 해 준 모든 벗에게 감사한다. (정범모, 1997: 9)

진리를 향한 탐구를 평생 지속하는 전범(典範)을 본다. 교육의 핵심은 사람들이 함께 실행하는 '공동 탐구'라는 것을 오랜 경험에 의해 분명하게 조명한다.

3. 경험의 재구성을 통한 성장: 듀이의 교육개념

1) 공동 탐구를 통한 경험의 재구성과 성장

듀이의 교육개념을 이해하려면 그 중심축이 되는 경험을 이해해야 한다. 교육은 실제 삶의 경험을 기초로 삼아 삶의 실제 문제를 해결하는 능력인 '지력'을 증대하는 경험의 재구성 과정이기 때문이다. 또한 듀이는 개인과 사회가 민주주의를 통해서 성장할 수 있다고 생각하고, 교육이 경험의 재구성을 통해 민주주의의 여건을 만들 수 있다고 믿기 때문이다. 교육은 곧 경험의 재구성과정이므로 교육과 민주주의는 동의어라고 듀이는 생각한다. 경험, 교육과 민주주의가 인간의 삶에 필연적이라는 것을 입증하기 위해 듀이는 경험을 인간의 실존조건과 연관시켜서 소개한다. 듀이는 확실성/불확실성, 안정성/불안정성, 연속성/불연속성, 실재성/상상성(the actual/ the imagined) 등 상반되는 특성들(traits)의 복합체가 삶의 실존조건이라고 말한다. 개인과 사회는 그런 특성들을 적극적으로 통제하고 활용하여 삶의 개선을 도모해야 한다(1916: 100).[05] 그러려면 방금 열거한 우연적인 질성들(qualities)을 직접 경험하여 그것들을 체계적으로 통제하고 연관시킬 수 있도록 질서정연하게 조직하는 과정이 요구된다(1971: 93).[06] 듀이는 그런 과정을 "삶은 환경에 작용함으로써 스스로를 갱신해 나가는 과정이다"(1916: 40)라고 말한다. 혹은 "적응은 환경을 우리 자신의 활동에 적응시키는 것임과 동시에 우리의 활동을 환경에 적응시키는 것이다"라고 말한다(1916: 102). 듀이는 적응을 인간과 환경의 상호작용으로 이해한다. 인간은 유기체로서 환경과 상호작용하고, 상호작용의 과정과 결과로 경험이 생성된다.[07] 상호작용과 경험은 환경의 불확실성을 확실성으로 전환시킴으로써 환경을 통제하고 변화시킬 수 있는 역할을 하고 환경에 적응하게 한다. 적응과 경험을 통해 사람도 변화

05 3절에서는 듀이의 글이 자주 인용되므로 별도로 표기하지 않고 연도와 쪽수만을 표시한다.
06 *Experience and nature*는 김동식 역(2005), 『경험과 자연』으로 출판되었다. 여기서는 1971년 판 영문본을 참고하였다. 듀이가 '환경'이라는 용어를 쓸 때는 '자연'과 '문화(사회)'를 함께 포괄한다고 이해한다.
07 듀이는 상호작용을 transaction과 interaction으로 구분하기도 한다. transaction은 '교호작용'으로 번역하는데, 인간과 환경이 영향을 주고받으면서 각각이 변화하는 활동을 뜻한다.

하고 환경도 변화하는 것이다. 상호작용에 관한 듀이의 의견은 이중 관점을 시사한다(Garrison, Neubert & Reich, 2012: xii). 한편으로는 다윈주의(Darwinism) 입장에서 자연(환경)이 인간의 문화와 행동을 제한한다고 인식하면서 다른 한편으로는 문화와 행동의 발달이 자연(환경)을 변화시킨다고 설명하는 것이다.

인간이 환경에 의해 제한되면서 어떻게 환경을 변화시킬 수 있느냐는 질문은 많은 학자가 고심하는 질문이다. 듀이는 환경에 의해 어떤 제한이 주어지기 때문에 그것에 적응하기 위해 행동과 경험의 유형이 정해진다고 본다(1934: 86). 인간의 지속적 노력에 의해 경험 유형에 적응력과 유연성이 내장되므로 그 유형을 적용하고 변형함으로써 환경의 제약을 통제하고 환경을 변화시킬 수 있다고 보는 것 같다. "삶이 제한하는 현실이 냉혹하기 때문에 창의성이 생겨난다"는 어떤 요리사의 말을 참고하면 이해에 도움이 되겠다. 먹을 수 있는 것이 한정되어 있는 덕분에 무엇이든 요리해서 먹어야 하는 필요성이 창의력의 동력이 된다는 뜻이다. 듀이에 의하면, 자연과 문화는 긴장관계에 있고, 그런 관계 덕분에 인간의 삶과 잠재력이 발현된다.

환경에 관한 최초의 경험은 불확실성과 안정성이 혼합된 상황에 관한 '총경험(gross experience)'이다(1971: 41). 특히 문제 상황에 직면할 때 상황의 질성을 감지하는 총경험을 겪는데, 이를 '질성적 경험(qualitative experiences)' 혹은 '1차 경험(primary experiences)'이라고 부른다. 이런 경험은 후속 탐구를 필요로 한다. "불확실한 문제 상황을 통제 가능한 확실한 상황으로, 그리고 문제 상황의 요소들을 유기적으로 결합하여 통제 가능한 총체로 전환시키기 위한 계획적인 방법"(Dewey,

Legg & Hookway, 2020에서 재인용)을 모색하기 위해 탐구를 시도한다. 온갖 종류의 사물, 사건과 과정들을 경험하므로 경험은 환경이라는 외부 세계와 떼어낼 수 없으며, 경험을 통해 그것들을 내부 세계의 언어와 개념으로 표현해야 하므로 환경은 내부 세계와 분리될 수 없다(Legg & Hookway, 2020). 언어와 소통을 통한 '탐구(inquiry)'라는 의도적인 노력을 통해 인간은 합리적으로 생각하고 행동하는 행위자가 되고, 환경에 적응하고 환경을 변화시켜서 생존할 수 있는 것이다. 최초에는 불확실성 등의 질성이 두드러지는 문제 상황에 관한 경험에서 시작하지만 지적 탐구와 검증을 통해 경험이 재구성되고 성장한다. 듀이가 제안하는 탐구는 이론적 지식이 아니라 실천적 지식, 즉 특정 시기의 실제 삶의 문제들을 해결하는 것에 중점을 둔다. 학문이 제공하는 이론이 아니라 자신의 경험에 의해 문제 상황을 해결하는 유용성을 검증하여 지식을 발견하고 학문을 구성해야 한다(1938: 21).

탐구와 적응은 개인뿐 아니라 사회의 보존과 발전에 필수적인 과정이다. 탐구와 적응은 사회적 과제이므로 개인과 사회가 공동으로 노력할 수 있는 공동 탐구가 요구된다. 그러므로 환경을 경험하고 탐구하는 데에 참여하는 사람들과 소통하고 상호작용하는 일이 중요하다. 듀이에 의하면, 삶은 본래 불안정하고 위태로우므로 거기에 적응하는 일에는 '우연성(aleatory)'이 있을 수밖에 없다. 그 때문에 교육은 적응을 필연성으로 만드는 역할에 주력해야 한다. "교육은 삶의 필연성"이다(1916: 41). 삶이 적응과 갱신에 의해 연속성을 유지하고, 경험도 그런 과정을 거치므로 교육이 그런 연속성을 증진하는 역할을 해야 한다. 민주주의와 "교육은 환경에 대한 개인의 적응을 가능하게 하는 습관을 획득하는 일"을 해야 한다(1916: 100). 듀이의 철학을 실용주의철학이라고 부르는 것은 삶의 변화에 적응하고 진보하는 데에 유용하도록 경험을 공동으로 재구성하는 방안과 민주주의의 방향을 제안하기 때문이다. 듀이(1916: 489)의 입장을 '도구주의'라고도 부른다.[08] 교육과 지식이 실제 삶을 살고 민주주의를 실현하는 데에 도구가 되어야 함을 조명하기 때문이다.

표1　듀이의 교육개념의 구조

삶/교육의 수준	내용
삶/교육의 이상	• 민주주의의 실현: 공동 탐구의 확대 • 한 사회(탐구공동체)가 의식적으로 공유하는 관심의 양이 많고 종류가 다양 • 다른 사회(탐구공동체)와 교섭이 풍부하고 자유로움
삶/교육의 두 가지 측면	• 개인적 측면: 심리적 측면 • 사회적 측면: 구조적, 제도적 측면 • 교육은 두 측면을 결합하여 사회진보에 기여
삶/교육의 필요성 • 경험의 지속적 재구성 • 성장 • 공동 탐구	• 최초 경험/1차 경험은 불확실성과 위험성을 감지 • 탐구와 해석을 통해 성찰적 경험/2차 경험으로 성장하면 추론과 상상 가능. • 개인의 한계를 벗어나서 소통과 협력에 의한 공동 탐구가 필요
삶/교육의 조건	• 우연적 세계/일상의 경험 • 불확실성, 위험성으로 가득 찬 세계에서 확실성, 안정성 창조는 우연 • 우연을 지속하려는 의도적인 노력이 교육

듀이에게 경험의 검증, 교육, 민주주의는 동일한 과정이다. 듀

08　뒤에서 나올 비판이론은 도구주의의 폐해를 지적한다. 그 비판 대상이 되는 도구주의는 듀이의 도구주의와 구분해야 한다. 듀이는 도구의 사용 목적이 공동 탐구에 의해 결정되어야 한다고 주장하기 때문이다. 두 유형에 공통점이 있다고 해서 그 비판을 듀이의 도구주의에 그대로 적용하는 것은 적합하지 못하다.

이(1916: 141, 144)는 교육개념을 다음과 같이 정의한다.

① 교육은 경험의 재구성을 통한 성장이다.

② 경험을 재구성하는 일이 성향과 습관으로 정착되어서 성장을 촉진해야 한다.

③ 경험의 재구성은 (1) 경험의 의미를 더해 주고, (2) 다음 경험의 방향을 결정할 능력을 증대시키는 일이다.

④ 성장으로서의 교육은 상호작용과 소통을 통해 진전되는 공동 탐구이며 사회적 과업이다.

듀이의 교육개념이 추구하는 가장 중요한 두 가지 원리는 상호작용과 연속성이다. 상호작용을 통해 경험이 재구성되어야 하고, 상호작용과 경험에서 연속성이 증대되어야 한다(1916: 41). 교육의 과제는 후속 경험으로 이어지는 유용한 경험을 학생들의 현재 경험 속에서 찾아내는 것이다(1938: 27-28). 경험의 가치는 현재의 문제를 해결하는 데에 도움이 되는 경험을 상호작용을 통해 증진하고, 후속 경험과 연결하는 연속성을 증대하는 역할을 하는 데에 있다. 경험은 실제 삶의 경험이고 '자신만의 경험(personal experience)'이다. 교육은 삶의 환경에 적응하는 자생력을 기르는 일이므로 학생과 교사는 관람자가 아니라 참여자가 되어야 한다. 교사는 학생들이 자신과 타인의 경험에 흥미와 관심을 갖고, 그 경험을 삶의 문제를 해결하는 데에 유용하게 쓰도록 재구성하는 노력을 안내해야 한다(1916: 322).

경험의 재구성 과정을 1차 경험과 2차 경험으로 구분하여 정리해 보자(1971: 16). 앞서 말한 것처럼 질성적 경험 혹은 1차 경험은 삶의 문제를 해결하기 위해 기존의 지식이나 수단을 동원하지만 한계를 느끼는 상황에서 비롯된다. 1차 경험은 삶의 불확실성과 통제 가능성이라는 양면적 질성을 직면하는 문제 상황의 경험이다. 2차 경험은 성찰적 경험으로서 문제 상황에 관한 조사, 다양한 해결 방법 모색, 각 방법 적용의 결과 예측과 검토 등을 거쳐서 새로운 방안과 지식, 의미를 창출하는 과정을 가리킨다. 2차 경험 혹은 성찰적 경험은 1차 경험을 재구성한 경험이다. 경험의 의미를 더한다는 것은 문제 상황을 해결하는 실천적 지식을 증대하는 과정 그리고 경험의 의미와 가치를 재해석하는 과정을 가리킨다. 경험의 방향을 결정할 능력을 증진한다는 것은 향후에 발생할 문제를 해결할 수 있는 실천적 지식의 자원이 증대하고 가치와 의미의 지평이 확대된다는 것을 뜻한다. 성찰적 경험을 거치면서 1차 경험에서 동원하였던 지식과 방법 그리고 가치와 의미가 수정되고 확장된다. 그런 성과 덕분에 삶을 예측하고 통제할 수 있는 힘을 증대하면서 삶의 의미가 갱신되고 자아가 성장한다.

　　듀이에 의하면 1차 경험이 2차 경험으로 이어지고 결합되면 '하나의 경험' 혹은 '완결된 경험(a unified experience)'이 형성된다. 완결된 경험은 성장을 이끌어 가는 동력이다.

　　경험은 고양된 활력소다. 경험의 뜻은 <u>자신의 느낌과 감각에 갇혀 있다는</u> 것이 아니라 세계와 능동적이고 민감하게 상호작용한다는 것이다. 경험이 최고조에 이르면 자아 그리고 사물과 사건의 세계들이 완벽하게 서로에 침투(interpenetration)하여 '하나'가 된다. 경험은 우리가 삶의 실존 조건들인 변덕과 무질서에 굴복하는 대신 안정성을 획득하게 해 주는데, 우리는 안정성 덕분에 안주하지 않고 발전할 수 있다. (1934: 18)[09]

"자신의 느낌과 감각에 갇혀 있다"라는 표현은 합리주의와 경험주의가 경험을 고립된 개인의 마음에서 일어나는 주관적이고 수동적인 상태로 간주하는 오류를 지적한다. 하나의 경험은 경험의 순환 과정에 의해 촉진된다. 새로운 문제 상황에서 앞의 2차 경험의 결과를 적용하여 새로운 1차 경험을 하고 새로운 2차 경험으로 이어 가는 왕복과 순환이 지속된다. 경험을 재구성하여 획득한 지식은 잠정적인 것이고 새로운 상황에서 수정하면서 후속 문제를 해결하는 데에 연속적으로 적용해야 한다. 경험을 재구성하면서 실제 문제를 해결할 수 있는 지식이 확장되고, 적응의 힘도 재구성하면서 연속성이 증대된다. 재구성은 불완전한 것이고 점진적인 것이며, 좌절하거나 실패할 수 있다. 그러므로 교육을 통해 경험의 재구성을 장려하여 성장을 이끌어야 한다. 성장은 환경에 제한을 받으면서도 환경을 변화시킬 수 있는 실제 능력이 발달되는 것을 뜻한다. 성장은 인간 실존의 조건에 의해 제약된 가능성(potentiality)을 실제화하는 것, 발휘하게 하는 것이므로 미성숙은 약점과 허약함이 아니라 성장할 수 있는 조건이다(1916: 96). 아동들은 미성숙한 상태에서 오히려 상호의존성과 유

09 영문본을 저자가 번역하였음. 밑줄은 저자의 강조.

연성을 적극적으로 발휘하여 주변의 어른들을 능동적으로 모방하고 학습하면서 자신의 경험을 재구성하고 성장한다.

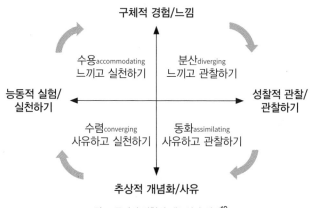

구체적 경험/느낌

수용accommodating
느끼고 실천하기

분산diverging
느끼고 관찰하기

**능동적 실험/
실천하기**

**성찰적 관찰/
관찰하기**

수렴converging
사유하고 실천하기

동화assimilating
사유하고 관찰하기

추상적 개념화/사유

그림1 듀이의 경험의 재구성과 성장[10]

2) 듀이의 교육개념의 특징

교육은 경험을 재구성하면서 실제 문제를 해결하는 실천적 지식을 확장하는 '살아 있는 경험(lived experiences)'의 과정이다. 교육 참여자들이 경험, 사회적 관계, 자아를 재구성한다는 것은 참여자들이 협력하여 자신과 사회의 성장에 유용한 '집단 지력'을 생산하는 것을 뜻한다. 경험의 재구성을 통한 성장이라는 교육개념에 담긴 특징을 알아보자. 첫째, 경험의 재구성 과정은 능동적이고 지적인 습관으로 체화되어야 한다. 경험의 재구성 과정에서 "지식의 기능은 한 경험이

---

10 S. A. McLeod(2017. Oct. 24), *Kolb's learning styles*, Simply Psychology. www.simplypsychology. org/learning-kolb.html

다른 경험에서 자유롭게 활용될 수 있도록 하는 데에 있다"(1916: 483).
'자유롭게'라는 말은 크게 의식하거나 힘들이지 않고 효율적으로 지식을 활용할 수 있는 습관과 연관된다. 습관은 반복된 경험이 누적되어 정착된 '행동 경향성'으로서 행동을 용이하고 효율적으로 하도록 지시한다. 습관은 제2의 천성(second nature)을 형성하는 것이고 학습의 '생물학적 토대'로 기능한다. 그러나 습관을 관성적으로 적용하면 상황 변화에 적용하기 어렵다. 습관의 기본 성향은 새로운 상황과 과거의 상황이 동일하다는 것을 전제로 하는 반응양식이기 때문이다(1916: 484). 그러므로 2차 경험, 즉 성찰적 사고를 통해 상황의 차이를 고려하여 다른 방안을 조사하고 적용하려고 노력해야 한다. 이런 과정이 거듭되면 새로운 상황에 맞게 습관을 수정할 줄 아는 능력이 늘어난다. 습관이 재구성된다는 것은 경험이 재구성된다는 것과 동일한 과정이다(Garrison, Neubert & Reich, 2012: xiii). 습관을 재구성하면서 지적 성향(intellectual disposition)을 장착하게 되고 능동적 습관으로 전환한다. 지적 성향은 습관의 행동 경향을 수정하는 동력이 된다. 교육은 학생들이 지적 성향을 습관화하도록 격려하여 '우리를 가지고 있는 습관'을 벗어나서 '우리가 가지고 있는 습관'으로 전환하도록 안내해야 한다(1916: 104). 피터스(1981: 52)도 "'습관과 전통의 뜨락'을 반드시 거쳐야만 '이성의 궁전'에 들어갈 수 있다"고 말한다. 피터스는 습관과 이성을 이분화하고 습관을 이성의 하위 단계로 평가하지만, 듀이는 습관과 이성이 결합되어 있다고 본다. 그래서 지적 습관의 개념을 도입하고, 지적 습관을 지력이라고 부른다. 지적 습관이 곧 지력이며 실천적 이성이다. 지적 습관은 "습관을 다양하고 탄력성 있는 용도에 연결시켜

줌으로써 계속적인 성장을 가능하게 한다"(1916: 99). 교육은 경험의 재구성과 지식 탐구가 습관으로 체화되도록 안내한다.

둘째, '공동 탐구'를 통해 경험의 재구성과 성장을 지속하면서 민주주의를 삶의 양식으로 구현해야 한다. 삶의 불확실성과 우연성은 인간 공동의 조건이므로 공동으로 대처해야 하기 때문에 '공동 탐구(associated inquiry, joint inquiry)'는 자연스러운 학습방법이다. 공동으로 노력하기 위해 목적, 신념, 포부 등에 관한 공동 이해 혹은 '비슷한 마음가짐'이 요구된다(1916: 44). 공동 이해는 다양한 의견을 소통하면서 경험이 확대되고 태도가 변하면서 형성된다. 공동 탐구에 능동적으로 참여하면 개인 차원에 머물 때보다 성찰적 경험이 촉진되고 더 타당한 결론을 도출할 수 있다. 공동 탐구를 진작하는 참여와 다양성의 원리에 의해 집단 지력이 향상되고 공유된다. 특히 듀이가 목격하였고 우리도 직면하고 있는 (4차)산업화, 도시화, 세계화가 계층의 분열과 불확실성을 증대하고 있으므로 다양성에 관한 개방적 태도를 장려해야 한다. 분열과 갈등이 극심해져 가는 현재 상황에서 공동 탐구의 필요성이 더욱 부각된다. 공동 탐구는 계급, 젠더, 인종, 종교, 문화, 국가 등의 경계를 넘어서 타자들과 관심을 공유하고 생각과 행동을 다양화하는 계기를 제공한다. 듀이는 공동 탐구가 성찰의 기회를 확대한다고 강조한다.

각 개인이 자신의 행동을 다른 사람들의 행동에 관련짓고 다른 사람들의 행동을 고려하여 자신의 행동의 목적이나 방향을 결정한다는 것은 계급, 인종, 국적 등 우리가 자신의 행동의 의미를 파악하지 못하도록 가로막는 경계가 철폐된다는 뜻이다. (1916: 155). [⋯] 성장의 능력을 유지해 나가는 것은 그런 지적 포용성에서 나오는 결과이다. 고집 센 마음, 편견 등의 큰 폐단은 발달을 저지한다는 것, 마음에 새로운 자극이 들어오는 것을 미리 차단해 버린다는 데에 있다. (1916: 155, 278)

다양성과 이질성을 위협으로 여기는 것이 아니라 자신과 집단의 경험을 성찰하는 계기로 삼는 공동 탐구가 실행되어야 한다. "타자의 입장에서 보는 것처럼 자신의 경험을 돌아보고 그 경험이 타자의 삶과 어떻게 연관되는가"를 고려하는 자기성찰이 중요하다. 자신의 경험을 재구성하는 일은 자신과 사회의 관계를 재구성하는 일로 이어질 수 있고, 경험의 의미의 재구성과 더불어 자아도 재구성된다 (Garrison, Neubert & Reich, 2012: xv). 듀이는 공동 탐구를 통한 자기성찰과 자기성장을 부각함으로써 교육을 도야의 과정으로 조명한다.

마지막으로 학교는 공동 탐구를 장려함으로써 민주주의의 '실험실' 역할을 해야 한다. 학교에서 다양한 의견을 주고받으면서 타당한 의견을 도출하여 실천하는 과정을 경험하면 학교는 민주주의의 실험실이 된다. "민주주의는 정치의 형태만이 아니라 보다 근본적으로는 공동 생활의 형식이요 경험을 전달하고 공유하는 방식"(1916: 155)이다. 경험을 전달하고 공유하는 방식이 공동 탐구이고 그래서 공동 탐구는 학교에서 공동 생활의 형식이 되어야 한다. 공동 탐구가 활발한 학교는 민주적 '공동체의 축소판(miniature)'이 되고(1916: 509), 자연과 사회의 실존적 조건인 불확실성과 이질성을 존중과 협력으로 전환하는 큰 순환을 이루는 데에 기여한다. 공동 탐구 덕분에 경험이 더 타당하게 재구성되며 개인의 성장과 사회의 개선이 선순환되는 민주주의 토양이 두터워진다. 학교교육의 가치를 판단하는 기준은 "계속적인 성장의 열의를 얼마나 불러일으키고 그 열의를 실천에 옮기는 수단을 얼마나 제공하는가"(1916: 109)에 있는데 공동 탐구가 바로 그 수단이다.

3) 경험과 성장 개념 비판

듀이가 지지하는 경험은 과거 행동과 미래 행동의 연속성을 담보하여 지속적인 성장을 가능하게 하는 경험이다. 그런 경험이 교육적 경험이며 성장의 동력이다. 듀이는 성장의 방향이 다양하다는 것을 인정하므로 어떤 방향으로 성장하는 것이 개인 혹은 공공 차원에서 더 타당한가를 평가할 수 있는 기준은 제공하지 않는다. 계속 성장할 수 있는가가 듀이의 관심이지 더 나은 성장의 방향을 제시하는 것이 관심은 아닌 것 같다. 듀이의 제안의 장점은 절차의 측면에 있다. 경험적 검증의 절차를 통해 당면한 문제를 해결하고 성장의 방향을 선택할 수 있는 것이다. 그런 검증에는 피터스가 지지하는 보편적 명제와 지식의 형식이 동원되는 것이 아니라 특정 상황의 세부 요인들과 다양한 해결 방안들을 검토하는 실천적 지식이 필요하다. 이런 점에서 듀이와 피터스는 대립한다. 그러나 어떤 선택이 다른 선택보다 가치 있는가를 개인적, 사회적으로 평가할 수 있는 기준을 듀이에게서 찾기 어렵다(Noddings, 1998b: 104). 성장과 교육이 지향해야 할 가치를 논의하지 않는 경향은 정범모와 닮아 있다. 정범모도 변화의 지속성과 강력함에 초점을 두지 변화가 지향해야 할 가치를 제시하지 않는다. 우리가 지금 사는 사회는 듀이가 살던 시대보다 훨씬 더 다원화되어 있으므로 그런 가치를 제시하는 것은 유효하지도 않고 가능하지도 않다는 의견이 우세하다. 그렇게 듀이의 입장을 변호할 수 있다. 듀이는 어떤 가치를 내세우지는 않지만 삶과 교육의 가치를 토의하는 것은 장려한다. 다만 어떤 가치에 방점을 두어야 하는가를 말하지 않을 따름이다. 듀이가 민주주의를 가치로 지향한다고 말할 수 있다. 그러나 듀이에게 민주주의는 공동 탐구를 촉진하는 생활양식의 특성이지 자유 등의 가치에 기초한 특정 정치체제를 뜻하는 것은 아니다. 듀이의 도구주의는 교육이 목적 실현을 위한 수단이 되어야 함을 강조한다. 그러면 어떤 목적을 추구하는 것이 더 가치 있고 타당한가를 검토해야 하므로 교육의 목적에 관해 듀이가 어떻게 말하는가는 다음 장에서 검토한다. 이런 지적 외에도 듀이의 중심 개념들, 예컨대 '경험'의 뜻이 모호하고 피상적이라는 지적도 많다. 듀이 자신도 그런 논란을 의식하여 경험 대신에 '문화'라는 개념을 채택하는 것이 더 타당했겠다며 후회했다고 한다. 로티(R. Rorty) 같은 학자들도 듀이가 경험이라는 용어에 의존하지 말았어야 한다고 비판한다 (Hildebrand, 2018). 개념 비판은 이 책의 범위를 넘어서는 일이므로 이 정도로 언급하고 그친다.

4. 종합

교육개념을 정련하려는 노력과 더불어서 개념 정의를 최소화하자는 움직임이 나타난다. 개념을 정교하게 풀이할수록 추상적으로 변하여 실제 교육과 멀어지는 것을 걱정해서 그렇다. 교육학 역시 경제학처럼 이론과 실제의 괴리가 큰 학문이라고 평가하면 더욱 그럴 것이다. 이런 '최소주의자(minimalist)'들은 교육개념이 공통 언어로서 논의를 촉진하는 것이 아니라 논의를 차단하는 데에 쓰인다고 지적한다(Wringe, 1988: 22).[11] 예컨대 대화하는 중에 "네가 말하고 있는 것은 교육이 아니야! 사회화를 말하고 있잖아!"라고 지적받으면 맥이 빠져버린다. 민주주의, 자유 등과 같이 '명예로운 용어(honorific term)'를 둘러싸고 이런 일이 벌어진다는데 교육 또한 그런 용어일 가능성이 있다. 그런데 '개념 애착' 경향이 모든 사회와 학문에서 두드러지는 것 같지는 않다. 미국과 유럽 등 대부분의 교육학계는 그 일에 큰 관심이 없다(Winch & Gingell, 1999). 국내외의 다른 학문, 예컨대 경제학이나 정치학은 경제와 정치 개념을 엄밀하게 정의하는 일에 큰 비중을 두지 않는다. 영국과 한국의 교육학계가 유독 그런 것으로 보인다. 분석철학을 애정하는 학자들의 힘이 여전히 크거나, 개념 정의를 엄밀하게 하는 만큼 교육학이 학문으로 존경받는다고 믿어서 그런지 모르겠다. 반면에 최소주의자들은 개념 정의를 최소로 한정한다. 교육을 '양육'이나 '성인의 삶을 준비하는 일'로 제시하는 예를 들 수 있다.

---

11 린지(C. Wringe)의 책은 번역본이 있으나 여기서는 원본을 참고했다. 김정래 역(2013), 『교육목적론』, 서울: 학지사.

최소주의가 유일한 대안은 아니다. 교육개념을 알아보는 의도는 특정 개념을 하나의 본으로 검토하면서 교육의 다양한 측면을 포착하기 위한 것이었다. 피터스, 정범모와 듀이의 개념을 비교하고 검토해서 교육에 관한 우리의 지평을 넓히고, 교육이 무엇인가를 더 깊게 파고드는 데에 활용해야 한다. "성찰은 기존 언어를 다른 맥락에 놓이게 함으로써 새로운 이해의 틀을 창출하는 일이다"(Feinberg, 1983: 227)라는 말을 귀담아 들어야 한다. 예를 들면 '공동'이란 말을 획일화라는 뜻으로 쓰기 쉽지만 사회적 약자들이 겪는 고통을 공감하는 맥락에서는 '연대'라는 뜻으로 재창조할 수 있다. 공동 탐구에서 연대의 가치를 조명할 수 있다. 개념을 다른 관점과 맥락에서 톺아보고 이해의 틀을 재구성하기 위해 다양한 개념들과 대화할 것을 추천한다. 다양한 교육개념과 대화함으로써 더 타당한 교육개념에 근접하고 자신의 필요에 더 적합한 개념을 창출할 수 있다. 이런 과정은 비트겐슈타인의 제안처럼 그림놀이를 실행하면서 재구성하는 과정, 즉 학습하고 탈학습하며 재학습하는 과정과 비슷하다. 비트겐슈타인이 말하는 '가족유사성'에 의해 교육개념을 이해하고 실천하면서 개념을 다듬고 확장해야 한다.

O 교육개념에서 연상되는 인간상

단순화를 감수하고 각 교육개념에서 연상되는 사람을 그려 보면, 피터스의 개념에서는 '명문 대학에서 문학, 역사, 철학을 진지하게 전공하는 성실한 대학원생'이 떠오른다. 정범모의 정의에서는 '부지런히 설계하고 측정하고 평가하는 연구원'이 연상된다. 듀이의 정의를 따르면 '꾸준하게 소통하고 지혜롭게 실천하는 생활인'이 연상된다. 이런 연상에 동의하는가? 각 정의의 어떤 경향이 이런 연상을 불러일으키는가? 각 연상에서 동의하지 않으면 자신이 연상하는 인간상을 이야기해 보자.

O 지식과 실천

피터스의 교육개념은 학문에 전념하는 이론적 지식인을 지지하는 반면에 듀이의 개념은 삶의 문제에 도전하는 실천적 지식인을 선호한다. 실천적 지식인이 학문세계로 입문하는 일과 이론적 지식인이 삶의 문제를 해결하는 지력을 획득하는 일 중에서 어떤 일이 더 쉬울까? 어떤 접근이 더 마음에 드는지 '선 취업 후 (대학)진학'이라는 정책을 두 가지 접근과 연관하여 생각해 보자. 두 지식의 이분화를 넘어서 두 지식이 선순환될 수 있는 가능성이 있는지, 그 가능성을 두 학자의 개념에서 찾을 수 있는지 토의해 보자.

○ 교육개념의 '가족유사성'

교육개념에 관한 가족유사성의 예로 세 가지를 제안한다(Wringe, 1988: 20).[12] ① 개인의 발달과 삶의 목적 실현을 촉진. ② 바람직한 상태의 사회를 만드는 일에 기여. ③ 가치 있다고 간주할 수 있는 진리, 합리성, 탁월성을 증진. 이런 특성들은 이미 살펴본 세 가지의 교육개념에 담겨 있다. 세 가지 기준을 활용하여 피터스, 정범모와 듀이의 교육개념을 비교해 보자.

12 이 기준은 교육목적의 기준으로 제시된 것을 개념의 기준으로 변용한 것이다.

5장. 교육의 목적

몇 해 전에 일본 도쿄대학교의 부총장과 학생들의 대학생활에 관해 이야기를 나눈 적이 있다. 학교의 꽤 많은 신입생이 아무 의욕도 없고 어떤 활동도 하지 않으려고 해서 뭔가 하도록 일으켜 세우는 일이 힘들다는 말을 들었다. 그런 학생들은 삶과 교육의 목적을 도쿄대 입학으로 삼았고 그것을 이루었으니 더 이상 할 일이 없다고 믿는 것 같다고 했다. 한국 학생들의 삶과 교육의 목적은 어떤가? 많은 사람들이 '명문 대학'에 입학하고 '명문 직장'에 취업하는 일 자체를 '명문 인생'으로 여기는 것 같다. 명문 대학에서 어떤 공부를 하고 명문 직장에서 어떤 일을 하면서 어떤 의미와 가치를 형성하며 사는 걸까? 어쩌면 각종 시험에서 높은 성적을 받고 경쟁에서 승리하는 것 자체를 삶과 교육의 목적으로 삼는 게 아닌가 싶기도 하다. 고득점과 승리에서 파생되는 '지대추구(rent-seeking)'에 만족해서 삶의 목적을 갱신하고 확장하는 시도를 중단하는 것은 아닐까? 그래서 어떤 초등학생들의 꿈이 건물주가 되었나? 진부할지 몰라도 아리스토텔레스(Aristoteles)가 오래전에 했던 말, 돈과 명예는 유용하지만 좋은 삶을 보장하지는 못한다고 했던 말이 떠오른다. 어떤 국제단체가 몇몇 나라의 아이들에게 꿈을 물어보는 조사를 했다.[13] 특정 직업(1위 연예인, 2위 우주비행사 등)을 꿈꾸는 아이들의 비율은 한국이 매우 높았다(84%). 행복, 평화, 평등 같은 삶의 가치를 꿈꾸는 아이들이 뉴질랜드 등에서는 꽤 있었지만 한국 아동들 중에는 거의 없었다고 한다. 가치가 형성되어야 원하는 삶과 직업을 선택할 수 있지 않을까? 꿈꾸는 가치가 있을 때, 그 가치를 추구할 수 있는 직업은 여러 가지일 테니 선택의 폭이 넓어지는 반면, 특정 직업을 원한다면 선택의 폭이 좁아진다. 성장하면서 원하는 직업이 변한다고 해도 그렇다. 삶에 관한 꿈이 빈약한 현실을 보면서 한국 교육의 목적을 톺아보자. 교육목적을 가치 있는 지식의 추구, 일의 추구와 좋은 삶의 추구로 나누어 살펴보고, 더 통합된 목적의 가능성을 탐색하자.

1. 교육목적의 중요성

교육은 자신이 원하는 삶을 살 수 있도록 안내하는 역할을 할 수 있고, 사회제도 중에서 그런 역할을 꽤 잘할 수 있는 축에 든다. 듀

---

13 한국월드비전(2017), 「'두려움과 꿈' 보고서」. 7개국의 7살에서 17살의 아이들을 대상으로 질문했다.

이가 강조하듯이 교육의 목적과 삶의 목적에 연속성이 있다. 교육목적을 스스로 모색하고 실현하는 힘을 길러야 삶의 목적을 설정하고 추구하는 일로 이어진다. 교육의 목적을 사회적, 개인적으로 모색하는 일이 한국 사회에서는 부족하다. 목적을 알아야 전념할 수 있다. 목적을 알고 전념해야 한다. 철학자 밀(J. S. Mill, 1981: 183)은 진정으로 노력했지만 노력의 목적을 상실한 당혹감을 항해에 비유하여 고백한다.

> 나는 항해의 시작에서부터 꼼짝 못하게 되었다. 배는 떠날 준비가 훌륭하게 되었고 키도 달려 있으나 제일 중요한 돛이 없기 때문이다. 그토록 공들여서 노력했지만 노력하는 목적이 없었고 목적을 향한 열정도 없었기 때문이다. 덕이나 공동선에 관해서 기쁨을 느끼지 못했을 뿐 아니라 다른 어떤 것에도 기쁨을 느끼지 못했기 때문이다.

교육의 목적은 우리가 교육과 어떤 관계를 맺고, 어떤 삶을 살 것인가를 모색할 수 있는 방향을 안내한다. 이 장에서는 교육의 목적으로 지식의 추구, 일의 추구 그리고 좋은 삶의 추구를 알아보면서 교육과 관계를 맺고 교육에 참여할 것을 권고한다.

1) 교육목적, 교육목표, 교육지표의 구분

교육목적은 교육을 하는 이유를 가리킨다. 그러나 요즘에는 교육목적을 잘 묻지 않는다. 교육목적을 생략하고 역량 등의 교육목표만을 제시하는 경우, 교육자들은 왜 학습자가 그런 역량을 개발해야 하는지의 이유를 알 필요가 없거나 모르는 '기술자'로 전락할 수 있다. '2015 개정교육과정'이 공개될 때 그런 잘못이 드러났다. 교육을 통해 함양되어야 하는 역량이 교육목적을 대체할 수 없다는 것은 듀이(1916: 120-128)와 피터스(1966: 23-40) 등 많은 학자들이 일찍이 지적하였다. 교육목적과 교육목표는 교육과정, 교육방법, 평가 등 교육 전반의 방향을 이끈다. 교육목적과 교육목표의 진술 체계가 교육을 일관되게 계획하고 실행할 수 있는 근간이 되는 것이다. 물론 목적과 목표는 시대가 변화되고 교육을 실행하면서 변경될 수 있다. 그러나 현재의 교육목적이 제시되어야 교사뿐 아니라 학생도 자신이 교육에 참여하는 목적과 방향을 점검하고 보완할 수 있다.

　　교육목적과 교육목표는 구분된다. 교육목적은 궁극적인 방향과 비전을 나타내며, 어느 정도의 추상화와 일반화에 의해 진술된다. 교육목표는 목적을 달성하기 위한 지침과 단계를 구체적인 행동용어로 진술한 것이다. 예컨대 수학교과에서 확률을 배울 때 확률이라는 언어를 사용하여 세상의 질서를 이해한다는 것은 교육목적이다. 성공 확률을 계산하여 계획의 실현 가능성을 제고하는 행동은 교육목표이다. 교육목적은 오랜 시간에 걸쳐 '실현'되어야 하고, 교육목표는 계획된 시간 안에 '달성'되어야 한다. 교육목적의 실현 여부에 관해서는 질적 논의가 필요하고, 교육목표의 달성 정도에 관해서는 양적 측정이 적합하다. 시냇물을 건널 때 시냇물 건너의 도착지가 교육목적이라면, 거기에 도달할 수 있게 하는 징검다리는 교육목표라는 비유에 교육목적과 교육목표의 관계가 잘 나타난다(홍은숙, 2007: 277). 징검다리 공사를 열심히 하지만 어느 방향으로 왜 다리를 놓는지를 모른다면 행동에 갈피가 없고 행동의 의미도 인식하지 못하게 될 것이다. 특정 교과에서 학습자료를 열심히 공부하지만 교육목적과 연계되지 못하면 왜 그 자료를 공부하는지 이유를 상실하여 뿔뿔이 흩어진 자료를 그저 파고드는 셈이 된다. 교육목적과 교육목표는 국가교육과정뿐 아니라 교육기관에서도 중요하다. 대부분의 대학들은 이런 체계를 명시하고 있으니 학교요람이나 홈페이지에서 확인할 수 있다.

지표(indicator)라는 용어도 자주 사용된다. 대학평가를 국내외 기관에서 시행하여 순위를 발표하고, 초중등학교의 재정지원도 평가에 의해 금액을 결정하면서 모두들 지표 달성에 열심이다. 평가기관이 평가지표를 제공한다. 대학의 경우 취업률, 충원율, 학생 1인당 교육비 등이 지표의 예이다. 성과지표, 학습지표, 행동지표도 학생, 교사와 학교의 실적을 평가하기 위해 제시된다. 이런 지표들은 실태와 현황을 파악하고 개선하는 노력에 유용하게 참고할 수 있다. 그러나 동시에 심각한 문제점을 노정하고 있다. 각 학교의 교육목적과 각 전공(교과)의 교육목표가 다양한데도 동일한 지표로 모든 학교, 교사, 학생의 성취를 평가하는 일은 무리하고 무모하다. 게다가 이런 지표들은 이를테면 '전문가'들이 일방적으로 결정한 것이다. 참여자들이 지표에 이의를 제기할 수 있는 여지가 별로 없는 채로 지표 달성을 위해 질주해야 한다. 지표평가에 의해 재정지원이나 학교순위가 결정되기 때문이다. 이러면 지표 자체가 교육목적과 교육목표를 대신하는 모순이 불거진다. 지표에 집착하는 현상은 숲은 보지 못하고 나무만 보

는 것과 같다. 교육목적, 교육목표, 지표의 연관성에 유의하면서 숲
도 가꾸고 나무도 가꾸려는 노력이 요구된다.

2) 교육목적의 갈래

국가, 학교와 개인은 하나 이상의 교육목적을 갖는다. 목적들
끼리 크게 충돌하지 않는다면 다양한 목적을 설정하는 일이 가능하
다. 다양한 교육목적들을 알아보면, 브릭하우스(H. Brighouse, 2006)는 자
치(self-government), 자율성 신장, 경제참여, 삶의 번영(flourishing), 시민 창
조의 다섯 가지 교육목적을 제안한다. 나딩스(N. Noddings, 2013)는 개인
적 삶, 직업적 삶, 시민적 삶을 교육목적으로 제시한다. 브릭하우스
의 교육목적에서 자치와 자율성 신장은 우리가 탐구하는 교육목적
중에서 지식 추구를 목적으로 하는 자유주의교육에서 강조되는 동시
에 일의 추구와 좋은 삶의 추구에서도 요구된다. 경제참여는 일의 추
구와 연관되며, 삶의 번영은 좋은 삶과 밀접하게 관련된다. 브릭하우
스와 나딩스가 공통으로 제시하는 시민 창조는 우리가 제시한 세 가
지 목적이 적합하게 결합되어야 실현될 것으로 기대한다. 우리는 시
민교육을 따로 논의하면서 결합의 방향을 탐색할 것이다. 이런 목적
들은 개인 차원의 목적으로 보이지만 사회 차원의 목적 실현에도 기
여한다. 예컨대 경제발전을 위한 인력 양성 등의 목적이 실현될 수
있다. 그러나 사회적 목적을 추구하더라도 개인적 목적이 실현되는
결실에 의해 추구되어야지 개개인을 '예비 인력'으로 취급하는 것처
럼 강한 국가주의 방식으로 추진하는 것은 경계해야 한다.

교육목적을 지식, 일, 좋은 삶을 추구하는 것으로 구분하지만 모든 목적은 참여자들이 목적을 자율적으로 추구하는 실천 주체로 성장한다는 기대를 담고 있다. 또한 지식, 일, 좋은 삶을 각각 조명하지만 그 목적들을 통합적으로 추구하는 삶의 실천 주체로 성장하라는 기대가 담겨 있다. 실천 주체로 성장하기 위해 기존의 전통을 학습하고 변혁할 수 있어야 한다. 지식의 추구는 학문의 전통에 입문하는 일이며 일의 추구는 직업의 전통에 참여하는 일이다. 좋은 삶의 추구는 삶에 필요한 실천의 전통에 참여하는 일이다. 교육목적은 교육의 '구성적 규칙'과 같다. 교육목적은 모든 교육 활동을 구성하는 데에 참고하는 규칙이며 만족시켜야 할 준거이다. 그런 점에서 교육목적의 탐구는 교육지도와 인생지도를 그리는 데에 도움이 된다. 어떤 수준의 교육이든, 예컨대 초등교육이건 고등교육이건 세 가지 교육목적을 고려한다. 비중은 달라진다. 고등교육은 지식의 추구에 역점을 두고 일의 추구를 강화하라는 요구를 받고 있다. 지금까지는 좋은 삶을 추구하는 목적에 소홀했지만 그 방향으로 교육이 전환할 것으로 예상된다. 한국 교육과정 개정에서 크게 참고하는 경제협력개발기구(OECD)의 학습 틀이 그 방향으로 전환되었기 때문이다. 이 글 뒤에서 'OECD 교육 2030 학습프레임워크'를 소개한다. 실제 학교의 교육목적은 더 다양하고 세분되지만 대체로 세 가지 교육목적과 연관된다. 세 가지 교육목적을 패러다임으로 인식함으로써 교육활동을 이해하고 성찰하는 일을 의식적이고 체계적으로 실행할 수 있다. 교육의 목적을 알아보면서 삶과 어떻게 연관되는지 그리고 어떻게 실천 주체로 성장할 수 있는지를 살펴보자.

2. 지식의 추구

1) 지식의 형식에 입문하는 자유교육

교육목적으로 지식을 추구한다는 것은 맹목적인 믿음, 유리된 지식, 단편적 정보를 넘어서 지식의 형식을 추구하는 것이다. 이런 목적은 앞서 소개한 피터스 같은 학자들이 옹호하는 자유교육(liberal education) 혹은 자유주의교육이 강조한다.[14] 자유교육은 사회구성원들의 평등성과 자율성 신장을 중심 가치로 삼는 자유주의(liberalism)에 기초한다. 자율성은 개인이 삶의 목적을 스스로 선택하고 수정할 수 있는 능력을 뜻한다. 평등성은 개인에게 자율성이 있으므로 개인의 목적과 존재를 평등하게 존중해야 한다는 뜻이다. 더 적극적인 입장은 자율성을 개발할 수 있도록 평등한 교육조건을 제공해야 한다고 주장한다. 자율성은 평등하게 존중받을 수 있는 필요조건이므로, 선택과 수정에 필요한 합리성을 개발해야 자율성을 개발하고 평등의 조건을 충족할 수 있다. 자율성과 합리성의 능력이 있는 개인만이 자유롭고 평등하다. 이런 주장은 최근 신랄하게 비판받는데 이유는 뒤에서 알아보자. 자유교육은 개인이 자율성과 합리성을 신장할 수 있는 기회를 평등하게 제공하는 일에 중점을 둔다.

자유교육의 대표적 지지자인 피터스는 내재적 가치를 지닌 지

---

14 자유교양교육, 교양교육 등으로 부르기도 한다. 교양교육은 좁게는 대학의 교양교육과정과 연관되지만 넓게는 자유주의 이념을 반영하여 학문의 전통에 입문하는 일을 지지하는 모든 교육을 일컫는다.

식의 세계에 입문해야 합리성과 자율성이 증진된다고 믿는다. 교육은 이미 정해진 지식의 형식에 '입문(initiation)'하는 것으로 비유된다.[15] 왜냐하면 합리성과 지식의 궁극적 기반, 객관적 근거는 인간이 성취한 '공적 전통' 혹은 '위대한 문화유산'으로 여겨지는 지식의 형식에 있기 때문이다. 그러므로 "한 사회의 언어, 개념, 신념, 규칙 등에 담겨 있는 공적 전통에 개인이 입문"함으로써 지식의 형식에 입문하는 일이 자유교육의 중심이 되어야 한다(Peters, 1966: 66). 이렇게 입문하는 과정은 곧 자율적 인간으로서 '합리적 마음'을 개발하는 과정이다. 더 자세한 설명은 좀 길지만 다음과 같다.

> 사물을 시간, 공간의 틀로 파악하는 데에, 또 인과관계나 목적, 수단의 관계를 확인하는 데에 필요한 개념 구조 내지 범주 구조가 생기는 것은 마음의 발달과정의 한 단계이다. 더 나아가서 기본적 기술의 통달은 개인이 역사상 대가들이 축적해 놓은 방대한 문화유산 ―과학, 역사, 수학, 종교적, 심미적 인식 등 사고와 인식의 형식(modes of thought and awareness)과 도덕적, 예의적 및 기술적 사고와 행동의 양식― 에 입문되도록 그 길을 열어 준다. […] 그러한 사고의 형식들은 각각 독특한 '내용'(이른바 '지식'이라고 하는 것)과 그 내용을 축적하고 비판하고 수정하는 방법으로서의 '공적 절차'를 가지고 있다. 다시 말하면, 그것들은 각각 특유의 개념군과 검증 방법을 가지고 있다. […] 이 내용과

---

15 번역본은 initiation을 성년식이라고 번역한다. 그런 뜻이 담겨 있지만, 문화적 의례의 느낌이 강하므로 여기서는 '입문'이라는 용어를 쓴다.

방법은 모두 공적인 성격을 가지고 있다. [⋯] 그러한 사고의 형식에 들어가서 그것을 자기 자신의 것으로 내면화하는 사람들의 눈에는 공적인 세계의 윤곽이 그 내면화의 수준에 상응하는 만큼 변형된다. 그러한 사고와 인식의 형식에 입문되는 과정이 곧 교육의 과정이다. (Peters, 1966: 69-70)

피터스에 의하면 사고와 인식의 형식, 즉 탐구의 형식에 입문되어야 합리성이 개발되고 자율성이 증진된다. 위 인용문에서 나온 대로 지식의 형식은 다음 세 가지 특징을 '공적 절차'로 보유하고 있기 때문에 지식의 형식이라고 일컬을 수 있다(Marples, 2010). 첫째, 각 형식마다 고유한 개념이 들어 있다. 수학의 수, 과학의 힘, 예술의 조형, 종교의 신, 도덕의 선 등의 그런 개념이다. 둘째, 각 형식에 논리적 구조가 붙박여 있다. 연역법, 귀납법, 귀추법 등의 논리가 각 지식의 형식에 장착되어 지식을 생산한다. 셋째, 각 형식마다 특유의 검증 방법을 갖고 있다. 수학 명제는 인간이해에 관련된 명제와는 다른 방법으로 참과 거짓을 판별한다.

위 인용문에서 피터스가 제시한 문화유산에 기초하여 이런 특징을 갖춘 지식 혹은 탐구의 형식이 제안된다. 학문의 형식은 피터스가 공동연구자 허스트(P. Hirst)와 함께 구체화한 것으로서, '수학, 자연과학, 인간이해, 문학과 예술, 종교, 철학'이다. 이런 형식을 학교 교육과정을 설계하는 데에 참고한다. 그러나 학문의 형식이 교과와 일치하는 것은 아니다(Marples, 2010). 예를 들면 지리 교과에는 수리 개념과 더불어 역사와 자연과학의 개념도 포함되어 있다. 교과는 지식의 형식을 최대한도로 반영해야 한다. 왜냐하면 지식의 형식은 인간에게 합리적이고 자율적으로 사고할 수 있는 능력을 제공함으로써 "삶의 여러 영역에 빛을 던져 주고 삶의 질을 높이는 데에 기여"(Peters, 1966: 212)하기 때문이다.

지식의 형식과 진리의 세계에 입문하는 일이 중요하지만 교육목적으로 설정할 때 나타나는 한계가 지적된다. 그것은 피터스의 교육개념에 관한 비판의 연장성에 있다. 지식이 가치 있다는 것에는 동의해도, 지식만이 가치가 있다거나 지식이 가장 가치 있다고 인정하기 어려운 것이다. 또한 제시된 지식의 형식 중에는 엄격한 의미에서 지식의 형식이 아닌 것이 포함되어 있다는 반박도 있다. 예컨대 문학과 순수예술은 진리 추구가 아니라 향유와 감상을 위한 것이라는 지적이다(White, 1990: 191). 듀이와 가다머(H.-G. Gadamer)처럼 예술을 통해 진리에 접근할 수 있다고 보는 의견이 있으므로 지식과 예술의 유사성을 고려하는 동시에 차별성도 유의해야 한다. 종교를 어떤 지식의 형식으로 규정할 것인가라는 문제는 더 복잡하다. 여하튼 피터스가 제시하는 지식의 형식은 협소해서 개인적이나 사회적 차원의 교육목적을 포괄하기에 벅차다고 지적된다.

2) 비판적 공동 탐구에 입문

자유교육의 목적이 지향하는 다른 측면에 더 관심을 둘 만하다. 피터스는 『윤리학과 교육』의 2장에서 교육에 관한 '종합적 스케치'를 그리면서 교사와 학생이 전승된 학문을 따르기만 하는 게 아니라 비판적으로 공동 탐구를 실행하는 방향을 제안한다. 지식의 형식을 학습하는 일은 사고의 형식을 학습하는 것인데, 그 학습 과정은 두 단계로 나누어진다. 초기 단계는 교사가 학생을 가치 있는 사고의 세계로 입문시키는 과정이고, 후기 단계는 사고의 세계에 입문된 학생이 교사와 함께 공동 '비판자'로서 학습한 지식을 비판적으로 사고하는 과정이다.

> 교육의 초기 단계에서 교사가 해야 할 가장 중요한 일은 자기가 알고 있는 사고의 형식 안으로 학생들을 끌어들이는 일이다. 학생이 각 형식에 들어 있는 개념과 탐구방법을 내면화한 후기 단계에 와서는 교사와 학생의 차이는 오직 정도의 차이에 지나지 않는다. 교사와 학생은 모두 공동의 세계를 탐색하는 경험에 공동으로 참여하는 것이다. (Peters, 1966: 74)

학생이 사고의 형식을 충분하게 학습하고 나면 교사와 공동 탐구자로서 기존 지식을 재검토할 수 있게 된다는 의견이다. 위에서 말한 두 단계에서 각각 다른 종류의 '상호주관성(intersubjectivity)' 혹은 대화가 나타난다.[16] 초기 단계에서는 지식의 형식을 오랜 기간에 걸친 검토와 대화가 축적되어 있는 '상호주관적' 기준으로 받아들여야 한다. 그런 기준은 교사와 학생 모두가 따라야 할 공적 원리이다 (Peters, 1966: 75). 교사는 그 기준에 숙달되어 있으므로 이미 정립된 상

---

16 상호주체성, 간(間)주관성으로 번역하기도 한다.

호주관성의 세계와 사고의 형식으로 학생들을 이끌어야 한다. 후기 단계에서는 사고의 형식을 숙달한 학생들이 교사와 함께 공적 기준을 공동으로 검토하고 비판하는 상호주관성이 부각된다. 교사와 학생은 '공동의 세계를 탐색하는 경험에 공동으로 참여'하는 대화에 몰두할 수 있게 된다.

교사가 초보자인 학생을 안내하는 역할을 하지만 나중에는 동등한 참여자가 되어 기존의 학문을 비판할 수 있게 된다. 초기 단계에서는 '수용적 상호주관성'이 일방적 방식에 의해 형성되지만 다음 단계에서는 '비판적 상호주관성'이 쌍방적 방식에 의해 발달된다. 교육을 통해 학문의 권위를 배우지만 결국 그 권위를 재구성해야 한다는 데에 방점이 찍힌다.

> 전문지식 분야에서는 누구나 잠정적인 권위자이지 절대적인 권위자로 간주될 수 없다. [⋯] 학문에서 명제의 진위는 궁극적으로 그것을 주장한 사람이 누구인가에 관계없이 사실이 어떠한가에 의해서 결정되며, 그 사실을 발견하고 사정하는 공적인 절차에 의해서 결정된다. [⋯] 모순되게 들릴지 모르지만, 교사는 권위자이어야 함과 동시에 학생들이 자신의 지적 권위에 도전하는 힘을 가지게 되도록 가르쳐야 한다. 교사는 문화를 보존하는 사람인 동시에 변화의 도전을 촉진하는 사람이다.
>
> (Peters, 1966: 380-381)

교육목적이 학문의 위대함을 숭상하는 데에 있지 않고 학문을 비판적으로 검토하고 재구성하는 데에 있다는 의견은 지극히 합당하다. 교사를 먼저 입문된 사람으로 보고, 학생들을 입문시키는 역할을 한다고 해석하는 입장도 적절하다. 교사의 권위를 부정하는 것은 아니지만, 그렇다고 절대 권위를 인정하는 것도 아니고, 다만 잠정적 권위를 인정하는 것 역시 바람직해 보인다(홍은숙, 2007: 140). 개념과 검증 방법을 전달하는 역할에 '제한된 권위'를 가진 교사의 일방통행이 일시적으로 필요한 과정일 수 있다.

3) 지식에 치중하는 자유교육의 한계

관건은 기존 학문의 학습이 그 학문을 재검토하고 재구성하는 공동 탐구로 이어질 수 있는가에 있다. 그러나 비판적 상호주관성을 쌍방적인 방식으로 형성할 수 있는 가능성은 제한되는 것으로 보인다. 피터스는 기존 개념과 검증 방법은 '객관적인 기준'이기 때문에 상호주관적 대화와 탐구에서도 꼭 따라야 한다고 주장한다. 그 기준을 적용해야만 학문을 비판적으로 검토할 수 있다고 주장하는 것이다. 그러나 피터스가 말한 대로 공적 기준을 배우더라도 그것이 완전하고 최종적인 것이라고는 믿지 않도록 배울 수 있다. 기존의 개념과 검증 방법은 역사적으로 구성된 것이므로 권력이 부당하게 정당화한 것인지를 비판할 수 있어야 한다. 예로 들면, '공적 전통'으로 배우는 역사는 왕조사와 제도사일 가능성이 크고, 그 역사에서 보통 사람들의 생활사는 배제될 것 같다. 또한 그 역사는 가부장제가 지배하는 역사이므로 여성 등 주변부 사람들의 목소리는 무시할 것 같다. 내용이 아니라 개념을 따지더라도 '여성성'이라는 개념은 객관적이기보다는 가부장주의에 의해 왜곡된 소지가 많은 개념이다. 흔하게 돌아다니는 '위대한 도서'의 목록 혹은 '교양도서' 목록을 보라. 대부분의 저자들은 서양의 주류 백인 남성으로 지배층의 사람들이 아닌가? 피터스가 말하는 공적 전통은 지배집단이 공인하는 '공식적(official) 전통'에 국한될 소지가 크다. 학문의 공적 기준은 학습의 시작 단계에서부터 검토되어야 한다. 교사가 모르는 학생들의 경험이 이야기되어야 하고, 그 경험을 계기로 삼아 기존 기준을 검토할 수 있어야 한다. 선생(先生)은 특정 지식의 특정 형식에 먼저 입문했다는 것을 뜻하는 것이지 학생들의 경험 세계와 세상의 모든 일에 먼저 입문한 사람은 아니다. 학생들의 경험과 문제 제기가 하찮은 것으로 보일지라도 초기부터 시도되고 격려되어야 자유교육이 지지하는 합리성과 자율성이 신장될 수 있다.

피터스가 지지하는 자유교육은 지식의 습득에 중점을 두는 주지주의교육에 가깝다. 자유교육의 목적이 합리적이고 자율적인 사고능력을 기르는 일인 것을 기억하면 피터스의 자유교육과 주지주의교육에서는 본말이 바꾸기 쉬운 것 같다. "사고라는 목적에 도달하기 위해 제시한 수단이 목적 자체가 되어 버렸고 결국에는 해답 사냥을 위해 통과해야만 하는 일종의 의례로 변질되었다"라는 지적이 타당할 수 있다(Holt, 1982a: 177). 이런 지식교육은 '무기력한 지식'을 전달하는 일로 변질되기 쉽다. 그러므로 피터스의 자유교육의 목적은 학문 자체의 형식과 내용을 학습하는 것으로부터 학문에 대한 태도를 형성하는 것으로 재해석되어야 한다. 학문을 불멸의 전범이 아니라 '학습, 탈학습, 재학습'의 텍스트로 접근해야 한다. 그리고 참여자들끼리 경험과 의견을 소통하고 이해하는 과정에서 자신, 타인과 세상에 관한 이해와 공감을 확장하려는 태도가 장려되어야 한다. 누스바움(Nussbaum, 1997: 9-11)이 조명하는 자유교육의 태도를 참고해야 한다. 그 방향은 자신이 배우는 학문 전통을 비판적으로 검토하려는 태도, 자신이 다른 사람들과 서로의 인정(recognition)과 관심(concern)에 의해 연결되어 있다는 인식 그리고 학문이라는 텍스트로부터 현실을 넘어서는 서사적 상상력을 끌어내려는 태도이다.

무기력한 지식에 활력과 생명력을 불어넣으려면 이론과 지식을 먼저 가르친 후 그것을 적용하는 법을 가르쳐야 한다는 고정관념에서 벗어나야 한다. "학문, 배움, 이해는 일직선이 아니다. 그 어떤 것도 한 줄로 세우거나 차곡차곡 쌓아 올릴 수 있는 사실의 조작이 아니다"(Holt, 1982a: 205)라는 의견을 고려하자. "뭔가를 실제로 배운 아이는 그것을 이용할 수 있고 또 이용한다. 그것은 아이의 마음속에서 실제와 연결되어 있기 때문에 기회가 되면 그것과 실제 사이에 또 다른 연결고리가 만들어질 수 있다"(Holt, 1982a: 193). 사고와 적용의 연결고리를 스스로 만들도록 격려하는 일에 비고츠키(L. Vygotsky)가 말하는 '근접발달영역(a zone of proximal development)'을 참고할 수 있다.

독자적으로 문제를 해결함으로써 결정되는 실제적 발달수준과 성인의 안내 혹은 더 능력 있는 또래들과 협동하여 문제를 해결함으로써 결정되는 잠재적 발달수준 사이의 거리가 근접발달영역이다. [···] 근접발달영역은 아직 성숙되지는 않았지만 성숙의 과정 중에 있는, 즉 현재는 발아 상태에 있으나 미래에는 성숙하게 될 기능들로 정의한다. 이런 기능들은 발달의 '열매'보다도 발달의 '싹(bud)'이나 '꽃'으로 정의될 수 있다. 실제적 발달수준이 정신발달의 회고적 특징인 반면에 근접발달영역은 정신발달의 예견적 특징이 된다. (Vygotsky, 1978: 130)

피터스는 학문의 구조와 형식을 전수받은 후에, 즉 열매를 전수받은 후에 실제 문제를 해결할 수 있다고 믿는다. 반면에 비고츠키는 싹과 꽃의 시기를 거쳐야 열매를 맺듯이 학문의 형식은 실제 상황에 적용하는 시도와 더불어서 형성될 수 있다고 조명한다. 이론과 실천의 학습에 시차는 있어도 함께 학습되고 시도되면서 서로 보완되어야 발달이 진전된다. 실제로 우리가 어떤 일을 하는 방식을 보아도 추상적 이론을 먼저 배운 후에 그에 따라 행동하지 않을 때가 많다. 특정 상황에서 어떻게 행동해야 하는가를 판단하는 데에 추상적 이론이 크게 도움이 되지 않기 때문이다. 이론과 행동을 이분하는 접근은 사람의 마음을 주지적 영역과 행동적 영역으로 이분하고, 행동적 영역은 주지적 영역을 기계적으로 따르는 것으로 과장하고 있다(홍은숙, 2007: 70). 그러면 학습한 이론은 물론 직면한 상황에 관한 판단과 성찰 능력도 개발하기 어려운 교육을 초래할 수 있다. 한국 교육이 편협한 주지주의교육에 한정될 경우 자유교육이 '명예로운 전통'으로 인정받는 부분, 즉 자율성과 합리성을 신장하는 일에서 멀어진다. 자유교육에서는 학생들이 자율성과 합리성을 발휘하여 자신이 원하는 삶의 계획을 선택하고 수정할 것으로 기대한다. 그런 모습을 한국 학생들에게서 어느 정도로 찾을 수 있을까? 학생들은 자율적이고 합리적인 실천 주체로 성장하고 있는가? 삶에 관한 더 넓은 범위의 자율성과 합리성을 개발하는 일이 교육목적으로 추구되어야 한다. 이런 인식을 갖고 일의 추구를 교육목적으로 살펴보자.

3. 일의 추구

'세계가치관 조사(World Values Survey)'에 의하면, 한국 사회는 1980년부터 지금까지 생존을 가장 중요한 가치로 여긴다. 이른바 '선진국'이라는 사회는 자기표현을 중시하는 것으로 나타난다고 한다. 한국은 1인당 국민소득이 3만 불을 넘어선 선진국이라고 하지만 여전히 생존을 걱정하는 사회이다. 취업이 어렵고, 취업이 되어도 고용불안을 걱정한다. 코로나19 팬데믹은 불확실성과 불안정성을 가중시켰다. 학생들은 험난한 세상에서 살아가야 한다. 그래서 한국 교육은 학생들의 취업과 생존을 준비해 주어야 한다는 사회적 압력을 크게 받고 있다. 대학이 그런 압박을 제일 심하게 받고 있고, 대학을 평가하는 중요 지표 중 하나가 취업률이 됐다.[17] 교육을 통해 직업과 일을 준비해야 한다는 의견은 공자와 플라톤 시대에도 제기될 정도로 오래되었다. 듀이는 직업을 통해 자기 자신을 발견하고, 개인의 능력이 사회참여로 발휘될 수 있다고 설명한다(Dewey, 1916: 446-447). 이런 의

---

17 2020년 대학 취업률은 상위권 대학의 경우 70%를 넘지만, 전국 평균 취업률은 63.4%이다. 대학알리미. https://www.academyinfo.go.kr/index.do

견을 따르면 직업교육이 교육목적이 되어야 한다. 직업교육은 추구할 가치가 있는 삶을 선택하고, 그 삶을 사는 데에 필요한 일의 목적과 의미를 탐색하고, 관련된 기능과 능력을 학습하는 것이다(Marples, 2010). 일의 추구를 교육목적으로 내세우는 것이 기술 전수에만 주력하거나 직업교육과 자유교육을 꼭 이분해야 한다는 것을 뜻하지 않는다. 쇤(Schön, 1983: 234)에 의하면, 유능한 실천가들은 직업을 수행하면서 일의 목적과 복잡성을 이해하고 목적 실현에 적합한 계획을 세우고 실천한다. 실천을 점검하여 개선하는 '실천하면서 성찰하는 역량'을 발휘한다. 그러므로 직업 영역에서 유능한 실천가가 된다는 것은 실천에 관한 성찰 그리고 의미 있는 수준의 이론적 이해와 지적 참여를 지향하는 것이다. 폭넓은 이해를 지향하는 교육과 구체적 과제에 집중하는 훈련은 구분되지만, 한 가지 활동이 교육인 동시에 훈련이 될 수 있다(Marples, 2010). 예컨대 교육실습생에 대한 지도가 제대로 이루어지면 두 가지를 동시에 할 수 있다. 실천적 활동에 참여하면서 지적 안목을 확대한다면 자기주도적으로 직업을 선택하고 직업의 의미도 풍부하게 만들 수 있다. 그런 직업교육이 가능한가를 살펴보아야 한다.

1) 직업 세계와 교육의 변화

직업 세계는 빠르게 변화하고 있다. 특히 '제4차 산업혁명'이 과학기술과 직업 세계의 혁명적 변화를 가속하고 있다. 세계경제포럼(WEF, World Economic Forum)의 의장인 클라우스 슈바프(K. Schwab)는 요즈음 초등학교에 입학하는 아동들이 갖게 될 미래 일자리의 거의 70 퍼센트가 전혀 새로운 종류의 일자리가 될 것이라고 예측한다(Schwab, 2016: 6).[18] 제4차 산업혁명이 제공하는 혜택이 크지만 삶과 사회를 피폐하게 만들 수 있는 위험도 크다. "우리는 삶과 일, 인간관계의 방식을 근본적으로 변화시키는 혁명의 문 앞"에 서 있기 때문에(Schwab, 2016: 10), "특히 교육 분야의 전면적인 개혁의 필요성"이 강조된다(Schwab, 2016: 6). 교육은 "학생들이 아직 창출되지 않은 직업, 아직 발명되지 않은 기술, 아직 발생하지 않은 문제들을 다룰 수 있도록 준비시켜야 한다"는 모순된 교육목적을 떠안고 있다(OECD, 2018: 2). 미래가 예측 불가능할 정도로 불확실하기 때문에 교육이 할 수 있는 일과 할 수 없는 일을 구분하고, 할 수 있는 일을 잘하도록 노력해야 한다. 학생들의 취업률을 높이라는 압력을 받지만 학교가 일자리를 늘릴 수는 없음을 분명하게 인식해야 한다. 취업에 필요하다고 예측되는 지식, 기술, 태도를 학습하게 함으로써 '일자리 변동'에는 어느 정도 대처할 수 있지만 '일자리 절벽'을 극복할 수 있는 여지는 별로 없다. 일이 각자의 삶에서 어떤 의미를 갖는지 그리고 노동시장은 어떻게 재구조화되어야 하는지와 같은 근본적인 문제들을 학생들과 토의하는 일이 더 중요하다.

교육이 그래도 잘할 수 있는 일은 필요하다고 예측되는 과학기술과 지식을 학생 스스로가 학습하고 변형할 수 있게 안내하는 것

---

18 세계경제포럼의 보고서는 2025년까지 8500만 개의 일자리가 기계로 대체되어 인간과 기계의 노동 시간이 거의 같아질 것으로 전망한다. 새로운 일자리가 늘어나지만 없어지는 속도가 더 빠르다.

이다. 어떤 기술과 지식이 필요한가는 이미 수많은 연구에 의해 제시되었다. 예컨대 세계경제포럼(WEF, 2015)은 학습해야 하는 토대문해(foundational literacy)로 언어와 수리문해, 과학문해, ICT문해, 금융문해, 문화적 문해, 시민적 문해를 제안한다. 개발해야 할 역량으로 4C, 즉 비판적 사고와 문제해결능력(Critical thinking), 소통(Communication), 협력(Collaboration), 창의성(Creative)을 제시하고 있다. 한국 교육은 과학기술의 학습과 교육기술의 도입을 증대하고 있지만 교육에 관한 관점과 실행 방식이 구태를 벗어나지 못하고 있다는 것이 문제다. 'STEM(과학·기술·공학·수학)교육', '코딩교육'과 '소프트웨어교육'이 확대되고 있지만 강의하고 암기하고 객관식 시험으로 평가하는 관행에 머물러 있다. 이런 현상 때문에 "컴퓨터 코딩이 그저 프로그래밍 언어를 배우는 것이라 생각한다면, 굳이 배울 필요는 없다. 괄호 넣기 문제를 풀듯이 학원에서 따분하게 배우는 코딩만큼 해로운 것도 없다"는 걱정을 하게 된다.[19] 과학기술의 학습은 교육의 기본을 내실화하는 노력과 결합되어야 미래 직업을 준비하는 발판이 될 수 있다.

　　일의 추구를 교육목적으로 설정하면서 고민해야 할 사항이 있다. 이미 말한 것처럼 미래의 직업이 어떤 것인가를 예측하기 어렵고, 예측한다고 해도 수많은 직업 중에서 어떤 것을 준비시켜야 하는가의 문제이다. 많은 부모들이 질문한다. "초등학생인 내 아이에게 미래에도 사라지지 않는다는 30%의 직업을 준비시켜야 할까요, 아니면 아직 생겨나지 않은 70%의 직업을 대비시켜야 할까요?" 어떤 직업

19　정재승, 「아이에게 코딩교육을 시켜야 할까요?」, 『중앙일보』(2019.10.01.).

이 남고 사라질지 모른다는 문제보다 초등학교 때부터 진학과 취업에 이르기까지 자녀가 해야 할 결정을 부모가 대신하는 것이 큰 문제가 아닐까? 특성화고등학교, 전문대학, 기술대학에 진학할 학생들을 선발하는 데에 관련된 평등의 문제는 더 심각하다. 성적이 낮기 때문에 특성화고교에 진학하여 취업준비에만 전념한다면 그런 일이 정당할까? 대부분의 수업을 '훈련'과 실습에 배정한다면 그 시기에 경험해야 할 다른 기회를 차단하고 좌절시킬 수 있다. 특성화고교 현장실습 학생들의 거듭되는 사망사고나 극단적 선택은 너무 안타깝다. 죽거나 고통받는 실습생이 없어야 한다. 비정규직, 계약직, 하청직종 등 부당하고 착취적인 조건이 존재하는 데에도 학생들을 그런 분야로 '팔아넘긴다'는 비난을 귀담아 들어야 한다. 직업교육을 선택하는 시점에 여러 대안을 이해하고 선택할 수 있는 능력이 발달되어 있어야 한다. 그런 선택이 가능하도록 여건을 조성하는 일은 정부, 사회와 학교의 책임이다.

2) 일을 준비하는 교육의 방향

학생들을 특정 직업에 배치한다는 기대는 접고 학생들 스스로 미래를 선택하도록 돕는 일이 최선일 것이다. 학생들이 미래에 직면할 문제에 대한 해답을 제시해 주는 것은 불가능하고, 미래의 일에 요구되는 역량을 대규모로 교육할 수 있는 방법도 모르기 때문이다(Harari, 2018). 대신 학생들의 능동적 학습 참여를 격려하고 자기주도성을 증진하도록 돕는 일은 가능할 것이다(OECD, 2018). 능동적으로 참여하는 학습의 방향을 모색하기 위해 몇 가지 방향을 고려할 수 있다. 첫째, 어떤 이름으로 포장을 해도 자신이 하게 될 일이 노동이라는 것을 인식하고, 그 의미를 이해하며, 자신의 성장과 연관시키는 기회를 제공해야 한다. 학교를 졸업하면 노동자가 되지만 노동과 노동자를 비하하는 것이 현실이다. 노동자라는 말을 들으면 노예를 연상한다는 학생이 적지 않다. 학교가 시민을 육성하는 동시에 노동자를 양성하는 목표 자체가 모순이라는 의견도 있다. 평등과 권리를 주장하는 시민과 조직에 순응해야 하는 노동자의 역할이 충돌되기 때문이다. 그러나 인간존엄성은 시민과 노동자 모두에게 보장되어야 하므로 노동자 또한 평등과 권리를 주장해야 한다. 노동자도 자신의 노동을 통제할 수 있는 자유와 권리를 확보해야 한다. 프랑스와 독일, 스웨덴, 노르웨이 등에서는 이미 학교에서 노동교육을 시행한다. 시민교육과 노동교육을 결합해서 시민이 곧 노동자라는 인식을 제공하고, 교육과정에 '노동자 시민'의 삶을 포함해야 한다는 방향이 제안되고 있다. 학교에서 노동을 경험하고 성찰할 기회가 확대되어야 하고, 노동교육도 정착되어야 한다.

둘째, 자유교육의 틀에서 학생들 스스로 판단하고 선택할 수 있는 능력을 발달시키는 일을 근본으로 삼아야 한다. 직업교육을 '참된 자유교육'의 일부로 포함하자는 제안이다(Marples, 2010).[20] 미래의 불확실성을 절감한다면, 특정 기술을 덜 가르치는 대신 자기가 선택한

---

20 스티브 잡스(S. Jobs)는 2011년 3월에 아이패드2를 출시하면서 이렇게 말했다고 한다. "기술만으로는 충분하지 않다. 기술은 자유교양교육과 결합되고 인문학과 결합되어야 우리의 마음이 노래하게 만들 수 있다."

일에 응용할 수 있는 일반능력을 함양하도록 하는 것이 더 낫다는 의견도 있다(Harari, 2018). 특정 지식과 기술은 취업 전후의 직무연수에서 습득할 수 있고, 학교 외의 교육기관이나 온라인에서도 학습할 수 있다. 그런데 기술습득은 생각하고 검증하고 추론할 수 있는 기본 능력을 갖추어야 효과적으로 이루어진다. 변화에 대처하는 능력, 지식과 기술의 원리와 용도의 이해, 그리고 단편적 정보들을 세상을 이해하는 데에 쓰도록 통합하는 능력이 요구된다(Harari, 2018). 적절한 자유교육을 통해 이런 능력을 개발할 수 있다. 요즘 대학생들조차 인터넷과 유튜브를 통해 시각정보를 받아들이는 데에는 익숙한 반면에 글을 읽고 이해하여 소통하는 일을 불편해하므로 더 관심을 기울여야 한다. 피터스(1966: 58)가 소개하는 '직업교육의 자유화'를 참고할 만하다. 학생들이 생산 활동을 하면서 결과물 완성이나 소비에만 관심을 두지 말고 활동에 붙박여 있는 개념과 원리, 검증 방법을 익혀야 한다는 것이다. 그리고 아래 인용문처럼 특정 활동에 필요한 지식과 방법으로부터 관련된 지식의 영역으로 흥미와 관심을 확장해야 한다.

> 지적 탁월성이라는 교육적 이상을 젊은이들의 직업적 이익으로 연결시키고, 관련성을 지각하도록 교육시키고, 사회적·경제적 맥락을 이해하도록 도와주고, 지적인 인간이 될 수 있게 해 주고, 직업 세계를 준비하는 과정에서 의문을 제기하도록 하는 일이 꼭 필요하다. [자유교육의 직업화는] 인간을 자유롭게 해 줄 수 있으며, 지식의 형식에 접근할 수 있는 기회를 제공할 수 있다. (Pring, Marples, 2010: 82에서 재인용)

요리를 배우면서 식재료의 성분, 발달 역사, 유통으로 관심을 확장하는 경우를 예로 들 수 있다. 더불어서 직업에 관련된 지식과 기술을 맹신하는 것이 아니라 비판적으로 검토하는 태도를 육성해야 한다. 직업교육을 자유교육과 연결하면 직업 세계에 유연하게 대처할 수 있는 능력을 학생 스스로가 조성할 수 있을 것이다.

셋째, 현재를 열심히 살면서 현재의 문제를 해결하는 자생력, 유연성과 개방성을 기르는 일이 곧 미래를 준비하는 일이라는 것을 강조해야 한다. '스펙'을 마련하느라고 현재의 삶을 소진해서는 안 된다. "현재의 삶을 열심히 살면서 용기 있는 지력을 개발하고 그 지력이 실제성과 실천력을 가질 수 있도록 하는 교육"이 필요하다(Dewey, 1916: 459). 루소는 "불확실한 미래를 위해 확실한 현재를 희생시키는 잔혹한 교육"을 하지 말라고 경고한다. 세월을 앞당겨서 준비하라는 압력, 예컨대 고교교육과정을 중학교 때 마쳐야 하고 대학교 1학년부터 취업준비를 해야 하는 압력을 거부해야 한다. "현재를 잡아라! 현재를 만끽하라!(Carpe Diem)" 미래를 미리 준비하느라 현재 해야 할 경험을 놓쳐 버려서 현재에도 미래에도 살지 못하는 인생이 되지 말아야 한다. '자기계발서'를 읽는 것보다 삶에서 다양한 일을 경험하고 성장을 지속하는 것이 직업을 준비하는 일이다. 자생력에는 변화와 불확실성에 대한 개방성과 적응유연성(resilience)이 포함된다. 과학기술의 급변을 따라가면서 직업을 여러 번 바꾸려면 개방성과 유연성이 필요하다. 듀이는 "직업이 한 사람에게 하나씩 배분된다는 생각을 버려야 한다"고 강조하면서 "직업 선택을 융통성 있게 재조정해 나가는 것이 또 하나의 직업"이라고 말한다(Dewey, 1916: 444). 듀이의 제안처럼 불확실성에 위축되지 않는 개방성, 문제해결능력에 관련된 융통성과 적응력을 함양해야 한다(Dewey, 1916: 450). 다른 말로 하면, 문제해결 방법의 학습, 즉 '학습하는 방법을 학습하는 습관'을 체화하는 것이다. 학생들은 자신의 능력과 적성을 발견하고 종사할 일을 선택하지만, 그 선택은 '초벌 지도'이다(Dewey, 1916: 449). 더 경험하고 탐색하면서 능력과 적성을 계속 함양하고 재발견해야 한다.

　넷째, 자신과 삶의 의미를 성찰하면서 재구성해야 한다. 자아를 계속 재창조하면서 삶의 의미 또한 재창조해야 하는 부담스러운 미래를 많은 학자가 전망한다. 유능한 사람이 되라는 요구가 크지만, 인공지능보다 무능하고 기술변화에 뒤처지는 자신의 가치를 어떻게 평가해야 할까? 자기 스스로 원하는 삶을 선택할 수 없으면 선택을 과학기술에 맡겨서 통제력을 상실하게 되므로(Harari, 2018) 과학기술이 자신을 장악하는 위험을 줄여 가야 한다. 삶의 의미를 해석하고 선택하는 능력을 갖추어야 자신의 정체성과 직업을 어느 정도 통제할 수 있다. 그러나 요즘 학생들은 무한한 정보에 접속하기에 바빠서 생각하는 일에 시간을 내지 못하는 것 같다. 정보편중과 양극화 현상도 나타나고 있다. 한국 청소년들의 디지털정보 문해력이 국제학업성취도평가(PISA)에서 하위권을 기록한 것은 충격이다. '피싱 메일'을 판별하지 못하고, 사실과 의견을 구분하지 못하며, 의미 있는 소통에 참여하기를 힘들어한다.[21] 이런 문제에 대처하려는 간단한 시도가 확실한 대안이 될 수 있다. 예컨대 "유튜브가 추천하는 영상을 그대로 받

21　구본권, 「피싱 메일 몰라? … 한국 청소년 '디지털 문해력' OECD 바닥 '충격'」, 『한겨레신문』(2021.05.17.).

아들이지 말라. 항상 스스로 선택하라. 그것이 투쟁이다"라는 조언이 있다.[22] 단순한 시도, 즉 때때로 디지털 매체사용을 중지하기, 느리게 살기, 자연이나 주변의 작은 일에 집중하기, '멍 때리기', 주위 사람들과 소소한 이야기 나누기를 추천한다(Schwab, 2016: 164). 마음 챙김과 명상도 학교에서 도입할 만하다. 학생들이 자신, 일, 미래에 관한 대안을 사유하고 상상할 수 있는 '성찰적 실천가'로 성장하도록 안내해야 한다.

  마지막으로 인간의 존엄성과 일의 조건을 훼손하는 시도를 비판하고 개선하기 위해 협력과 연대의 경험을 증진해야 한다. "일하다 죽지 않게 해 달라!"는 노동자들의 절규가 크게 들린다. 플랫폼 노동이 일할 기회를 증대한 측면도 있지만 노동 조건을 더 열악하게 만들고 플랫폼 밖의 노동은 더욱 무시하는 현상을 초래한다. '중대재해기업처벌법'조차 제대로 갖춰지고 시행되지 못하는 현실이다. 반면에 기업가, 이노베이터, 투자자, 주주처럼 지적, 물적 자본을 제공하는 사람들은 과다한 이익을 누린다. 이런 불균형은 지구적으로 확산되고 있고 팬데믹 기간 중에 더 커졌다. 그 결과 불안한 고용상황과 불평등을 감내해야 하는 '프레카리아트(precariat)'가 양산될 수 있다(조상식, 2016). 착취는 불운한 노동자에게만 닥치는 일이 아니라 모두에게 닥칠 수 있는 일이다. 대부분의 직장들이 '유연성'을 점점 더 심하게 요구하기 때문에 곤란이 증대된다. 유연성은 경제체제의 합리화에 기여하기도 하지만 불확실성으로 더 크게 작동하므로 노동자에게 치명

22　다큐멘터리 〈소셜 딜레마(The Social Dilemma)〉(2020)에서 가상현실을 최초로 도입한 과학자 중의 한 사람인 재런 러니어(J. Lainer)의 인터뷰 내용이다.

적일 수 있다(Senett, 1998: 9-10). 노동자는 유연성을 발휘하지 못하면 언제든지 해고당하는 '소모품'이다. 유연성은 '이중칼날'로 작용하므로 그 실체를 학생들이 검토할 수 있어야 한다. 슈바프(2016: 34)가 제안한 대로 "가치와 힘이 소수에게 집중되는 것을 막기 위해 공동혁신에 대한 개방성과 기회를 보장"하는 방안을 모색할 수 있어야 한다. 슈바프(2016: 227, 83)의 주장을 들어 보자.

> 제4차 산업혁명은 인류를 로봇화하여 일과 공동체, 가족, 그리고 정체성과 같은 우리 삶에 의미를 주는 전통적인 가치를 위태롭게 만들 수도 있다. [⋯] 새로운 형식의 사회계약과 근로계약을 만들어야 한다. [⋯] 휴먼 클라우드가 노동자들이 원하는 방식으로 일할 수 있는 선택권을 침해하지 않고, 노동력 착취로 이어지지 않도록 감시해야 한다. 이런 노력이 이루어지지 않는다면 직업의 미래는 어두워질 것이다. 선택은 우리의 몫이다.

일의 추구는 이기적 이익만이 아니라 공익에 기여할 수 있다는 인식, 좀 더 큰 목적을 추구하려는 인식이 필요하다. 일의 조건을 혁신하는 데에 '노동자 시민'으로 참여하는 책임을 이행해야 한다. 노동자 시민들의 연대와 협력이 중요해진다. 일을 추구하는 교육목적은 기술을 갖춘 노동자가 되는 것과 더불어 인간답게 일할 수 있는 조건을 만드는 시민으로 성장하고 연대하는 과정을 포함한다.

한 대안학교 선생님이 학생들과 농촌활동을 한 후 쓴 글이다.[23] 글의 제목은 "'좋은 삶'으로 이끄는 노동은 불가능할까?"이다.

우리는 노동함으로써 목적을 달성하거나 문제를 해결하며, 사람 사이의 건강한 관계를 맺어 간다. 앎의 영역인 학습세계와 삶의 영역인 노동세계는 서로 교통해야 한다. 자신을 앎과 삶의 주인으로 세워 둔 학습자는 스스로 존귀한 주체가 된다. 현대사회는 자기 노동을 시장에 상품으로 내놓고 '팔아먹어야' 살아갈 수 있는 곳이다. 그렇다 하더라도 가능하면 다음 세대는 자기 노동에 대한 선택과 의미 부여를 스스로 해 나가길 소망한다. 노동이 자신들의 좋은 삶으로 연결되었으면 좋겠다. 학교에서 머리, 가슴, 손을 연결 지어 살아가는 방법을 배웠듯이 세상에 나가서 노동을 통해 인간의 내적 성장을 이어 갈 수 있기를 바란다.

어렵지만 시도해야 할 일이다. 좋은 삶과 노동의 연결이 가능하려면 학생들이 노동을 학교 안팎에서 경험하면서 자신의 성장과 연결해야 한다. 스스로 실천 주체로 성장하면서 학습세계와 노동세계를 연결해야 한다. 더 나아가서 좋은 삶이 무엇인가를 탐색해야 한다.

23 이병천, 「'좋은 삶'으로 이끄는 노동은 불가능할까?」, 『한겨레신문』(2021.09.22.).

4. 좋은 삶의 추구

통제할 수 없는 미래는 불안하다. 불안에 대처하는 방식 중 하나로 삶의 의미와 가치를 선택하는 일을 자기 자신이 통제할 수 있다. '좋은 삶'이 무엇인가를 모색하고 선택할 수 있다면 그런 삶을 추구할 수 있도록 자기성장과 사회변혁에 관심을 갖게 된다. 최근 들어 삶의 질을 높이려는 시도가 늘고 있다. 일과 삶의 균형(워라밸, work-life balance)이나 결합(워라블, work-life blending)을 지향하는 것이 잘 사는 것이라고 생각하는 사람들이 늘고 있다.[24] 앞에서 교육목적으로 논의한 학문 추구와 일 추구도 어떤 식으로든 좋은 삶에 관련된다. 그러면 교육이 학문과 직업처럼 삶의 일부분만 지향하기보다는 삶을 포괄해야 한다는 발상이 더 적합하겠다. 따라서 교육목적을 '좋은 삶(good life)' 혹은 '잘 삶(well-being)'으로 설정하자는 의견이 제안된다. 좋은 삶과 잘 삶의 개념을 구분하기도 하지만 대체로 같은 뜻으로 보고 논의를 풀어 가자.

1) 주관적 행복의 추구를 넘어서기

주관적 행복 혹은 자기 만족감이 좋은 삶으로 추구되어야 한다는 의견이 먼저 떠오른다. 이런 의견은 '주관적 잘 삶'을 좋은 삶의 기준으로 삼는다. 벤담(J. Bentham) 같은 초기 공리주의자들이 주관적

---

24 고경민, 이창슬, 「덕업일치·업글인간, MZ세대가 일하는 법」, 『노컷뉴스』(2021.01.04.).

행복을 좋은 삶으로 간주한다. 자신의 삶의 질을 스스로가 어떻게 느끼는가를 기준으로 삼으므로 개인에게 관심을 기울이는 장점이 있다. 벤담은 "누구나 한 사람 몫만큼 중요하다, 한 사람 몫 이상으로 중요한 사람은 아무도 없다"고 선언한다(Nussbaum: 2011: 71에서 재인용). 18세기에 등장할 당시 공리주의는 민주적이고 급진적인 주장이었다.[25] 공리주의는 가장 분명하게 좋은 것은 행복이므로 '최대다수의 최대행복'을 좋은 삶으로 추구해야 한다고 주장한다. 그러나 항상 행복을 최대화하기는 불가능하고 최대화의 상태가 어떤 것인지도 규정하기 어렵다. 반면에 고통이 감소되는 만큼 만족과 쾌락이 증진된다는 것은 누구나 동의할 수 있다. 그러므로 공리주의는 고통은 적거나 일시적인 반면에 많은 쾌락과 만족이 지속되는 주관적 마음의 상태를 행복으로 추구해야 한다고 주장한다(Noddings, 1998b: 95). 행복은 주관적 마음의 상태이므로 얼마나 좋은 삶인가는 고통을 감소하고 만족을 증대하는 데에 기여하는 유용성의 총량에 의해 평가된다.[26] 그래서 공리주의(utilitarianism)의 영어 표현은 유용성(utility)과 연관된다. 이런 입장에서는 옳은 삶보다 좋은 삶이 더 중요하다. 공리주의는 소득과 소비에 따른 만족감 증대를 행복으로 간주하는 현재의 추세와 잘 들어맞는다.

주관적 행복을 좋은 삶으로 추구하면 몇 가지 문제점이 드러난다. 첫째, 사회의 행복의 총량을 최대로 만들기 위해 특정한 개인

---

25 공리주의는 18세기 유럽에서 민중이 겪는 처참한 빈곤과 고통을 경감시켜야 한다는 인본주의의 발상으로서 민중의 삶의 질을 향상시키려는 의도에서 펼쳐졌다(Noddings, 1998b: 96).

26 그래서 공리(功利)라는 용어를 쓴다. '공공이익'과 혼동하지 말아야 한다.

들이 계속 희생되고 불행해질 수 있다. 사회 전체의 파이(pie) 크기에만 관심을 가지면, 파이 크기를 극대화하더라도 막상 파이를 먹지도 못하는 사람을 챙기기 어렵다. 선진국이 되었다는 한국에서 나타나는 '빈익빈 부익부'와 '20 대 80' 사회의 불평등이 그런 모순이다.

둘째, 개인의 사소한 행복도 사회제도와 정책이 뒷받침되어야 추구할 수 있다. 취업 기회가 불공정하고 소득 분배가 불평등하면 주관적 행복을 추구하기 어렵다. 주관적 행복만을 학생들이 배운다면 행복에 크게 영향을 미치는 사회제도와 구조에 개입하는 일이 곤란해질 것이다.

셋째, 주관적 마음의 상태를 행복으로 보면, 자신이 행복하다고 믿는 것과 실제로 행복한 것을 구분하기 어렵다(Marples, 2010). 예컨대 노직(R. Nozick)이 예로 든 '경험기계' 혹은 '확장가상세계(metaverse)'에서 부자가 되고 '얼굴 천재'가 되어 행복하다고 믿지만, 실제 현실은 그렇지 못한 경우에도 행복하다고 말하기는 곤란할 것 같다. 인스타그램에서 늘 행복한 모습만을 보여 주느라고 자신의 실제 삶은 소진되고 불행해지지 않을까? 마지막으로 학생들의 마음을 직접 겨냥하여 행복하게 만들려는 의도는 실현되기 어렵다는 '쾌락의 역설(the paradox of hedonism)'을 고려해야 한다. 시즈윅(H. Sidgwick)이 제시하는 쾌락의 역설에 의하면, 쾌락을 늘리는 최선의 방법은 쾌락을 직접 추구하지 않는 것이다(Schultz, 2021). 쾌락은 쾌락 자체를 목표로 하는 행위에 의해 도달할 수 없고, 무엇인가에 전념한 자연스러운 결과로 증대할 수 있다. 학생들을 몇 번쯤 혹은 일시적으로 행복하게 만드는 것은 가능하다. 그러나 늘 A학점을 준다면 언제까지 행복할지 모르겠다. '기필코 행복하기'를 필수과목으로 수강하게 하면 어떨까? 오히려 교육이 직접 학생들을 '행복의 나라'로 데려가는 일을 자제하지 않으면 교화가 초래될 수 있다. 이런 모순을 '행복심리학의 그늘'이라고 말할 수 있다. 배움의 과정에서 행복을 느끼고, 배움의 결과로 행복한 삶을 살 수 있게 돕는 것이 교육이 해야 할 일이다.

2) 실천공동체 참여를 통해 탁월성을 함양하는 교육

좋은 삶은 어떤 것의 수단이 되지 않으면서 궁극적으로 좋은 삶을 가리킨다는 의견을 생각해 보자. 아리스토텔레스는 실천을 통해 개인의 탁월성을 발달시키고, 탁월성을 통해 공동체에 기여하는 삶이 좋은 삶이라고 말한다. 탁월성을 성취하는 길은 자신과 공동체가 가치 있다고 생각하는 일을 열심히 실천하는 것이다. 따라서 교육목적을 '실천공동체'에 참여하여 좋은 삶을 추구하는 것으로 설정해야 한다는 목소리도 크다. 교육현장을 실천공동체로 구성하고, 실천공동체에 참여하면서 좋은 삶의 방향을 공동으로 모색하고 추구하자는 것이다. 아리스토텔레스는 좋은 삶의 추구가 삶의 목적인 동시에 교육의 목적이 되는 방향을 제시한다. 인간은 어떤 목적(telos)을 지향하면서 사는데, 좋은 삶은 인간이 지향해야 할 목적으로서의 선(good) 중에서 가장 궁극적인 것이 되는 '최고선'을 추구하는 삶이다. 좋은 삶은 일시적이거나 우연적으로 좋은 것이 아니라, 지속적으로 추구되는 삶이다. 쾌락, 돈, 명예도 좋기는 하지만 어떤 목적을 달성하는 데에 필요한 수단이지 그 자체로 좋은 것은 아니다. 좋은 삶이 추구해야 할 목적은 네 가지 특성을 갖는다(Aristoteles, 1894: 25-29).

　① 그 추구 자체를 목적으로 삼을 만하고,
　② 실현 가능해야 하고,
　③ 완전하고 궁극적인 것이며,
　④ 개인에게 만족스러운 동시에 공동체에도 좋은 목적이어야
　한다.

　네 번째 특성에서 인간은 공동체적 존재라는 것이 부각된다. 개인의 좋은 삶은 공동체에서 추구되므로 개인과 공동체의 좋은 삶이 연결되어야 한다. 좋은 삶의 특성을 실현하려면 좋은 삶을 실천하고 숙고하는 데에 적합한 실천과 이론의 탁월성을 체득하는 교육이 필요하다(Aristoteles, 1894: 51). 실천과 이론의 탁월성은 각각 도덕적(성격적) 탁월성과 지적 탁월성에 의해 발달된다. 실천은 공동체의 전통을 따라서 시작되고 경험되며, 경험에 관한 성찰에 의해 이론으로 발달된다. 실천과 이론의 탁월성을 갖춘 사람은 자신의 삶과 공동체의 전통을 개선할 수 있다. 교육의 목적은 개인이 공동체에 참여하여 실천과 이성의 탁월성을 개발하고 공동선을 증진하는 데에 기여하도록 이끄는 것이다.

　매킨타이어(A. MacIntyre)는 아리스토텔레스의 관점을 다듬어서 사회적 실천, 전통, 협력, 성장을 통한 좋은 삶의 가능성을 설명한다. '사회적 실천(a practice)'의 개념은 다음과 같다.

내가 말하는 '사회적 실천'은 사회적으로 성립된 협력적인 인간 활동을 수행하는 일관되고 복잡한 활동양식을 뜻한다. 사회적 실천에는 그 활동양식에 적합하고 또 부분적으로 그 의미를 규정하는 탁월성의 기준이 있어서, 그 기준을 성취하려고 노력하는 과정에서 활동의 내적 선(goods)이 실현된다. 그 결과 탁월성을 성취하고자 하는 인간의 능력 그리고 실천의 목적과 선(가치)의 개념이 체계적으로 확장된다. […] 고대와 중세 시대에는 가족, 도시, 국가와 같은 공동체는 이런 실천에 의해 형성되고 유지되었다. 실천의 범위는 광범위하다. 예술, 과학, 게임, 아리스토텔레스가 제안하는 정치, 가정생활의 조성과 지속이 모두 실천의 개념에 포함된다. (MacIntyre, 1981: 277-278)

매킨타이어는 사회적 실천인 활동과 그렇지 못한 활동의 예를 든다. 바둑과 축구는 사회적 실천이지만 오목과 축구공 던지기는 사회적 실천이 아니다. 건축은 사회적 실천이지만 벽돌 쌓기는 사회적 실천이 아니다. 또한 물리학, 수학, 역사학, 미술, 음악 등의 학문과 예술에서의 업적은 사회적 실천으로 간주된다. 사회적 실천이 갖추어야 할 조건을 세 가지로 정리할 수 있다.

① 공동체의 전통에 붙박여 있는 내적 선(가치)의 성취
② 전통이 요구하는 탁월성의 기준 추구
③ 공동체의 규칙들에 대한 복종 (MacIntyre, 1981: 281)

실천인 것과 실천이 아닌 것의 구분이 명확하지 않다는 지적이 있다. 이를 테면 오목은 〈한국오목협회〉가 있을 정도로 진지한 실천이 될 수 있다. 이런 점을 인식하면서 논의를 이어 가자.

실천공동체의 전통에 참여하여 좋은 삶을 추구하는 예로 '수도공동체'를 떠올린다. 예컨대 〈카르투시오 봉쇄수도원〉은 외부세계와 단절하고 수도에만 전념하는 가톨릭공동체라고 한다.[27] 불가에도 봉쇄수도원이 있다고 한다. 상생을 지향하는 생활공동체, 무도 등을 연마하는 수련공동체 등 많은 사례를 찾을 수 있다. '세속적'인 예로 오케스트라에 어릴 때부터 참여하여 탁월한 연주자로 성장하는 과정을 생각해 보자. 처음에는 선배 연주자들을 흉내 내고 지도받으면서 연주를 익히게 되고, 연주해야 할 곡이 어려워지면서 이론도 배우고 연주 기량도 향상되어 탁월한 연주자로 성장하는 과정이다. 실천적 역량이 발달되면서 이론적 역량의 발달이 동반된다. 오케스트라는 협연공동체이고, 초보 연주자는 규칙을 따라서 협연공동체에 참여하는 범위와 깊이를 진전시키면서 연주의 탁월성에 도달하게 된다. 거듭되고 연속되는 실천을 통해 실천적 합리성을 증진하고, 실천의 원리와 개념을 깨달아서 이론적 합리성도 익힘으로써 탁월한 경지의 실천을 하게 된다. 그러면 오케스트라의 고참 단원으로서 지도자가 되고 오케스트라의 발전을 이끄는 좋은 삶을 살 수 있다. 대학원 등의 다양한 형태의 배움공동체가 실천공동체도 될 수 있다.

---

27 봉쇄수도원에서 수도자들은 카르투시오 수도회의 '회헌(규칙)'을 따라 세상과 단절하고 침묵, 노동과 기도에 전력하는 실천공동체의 삶을 산다. 세상의 기준으로 보면 고통스러운 삶이지만 동료, 형제들과 함께 공동체의 기준을 따라 살면서 자신들의 삶이 좋은 삶이라고 믿는다. 〈봉쇄수도원 카르투시오〉라는 다큐멘터리 영화가 있고, KBS에서 3부작으로 소개했다(2019. 12.).

사회적 실천을 통해 좋은 삶을 추구하는 예를 살펴보았지만 학교 같은 교육현장이 실천공동체가 될 수 있느냐라는 의문이 든다. 실천공동체가 촉구하는 가치, 기준과 규칙이 엄격하고, 이를 달성하는 데에 오랜 시간이 걸리기 때문이다. 그러나 기준을 완전하게 성취하지는 못해도 기준에 도달하려고 노력하는 실천공동체를 조성할 수 있을 것이다. 매킨타이어(1981: 385)도 이런 시도를 지지하면서 '작은 형태의 공동체'를 추천한다.[28] 실천공동체에서 좋은 삶을 추구하는 '공부'를 하면서 비중을 두어야 할 사항들을 몇 가지 정리하자.

첫째, 공동체에 참여하면서 왜 공부를 해야 하는가, 그리고 공부가 자신의 삶과 어떻게 연관되는가를 질문해야 한다. 즉각적 보상을 기대해서 공부하기도 하지만 늘 그런 기대에 그친다면 공부에 전념하기 어려울 것이다. 공부하는 목적을 찾아야 하고 나아가서 공부해서 어떤 사람이 되거나 어떤 삶을 살기를 원하는가에 관한 윤곽이 있어야 한다. "부분적으로라도 최종 목적에 관한 그림이 없다면 어떤 탐구의 시작도 있을 수 없다는 사실"을 인식해야 한다(MacIntyre, 1981: 323). 공부라는 실천이 자신의 정체성과 삶의 목적과 연관된다는 것을 이해하고, 연관되도록 노력하면서 공부 자체의 가치를 인식하고 탁월성을 향해 정진할 수 있다. 공동체가 실천의 목적을 묻고 탐구하도록 격려하는 일이 공동체가 실천을 위한 '도덕적 출발점(moral starting point)'을 제공하는 일이며 공동체의 근본 역할이 된다(MacIntyre, 1981: 324).

둘째, 지식과 기술을 습득하는 일보다는 탁월성의 기준과 규

---

28 번역본은 '새로운 형식의 공동체'라고 표현하지만 원본은 'the local forms of community'로 명시한다.

칙의 권위를 수용하고 그것들을 성취하려는 과정에서 적합한 성향과 덕을 갖춘 사람이 되는 일에 중점을 두어야 한다(MacIntyre, 1981: 286-287). 정의, 용기, 정직의 덕을 예로 들 수 있다. 좋은 삶의 추구는 삶의 기술을 익히는 것이 아니라 덕과 정체성을 다지는 노력과 더 일치된다. 탁월성을 추구하는 과정에서 시련을 겪으면서 공부하는 사람과 좋은 삶을 추구하는 사람이 갖추어야 할 덕을 기르고, 그런 사람의 정체성을 형성해야 한다.

> 덕들은 실천을 가능하게 할 뿐 아니라 실천에 내재하는 선들의 성취를 가능하게 만드는 성향들이다. 우리가 부딪히게 되는 고통, 위험, 유혹, 고민거리들을 극복함으로써 좋은 삶에 관한 탐구에서 우리를 격려하고 또 우리에게 점차로 증가하는 자기인식과 좋은 삶에 관한 인식을 제공해 주는 성향들을 이해할 수 있다. (MacIntyre, 1981: 323)

"덕은 지속적 참여를 통해 획득된 자질로서 덕이 발휘되면 실천의 내적 가치를 실현할 수 있지만 발휘되지 못하면 실현이 불가능해지기 쉽다"(MacIntyre, 1981: 282)는 말을 기억하자. 덕의 실천 자체가 좋은 삶의 핵심적 구성요소(MacIntyre, 1981: 277)이고, 덕은 좋은 사람으로서의 정체성을 형성하는 핵심적 구성요소이다. 공부는 지식을 배우는 일보다 덕을 연마하는 실천으로 실행되는 것이 적합하다(이기범, 2005).

셋째, 덕을 다양한 상황에 적용하는 시도를 꾸준히 지속함으로써 판단력과 실천적 사고(practical reasoning)를 발달시키고, 협력을 통해 발달을 촉진해야 한다. 복잡한 수준의 공부를 탁월하게 수행하려면 일반적 지식에 의한 명제와 추정(inference)만으로는 충분하지 못하다. 적절한 명제를 선택하여 여러 방식으로 적용하면서 적합한 명제를 창조하는 실천적 사고가 필요하다(MacIntyre, 1981: 329). 기준과 규칙을 수용하지만 고착되어서는 안 된다. 과제를 해결하고 탁월성을 향상시키기 위해 유연성과 개방성을 촉진해야 한다. 공동체의 전통과 기준은 구성원들의 협력적 실천에 의해 수정된다. 예를 들면 히포크라테스 선서에 헌신함으로써 의료공동체에 속하고 의료인의 정체성을 형성하지만, 시대의 변화와 구성원들의 합의에 따라 내용을 수정할 수 있다. 로봇이 수술하는 시대에 "나의 위업의 고귀한 전통과 명예를 유지하겠다"는 선서를 어떻게 재해석해야 할까? 학칙이나 '학교 헌장'이 참여를 위한 도덕적 출발점을 제공하지만 수정되어야 하는 경우도 생각할 수 있다. 협력에 의해 덕과 실천적 사고를 발달시키고 공동체의 가치와 기준을 개선할 수 있다.

넷째, 협력을 통해 개인의 탁월성을 증진하고 공동체를 개선하는 데에 기여하는 역사를 특정 내러티브를 통해 학습한다. 학문, 예술, 운동경기처럼 실천은 모두 역사를 가진다. 역사의 어떤 측면은 비판되어야 하지만, 역사 속에 새겨진 최선의 사례를 파악하지 못하면 비판과 실천을 이어 나가기 어렵다(MacIntyre, 1981: 281). 덕과 실천적 사고는 함께 공부하는 사람들과 협력하면서 증진되므로 공동의 기준을 공동의 문제를 해결하는 데에 활용하면서 향상시키는 경험을 지속해야 한다. 공동체가 변화되지 않으면 새롭게 제기되는 문제들에 대처가 불가능해지기 때문이다. 그러므로 앞서간 탁월한 사람들의 사례에서 실천과 변혁의 지혜를 배우면서 동료들과 협력을 증진해야 한다(MacIntyre, 1981: 286-287). 내러티브는 특정한 사람이 특정 실천을 통해 공동체의 구성원이 되어 가는 역사를 하나의 통일체로 엮어 낸 이야기이다. 내러티브를 탐구하면서 자신의 내러티브, 즉 자신의 공부와 삶의 목적을 결합시키는 방안을 모색하고, 자신의 정체성을 만들어 갈 수 있다. 훌륭한 내러티브를 익힘으로써 공부와 좋은 삶을 연결 짓는 동시에 자기이해를 진전시켜야 한다. 예를 들면 마리아 스크워도프스카 퀴리(M. Skrodowska-Curie, 마담 퀴리의 본명) 교수의 내러티브를 본으로 삼아서 자신의 내러티브를 만들 수 있다.

마지막으로 공부를 통해 자신뿐 아니라 공동체의 좋은 삶을 추구하는 삶이 진짜 좋은 삶이라는 것을 인식하고, 추구 과정에서 정체성을 형성하도록 안내해야 한다. 공동체가 좋은 삶의 내용과 방향을 직접 지시하는 것은 아니다. 공부의 가치와 탁월성의 기준은 투명하게 존재하지 않고 완전하게 인식할 수 없는 '묵시적 지식' 혹은 '배경적 지식' 같은 것이기 때문에 지속적으로 실천하면서 점진적으로 해석해야 한다(MacIntyre, 1981: 322-326). 시대가 변하고 과제가 더 복잡해지므로 구성원들은 새로운 해석과 실천에 의해 공동체의 존속과 발전에 기여해야 한다. 탐구의 중단은 공동체의 약화와 와해를 초래한다. 그러므로 해석과 실천은 구성원들의 공동의 프로젝트이다. 예컨대 자신과 공동체의 좋은 삶을 위해 기후변화 대처 방안을 공동으로 탐구하고 실천해야 한다. 사회적 실천이 추구하는 좋은 삶은 '최고의 가치(the good)'를 찾기 위해 자신과 공동체의 "좋은 삶이 무엇인가를 탐구하는 데에 최선을 다하는 삶"이다(MacIntyre, 1981: 323-324). 예컨대 학

생들이 용기, 친절, 연대와 같은 덕을 실천하면서 좋은 삶을 탐구하는
데에 열심을 다하면 학생들은 그런 삶 자체를 좋은 삶이라고 여기고
긍지를 갖게 될 것이다. 공동의 노력을 지속하면 자신과 공동체의 삶
이 더 좋아질 가능성도 커진다. 자신과 공동체의 좋은 삶을 탐구하고
실현하는 실천 주체의 역량을 증대해야 한다.

3) 좋은 삶을 추구하는 좋은 학교의 역동성

학교가 실천공동체로 구성될 수 있는 방향을 알아보자. 허스
트는 피터스와 함께 이론적 지식에 집중하던 입장에서 매킨타이어의
입장으로 선회하면서 좋은 삶과 실천적 지식을 강조한다. 실천적 지
식은 필요와 욕구충족에 관련되고, 기본적 실천 등 세 가지 유형으로
구분된다(유재봉, 정철민, 2007). 학교는 다음과 같은 기본적 실천의 세계
를 제공해야 한다.

① 물리적 세계에 대처하는 데에 필요한 실천(운동기능, 음식, 건강,
안전, 가정과 환경 등에 관련됨.)
② 의사소통에 관련된 실천(읽기, 쓰기, 대화, 산수, 정보기술 등)
③ 개인과 가족의 삶에서의 관계에 필요한 실천
④ 광범위한 사회적 실천(지역, 국가와 세계의 관계와 제도, 일, 여가, 경제
문제, 법)
⑤ 예술과 디자인의 실천(문학, 음악, 무용, 회화, 조각, 건축 등)
⑥ 종교적 신념과 근본 가치에 관련된 실천

'좋은 삶의 추구'를 교육목적으로 옹호하는 화이트(J. White)는 욕구충족(desire-satisfaction)을 강조한다. 다양한 욕구들을 모두 충족할 수는 없으므로 화이트는 "좋은 삶이란 삶을 전체적으로 보아 자신의 가장 중요한 욕구를 충족시키는 것"(White, 1990: 61)이라고 해석한다. 이를 위해 '검증된 욕구' 혹은 '식견 있는 욕구충족(informed desire-satisfaction)'을 학습해야 한다. 검증된 욕구를 추구한다는 것은 "나는 무엇을 원하는가?"에 그치지 말고 "나는 정말, 현재만이 아니라 장기적으로 무엇을 원하는가?"를 선택하고 검증하는 일이다. 좋은 삶을 추구하려면 진정한 선택이 무엇인지를 진지하게 생각하고, 선택할 욕구의 가치를 검증하는 능력이 필요하다. 식견 있는 욕구가 선택되면 자신의 욕구 대상을 분명하게 인식하고, 욕구 간의 갈등에 덜 시달리게 된다(Marples, 2010). 그러나 내가 욕구를 합리적인 방식으로 충족시킨다고 해도, 그런 합리적 욕구충족이 나의 삶을 어떻게 충족시킬 수 있는가라는 의문은 여전히 남는다.

그래서 좋은 삶에 관한 견해를 확장할 필요가 있다. 개인의 자율성이 시민성과 조화되도록 교육이 주력해야 한다는 입장이 있다. 자율성은 자기의 신념과 행위를 스스로 결정하여 자신의 삶을 구성하는 능력이다. 그렇게 되려면 아래의 설명처럼 비판의식, 공감력, 정서적 자율성 등을 포함하도록 확장되는 동시에 시민성과 결합되어야 한다(Marples, 2010: 89-91).

○ 자신의 신념과 욕구에 영향을 미치는 사회화의 힘을 인식하면서 합당한 정도의 자기지식(self-knowledge)을 개발.

○ 자기 자신의 평가에 의해 자율적으로 행동할 수 있도록 사회화에 저항하는 용기와 의지 증진.

○ 자신의 과거나 미래의 선택과 현재의 선택을 연결시키는 능력을 함양하면서 자신의 삶을 스스로 설계하고 정체성을 형성. 삶의 선택지 중에서 선택할 기회를 제공하고 선택능력을 육성.

○ 지적 자율성과 더불어 타인에 공감하되 타인 의존성에서 벗어나는 정서적 자율성을 함양.

○ 자신의 좋은 삶이 타인들의 좋은 삶과 연관되어 있다는 인식이 자율성과 함께 성장해야 함. 상호의존성과 상호이익, 우정, 사랑, 돌봄과 같은 시민적 덕을 개발. 시민성은 시민의 권리와 책임의 기초가 되는 '공유된 휴머니티에 대한 감수성' 혹은 공동체적 감수성을 포괄.

이제까지의 의견들이 남성의 관점에 치우쳐 있다는 비판이 여성주의에서 제기된다. 마틴(J. R. Martin, 1995)은 남성과 여성 모두 사적 영역에서 수행하는 성 평등적 역할을 제대로 학습하지 못하면 공적 역할도 왜곡되고 좋은 삶 또한 왜곡된다고 지적한다. 예컨대 남학생이 양육을 자신과 무관한 일로 여기면, 삶의 큰 기쁨을 놓칠 뿐 아니라 공공정책에 관해서도 유용한 의견을 제시할 수 없다. 나딩스(2003) 역시 교육이 좋은 삶에 기여해야 한다고 주장한다. 특히 교육이 개인 영역에서 좋은 삶을 추구하는 일을 무시하고 있으므로 각별한 관심이 필요하다고 강조한다. 개인생활에서는 ① 가족 만들기, ② 삶의 공간과 자연에 대한 관심, ③ 자녀 양육, ④ 인격과 영성의 성장, ⑤

대인관계 발달에 관련된 활동을 증대해야 한다. 사회생활에서는 ⑥ 일을 위한 준비와 ⑦ 공동체와 사회에 기여하는 일이 제시된다.

　　교육목적으로 좋은 삶을 지향하려면 학교문화와 관계를 재구성해야 한다. 학생, 부모, 교사, 지역사회가 실천공동체의 구성원이 되어 함께 학습에 참여하는 관계로 전환해야 한다. 특히 삶에는 목적이 있으며, 좋은 삶이란 좋은 삶이 무엇인가를 끊임없이 모색하는 과정 그 자체라는 인식을 공유해야 한다(이기범, 2004). 학생들이 각기 개인 체험을 하되 함께 성장의 과정에 참여하고 있다는 연대의식을 공유해야 한다. 좋은 학교에서는 구성원들이 좋은 삶에 대한 비전을 공유하고 실현하는 과정을 통해 성장한다고 기대한다(이기범, 2000). 그렇기 때문에 좋은 삶을 추구하는 학교는 교육환경과 구성원의 변화에 적합하게 자기갱신(self-renewal)에 힘쓰고 역동성을 증대한다. 좋은 학교는 자신의 교육문화를 성찰하고 재구성하는 태도와 능력을 증진하는 학교이다. 학교 구성원들은 공통의 의미 세계를 구성하고 재구성하는 역사적 과정에 참여하여, 학교의 문화와 전통을 갱신하는 과정에 기여하는 실천자로 성장한다. 참여자들은 공통 의미를 재구성하는 일 이상으로 공통의 참여 자체를 공유한다. 공유 과정은 참여자들에게 명시적으로 알려지지 않는 경우가 대부분이다. 입학식과 졸업식, 학급회의, 발표회, 학부모회의, 현장학습, 단체 등산, 축제 등의 의례(ritual)를 통하여 전개된다. 좋은 삶을 교육목적으로 추구하는 학교는 교육목적과 비전을 구성원들이 공유하고 재구성에 함께 참여함으로써 학교문화를 지속적으로 갱신하는 학교이다.

　　좋은 삶을 교육목적으로 추구하는 것에 관한 공감은 확산되

고 있다. 그러려면 교과를 배우는 것보다 더 많은 지식, 이해와 경험
이 요구되므로 교육의 책임이 가중된다. 이미 기획하고 실행하는 움
직임도 활발하다. 'OECD 교육 2030 학습프레임워크(The OECD Learning
framework 2030)'는 개인, 사회와 지구 차원의 좋은 삶(well-being)을 교육목
적으로 설정하고 역량교육과정을 제시한다(OECD, 2018). 특히 변혁적
역량(transformative competencies)을 새로 제안하는데, 새로운 가치 창조하
기, 긴장과 딜레마에 대처하기, 책임지기라는 활동에 의해 역량이 촉
진될 것으로 기대된다. 변혁적 역량이 강조되는 배경은 다음과 같다.

> 미래에 준비된 학생들은 평생 동안 실행력(agency)을 발휘해야
> 한다. 실행력은 세상에 참여하는 책임감을 통해 더 나은 방향
> 으로 사람, 사건과 환경에 영향을 미치는 것을 뜻한다. 학생들
> 이 삶의 모든 영역에서 적극적 역할을 수행하려면 넓은 맥락에
> 걸친 불확실성을 헤쳐 나가야 한다. 맥락은 시간(과거, 현재, 미래),
> 사회영역(가족, 공동체, 지역, 국가, 세계)과 디지털 공간을 포괄한다.
> 학생들은 또한 자연을 포용하면서 그 연약함, 복잡성과 가치의
> 진가를 알아야 한다. (OECD, 2018: 4, 5)

변혁적 역량은 '활동-예측-성찰의 순환과정'을 거듭하면서 개
발된다. 순환과정의 중요성은 앞에서 여러 번 강조했다. 이 틀은 우
리가 논의한 좋은 삶의 내용과 상당 부분 일치한다. 이 틀은 20여
년 전부터 실행되고 있는 'OECD 핵심역량 프로젝트(the DeSeCo project:
Definition and selection of competencies)'를 대체한다. 한국의 7차 교육과정의

설정과 개정 방향은 핵심역량을 따랐으므로, 한국 교육과정도 좋은 삶을 지향하는 교육 틀을 반영하여 개정될 것으로 보인다.

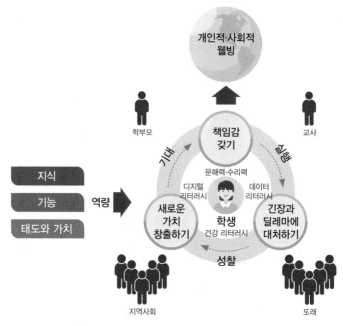

그림2 OECD 교육 2030 학습프레임워크[29]

29 OECD(2018), *The future of education and skills, Education 2030*, 〈Figure1〉, p. 5.
https://www.oecd.org/education/2030-project/contact/E2030%20Position%20
Paper%20(05.04.2018).pdf

○ 당신의 자녀가 초등학교 3학년인데 컴퓨터 게임에만 열을 올린다. 아이에게 공부를 해야 하는 이유를 어떻게 설명할 수 있을까? 설명에 세 가지 교육목적을 활용하는 것이 도움이 될까?

○ 한국 교육을 '주지주의교육'이라고 부르는데 과연 그러한지를 토의해 보자. 피터스가 말하는 언어, 개념, 규칙 등이 담겨 있는 공적 전통을 내가 따르고 있는지 생각해 보자. 그가 제시하는 세 가지 기준을 얼마나 충족하는지 살펴보자. 교사와 학생이 공동 탐구를 통해 기존 지식을 얼마나 비판하고 재구성하고 있는지 이야기해 보자. 한국 교육에서 어떤 점이 부족할까?

○ 'OECD 교육 2030 학습프레임워크'에 관한 자료를 검색하여 그 방향과 내용을 '2015 개정교육과정'과 비교해 보자. 세 가지 교육목적에 비추어서 어떤 변화가 보이는지 토의해 보자.

제3부

윤리교육

아픈 몸이

아프지 않을 때까지 가자

골목을 돌아서

베레모는 썼지만

또 골목을 돌아서

신이 찢어지고

온몸에서 피는

빠르지도 더디지도 않게 흐르는데

또 골목을 돌아서

추위에 온몸이

돌같이 감각을 잃어도

또 골목을 돌아서

나를 돌리라

―아니 돌다 말리라)

[…]

아픈 몸이

아프지 않을 때까지 가자

온갖 식구와 온갖 친구와

온갖 적들과 함께

적들의 적들과 함께

무한한 연습과 함께

―김수영, 「아픈 몸이」(1961)

아픔이

아프지 않을 때는

그 무수한 골목이 없어질 때

(이제부터는

즐거운 골목

그 골목이

서론

함박눈이 내리던 날 서울역 앞 노숙자에게 자신의 방한점퍼를 벗어서 입혀 주고 장갑과 돈까지 건넨 시민의 이야기가 화제가 된 적이 있다. 그런가 하면 노숙자 옆을 지나던 부모가 자녀에게 "너 공부 안하면 나중에 커서 저렇게 된다"라고 손가락질했다는 말도 듣는다. 두 장면 중에서 어떤 사례를 학생과 자녀에게 소개하고 싶은가? 대부분의 사람은 늘 그렇게 하지는 못하더라도 도덕적으로 사는 것이 옳은 일이라고 여긴다. 자신은 그렇지 못해도 자녀에게는 도덕을 가르치려고 한다. 도덕은 사람이 해야 할 바람직한 행동 그리고 관계에 관한 의무와 도리를 말한다. 우리는 다른 사람들, 환경과 관계를 맺으며 살고, 합리적인 사람이라면 관계 속에서 마땅히 실행해야 하는 의무 혹은 도리가 있는데 이를 도덕이라고 일컫는 것이다. 국가의 교육정책뿐 아니라 개별 학교의 교육목표에서도 도덕적 가치는 꼭 등장한다. 많은 교육학자들 역시 교육이 도덕적 가치를 지향해야 한다고 여긴다. 피터스(1966: 93) 같은 학자는 교육의 도덕적 측면이 강조되는 것은 논리적으로 필연이라고 강조한다. 시민들의 경우에는 더 그렇다고 믿는다. "배운 놈이 더 하다"라는 원망에는 교육을 받은 사람은 도덕적이어야 한다는 믿음이 담겨 있다. 교육이 도덕적 가치를 추구해야 한다는 말은 도덕교과를 가르쳐야 한다는 것뿐 아니라, 학생들이 도덕적으로 사고하고 행동함으로써 도덕적인 사람이 되기를 기대하는 것이다. 도덕교육이 그런 일의 중심에 있다. '2015 개정교육과정' 도덕과 교육과정은 "일상 세계에서 자신의 삶을 윤리적으로 성찰하는 토대 위에서 도덕적 가치와 규범을 지속적으로 실천할 수 있는 윤리적 성찰 및 실천 성향을 함양"하는 것을 목표로 한다(교육부, 2015b: 3). 이런 목표를 실현하기 위해 ① 도덕적 판단 및 추론, ② 도덕적 공동체의식 증진, ③ 배려(돌봄), ④ 의사소통을 강조한다. 한국 도덕교육의 방향은 다양한 능력과 태도를 육성하는 '통합적 접근'을 요구한다.

우리는 통합적 접근을 구성하는 도덕교육의 대표적 패러다임을 배울 것이다. 그 패러다임은 인지발달교육, 덕윤리교육, 돌봄교육(여성주의윤리교육), 소통윤리교육이다. 이 패러다임들은 위 도덕교육의 목표, 즉 도덕적 판단 및 추론, 도덕적 공동체의식 증진, 돌봄(배려), 의사소통에 대체로 대응된다.

① 인지발달교육은 도덕적 판단 및 추론을 활동의 중심에 둔다.
② 덕윤리교육은 도덕적 공동체의식을 증진한다.
③ 여성주의윤리교육의 한 갈래인 돌봄교육은 도덕을 관계와

배려에 대한 책임으로 추구한다.

④ 최근의 윤리 동향의 하나인 소통윤리교육은 소통에 의해 윤리가 구성되고 실천되는 것으로 이해한다.

우리는 이런 패러다임을 알아보고 비교할 것이다. 이런 패러다임을 살펴보면서 도덕교육은 도덕교과로 한정되는 것이 아니라 모든 교과 그리고 교육제도와 문화 등에서 실행되어야 한다는 것을 인식하기를 바란다. 또한 도덕발달을 위해 사회와 교육이 서로 공명해야 한다는 것도 확인하기 바란다. 그래야 직업윤리, 과학기술윤리, 경제윤리, 경영윤리, 의료윤리 등 개인과 사회의 삶 전반을 아우르는 윤리를 말할 수 있다. 먼저 도덕은 무엇이고, 왜 우리는 도덕적이어야 하는가를 알아보자. 그리고 도덕을 교육할 수 있는가를 살펴보자. 당분간은 도덕과 윤리라는 개념을 구분하지 않고 사용한다.

1. 도덕교육을 해야 하는 이유

도덕적 행동을 하고 도덕적 인간이 되도록 도덕교육을 한다. 도덕교육에 앞서 "왜 우리는 도덕적이어야 하는가?"라는 질문을 탐색해야 한다. 도덕적으로 살 필요가 없다면 도덕교육을 해야 할 이유가 없기 때문이다. 이 질문은 윤리의 정당화에 관한 것으로, '메타윤리(meta-ethics)'라고 부르는 철학 분야에서 다루는 주제이다.[01] 간단해 보이지만 의외로 답하기 어려운 질문이고 많은 논쟁이 이어지고 있다.

학문적 논의는 복잡하지만, 사람이 왜 윤리적이어야 하는가에 관하여 사실과 당위 차원에서 말하는 것은 자연스럽다. 앞에서 배운 교육목적을 보면 이미 도덕을 전제하고 있다. 학문을 교육목적으로 탐구하는 일은 진실을 추구하는 양심을 요구하고, 거짓과 표절을 금지하는 윤리를 지킬 것을 요구한다. 일을 추구할 때는 직업윤리를 지켜야하며 '도덕적 해이'를 경계해야 한다. 공동체 안에서 좋은 삶을 교육목적으로 추구하면 더욱 그러하다.

윤리가 없다면 어떤 사회도 존재하기 어렵고 자신의 존재도 위태로울 수 있다. 예컨대 칸트는 "거짓말을 하지 말라"는 규칙을 도덕적 의무로 이행하라고 촉구한다. 그 규칙이 의무인 것은 거짓말로 인하여 다른 사람들이 해를 당할 가능성이 있고 나도 결국은 해를 입게 되기 때문이다. 윤리규칙과 의무를 따르는 행동은 개인과 개인의 관계 그리고 사회와 개인의 안정과 번영을 위한 필수조건이다. 법을 어기지는 않는다 하더라도 조롱과 불신, 차별과 혐오, 거짓말과 속임수가 넘쳐나는 사회를 상상해 보자. 그 사회의 구성원들은 불안과 두려움에 휩싸여 인간답게 살기 어려울 것이다. 물론 반윤리적 행동은 늘 일어나고 있다. 그렇다고 해서 대부분의 사회가 반윤리적 행동을 승인하거나 격려하는 것은 아니다. 합리적인 사람이라면 자신과 타인의 상생과 공존을 위하여 윤리가 꼭 필요하다는 것에 동의할 것이다. "나는 왜 윤리적으로 행동해야 하는가?"라는 질문을 "다른 사람들이 나에게 윤리적으로 행동하기를 기대하는가?"로 바꾸면 더 명확해

---

01 메타윤리학, 규범윤리학, 응용윤리학이 윤리철학의 주요 분야이다. 우리는 주로 규범윤리학을 논의한다.

진다. 유난히 이기적인 사람일지라도 그렇게 기대한다고 답한다. 모든 사람이 늘 윤리적으로 행동할 수는 없더라도 서로 윤리적으로 살기를 기대하는 것은 합리적인 판단이다.

윤리규칙을 가르치는 일과 물리법칙을 가르치는 일은 다르다. 물리법칙을 모르는 사람들이 많아도 사회에 별 지장이 없겠지만 윤리적으로 행동하지 않는 사람들이 많다면 사회에 혼란이 일어날 가능성이 커진다. 물리법칙을 가르치는 일과 윤리규칙을 가르치는 일 자체도 다른 점이 있다. 물리법칙을 가르치면서 우리는 학습자가 그 법칙을 제대로 적용하기를 기대한다. 반면에 윤리규칙을 가르칠 때는 규칙을 적용하는 데에 그치는 것이 아니라 규칙과 합치되는 윤리적인 사람이 되기를 기대한다. 즉 윤리를 가르친다는 일은 '어떤 행동을 하는 것(to do)'뿐 아니라 '어떤 존재 혹은 사람이 되는 것(to be)'과 관련이 있다(Conroy, 2010). 어떤 사람이 된다는 것은 세상과 어떤 관계를 맺으며 어떻게 살아가야 하고, 관계와 삶을 통해 나 자신을 어떻게 이해해야 하는가와 관련된다. 윤리교육은 분명히 국어나 수학을 가르치는 일보다 어려운 일이다. 어려운 일일 뿐 아니라 패러다임에 따라 교육의 방향과 방법이 구별된다.

2. 윤리와 관련된 행동과 제도

도덕은 나와 다른 사람들을 도울 수 있는 행동은 허용하지만 해칠 수 있는 행동은 금지하는 규칙이라고 해석하기도 한다.[02] 이렇게 해석하면 도덕은 '반드시 해야 하는 행동'과 '반드시 하지 말아야 하는 행동'을 함께 포괄한다. 도덕을 도움이나 피해와 관련된 행동으로 보면 우리의 모든 행동이나 결정이 거의 전부 도덕과 관련된다. 도움이나 해가 될 가능성이 전혀 없는 행동만이 도덕과 무관한데 그런 행동을 상상하기는 어렵기 때문이다. 과학기술은 혜택이 될 수도 있고 해가 될 수도 있다. 무심한 행동도 타인에게 어떤 도덕적 결과를 낳는다. 가벼운 사고의 경우도 원인이 있고, 그 원인이 어떤 결정에서 비롯되었다면 도덕적 행동이 된다. 그러므로 우리가 하는 모든 결정과 행동은 크든 작든 윤리적 함의가 있다고 볼 수 있다.

1) 반윤리, 무윤리와 비윤리

　그렇다고 모든 행동과 규칙이 윤리의 영역에 속한다고 결론지을 수는 없다. 윤리를 규칙이라고 할 때 그 규칙을 벗어나는 것으로 보이는 선택과 행동을 몇 가지 유형으로 구분하고 그 뜻을 명확하게 짚을 필요가 있다. 첫째, '반윤리적(immoral)' 행동은 옳고 그름을 분별할 수 있음에도 불구하고 규칙을 어기는 행동을 하는 것을 가리킨다. 분별력이 있는데도 거짓말을 하는 경우와 의도적으로 약속을 어기는 경우가 여기에 속한다. 둘째, '무윤리적(nonmoral)' 행동이 있는데 이는

02　이러한 윤리의 뜻은 행동의 동기보다 결과를 우선시하는 결과주의(consequentialism)의 관점에서 풀이된 것으로 비판이 뒤따른다. 예를 들면, 선한 의도로 행동했지만 상황이 열악하여 다른 사람에게 해를 끼치는 결과가 나온 경우는 도덕적으로 비난하기 어렵다는 지적이 있다. 결과주의윤리는 공리주의와 밀접하게 연관된다. 대표적으로 벤담, 밀 등이 결과주의윤리를 지지한다. 결과주의는 나중에 배우게 될 의무윤리, 덕윤리와 대립한다.

윤리적 기준이 적용될 수 없거나 윤리의 범주에 해당되지 않는 경우를 일컫는다. 사실에 관한 진술 대부분이 이런 경우에 속한다. 예를 들면 "태양은 동쪽에서 떠서 서쪽으로 진다" 같은 진술이다. 관심과 취향에 따른 행동도 이에 속하는 경우가 많다. 빨간색 양말을 신을지 검정색 양말을 신을지에 관한 선택, 머리 가르마를 왼쪽으로 할지 오른쪽으로 할지에 관한 선택 등이다. 그러나 이런 행동도 문화와 상황에 따라 윤리 기준이 적용되어 반윤리(immoral) 혹은 비윤리로 간주될 수 있다. 예컨대 채식을 보편적 윤리로 간주하는 사람들이 늘어나면서 그중에는 육식을 반윤리로 여기는 사람도 있다. 선의의 거짓말이 문화적으로 허용되지 않는 사회에서 그런 거짓말은 반윤리가 될 수 있다. 마지막으로 '비윤리적(amoral)' 행동이 있는데 이는 그 사람에게 윤리개념이나 판단력이 없어서 윤리와 무관하게 행동할 수밖에 없는 경우를 가리킨다.[03] 영유아의 경우는 분명히 이런 경우에 해당된다. 다른 예로 법적으로 판정된 '책임 무능력자', '심신상실자'를 들 수 있다. 그런 사람이 죄를 저지르면 죄는 면책되고 처벌대신 치료가 제공된다. 세속의 규칙을 초월한 도사를 사칭하면서 자신의 행동은 세상의 윤리에 얽매이지 않는다고 우기는 사람들이 있는데 의심스러운 일이다. 「토의하기」에서 관련 개념을 구분해 보자.

---

03 이 세 가지 유형의 행동은 일상에서 쓰는 용어와 다를 수 있기 때문에 설명이 필요하다. 윤리에 반하는 행동을 반윤리적이라고 했지만 일상에서는 비윤리적이라고 표현하기도 한다. '비(非)'는 '아니다'라는 뜻이고, '사이비(似而非)'는 보기에는 비슷하지만 근본적으로 다른 것을 뜻하므로 윤리와 비슷해 보이지만 윤리가 아닌 amoral을 여기에서는 '비윤리'로 번역했다. 무윤리적 행동은 윤리와 무관한 행동으로 구분하였다. 한국 학계에서도 이런 용어들의 번역이 일치하지 않는 것 같다. 용례와 번역이 다를 수 있으므로 맥락을 살펴서 이해해야 한다.

2) 윤리, 종교와 법

학생들이 자주 하는 질문 중의 하나는 윤리와 종교, 윤리와 법을 구분할 수 있고, 구분해야 하는가라는 것이다. 윤리와 종교는 중첩되는 부분이 꽤 많다. 물론 유일신 신앙, 형상 재현 금지 등 윤리가 따르기 어려운 금기도 많다. 윤리를 신명론(divine command theory)으로 설명하는 관점은 신의 명령은 올바르기 때문에 따라야 한다고 선포한다. 올바르게 살기를 원한다면 신의 말씀과 명령에 복종해야 한다. 신명론은 우리가 윤리적이어야 하는 이유를 확언한다. 그러나 신명론에 몇 가지 문제점들이 있다(Hedberg, 2011; Rachels, 2002: 110-113). 플라톤(Platon)은 "어떤 행위가 옳은 것은 신이 명령했기 때문인가, 아니면 그런 행위가 옳기 때문에 신이 명령한 것인가?"라는 딜레마를 던진다. 앞의 입장을 택하면, "X가 옳다"는 것은 신의 명령이기 때문에 옳은 것이므로 "X는 신의 명령이다"라는 진술은 "신의 명령은 신이 명령이다"라는 공허한 진리(empty truism)를 되뇌는 셈이 된다. 뒤의 입장을 택하면, 신의 명령 외에도 옳고 그른 것들이 있거나 그를 평가하는 기준이 있다는 것을 인정하게 되므로 신에게 불경을 저지르게 된다. 신의 명령을 어기면 심판과 징벌이 있고 잘 따르면 축복이 있기 때문에 신의 명령을 따라야 한다는 주장도 문제를 안고 있다. 이런 주장은 '위력에 의한 논증(an ad baculum argument)'으로 논리 자체에 오류가 있다. 두려움 혹은 기대 때문에 윤리적이어야 한다는 것은 밝히지만 신의 존재가 우리를 윤리적으로 만든다는 것은 입증하지 못하기 때문이다. 신앙이 윤리의 원천이 된다는 것을 입증한다고 해도 종교가 없는 사람은 윤리를 따르지 않아도 되는 것인가? 종교와 신앙은 다양하기 때문에 윤리의 뜻도 다양해지고 분열된다. 종교 사이에 윤리적 쟁점을 둘러싸고 충돌한다. 종교와 신앙은 유효하고 고귀하다. 그러나 윤리와 종교는 다르다. 윤리판단이 꼭 신앙을 통해 얻어지는 것은 아니고, 윤리는 종교와 별개 영역으로 탐구되어야 한다.

또 다른 질문은 법과 윤리의 구분에 관한 것이다. 이 질문은 법과 윤리 모두 규칙과 의무를 따를 것을 요구하는 데서 비롯되는 것 같다. 법은 삶의 규범과 가치를 보호하는 역할을 하므로 윤리와 연관된다. 사기, 뇌물 수수, 명예훼손 등을 법으로 금하는 경우가 그러하다. 그래서 윤리를 따르는 행동과 법을 따르는 행동이 중첩되고, 법은 윤리적 근거에 의해 평가되고 변화된다. 드워킨(R. M. Dworkin) 같은 학자는 법의 해석에 꼭 윤리가 활용되어야 한다고 주장한다(Gert & Gert, 2017). 대다수 사람들의 윤리의식이 바뀌면 법이 개정되기도 한다. 최근 한국에서 양심과 신앙에 따른 병역거부가 인정되었다. 늘 부당한 법이 있으며 그럴 때는 윤리와 갈등한다. '국가보안법'은 헌법에 보장된 사상의 자유를 침해한다. '유전무죄, 무전유죄'라는 호소도 심각하다. 또 위법인 모든 행동이 윤리에 어긋나는 것은 아니다. 예를 들면, 어느 정도의 속도위반 운전은 위법(illegal)이지만 반윤리까지는 아니라는 사람들도 적지 않다. 마찬가지로 윤리에 반하는 모든 행동이 위법은 아니다.

법과 윤리는 몇 가지 점에서 구분된다. 첫째, 법은 입법부 같은 국가기구에 의하여 제정되고 강제성이 동반되는 반면, 윤리는 사회와 사람들에 의해 형성되고 주로 사람들의 자발성에 의존한다. 법을 자발적으로 준수해도 법 자체에 강제성이 내포되어 있기 때문에 처벌에 대한 두려움을 유발한다. 둘째, 법이 특정 가치를 보호하거나 피해를 금지하는 역할을 하는 반면에 윤리는 그에 그치지 않고 특정 가치를 증진하고 사람들을 돕는 규범을 장려한다. 다른 사람의 시선을 의식하여 마지못해 올바른 행동을 하거나 위선을 하는 사람도 있지만 그런 사람의 행동을 윤리적이라고 부르기는 어렵다. 위선을 윤리의 최저선으로 보는 사람도 있기는 하다. 그마저 사라지면 정말 윤리적 위기가 도래한다고 보는 것이다. 셋째, 법은 금지 행동을 명문화하고 어길 경우에는 처벌과 권리 제한 등 불이익을 가하지만 윤리는 관행과 약속으로 정착되므로 따르지 않으면 양심의 가책과 비난을 받는다. 예컨대 친구끼리의 사소한 거짓말은 동료들에게 비난을 받는 정도에 그친다. 또한 다른 사람들을 돕지 않으면 양심의 가책을 느끼겠지만 처벌받지는 않는다. 법이 사회질서를 유지하는 역할을 하지만 그 역할은 윤리의 토대 위에 성립되어야 제대로 이행될 수 있으므로 윤리가 사회규범의 근간이 될 것이다.

3. 도덕과 윤리의 구분

도덕은 바람직한 행동과 관계에 관한 의무와 도리라고 말했는데 의무와 도리를 구분해야 할 때가 있다. 우선 '할 수 있지만 사람이므로 하지 말아야 하는 의무'가 있다. 이런 의무는 도덕적인 사람이라면 하지 말아야 한다고 판단할 수 있는 의무이고 꼭 지켜야 하는 의무이다. 의무가 무엇인가에 관해서는 관점이 달라도 비교적 합의하기 쉽다. 예컨대 살인, 인간유전자 조작, 개인정보유출 같은 것이다. 반면에 '하고 싶지 않지만 사람이므로 해야만 하는 도리'도 있다. 희생, 기부와 자원봉사를 예로 들 수 있다. 무엇이 인간의 도리인가에 관해서는 문화와 세대 등에 따라 의견이 분분하다. 도덕을 의무 혹은 도리로 추구하는가에 따라 도덕의 개념을 도덕과 윤리(인륜)로 구분한다. 도덕을 의무로 규정하는 의무윤리는 칸트가 대표하는데, '좁은 윤리'로서 도덕(*moralität*, morality)을 추구한다. 반면에 도덕을 도리로 규정하는 이론인 덕윤리는 아리스토텔레스(Aristoteles)에서 시작되는데, 좋은 삶과 좋은 사람됨을 지향하는 '넓은 윤리'로서 윤리(*sittlichkeit*, ethics)를 지지한다. 윌리엄스(Williams, 1985: 6-7)에 의하면 의무윤리는 특수한 사적 경험을 도덕의 영역에서 배제하고, 이성적인 모든 인간이 보편적으로 지켜야 할 의무로 도덕을 제한한다. 의무윤리는 도덕이 이성적 실천자의 자유와 선택을 보장해야 한다고 믿고, 자유롭게 선택할 수 있는 보편적 의무, 즉 좁은 의미의 도덕을 제시한다. 반면에 덕윤리는 의무윤리가 도덕세계를 축소한다고 비판한다. 그리고 의무를 넘어서 인간에게 가장 좋은 삶은 무엇인가, 그리고 그런 삶을 추구하려면 어떤 사람이 되어야 하는가 등의 더 넓고 장기적인 주제에 관심을 둔다. 윤리교육의 대표적인 패러다임으로 여겨지는 인지발달교육 패러다임은 의무윤리에 기초하고 있고, 덕윤리교육 패러다임은 덕윤리에 기초하고 있다. 이 두 가지 윤리이론과 윤리교육의 방향을 알아보고 이에 대한 비판과 대안으로 여성주의윤리와 돌봄윤리교육, 소통윤리교육, 사회적 직관주의를 알아보자.

○ 남에게 해를 끼치지 않는 행위에 관한 도덕판단

어떤 마약 사용자가 자신의 마약 사용을 도덕적으로 비난해서는 안된다고 주장한다. 자신은 중독자가 아니므로 가끔 재미 삼아 혼자서 마약을 할 뿐이고 돈도 많아서 마약을 사기 위해 사람들을 속이거나 훔치는 일도 하지 않는다는 것이다. 또 흡연과 달리 주변 사람들에게 해를 끼치지도 않는다고 설명한다. 한국에서 마약 사용은 법으로 금지되어 있다. 도덕을 기준으로 삼으면 이 사람의 마약 사용을 허용해야 하는가? 아니면 비난하고 금지해야 하는가? 법과 도덕은 일치해야 하는가 아니면 다를 수도 있는가?

○ 반윤리, 무윤리, 비윤리의 구분

다음의 각 행동이 반윤리, 무윤리, 비윤리 중에서 어느 것에 해당되는지 구분해 보자.

① 이익 때문에 친구에게 거짓말을 함.

② 세 살 아이가 부모에게 거짓말을 함.

③ 로봇이 살인을 함(로봇 주인이 아니라 로봇을 평가).

④ 아침밥을 먹을지 말지 고민함.

⑤ 교재를 읽지 않고 수업에 참여함.

⑥ 교재를 읽지 않으면서 교사가 수업내용을 이해시키지 못한다고

비난함.

⑦ 자녀가 부모를 이름으로 부름.

⑧ 어떤 여성이 대변을 보고 난 후 옷을 갈아입지 않은 채로 요리를 함.

* ⑦과 ⑧의 예는 Haidt(2012: 53)를 참고하였음.

6장. 인지발달 도덕교육

    돈이 최고로 중요하다는 학생에게 사람을 돈보다 소중하게 대우할 의무가 있다고 설득할 수 있을까? 내 친구를 죽이려고 친구가 있는 곳을 대라는 악당에게도 거짓말을 해서는 안 되나? 칸트는 이런 딜레마에 대해 분명하고 확고하게 답변해야 한다고 선언한다. 그런 선언의 중심에는 인간 자체를 목적으로 여기고 존중해야 하는 도덕적 의무가 우뚝 서 있다. 흔히 칸트로부터 근대윤리가 시작된다고 말한다. 중세가 '신의 시대'였다면 근대는 '인간의 시대'이다. 근대는 인간이 이성을 활용하여 진리를 규명하고 세상을 지배할 수 있다고 믿는 계몽주의에 의해 시작된다. 인류 역사에서 처음으로 개인이라는 존재를 인식하고 개인을 이성을 가진 주체로 인식하기 시작하였다. 개인은 '보편적 이성'을 사용하여 합리적으로 판단하고 행동해야 하는 자신감과 책임감을 갖게 된다. 개인이 자율적으로 판단하고 행동하는 의지를 갖는 실천자로 등장한 것이다. 이성적 개인은 도덕적으로 올바르게 판단하고 행동해야 한다. 도덕판단은 어떤 행동을 하거나 하지 말아야 하는 이성적 근거를 제시하는 일이며, 인간은 그런 판단을 따라 행동해야 한다.[04] 칸트는 이성에 의한 판단과 행동을 지지하는 윤리를 체계화시켰다. 피아제(J. W. F. Piaget)와 콜버그(L. Kohlberg)는 의무윤리에 기초하여 도덕발달과 도덕교육을 설계하는 데에 적용한다.

1. 칸트의 의무윤리

칸트에 의하면 어떤 행동의 옳고 그름은 그 결과에 의해 평가되는 것이 아니라 의무를 충족하는가의 여부에 의해 결정된다. 사람이 지켜야 할 의무(deon, duty)에서 비롯된 행동만이 도덕적으로 옳은 행동이라는 의견이므로 의무론적 윤리(deontological ethics)라고 부른다. 칸트는 도덕의 최고원칙을 밝히는 일을 과제로 삼고, 이성을 제대로 발휘하면 도덕의 최고원칙에 도달할 수 있다고 믿는다. 이성을 발휘한다는 것은 초월적 존재나 권위자의 지시를 따르는 것이 아니라 스스로 생각하여 자유롭게 행동한다는 것이다. 칸트가 말하는 자유는 하고 싶은 대로 하는 상태가 아니라 '자율'을 뜻한다. 자율은 "주

---

04 이런 근대의 믿음은 '보편적 이성'이 모든 사람에게 해당되는 것이 아니라고 주장한다. 여성, 유색인종, 무산계급 등은 이성의 부적격자라고 왜곡하여 부정의를 정당화하는 소지를 제공한 잘못이 크다. 비판은 나중에 더 살펴본다.

어진 목적에 걸맞은 최선의 방법을 선택하는 것이 아니라 목적 그 자체를 선택하는 것"(Sandel, 2009: 155)이며, 자신이 자신에게 부과한 목적과 의무를 따라 행동하는 것을 의미한다. 칸트는 자율(autonomy)을 타율(heteronomy)과 대비시킨다. 타율적으로 산다는 것은 신이나 다른 사람의 뜻대로 살고 그 뜻을 따르는 목적을 이루기 위한 수단이 되는 것이다. 타율적 행동은 도덕의무를 저버린 행동이고 도덕적 책임을 물을 수도 없다. 자율로서의 자유는 행동의 목적을 스스로가 선택하는 것이고, 이성을 가진 인간은 그렇게 할 수 있다고 칸트는 믿는다. 물론 인간이 늘 이성적으로 판단하는 것은 아니다. 칸트도 이를 인정하지만 우리의 의지가 이성을 따라 자율적으로 행동할 수 있으므로 그렇게 노력해야 한다고 강력하게 권고한다.

　　도덕적 옳음은 행동의 동기가 의무에 부합하는가를 이성의 판단을 거쳐 결정되어야 한다. 도덕성은 행동의 결과가 아니라 동기를 기준으로 삼아야 한다는 것에 주목하자. 그 이유는 이성적인 인간이 추구해야 하는 최고선은 그 자체로 선한 내재적 선인 동시에 무조건적 선이어야 하고, 그 행동이 상황을 도덕적으로 악화시키지 말아야 하기 때문이다. 칸트는 공리주의와 결과주의를 거부한다. 만족스러운 결과를 얻기 위해 인간을 도구로 사용하기 때문이다. 또한 공리주의가 선으로 규정하는 쾌락은 그 추구를 위해 조건이 필요하고, 쾌락을 추구하면서 당사자와 주변 사람들의 상황을 악화시킬 위험이 있다고 지적한다(Conroy, 2010). 다른 사람을 해치려는 동기를 갖고 행동했지만 의외의 변수로 인하여 그 사람을 돕게 된 결과를 놓고 도덕적 행동이라고 볼 수 없다. 오히려 다른 사람을 도우려고 행동했지만 돌발변수로 말미암아 해를 끼치게 된 경우는 그 이유가 도덕적이므로 도덕적 행동으로 여길 수 있다. 그러므로 도덕적 행동은 그 행동이 왜 옳은가에 관한 충분한 이유 혹은 '준칙(maxim)'에 의해 뒷받침되어야 한다. 칸트에 의하면, 도덕은 어떤 목적을 실현하거나 이익을 추구하기 위한 도구가 아니라 그 자체를 의무로 따라야 하는 보편적 규범체계이다. 도덕은 그렇게 행동하는 것이 옳다는 오직 그 이유 혹은 법칙 때문에 따라야 하는 의무인 것이다.

칸트는 특정한 행동에 관한 도덕준칙을 일일이 열거하는 대신 모든 도덕적 행동들이 따라야 할 최상의 원칙을 제시한다. 그 원칙으로부터 모든 행동준칙이 생겨난다. 최상의 원칙과 행동준칙을 따를지, 따르지 않을지는 개인이 자율적으로 판단해야 한다. 이성적인 인간이라면 따를 것으로 예상된다. 이런 최상의 원칙이 '정언명령(categorical imperative)'이다. '정언(定言)'이라는 뜻은 어떤 조건 없이 그 자체로 확정할 수 있다는 말이다. 정언명령은 어떤 목적을 이루기 위한 수단, 즉 "무엇을 원하면 어떤 행동을 하라"는 가언명령(hypothetical imperatives)과 구분된다. 도덕법칙은 정언명령으로서 그 자체가 최고의 가치를 지니므로 정당화되어야 하고, 언제 어디서나 따라야 하는 보편적 법칙이며 의무이다. 정언명령을 의무로 따르고 행동의 준칙으로 삼는 사람은 행동의 목적을 스스로 선택하는 사람이며 자유롭고 자율적인 사람이다. 여기서 준칙은 행동의 근거가 되는 규칙 혹은 원칙을 말한다. 칸트(1785)는 네 가지의 정언명령을 다음과 같이 제시한다. 첫 번째와 두 번째 명령이 가장 널리 알려져 있고 여기에서 나머지 명령이 도출되는 것으로 소개된다.

① 보편성: 보편적 법칙이 될 수 있어서 모두에게 통용되기를 원하는 준칙만을 따라 행동하라(Kant, 4:421).

② 인간존엄성: 자기 자신의 인격 그리고 다른 사람의 인격을 수단으로만 대하지 말고 항상 목적으로 대우하라(Kant, 4:429).

③ 자율성: 자신의 의지 스스로가 준칙을 따름으로써 보편적 법을 만드는 것처럼 여길 수 있도록 자율적으로 행동하라(Kant, 4:431).

④ 도덕공동체: 준칙을 따름으로써 자신이 '목적의 왕국'의 입법자인 것처럼 행동하라(Kant, 4:439).[05]

첫째 명령은 정언명령 그 자체가 무엇인가를 밝히고, 나머지 명령들을 아우르는 정초를 세운다. 둘째 명령은 자기 자신을 이성을 가진 존엄한 존재로 여기고 마찬가지로 다른 사람도 어떤 목적을 실현하는 데에 쓸모가 있든 없든 존중해야 한다는 내용이다. 셋째 명령은 이성적 인간이라면 마땅히 복종해야 하는 준칙이 정언명령이므로 복종을 통해 자유와 자율성을 획득한다고 설명한다. 넷째 명령은 인간을 목적으로 대우하는 왕국, 즉 '도덕공동체'의 구성원으로서 행동하라는 권고이다. 칸트는 정언명령은 보편적 법칙이므로 합리적으로 판단할 수 있는 능력이 있는 모든 사람이 따를 것이라고 믿는다. 더 풀어서 설명하면 다음과 같다.

05 칸트의 인용은 쪽수가 아니라 책의 항목 표시 번호를 따른다.

칸트의 주장에 따르면 어떤 행동이 참으로 도덕적인 것으로 간주되려면, 그것은 어떤 상황에서나 올바른 행동으로 간주될 수 있어야 한다. 어떤 특수한 경우에서만, 즉 추구하는 어떤 특정 목적을 달성하고자 하는 경우에만 그런 것이어서는 안 된다. 또한 어떤 행동을 하는 사람들이 특정 부류에 속하는가와 관계없이 누구나가 가치 있는 것으로 간주될 수 있는 행동이어야 한다. 이 점이 바로 칸트가 말하는 '보편성'의 의미이다. 바꾸어 말해서 어느 누구나 똑같은 일을 하게 될 것을 가리킨다. 친구를 해치는 일이건, 더 나쁜 경우로 자기 인생에 해로운 결과를 가져오는 일이건 관계없이 그렇다는 말이다. (Conroy, 2010: 129)

이렇게 보편성을 갖는다고 여겨지는 정언명령은 경험과 무관한 도덕적 선으로 여겨지는데, 이는 이성을 가진 인간이면 누구나 그것을 '선험적(a priori)'으로 참이라고 인식할 수 있기 때문이다. 피터스의 교육개념 논의에서 등장한 선험이라는 개념은 칸트에게서 빌린 것이다.

어떤 상황에서나 누구나 도덕적으로 옳다고 간주될 만한 행위를 하는 것이 도덕적 의무이며 도덕적 선이다. 도덕판단은 정언명령에 부합되는가의 여부를 판단하는 절차이다. 칸트는 이런 절차에 의해 의무를 따르는 사람은 이성적 존재이자 자유로운 존재가 된다고 설득한다. 정언명령에 '복종'하는데 어떻게 자율을 말할 수 있는가? 정언명령을 수용하고 이행할 것을 선택하는 주체는 자기 자신이므로 의무와 자율이 양립하는 특별한 경우이기 때문에 그렇다. 자유로운 인간으로서 개인의 존엄성은 자신이 정언명령을 정하고 바로 그 이유 때문에 그것에 복종하는 것에 있다는 것이다(Sandel, 2009: 175-176). 앞에서 인간이 존엄한 것은 이성이 있기 때문이라고 강조하였고 이성적 인간은 정언명령에 찬동해야 한다고 칸트는 생각한다. 그러므로 "자유의지와 도덕법에 따른 의지는 똑같은 하나"가 된다. 물론 선택과 결정은 개인의 자유이다. 정언명령을 의무로 따른다고 해서 모두의 삶의 방식이 획일화되는 것은 아니다(Rachels, 2002: 241). 정언명령을 만족시킬 수 있는 다양한 방식들이 존재하기 때문에 자기가 원하는 것을 선택할 수 있는 자율과 자유가 보장된다. 예컨대 거짓말을 하지 않는 준칙을 지키는 방식 중에서 가장 합리적인 방식을 선택할 자유와 자율이 있다. 애매모호한 말을 더듬거리거나, 침묵할 수 있고, 그 자리를 떠날 수도 있으며, 극단적으로는 말을 못할 정도로 자해할 수도 있다. 개인의 자유와 자율을 보장하는 것이 존엄성을 인정하는 것이므로 그것은 보편적이고 공적인 규칙이자 의무로서 도덕적 당위이다. 의무윤리는 자유주의와 개인주의를 떠받치는 원리가 된다. 의무윤리는 근대 윤리학의 정초라고 평가되고 이후 모든 윤리학에 영향을 미친다. 그 업적을 몇 가지로 정리해 보자. 첫째, 모든 인간의 존엄성을 존중하고 평등하게 대우해야 한다는 도덕적 이상을 정립하고 '보편적 권리'의 기초를 제공한다. 둘째, 모든 인간에게 보편적으로 공평하게 적용되는 도덕적 의무를 제시하려고 시도한다. 셋째, 모든 인간이 이성의 판단에 의해 도덕적 의무를 행동의 준칙으로 따름으로써 삶의 목적을 자유롭고 자율적으로 선택하는 실천자가 될 가능성을 제시한다.

2. 인지발달 패러다임과 도덕교육

1) 인지발달 패러다임

칸트의 의무윤리가 실현 가능하다는 것을 도덕발달단계를 통해 밝히고, 도덕교육의 방향을 다듬는 데에 평생을 바친 학자가 있다. 미국의 심리학자 로렌스 콜버그이다. 그는 철학과 심리학을 결합하여 '도덕심리학(moral psychology)'이라는 분야를 창시한 학자이자, 자신의 이론을 학교와 교도소 등 미국 내외의 다양한 현장에 적용한 실천가로서 대안학교를 설립하기도 했다. 그는 도덕의 보편성을 옹호하기 위해 도덕발달과 도덕교육의 개념을 확립하려고 노력했다. 그런 열정은 그가 유태계 미국인으로서 나치가 저지른 유태인 학살의 야만과 부정의를 경험한 데에서 비롯된다. 콜버그는 보편적으로 적용할 수 있는 도덕기준이 존재한다는 것을 믿었다. 문화와 관점에 따라 도덕기준이 달라진다는 상대주의를 지지하면 야만과 폭력을 비판하고 금지할 수 있는 근거가 약화되기 때문이다. 그래서 도덕의 보편적 기준을 정립해서 도덕판단의 다양성을 평가할 수 없고 비교할 수도 없다고 주장하는 상대주의를 기각하고자 했다. 또한 당시 유행하던 행동주의가 사람을 임의로 조정하는 탓에 인간존엄성을 훼손할 소지가 있다고 비판했으며, 그 대안으로 자율성을 존중하는 발달이론을 모색한다.

콜버그가 개인의 도덕발달단계를 파악하기 위한 면접조사의 예문으로 활용한 '하인츠와 약학자 딜레마'는 꽤 유명하다.[06]

유럽에서 일어난 일인데 한 여성이 암에 걸려 죽어 가고 있었음. 담당 의사는 오직 한 가지의 약이 그녀를 살릴 수 있을 것이라고 처방. 그것은 라듐 형태의 약으로서 마침 인근 지역의 한 약학자가 개발한 것. 그 학자는 약을 만드는 데에 많은 시간과 노력이 들어서 재료비의 10배 되는 금액을 판매가격으로 책정. 약학자는 200불을 약 원료인 라듐을 사는 데에 지불하였고 투약에 적정한 약을 2,000불에 판매. 죽어 가는 여성의 남편이 되는 하인츠는 그 약을 사야 하지만 가지고 있는 돈이 얼마 되지 않아서 아는 사람들에게서 돈을 꾸었지만 1,000불밖에 마련하지 못하였음. 하인츠는 약학자에게 절박한 사정을 이야기하고 약값을 깎아 주거나 나중에 갚는 조건으로 약을 달라고 간청. 그러나 약학자는 하인츠의 간청을 거부. 낙담한 하인츠는 아내를 살려야 한다는 절박한 심정으로 밤에 약학자의 집을 침입하여 약을 훔침. 하인츠는 약을 훔쳐야 했나, 훔치지 말았어야 했나? 왜 그렇게 생각하는가? (Kohlberg & Kramer, 1969: 109)

위의 딜레마는 아동과 청소년들에게 하인츠가 어떻게 행동해야 한다고 판단하는가, 그리고 왜 그렇게 판단하는가의 이유를 묻는 도덕판단 인터뷰에 사용된다. 인터뷰의 핵심은 응답의 내용이 아니라 왜 그렇게 판단하고 추론하는가의 이유를 파악하는 것이다. 연구자는 아동이 판단하는 이유를 구체적으로 말하는 것을 돕기 위해 "하

---

06 동영상으로 제작된 내용을 볼 수 있다. https://www.youtube.com/watch?v=1UurYKhi-QQ(영어 자막)

인츠가 약을 훔칠 권리가 있는가?", "약학자는 어떤 권리가 있는가?",
"하인츠가 체포되면 판사는 어떤 판결을 내려야 하는가?" 등을 추가
로 질문한다. 앞선 딜레마 외에 두세 가지의 딜레마에 관해 더 인터
뷰를 한 후 아동과 청소년들의 도덕발달이 6단계로 구분되는 발달단
계 중 어디에 해당되는지를 판정한다.[07] 이 딜레마를 소개하고 토의
하고 나면 학생들이 자신의 도덕발달단계를 궁금해하므로 각 단계별
로 대표적인 응답을 「토의하기」의 [표2]에 제시한다.

　　도덕판단의 발달은 세 수준으로 나뉘고, 각 수준은 다시 두 단
계로 나뉘므로 총 6단계에 걸쳐서 발달이 이루어진다. 세 가지 수준
은 아래와 같이 인습(convention)을 기준으로 인습 이전 수준, 인습 수
준, 인습 이후 수준으로 나뉜다.

　　○ 인습 이전 수준: 도덕판단은 외부의 인습이 부여하는 권위
에 의존한다.
　　○ 인습 수준: 도덕판단은 인습의 권위가 기대하는 바를 내면
화하는 방향으로 발달한다.
　　○ 인습 이후 수준: 외부 인습의 기대와 내부의 선택 원리가 명
확하게 구분되고 자율적 선택 원리에 도달하게 된다.

　　각 수준의 하부단계에서는 행위를 정당화하는 일관된 관점이

07　부모님께 도서관에 간다고 외출을 허락받은 후에 록밴드 콘서트에 간 동생의 거짓말을 부모
　　님께 어떻게 말해야 하는가에 관한 딜레마, '조(Joe)'가 일해서 저축한 돈을 아빠가 낚시여행
　　가는 데에 달라고 요구할 때의 처신에 관한 딜레마 등이 있다(Kohlberg, 1984: 640–651).

나타나며 뒤의 단계는 앞의 단계보다 인지구조가 더 '평형화'된 상태이다. '평형(equilibrium)'은 딜레마 해결과정에서 과거의 관점을 적용하여 혼란과 시행착오를 거친 후에 새로운 관점을 구성하고 정립한 상태로서 통합이라고 말하기도 한다. 인습 이전 수준에 속하는 1단계와 2단계에서는 자기중심적 관점이 동원된다. 1단계에서는 처벌을 피하고 권위에 순종하는 방식으로 판단한다. 2단계에서는 자신의 욕구를 충족하거나 보상을 받는 등 목적 달성과 거래의 도구로 도덕을 정당화한다. 인습 수준에 속하는 3단계와 4단계에서는 사회구성원의 관점이 활용되어서 현재의 사회 혹은 '우리'가 정의를 기대한다고 여긴다. 3단계에서 사회는 주변의 가까운 사람들(부모, 교사, 친구 등)과 맺는 구체적 관계로 파악되고, 그 관계에서 생겨나는 의무와 책임을 달성해서 좋은 사람으로 인정받으려고 도덕 행위를 한다. 4단계에서 사회는 더 추상적인 시민들로 파악되고 사회 질서와 법을 따르는 사고를 한다. 인습 이후 수준에 속하는 5단계에서는 권리와 사회계약(법)을 만드는 정당한 절차를 존중해야 한다는 인식이 생기고, 사회적 합의에 의해 공익과 공공성을 추구하는 경향이 나타난다. 6단계는 보편적 도덕 원칙의 단계로서, 정의의 원칙을 구성하는 개념을 조작하여 추론할 수 있다. 이런 도덕판단은 '절차적 정의'를 수용하는 것이므로 법규 등의 절차가 부정의하면 시민불복종이 정당하다는 판단까지 생겨난다. 6단계는 구성원들이 인습을 조망하고 조절할 수 있는 능력을 갖게 되어 사회의 도덕체계가 '평형' 혹은 '완성'을 이루는 데에 기여하는 단계이다(Conroy, 2010). 6단계 발달을 입증하는 응답자를 거의 발견할 수 없었기 때문에 콜버그와 동료들은 6단계에 대한 기대를 점차

내려놓다가 1987년에 구조적 이슈 채점을 도입하면서 6단계 측정을 포기한다(Kohlberg, Levine & Hewer, 1983: 106). 그러나 간디, 마틴 루터 킹 주니어 등이 6단계의 모델로 제시되고, 이론상으로 여전히 가설적 최종 단계로 제시된다. 인지발달 패러다임은 정의를 향한 도덕발달을 제시하므로 '정의윤리 패러다임'으로 부르기도 한다.

2) 도덕판단, 정의판단과 인지판단의 형식적 동일성

콜버그는 도덕발달은 판단의 형식적 특성들을 조작하는 능력이 발달되는 것이라고 보고, 그런 능력을 개발하는 도덕교육을 구상한다. 형식적 특성들을 활용하는 능력의 이론적 근거는 칸트의 정의윤리와 피아제의 인지발달이론에서 찾는다. 이런 시도를 이해하려면 「토의하기」에 나오는 '하인즈 딜레마(Heinz dilemma)'의 [표2]에서 발달의 단계는 추론과 판단의 이유가 어떤 형식적 특성을 갖는가에 따라 분류된다는 것에 주목해야 한다. 콜버그는 도덕을 형식적 특성에 의해 다음과 같이 정의하기 때문이다.

> 도덕판단, 방법, 관점, 이상성(ideality), 보편화 가능성 등의 형식적 특성이 곧 도덕판단의 형식적 특성이다. [···] '도덕'이라는 용어는 어떤 행동, 감정이나 사회적 제도와 관련된 것이 아니라 판단과 의사결정의 유형에 관한 것이다. (Kohlberg, 1971: 214-215)

콜버그가 도덕판단을 도덕발달의 중심축으로 규정하는 것은 행동은 판단에 의해 동기화되고 촉진된다고 믿기 때문이다. 도덕교육은 어떤 상황에서 특정 행동을 하라고 가르치거나 행동의 결과를 평가하는 일이 아니다. 그렇게 하면 개인의 자율성을 침해하게 된다. 그 대신 모든 상황에서 합당하게 행동하도록 행동의 보편적 원리를 판단하는 능력을 발달시켜야 한다. 칸트의 목소리가 분명하게 들린다. 그래서 콜버그는 사람들의 도덕판단에서 형식적 특성들이 실제로 표현되고 변화되는지 또한 정의의 원리를 따라 판단하는 보편적 단계까지 발달할 수 있는지를 입증하기를 원했다. 그래야 이론의 타당성과 보편성이 인정되고, 도덕교육을 통해 발달을 자극하고 촉진하는 방안을 수립할 수 있기 때문이다. 도덕판단에 관련된 형식적 특성을 조작하는 능력이 발달되면 도덕판단과 행동도 발달된다는 것이 콜버그의 도덕발달과 도덕교육의 논리이다.

　　콜버그는 먼저 도덕발달단계의 형식적 특성을 칸트의 의무윤리에서 끌어온다. 콜버그는 플라톤과 아리스토텔레스의 정의 개념과 롤스의 정의론을 인용하면서 정의가 도덕에서 가장 중요하고, 도덕발달의 최상위 단계에 해당하는 특성이라고 주장한다(Kohlberg, 1983: 42). 정의는 "사람들 사이에 대립된 주장이 나타나는 딜레마를 해결하는 갈등 해결의 구조"의 역할을 한다(Kohlberg, 1983: 68; Lapsley, 1996: 106).

　　정의의 우선성은 도덕판단이나 도덕원리가 대인관계 갈등이나 사회적 갈등, 즉 주장이나 권리의 갈등을 해결하는 데에 중요한 기능을 한다고 본다. 도덕판단은 또한 이러한 권리에 따르는 의무까지도 규정해야만 한다. 도덕판단이나 도덕원리는 여러 입장 간의 평형, 균형, 가역성을 함의하고, 정의와 관련성을 내포한다. (Kohlberg, Levine & Hewer, 1983: 28-29)

콜버그는 칸트의 정언명령이 보편성, 자율성 등의 형식적 특성을 갖는 것처럼 정의도 형식적 특성을 갖는다고 보고, 정의의 형식적 특성을 제시한 후 각 단계를 그 특성에 비추어 개념화한다. 정의의 형식적 특성은 어떤 도덕적 역할을 채택하는 관점(perspective role-taking)으로 구조화된다고 기대하고, 롤스의 정의론을 참고하여 규범적 역할 채택을 도입한다(Lapsley, 1996: 132). 규범적 역할 채택의 발달은 평등성(equality), 호혜성(reciprocity), 공평성(equity), 가역성(可逆性, reversibility)을 고려하고 통합하여 '보편화 가능성(universalizability)'을 증대하는 일이다 (Kohlberg, Levine & Hewer, 1983: 68). 도덕발달단계가 향상된다는 것은 이전 단계일 때보다 형식적 특성들을 더 포괄적으로 조작할 수 있게 됨으로써 판단이 더 도덕적으로 적합해진다고 평가되는 것이다.

콜버그는 피아제의 인지발달이론을 도입해서 '정의에 관한 판단의 발달은 인지발달과 동일한 과정'이라는 설명을 보완한다. 이는 정의에 관한 판단구조가 과학적 사고구조와 유사하다는 측면을 조명한다. 콜버그에 의하면, 도덕판단에서 공평성과 같은 형식적 특성들을 고려하는 일은 과학이나 수학에서 분화와 통합 등을 논리적으로 조작하는 일과 대체로 일치한다.

사회적 세계에서의 논리적 사고구조는 물리적 세계에서의 논리적 사고구조와 유사하다. 사회적 상호작용에서의 상호호혜성과 평등성이라는 정의조작은 과학과 수학에서의 교환과 동등이라는 논리적이고 수학적인 조작과 일치한다. (Kohlberg, Levine & Hewer, 1983: 68)

정의에 관한 추론을 통해 보편적 의무에 도달하려는 노력은 피아제의 용어로 표현하면, 과학적·수학적 추론을 통해 평형에 도달하려는 시도의 사고구조와 같다는 것이다. 즉 판단구조가 더 평형화된 상태로 발달하는 것이다. 피아제의 인지발달에서 최고 단계에 도달하여 이상적 평형을 이루는 일은 도덕발달에서 최고의무에 도달하여 보편적 정의의 도덕적 이상을 이루는 일에 대응된다. 콜버그는 시간과 공간 등의 인지개념들을 정교하게 조작함으로써 인지발달이 진행되는 것처럼 공평성, 호혜성 등 정의판단에 관련된 형식적 특성들을 적합하게 조작함으로써 도덕발달이 증진된다고 믿는다.

예를 들어 6단계에 해당하는 정의에 대한 판단이 어떻게 형식적 특성들을 조작하면서 발달되는지 알아보자(Lapsley, 1996: 124-125). 도덕발달의 최고 단계인 6단계는 칸트의 정언명령을 의무로 따르는 수준에 도달하고, 정의의 보편적 원리에 관한 판단을 할 수 있는 단계이다. 먼저 정의에 관련된 특성의 하나인 평등성을 활용하여 추론하면 동등한 분배와 동등한 고려에 초점을 두게 된다. 그런데 만약 자신이 가장 불리한 위치에 있을 수 있다고 가정해야 한다면 합리적인 사람들은 호혜성에 입각하여 불평등을 시정하는 방향으로 사고하는 규범적 역할을 채택할 것이다. 이 지점에서 또 다른 특성인 공평성이 평등성을 보정하는 역할을 한다. 모든 사람이 동일한 출발선에 설 수 있도록 각자의 부족한 부분을 채워 주는 '불평등'한 대우가 필요하다는 것을 공평성이라는 특성이 밝혀 준다. 사회적 약자에 대한 특별조치의 권리가 이런 공평성에 기초한다. 호혜성과 규범적 역할 채택은 가역성이라는 형식적 특성을 동원하는 계기를 제공한다. 가역성이란 자신과 다른 사람의 입장을 바꾸었을 때도 일관되게 행동할 것인가를 평가하는 것을 말한다. 콜버그는 가역성을 모든 사람이 동일한 조건에 있으면서 어떤 처지에 놓이게 될지 모르는 '도덕적 음악의자에 앉기 놀이(musical chair)'에 비유한다(Kohlberg, Levine & Hewer, 1983: 147-148). 시민교육에서 논의하게 될 롤스는 이런 상황을 '원초적 상황'과 '무지의 장막'이라고 표현한다. 콜버그는 학생들이 인지발달의 과정을 통해 칸트의 보편적 정의를 실행할 수 있게 되기를 기대한다. 보편화가능성은 형식적 특성들을 종합하여 도덕판단의 보편성을 평가하고 증대하는 노력의 기준으로 작동한다.

　　콜버그는 도덕발달의 단계가 인지발달의 단계와 같은 판단의 형식과 순서를 거친다는 것을 밝힘으로써 인지발달을 촉진하면 도덕발달의 최종 단계에 도달할 수 있다고 기대한다. 콜버그의 도덕발달 이론은 피아제의 인지발달이론과 마찬가지로 다음과 같은 특성을 지지하므로 '인지발달 패러다임'이라고 부르는 것이다(Crain, 1985; Kohlberg, Levine & Hewer, 1983: 60).

　　① 발달은 이론이 제시한 단계를 불변의 순서대로 거치면서 진행된다.

　　② 각 단계는 다른 단계와 구별되는 추론의 형식을 보여 주며,

낮은 단계의 형식은 질적으로 높은 더 높은 단계의 형식으로 평형화(통합)된다.

③ 단계와 단계 사이에서 정체가 있을 수 있지만 발달은 퇴행하지 않는다.

④ 발달은 최종 단계를 향해 발달하는 것을 의미하므로 정의의 보편적 원리라는 최종 단계가 제시되고, 최종 단계의 형식적 특성들은 이전의 발달단계를 평가할 수 있는 기준이 된다.

3) 도덕딜레마 토론과 도덕교육

콜버그는 도덕발달이 사실 혹은 경향으로 우연히 나타나는 것이 아니라 당위와 규범을 따른다는 것을 입증하기 위해 노력한다. 도덕발달이론이 교육에 적용되기를 원했기 때문이다. 그래서 콜버그는 우리가 앞에서 배운 피터스의 시도를 인용하면서, 자신의 연구를 통한 발견이 '사실에서 당위로' 정당화되어야 비로소 심리학 이론으로 성립하고 교육에 적용될 수 있다고 믿는다(Kohlberg, Levine & Hewer, 1983: 107). 콜버그는 제자인 블래트(M. Blatt)와 함께 도덕딜레마를 활용하여 도덕발달을 증진하는 도덕교육을 실행하면서 정당화를 시도한다. 이런 시도는 콜버그가 피터스와 달리 선험적 정당화에만 의존하지 않고 경험적 정당화에도 힘쓴 것을 드러낸다. 딜레마를 놓고 학생들 스스로가 치열한 토론을 하도록 유도하면서 학생들이 나타내는 현재의 발달단계보다 한 단계 위의 추론으로 나아가도록 적절하게 개입한다. 이런 개입은 학생들이 자신의 의견의 한계와 모순을 스스로 인식하여 더 합리적 추론을 하도록 자극하는 방식이다. 학생들은 다른 학생들의 의견을 명료하게 이해하려고 노력하고, 비교하고, 비판하면서, 자신의 추론을 성찰하고 수정하는 변증법적 사고를 진행한다.

   딜레마 토론에서 도덕갈등을 촉발하는 방식은 피아제의 평형화 모델을 잘 드러낸다. 아동이 자신의 의견과 모순된 정보를 접하고 느끼는 혼란을 더 포괄적이고 향상된 의견을 구성하는 계기로 활용함으로써 혼란을 해소하고 평형화에 도달하는 것이다. 이런 방식은 또한 소크라테스(Socrates)의 변증법적 대화를 따르는 교육이다. 학생이 의견을 말하면 교사가 그 의견이 미흡하다는 것을 인식하도록 계속 질문을 제기하여 학생 스스로가 더 합리적인 의견에 도달하도록 격려하는 것이다(Crain, 1985). 예를 들면, 하인츠 딜레마에서 4단계의 평형화를 이루어 법의 사회적 중요성이라는 형식적 특성에 따라 도덕판단을 하는 아동을 보자. 이 아동에게 2차 세계대전의 전범국가인 일본 군인들도 잘 조직된 법을 따르고 있었다는 반론을 제기하면, 평형이 깨지고 조절이 자극되어 5단계로 나아갈 수 있는 숙고의 발판이 마련되는 것이다. 더 쉬운 사례로서 새는 나는 동물이라는 사고구조를 갖고 있을 때, 까치를 보면 동화가 이루어지지만 타조를 보면 인지불균형이 초래되므로 기존 구조를 수정하는 조정과 평형화가 필요하다. 인지발달은 동화와 조정이 결합되어서 평생에 걸쳐 진행되는 과정이다. 특히 학습자들이 자신보다 발달단계가 한 단계 높은 동료와 토론할 경우 도덕추론 능력이 발달하고 평형화에 효과적으로 도달하는 것으로 나타난다. 초등학교 고학년 아동들을 대상으로 한 연구에서 이런 대화를 12주 동안 진행하면, 한 학급에서 절반 이상의 학생들이 도덕발달에서 한 단계 향상을 보이는 것으로 보고되었다.

1970년대 이후 영미학계와 교육계는 딜레마 집단토론의 성과를 널리 인정하고 인문사회 교육과정과 교수법에 활발하게 도입했다. 한국은 도덕교육과정에 콜버그의 도덕발달이론을 포함시키기는 하였으나 집단토론을 활성화하려는 노력은 하지 않았다. 도덕을 일상생활과 연결하여 실천하도록 격려하는 일 역시 부진했다. 큰 영향을 발휘했음에도 불구하고 콜버그는 학생들이 가상 딜레마 상황을 토론하는 것을 불편해했다. 그런 토론은 교수방법으로는 효과가 있지만 추상적이고 가설적인 토론이므로 실제 생활과 동떨어지기 때문이다. 딜레마에 등장하는 사람은 가상의 인물이고, 토론자 역시 가상적인 추론을 한다. 콜버그는 실제의 도덕갈등 상황에서 실제 판단과 행동이 향상되는 도덕교육을 원했다. 그래서 콜버그는 가상 딜레마 토론을 포기하고 '정의공동체 접근'을 대안으로 채택한다. 콜버그의 대안은 인지발달 접근을 송두리째 포기하지는 않지만 도덕교육의 중심이 덕윤리로 이동함을 뜻한다. 정의공동체 접근은 뒤에서 덕윤리 교육의 사례로 소개할 것이다.

4) 검토

콜버그의 도덕발달이론이 이룩한 업적은 크다. 행동이 법칙에 의해 설명되고 지배된다는 행동주의와 '편협한 실증주의'를 거부한 것은 용기 있는 시도였다. 나아가서 인터뷰에 그치지 않고 심층관찰을 시도해서 도덕판단의 이유를 이해하려는 해석학적 접근을 채택한 것도 시대를 앞선 시도였다(Kohlberg, Levine & Hewer, 1983: 18-19).[08] 하지만 영향력이 큰 만큼이나 많은 도전을 받는다. 콜버그는 자신에 대한 비판을 진지하게 받아들이면서 방어할 것은 변호하는 한편, 이론을 수정하려는 노력도 열심히 한다. 그 성실성을 존경해야 한다. 대표적인 비판 중 하나는 콜버그의 동료연구원인 길리건(C. Gilligan)이 제기하는데, 그 비판을 포함하여 몇 가지를 소개하면 다음과 같다. 첫째, 도덕발달단계는 인지발달에 의하여 주도되는 결과이므로 콜버그의 인지발달 패러다임을 독립된 도덕발달이론이라고 보기 어렵다(Noddings, 1998b: 113-117). 전 단계에서 다음 단계로 이행하는 과정은 인지발달에 의해 규칙을 적절하게 적용할 수 있게 되면 기계적으로 초래되는 결과이지 도덕발달로 간주하기 어렵다는 것이다. 도덕발달을 인지발달과 별도로 진행되는 발달로 구분할 수 없다면 인지발달처럼 도덕발달을 단계화하는 것이 과연 가능한지도 의문이다. 발달단계의 보편성과 불변성을 경험적으로 입증하지 못했다고 지적하는 사람들은 더욱 불만스러워한다.

둘째, 도덕성을 발달하는 특성으로 보는 것 자체에 의문을 제기한다. 콜버그의 연구에 의하면, 5단계까지 발달한 사람들의 대부분은 서구문화에서 고등교육을 받은 백인 남성들이다. 콜버그는 이런 편중현상에 대해 어떤 집단이나 문화에서 도덕발달이 지체되는 것은 적절한 자극이 주어지지 않기 때문이라고 설명한다. 그러나 도덕성

08 콜버그는 "정의추론이 한 개인의 머릿속에서 어떤 단계를 거쳐 발달하는지를 '합리적 재구성주의'로 개념화하여 사회과학의 해석학적 방법에 대한 하버마스의 논의에 크게 의존할 것이다"라고 설명한다(Kohlberg, Levine & Hewer, 1983: 24).

이 발달하는 것이라면 최소한의 경험만 제공되어도 발달되어야 한다는 반론이 제기되고, 변화의 동인은 발달이 아니라 학습의 영향이라는 반론이 뒤따른다(Noddings, 1998b: 113-117). 더 나아가면 도덕성의 변화는 양적으로 측정 가능한 발달이 아니라 질적 측면의 성숙으로 개념화하는 것이 타당하다는 비판이 이어진다. 도덕적 성숙은 상황에 따른 적합성을 요구하므로 규칙을 따르는 것보다는 실천적 이성이 발달되는 상태로 보아야 한다는 것이다. 상황적이고 실천적인 판단력의 발달을 보편적으로 규정하는 것은 부적합하다는 의문도 제기된다(Gilligan, 1977). 셋째, 합리적 판단과 추론에 의해 도덕개념과 도덕교육을 규정하는 시도는 분명한 한계가 있다(Conroy, 2010). 도덕판단과 발달을 형식적 특성과 구조로만 설명하는 것은 불충분하다. 도덕발달에는 인지발달 외의 다른 발달이 요구된다는 주장도 거세다. 예컨대 정서, 상상력, 책임감, 의지를 고려하지 않고 추론과 인지적 측면에 의해서만 도덕을 정의하는 것은 부적합하다는 것이다(Gilligan, 1977). 또한 도덕발달에서 역사적·문화적 배경과 상황적 맥락을 고려해야 한다는 목소리도 있다. 그 외에 정의의 원리와 개인의 권리를 강조한 결과, 도덕발달에 미치는 공동체의 영향을 무시한다는 지적 그리고 판단이 행동으로 연결되는 예측이 불분명하다는 비판 등이 있다.[09] 마지막으로 여성들은 남성과 다른 발달의 경험을 갖고 발달의 경로가 다르다는 반론이 제기된다. 이 반론은 여성주의윤리를 모색하는 계기가 된다. 중요한 지적이므로 뒤에서 더 알아본다.

225

제3부 윤리교육

---

09 콜버그의 방어는 Lapsley(1996: 142)를 참고.

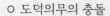

O 도덕의무의 충돌

칸트의 의무윤리는 도덕의무가 충돌할 때 우리가 어떻게 행동해야
할 것인가에 대해 분명한 기준을 보여 주지 못한다고 비판받기도 한
다. 예를 들어, 진실을 말하면 무고한 친구가 악당에 의해 살해될 게
뻔한 상황에서 '무고한 사람을 죽여서는 안 된다'는 원칙과 '거짓말
을 해서는 안 된다'는 원칙이 충돌하면 어떤 선택을 해야 할 것인가?
칸트는 '알려진 잘못'과 '잠재적 위험'을 구분하는데 그 구분을 적용
할 수 있다. 혹은 본문에서 제시한 선택들을 참고할 수 있다. 거짓말
에 관한 칸트의 의견과 다른 사례(자유로운 성관계, 매춘, 자살)를 더 알고
싶으면 샌델(Sandel, 2009: 180-191)을 참고할 수 있다. 칸트가 제시한 것
과 비슷한 사례가 한 영국 드라마에 나타난다. 어떤 인물이 이런 딜
레마에 처한다. "그 사람이 죽인 남자가 무고하다는 것을 그 사람에
게 알리면 그 사람은 양심의 가책을 견디지 못하여 자살할 것이고,
죽인 남자가 범인이라고 거짓말하면 그 사람은 살 것이다." 당신의
도덕적 선택은?

O '하인츠와 약학자 딜레마' 토론하기

다음 [표2]의 내용을 보지 않고 각 수준과 단계에 따라 하인츠가 어떤
선택을 해야 할지 생각해 보자. 그 후에 5명 내외의 인원으로 조를
만들어서 함께 토의한 후 응답을 작성해 보자. 의미 있는 차이가 나

타나는가? 도덕교육의 방법으로 콜버그가 제안한 동료토론의 효과에 동의하는가? 특히 콜버그가 말하는 '형식적 특성'의 변화에 초점을 두어 토의해 보자.

표2 '하인츠 딜레마'로 평가한 도덕발달 6단계

수준	단계	약을 훔쳐도 됨	약을 훔치면 안 됨
인습 전 도덕성: 구체적 자기중심적 주의 관점	1단계: 타율적 도덕성. 처벌과 복종 지향	실제 약값인 200불보다 더 돈을 내는데도 약을 팔지 않으므로.	잡혀서 교도소에 갈 것이고 그러면 그는 나쁜 사람이 됨.
	2단계: 자기중심적 도덕성. 도구적 상대주의 지향	부인을 살리는 것이 교도소에 가는 것보다 훨씬 더 행복할 것.	교도소에 가면 그 끔찍한 곳에서 부인이 죽는 것 이상의 고통을 겪을 것임.
인습적 도덕성: 사회구성원의 관점	3단계: 대인관계와 합치하는 도덕성. 칭찬과 도움 지향.	부인이 그러기를 기대하므로 좋은 남편으로서 그래야 함.	절도는 나쁜 일이므로 범죄자가 되면 안 됨. 모든 노력을 다 했으므로 그를 비난하면 안 됨.
	4단계: 사회 체계의 도덕성. 법과 질서 지향	부인을 살릴 책임이 있어서 훔치지만 결과를 책임져야 하므로 처벌받고 돈을 지불해야 함.	위법이므로 안 됨.
인습 후 도덕성: 현 사회를 뛰어넘는 관점	5단계: 권리와 복지의 도덕성. 사회계약법 지향	법보다 생명이 더 소중하므로 절도는 정당함.	약사는 정당한 보상을 받을 권리가 있음. 부인이 위독한 상황도 그 권리를 침해할 수 없음.
	6단계: 호혜적 원리의 도덕성. 보편적 윤리의 원리 지향	생명권이 재산권보다 더 근본 가치이므로 절도 정당. 양심의 가책은 면할 수 없음.	부인보다 더 약을 필요로 하는 사람들의 목숨도 소중함을 고려해야 함.

* Kohlberg & Kramer(1969: 100–101)의 발달단계 분류에 의해 작성.

○ 소대장의 딜레마

콜버그(1979)는 한국전쟁을 배경으로 다음과 같은 딜레마를 제시한

다. 딜레마를 토의하면서 호혜성과 가역성 등의 이상적 역할 채택
(ideal role-taking)의 보편성을 살펴보자.

소대장의 딜레마

한국전쟁 때 미국 해병대의 병력수가 적보다 훨씬 적어서 강
너머로 후퇴하는 상황이 발생했다. 다리를 건넜지만 적은 여전
히 강 너머에서 사격하고 있다. 누군가가 다시 건너가서 다리
를 폭파하면 부대원들은 무사히 탈출할 수 있다. 폭파한 인원
은 탈출이 불가능하다. 폭파할 자원자를 구했지만 아무도 자원
하지 않는다. 다리를 폭파하지 못하면 소대원들은 전원 전사할
것이다. 소대장은 결정해야 할 권한과 책임을 갖고 있다. 소대
장이 선택할 수 있는 방법은 두 가지 중의 하나이다. 첫째 방안
은 폭파병이 임무를 수행하게 하는 것인데 그러면 성공 확률은
80%이다. 다른 방안은 각자의 이름을 쪽지에 써서 철모에 넣은
뒤 무작위로 한 명을 추첨하는 것이다. 폭파병이 아닌 병사가
뽑힐 경우 성공할 확률은 70%이다. 당신이 소대장이라면 어떤
방법을 선택하겠는가?

이런 이야기를 살펴보자. 가난한 사람들을 잘 도와주는 부자가 있는데 어느 날 갑자기 사람에 대한 온갖 정이 떨어져서 사람을 혐오하게 된다. 그러나 그 부자는 자신의 혐오감을 떨쳐내고 여전히 사람들을 돕는다. 마음이 끌리지는 않지만 정의를 실현해야 한다는 의무감에서 타인을 돕는다. 칸트는 이 부자처럼 마음이 내키지 않아도 의무감에서 정의를 추구해야 도덕적 행동이라고 주장한다(Sandel, 2009: 162). 도덕행동의 동기는 정언명령을 의무로서 따르는 것이다. 선행을 했다는 만족감이나 사람의 도리에 관한 책임감에서 비롯되는 것은 아니다. 칸트의 설명이 흡족한가? 친구가 당신에게 도움을 주어서 고맙다는 인사를 했더니, 친구가 "고마워할 필요 없어. 나는 네가 싫지만 도덕적 의무감에서 너를 도운 것뿐이야"라고 말한다. 당신은 친구를 어떤 사람이라고 느끼게 될까? 마이크로소프트 회사의 경영책임자인 나델라(S. N. Nadella)는 수십 년 전 입사 면접에서 "어린아이가 길에서 쓰려져 울고 있으면 어떻게 하실 건가요?"라는 질문을 받았다고 한다.[10] 그는 "119에 신고해야 합니다"라고 답했다. 면접관은 이렇게 충고했다. "당신은 공감(empathy) 성향을 더 길러야겠네요. 아이가 울고 있으면 신고하기 전에 먼저 아이를 안아 주면서 안심시켜야 해요." 물론 나델라는 의무에 충실했다. 도덕은 의무 이행 이상의 일인 것 같다.

덕이 있는 사람은 동서양 어디를 막론하고 훌륭한 사람으로 여겨진다. "덕불고 필유린(德不孤 必有隣)." "덕이 있으면 외롭지 않고 반드시 가까이 지내는 이웃과 친구가 있다"라는 뜻으로 『논어』, 「이인편」의 구절이다. 덕이 있는 사람은 훌륭하지만 덕 있기가 어렵고, 덕 있는 사람을 보기도 어렵다는 뜻이 담겨 있다. 덕 있는 사람이 되는 일은 품격(品格), 품위, 성품, 인품, 인격을 만드는 일이다. 어떤 품과 격에 도달한다는 것은 도덕적 행동을 가끔 하는 것으로 충분하지 않고, 꾸준히 도덕적인 삶을 살아서 도덕적인 사람이 되어 간다는 뜻이다. 긴 세월에 걸쳐 부단한 수양이 필요한 일이다. 덕윤리교육은 덕을 의도적으로 증진하고 실천하면 어느 정도는 덕이 있는 사람이 될 수 있다고 믿는다. 덕윤리교육을 인격교육(character education)이라고 부르기도 한다. 그러나 인격교육의 갈래가 여러 가지이므로 혼란을 초래할 수 있다. 따라서 여기서는 덕윤리교육으로 부르기로 한다.

---

10 이 이야기의 출처는 Microsoft's CEO says this single interview question changed his life(and taught him a major lesson in empathy)이다. https://www.inc.com/justin-bariso/microsofts-ceo-says-this-single-interview-question-changed-his-life-and-taught-him-a-major-lesson-in-empathy.html

1. 덕윤리

1) 좋은 삶을 추구하는 덕윤리

의무로 하는 행위보다 마음에서 우러나온 행동이 더 도덕적이라는 데에 많은 사람이 동의할 것이다. 나아가서 자신의 목숨을 버리면서까지 다른 사람의 생명을 살리는 '의인'의 행위처럼 의무를 초월한 행위를 우리는 높이 평가한다. 그런 이유에서 칸트의 의무윤리는 윤리의 세계를 축소했다는 혐의를 받는다(Noddings, 1998b: 94). 이런 비판에 의하면, 윤리는 의무에 국한되는 것이 아니라 더 좋은 삶을 살고 더 훌륭한 사람이 되는 데에 필요한 덕(virtue)을 장려해야 한다. 진심에서 우러나오는 사랑, 우정, 용기, 친절 등이 그런 덕이다. 이런 입장은 앞에서 설명한 것처럼 칸트의 좁은 도덕과 달리 넓은 윤리를 지지하는 덕윤리(virtue ethics)라고 부른다. 덕윤리는 아리스토텔레스의 실천철학에서 제시된 것을 헤겔(G. W. F. Hegel)이 계승하였고, 현대의 철학자들, 앤스콤(G. E. M. Anscome), 테일러(C. Taylor), 샌델(M. Sandel), 매킨타이어 등이 재조명하고 있다.

아리스토텔레스는 삶의 목적은 행복(eudaimonia)를 추구하는 것이라고 『니코마코스 윤리학』에서 주장한다.[11] 행복은 쾌락이나 만족감보다 더 높은 수준의 삶을 뜻한다. 잘 삶(flourishing, well-being)을 뜻하고, 어떤 목적을 위한 수단이 아니라 그 자체의 추구가 목적이 되는

---

11 eudaimonia는 그리스어의 합성어로서 eu는 좋음을 뜻하고, daimon은 신을 뜻한다. '신이 좋아할 만한 삶'이라는 뜻이 된다.

최고선을 추구하는 좋은 삶을 뜻한다. 덕 혹은 탁월성(arete)을 익혀서 덕스러운(virtuous) 행동을 지속하면, 덕스러운 인품을 형성하게 되고 그만큼 좋은 삶을 실현할 가능성이 높아진다. 탁월한 것은 좋은 것 혹은 선(good)이므로 덕을 꾸준히 실천하면 탁월성에 도달하고, 선한 삶, 좋은 삶으로 나아간다.[12] 선의 의미는 '좋아한다'는 뜻과 더불어 '가치 있다, 잘한다, 탁월하다'는 뜻을 포괄한다. 물질적으로 가치 있는 선은 재화, 물품(예: 스포츠용품)의 뜻을 갖는다. 아리스토텔레스(1894: 63)에 의하면, 탁월성과 덕은 그것에 의해 "좋은 인간이 되며, 그것에 의해 자신의 기능을 잘 수행할 수 있게 만드는 품성상태"이다. 탁월성은 성격적(도덕적) 탁월성과 이성적(지적) 탁월성을 통합함으로써 성취할 수 있다(Aristoteles, 1894: 51). 덕윤리교육은 두 가지 탁월성을 통합하여 좋은 삶을 추구할 수 있도록 격려해야 한다.

아리스토텔레스에 의하면, 윤리는 더 좋은 삶의 목적을 탐구하고 실현하려는 활동이다. 그런 활동을 위해 덕 혹은 탁월성이 함양되어야 한다. 덕은 인지적·감성적·사회적 자질을 함께 발휘해야 실천할 수 있다. 그런데 이런 자질은 과학과 수학을 탐구하는 방식으로는 증진할 수 없다. 좋은 삶을 살려면 자신의 삶에 필요한 선들(우정, 쾌락, 정의, 명예, 부 등)이 어떻게 하면 조화와 균형을 이룰 수 있는가를 여러 방식으로 시도하면서 규칙과 판단력을 체득해야 한다. 이런 규칙과 판단력을 학습했더라도 삶의 변화하는 상황에 적합하도록 거듭 수정하고 개선하는 과정을 지속해야 한다. 올바른 규칙을 알고 판단

---

12   예컨대 'be good at painting' 같은 영어 표현에서 good은 '탁월하다'는 뜻을 나타낸다.

력도 있지만 그것을 실제로 적용하지 않을 수도 있고, 언제 어떻게 적용하지 모를 수도 있기 때문이다. 칸트가 말하는 보편적 의무를 따르거나 공리주의처럼 결과를 기준으로 판단하는 일은 별로 도움이 되지 못한다(MacIntyre, 1981: 329). 수학과 과학 등을 통해 생산된 보편적 원리 또한 크게 도움이 되지도 않는다. 왜냐하면 "행동과 관련된 문제나 우리에게 무엇이 이로운가의 문제는, 건강이 그렇듯 늘 변하게 마련이다. [⋯] 행위가 스스로 상황에 어떤 행동이 적절한지 그때그때 파악해야 한다. 치료나 항해를 할 때와 마찬가지이다"(Aristoteles, 1894: 54). 도덕행동을 잘 하는 데에는 특정한 상황에서 어떤 규칙을 적용하여 어떤 행동을 해야 하는가를 판단할 수 있는 '실천적 지혜(phronesis)'가 요구되는 것이다.

2) 실천적 지혜와 중용

실천적 지혜는 '노하우(know-how)'로서의 지식이며, 이는 실천을 반복함으로써 스스로 터득하는 지식이다. 실천적 추론(practical reasoning)과 지혜는 문제 해결에 탁월성을 발휘하는 지식이다. 실천적 지혜는 적절한 양육과 교육에 의해 실천의 습관이 정착되면서 개발된다. 습관에 의해 각 상황에 적합한 행동을 할 수 있도록 이성적·감성적·사회적 기능이 체화되어야 한다.

탁월성[덕]을 따르는 사람은 반드시 행동하며 그것도 잘 행동한다. 올림픽 경기에서 승리의 월계관을 쓰는 사람은 가장 멋있고 힘이 센 사람이 아니라 경기에 직접 참가한 사람들인 것처럼[참가자들 중에서 승자가 나오기 때문이다], 올바르게 행동하는 사람이 삶에서 고귀하고 좋은 것들을 실제로 성취하는 사람이 되는 것이다. (Aristoteles, 1894: 33-34)

우리가 탁월성[덕]을 획득하게 되는 것은 여러 기예의 경우와 마찬가지로 먼저 발휘함으로써 얻게 되는 것이다. 어떤 것을 어떻게 만들어야 하는지 배우는 사람은 그것을 만들어 봄으로써 배우게 된다. 가령 건축가는 집을 지어 봄으로써 건축가가 되며, '기타라' 연주자는 기타라를 연주함으로써 기타라 연주자가 되는 것처럼 말이다. 그러니 이렇게 정의로운 일들을 행함으로써 우리는 정의로운 사람이 되며, 절제 있는 일을 행함으로써 절제 있는 사람이 되고, 용감한 일을 행함으로써 용감한 사람이 되는 것이다. (Aristoteles, 1894: 52)

실천과 습관에 의해 함양되어서 일관되게 나타나는 성향(disposition)이 덕이며, 성향은 인격의 윤리적 특성(trait)을 구성한다. 덕이 성향으로 정착되면 덕 있는 사람은 선을 편하게 느끼고 악을 불편하게 느낀다. 반대로 덕이 없는 사람은 선을 불편하게 느끼고 악을 편하게 느끼기도 한다. 꼭 이성적 판단을 하지 않아도 유덕과 부덕, 미덕과 악덕에 관해 적절한 느낌을 갖게 되고 적절하게 대처한다. 덕은 인격적 특성을 만드는 성향이므로 덕 있는 사람이 되는 데에 오랜 시간과 수련이 필요하다.

덕윤리교육의 일반적 원리가 있다면 그것은 중용이다. 중용은 덕인 동시에 실천원리이기도 하다. 실천적 판단은 양극단 사이의 중용을 선택하는 일을 습관화하고, 중용을 지향하는 성향 또한 습관화(habituation)해야 적절하게 발휘된다(Sandel, 2009: 278). 중용의 덕과 원리를 일반화하고 습관화할 수 있어도 어떤 상태가 중용인가는 역시 구체적 상황에서 판단되어야 한다. 아리스토텔레스(1894: 66)는 중용을 이렇게 설명한다.

> 지나침과 모자람은 악덕에 속하며, 중용은 탁월성에 속하는 것이다. [⋯] 탁월성은 합리적 선택과 결부된 품성상태로 우리와의 관계에서 성립하는 중용에 의존한다. 중용은 이성에 의해, 실천적 지혜를 가진 사람이 규정할 그런 방식으로 규정된 것이다. 중용은 두 악덕, 즉 지나침에 따른 악덕과 모자람에 따른 악덕 사이의 중용이다.[13]

많은 덕 중에서 특히 중용이 탁월한 덕이다. 중용은 "적절한 사람에게 적절한 정도로 적절한 때에 적절한 동기를 가지고 적절한 방법으로" 행동할 수 있게 하는 실천적 판단이다(Aristoteles, 1894: 74). 용기를 예로 들면, 용기가 지나치면 만용이 되고 모자라면 비겁이 된다. 중용은 상황에 따라 달라지므로 실제 상황에서 중용의 시도를 경험하여 학습하는 '상황적 학습(situated learning)'을 필요로 한다. 아리스

---

13 밑줄은 저자의 강조.

토텔레스(1894: 64)는 중용을 예술작품에 비유하여, 더 이상 빼거나 보 탤 수도 없는 상태이므로 작품의 탁월성을 보장한다고 설명한다. 그 렇다고 해서 모든 감정이나 행동의 중용을 취한다고 해서 덕이 되는 것은 아니다. 파렴치(shamelessness), 앙심(spite), 질투와 같은 감정 그리 고 간통, 절도, 살인과 같은 행동은 어떤 상황에서도 잘못된 것들이다 (Aristoteles, 1894: 66-67). 시행착오를 거듭하는 상황적 학습을 통하여 상황 에 적합한 합리성과 판단력을 체득하면 중용의 역량이 증진된다. 덕 의 실천과정에서 중용을 발휘하여 탁월성을 갖추면 실천적 지혜와 실천적 이성에 도달하게 된다.

3) 숙고와 공동선의 추구

실천적 지혜에 능숙한 사람은 자신의 좋은 삶뿐 아니라 공 동체의 좋은 삶, 즉 공동선이 무엇인가를 숙고(deliberation)하려고 노 력한다. 아리스토텔레스에 의하면 사람은 사회적 존재로 태어난다 (Aristoteles, 1894: 45). 개인으로 홀로 존재할 수 없고 가족, 지역사회, 국 가의 구성원으로 태어나고 살아가는 공동체적 존재이다. 그러므로 공동체의 좋은 삶이 증진되어야 구성원의 좋은 삶도 증진되는 상호 의존의 관계가 부각된다(Aristoteles, 1894: 15). 인간은 위험, 해악, 심리 적 상처와 같은 고통에 취약하고 유한한 존재, 즉 취약성과 유한성 (finitude)을 지닌 존재이기 때문이다(MacIntyre, 2001: 4-7). 취약하고 유한한 인간은 서로의 도움을 필요로 하고, 상부상조의 관계에 의존하게 된 다. 예컨대 한자의 '사람 인(人)'은 서로 기대어 의지하는 모습을 나타내는 것으로 상호의존적 특성을 잘 보여 준다. 상호의존의 관계가 공동체를 구성하므로 인간은 공동체에 의존성(dependency)을 지닌 존재이다. 평소에는 우리 자신이 공동체적 존재라는 것을 인식하지 못할 때가 많지만 코로나19 대유행 시기에 우리는 취약성과 상호의존성을 톡톡히 체감했다. 그리고 공동선이 무엇인가를 숙고하며 공동 방역에 참여하고 백신 접종에 참여했다. 덕윤리의 입장에서 보면, 칸트의 의무윤리와 콜버그의 인지발달론은 인간을 원자화되고 뿌리도 없는 '무연고적(unencumbered)' 개인으로 제시하는 오류를 범하고 있다. 덕윤리는 인간은 공동체의 구성원이 되어서 공동체의 삶을 경험하고 공동선에 관해 숙고함으로써 자신과 공동체의 좋은 삶을 추구해야 한다고 강조한다.

공동체의 구성원으로 공동선에 관한 숙고를 지속하고 심화하면 실천적 지혜가 철학적 지혜로 성장된다. 앞선 인용문 밑줄 부분을 보면 "이성에 의해, 실천적 지혜를 가진"이라는 표현이 나온다. 성격적 탁월성을 지적 탁월성으로 전환해서 공동선에 관해 숙고하고, 공동선 실천에 참여할 수 있다는 말이다. 그리고 특수한 상황에 적합한 개인의 행동뿐 아니라 공동체의 보편적인 목적과 공동선을 숙고하고 추구할 수 있게 성장한다는 뜻이다. 아리스토텔레스는 윤리의 상황성 및 개별성과 더불어 보편성을 사유하고 실행해야 공동선과 최고선에 다가갈 수 있다고 강조한다(Sandel, 2009: 279). 다양한 분야에서 오랫동안 윤리적 경험을 많이 쌓은 사람이 철학적 지혜를 동원하여 더 보편적인 윤리를 알게 되고 실천도 더 잘하게 된다. 아리스토텔레스는 비유를 통해 설명한다.

누군가가 연한 고기가 소화도 잘되고 건강에도 도움이 된다는 것을 알지만, 어떤 것들이 연한 고기인지를 알지 못한다면 그는 건강을 실현하지 못할 것이다. (Aristoteles, 1894: 216)

이 비유의 앞부분은 실천적 지혜에 의한 상황적인 판단을 말하고, 뒷부분은 철학적 지혜에 의한 보편적 판단을 말한다.[14] 좋은 삶의 보편적 목적이 무엇인가를 알아야 개인과 공동체의 좋은 삶을 알고 추구할 수 있다는 것이다. 이런 설명은 칸트처럼 자유와 선택을 중요하게 여기는 입장에서는 불편하다. 왜냐하면 특정한 형태의 좋은 삶이 개인의 자유와 선택을 지배하게 된다고 여기기 때문이다.

이 지점에서 매킨타이어의 해석을 참고할 만하다. 그 해석에서 좋은 삶은 특정 집단의 특정 내용의 삶이 아니다. 좋은 삶이 무엇인가를 끈질기게 탐구하는 삶이 좋은 삶이다. 좋은 삶은 과연 좋은 삶이 무엇인가를 실천하고 숙고하고 수정하는 삶 그 자체이다 (MacIntyre, 1981: 323-324). 그러나 좋은 삶에 관한 사유를 무에서 시작할 수는 없으므로 자신이 속한 공동체의 전통에서 나타나는 어떤 좋은 삶의 모습을 참고해야 한다. 그러나 그것은 고정불변은 아니고 어디까지나 '윤곽'으로서 각자가 내용을 채워야 한다고 아리스토텔레스는 강조한다(Aristoteles, 1894: 30-31).[15] 매킨타이어는 이를 '도덕적 출발점'

14 아리스토텔레스의 지식 유형은 다음과 같다. 기예: *poesis, techne*. 실천적 지혜: *praxis, phronesis*. 학문적 인식: *theoria, episteme*. 철학적 지혜: *sophia*, contemplation. 직관적 지식(*nous*, understanding)과 실천(techne, 기예적 지식)을 통해 덕을 발휘하고, 무엇이 좋음인가를 알고 (phronesis, 실천적 지혜), 학문을 통해 일반화(theoria)하고, 신적인 고귀함을 관조(sophia, 철학적 지혜)하는 삶이 최고로 좋은 삶이고 행복이다(Aristoteles, 1894: 207).

15 아리스토텔레스는 이 지점에서 자신의 스승인 플라톤이 가상의 이데아(제1의 원리)로부터 모든

이라고 표현하면서 이에 의해서 윤리적 한계와 가능성이 주어진다고 설명한다(Aristoteles, 1894: 324). 윤리적 한계가 주어지지만 대부분의 사람들은 한계 안에서만 살지도 않고 그럴 수도 없다. 상황은 변화하므로 새로운 도덕적 도전에 대처하면서 한계를 비판하고 재창조의 가능성을 탐색해야 한다(Aristoteles, 1894: 327). 계승과 창조의 노력이 공동체를 살아 있는 공동체로 만들며, 개인의 좋은 삶과 공동체의 좋은 삶을 꾸준히 모색하는 동력이 된다.

2. 덕윤리교육의 방향과 사례

1) 덕윤리교육의 방향

덕윤리교육은 ① 좋은 삶을 추구하는 데에 필요한 덕을 모방하고 공감하며 학습하고, ② 덕을 실행하는 좋은 행동을 지속하고, ③ 좋은 성향과 좋은 습관을 기르고, ④ 좋은 인격을 형성하여 좋은 사람이 되고, ⑤ 자신과 공동체의 좋은 삶을 조화시키기 위해 노력하며, ⑥ 자신과 공동체의 덕을 검토하고 수정하여 개선하는 과정으로 이루어진다. 덕윤리교육을 인격교육으로 실행하기도 하지만 '덕목 보따리(the bag-of-virtues)' 혹은 덕의 목록(덕목)을 주입하는 방식으로 이루어지는 인격교육은 거부해야 한다. 덕윤리교육은 민주적 공동체에서

행동의 원리를 도출한다고 비판한다.

민주적 방식에 의해 인격형성을 시도해야 한다. 인격을 형성한다는 점에서 덕윤리교육은 우리가 앞에서 강조한 도야와 자기형성의 과정이다.

덕윤리교육을 기획하고 실행하면서 유의해야 할 몇 가지 사항을 이제까지 논의한 내용과 연관하여 간단하게 제시한다. 첫째, 학습해야 할 덕은 잠정적인 것이고, 논란을 동반하는 것이며, 수정할 수 있는 것으로 여겨야 한다. 우리가 어떤 공동체에 속한다는 의견은 타당하다. 그러나 우리는 다양한 공동체와 관련되므로 어떤 공동체의 덕을 바람직한 것으로 인정해야 할지 그리고 어떤 공동체에서 공유되는 다수의 덕 중에서 무엇이 중요한지에 관해 합의하기가 쉽지 않다. 가장 작은 공동체인 가족의 경우에도 부모와 자녀 세대 사이에 가치와 덕의 갈등이 있기 마련이다. 세대공동체나 젠더공동체 등 공동체에 따라 가치 있게 여기는 덕이 충돌한다. 공유하는 덕을 제시하는 일은 신중하고 세심한 노력 그리고 지속적 토의와 수정이 요구된다. 그런 어려움을 감안하면서 다양한 공동체에서 중첩되는 몇 가지 덕을 토의의 출발점으로 제시해 보려 한다. 예컨대 우리 전통에서 인의예지(仁義禮智)의 덕을 조명하고 상황에 맞게 재해석할 수 있다. 아리스토텔레스의 제안을 참고하여 용기, 관대함, 정직, 충실성, 절제, 관후(관대함), 친절, 진정성, 유머, 우정 등의 덕을 탐구할 수 있다. 반대로 아리스토텔레스도 항상 악이라고 말하고 우리 문화에서도 그렇게 여기는 파렴치(破廉恥)가 왜 악덕인가에 대해 토의할 수 있다. 정작 중요한 것은 기존의 덕은 출발점이고 참고점이라는 것을 분명하게 함으로써 공동으로 토의하고 수정하는 태도를 격려하는 일이다.

둘째, 덕을 실행하면서 중용을 찾고, 덕의 가치와 더불어 한계를 인식하는 실천과 추론을 장려해야 한다. 하다못해 '밀당'에서도 중용을 실행해야 한다. '완벽주의' 성향도 적합한 소재가 될 수 있다. 흔히 말하는 고사성어를 원용하여 중용을 탐구할 수도 있다. '세상만사 과유불급(世上萬事 過猶不及)', '과공비례(過恭非禮)' 등을 특정한 상황에 적용하여 토의할 수 있다. 마지막으로 자신의 삶의 목적에 관한 합리적 사유를 격려하고, 학생들이 공동으로 탐구하고 실행하면서 공동선을 구성하는 실천적 추론의 과정을 확대해야 한다. 실천적 추론과 지혜는 실현하고자 하는 목적을 잠정적으로라도 설정해야 시작된다. 실천적 추론은 그 목적을 실현할 수 있는 방안을 탐구하는 일이다. 이런 추론이 흔히 말하는 '목적 실현의 수단을 찾는 추론(means-end reasoning)'에 한정될 필요는 없다. 예컨대 갈등을 정의롭게 조정하는 것이 목적이라면 대뜸 방법과 수단을 찾지 말고 조정의 목적이 무엇인가를 검토한 뒤 목적에 합당한 행위를 추론해야 한다(Kraut, 2018). 그럴 때 우리는 도구적 이성을 좇는 것이 아니라 윤리적 탐구에 힘쓰게 된다.

2) '정의공동체교육'의 사례

덕윤리에 중점을 두는 교육의 사례는 국내외에서 많이 찾을 수 있다. '7차 개정교육과정'은 공동체의식의 육성을 교육목표의 하나로 제시한다. 도덕과 교육과정에서 덕윤리를 강조하고, 학교에서도 덕윤리가 학습되고 있다. 많이 연구된 사례는 콜버그가 인지발달 패러다임과 가상 딜레마 토론을 포기하고 새롭게 채택한 '정의공동체교육'이다. 이 접근에서는 '정의공동체 학교(just community school)'를 기존 '학교 안에 학교'로 만든 소규모 공동체에서 학생과 교사들이 학교 운영에 직접 참여하면서 도덕발달을 도모한다(Power, Higgins & Kohlberg, 1989). 이 접근은 정의의 원리가 교육과정뿐 아니라 문화와 생활에서 활용되면서 공동체의식으로 형성되어야 도덕발달이 촉진된다는 생각에 기초하고 있다. 도덕에 관한 토론은 그저 토론에 그치는 것이 아니라 교사와 학생이 함께 의사결정에 참여하고, 정의공동체를 만드는 행동으로 연결되어야 한다. 학교에서 권위가 정당하게 사용되고 있는지, 정책결정은 절차에 맞게 이루어지고 있는지, 갈등은 어떤 방식으로 조정되어야 하는지를 당사자들이 직접 결정하고 실행하면서 검토하고 수정해야 한다. 특히 가장 중요한 조직으로 꼽히는 공동체모임(community meeting)에서 학생과 교사가 동등하게 발언하고 동등한 투표권을 갖고 참여하면서, 민주적 참여를 습관화하고 정의의 원리를 활용하는 능력을 함양해야 한다.

정의공동체 접근은 콜버그의 도덕발달이론에 아리스토텔레스의 덕윤리, 뒤르켐(D. E. Durkheim)의 유기적 연대와 듀이의 교육 민주주의를 결합하여 도덕교육의 방향으로 삼는다. 민주주의가 덕윤리교육에 결합되는 이유 중 하나는 덕윤리가 전통에 기초하므로 전통의 반윤리적 측면을 기계적으로 수용하는 부작용을 방지하기 위함이다. 또한 특정 전통과 문화에 의해 '주어진 공동체'가 아니라 구성원들의 판단과 실천에 의해 새롭게 만들어지는 '구성적 공동체'를 윤리교육의 중심에 두기 위함이다. 공동 생활 참여를 습관화함으로써 민주적이고 정의로운 덕과 인격을 함양할 수 있다는 방향이 다음과 같이 강조된다(Power, Higgins & Kohlberg, 1989: 125).

> 학급에서 형성되는 공동 생활의 습관(the habit of the common life)을 통해 학급과 학교에 대한 애착을 기를 수 있으며, 이런 습관과 애착은 아동들에게 발달되기를 기대하는 더 고상한 감성으로 자연스럽게 이끈다. 공동 생활을 습관화하고 집단에 애착을 갖는 것은 매우 소중하고 효과적인 방안임에도 불구하고 잘 실행되지 않는다.

이 접근은 민주적 참여를 공동체의 '으뜸 덕(the master virtues)'으로 지향한다(Power, Higgins & Kohlberg, 1989: 139). 공동 생활에 협력하고 민주적으로 참여하는 일은 아리스토텔레스의 주장처럼 어릴 때부터 습관화를 통해 덕으로 길러져야 한다. 콜버그는 덕윤리도 발달의 단계를 거친다고 해석하는데 그 단계가 자신이 제시한 발달단계와 유사하다고 주장한다(Power, Higgins & Kohlberg, 1989: 134). 콜버그는 아리스토텔레스가 ① 처벌에 대한 두려움 때문에 도덕행동을 하는 단계, ② 수치를 면하고 명예를 높이려고 도덕행동을 하는 단계, ③ 실천적 지혜에 의해 도덕행동을 하는 단계를 제시한다고 해석한다. 그리고 각 단계는 자신이 제시한 ① 인습 이전 수준의 타율적 도덕성, ② 인습 수준의 도덕성, ③ 인습 이후 수준의 보편원리를 따르는 도덕성에 상응한다고 설명한다. 민주적 참여라는 덕은 이성적 사고가 아니라 아리스토텔레스와 뒤르켐이 설명한 것처럼 애착이라는 감성을 습관화함으로써 발달되는 것이다. 민주적 참여와 더불어 공동체에 대한 책임감(collective responsibility) 또한 중요한 덕으로 강조된다.

> 아리스토텔레스에 의하면, 덕에 대한 사랑을 함양하는 일이 습관화 과정에서 중요하다. 정의공동체 접근에서 우리는 참여적 민주주의를 통해 강한 공동체의식을 형성하고 공동 생활의 최고 덕들을 지지함으로써 공동 생활을 사랑하도록 교육한다. 뒤르켐이 설명하고 있는 것처럼 공동체적 연대(solidarity)를 증진하는 최고 덕은 집단에 대한 책임감이다. (Power, Higgins & Kohlberg, 1989: 139)

공동체에 대한 책임감은 구성원들이 공유하는 의식으로서 소통에 협업적으로 참여하고 공익적인 결정을 하도록 이끈다. 참여와 협력에 의한 결정은 또 다른 덕인 자율성의 정신을 고양한다. 사랑, 책임의식, 자율성이라는 덕들을 육성하는 정의공동체 접근을 경험한 학생들(A집단)은 그렇지 않은 학생들(B집단)과 비교하여 도덕발달이 뚜렷하게 이루어진다(Power, Higgins & Kohlberg, 1989: 139). 예를 들면, "수업을 빠지면 안 되는 이유"를 A집단과 B집단에게 묻는다. 그 응답에서 "교사가 실망하므로"(인습 수준), "학급 학생들의 사기를 저하시키므로"(공동체의식) 그리고 "규칙을 준수하는 다른 학생들에게 불공정한 일이므로"(공정성)라는 도덕적 이유를 제시하는 학생들의 비율이 A집단에서 현저하게 높게 나타난다고 한다.[16]

정의공동체교육은 "집단적 규범과 공동체의식의 형태를 지닌 도덕적 분위기는 도덕행동을 결정하는 데에 매우 강력한 힘이 되고, 도덕 성장에 도움이 되는 조건을 더 성공적으로 제공한다는 것"을 확인한다(Power, Higgins & Kohlberg, 1989: 99-100). 특히 ① 도덕적 토론과 다른 사람의 의견에 관한 존중, ② 규칙을 만드는 데에 참여하면서 자신의 영향력을 인식, ③ 자신들이 만든 규칙의 정당성 인식이 정의공동체의 중요 구성 원리로 요약된다.

이런 이론과 조사에 기초하여, 콜버그와 동료들(Power, Higgins & Kohlberg, 1989)은 정의공동체 접근이 여섯 가지 측면에서 효과적인 도덕교육의 방안이라고 설명한다. 첫째, 공동체 미팅은 가상 딜레마가 아니라 자신들의 삶에 영향을 미치는 실제 딜레마를 토론하므로 도덕발달을 더 증진한다. 둘째, 민주적 토론은 교사 등의 외부 권위를 따르는 것이 아니라 자율적이고 협업적으로 생각하려는 노력을 지지하고 성찰과 개선의 노력을 촉진한다. 셋째, 듀이의 주장처럼 학교 내에서 민주주의를 실행해 봄으로써 사회에서도 민주주의를 실행할 수 있는 학습기회를 제공한다. 넷째, 구성원 모두가 협업하여 결정하므로 더 타당한 결정이 이루어질 가능성이 높아진다. 다섯째, 민주적으로 결정된 규칙을 지켜야 한다는 사회적 압력이 있기 때문에 원칙과 규율이 잘 지켜진다. 마지막으로 민주적 참여는 구성원들이 학교 공동체에 대한 책임감과 단결력을 공유하게 함으로써 교사와 학생, 선배와 후배 사이에 존재하는 내부 갈등을 줄인다. 정의공동체교육

---

16 "학습량에서 뒤처지게 되므로"(개인적 이유) 혹은 "잡혀서 처벌받을 수 있으므로"(1단계)라는 수준의 비율에서는 A집단과 B집단의 차이가 없었다고 한다. 이런 경향이 왜 나타나는지는 해석하기 어렵다.

은 공동체에 대한 애착과 민주적 참여를 조화시키고, 덕과 인격을 형성하여 도덕추론 능력과 실행 능력을 더 실질적으로 발달시킨다.

정의공동체교육은 칸트의 의무윤리에서 아리스토텔레스의 덕윤리로 전환하며, 도덕 주체를 개인에서 공동체 구성원으로 변경한다. 의무윤리와 달리 덕윤리는 공동의 특정한 경험이 공동선을 구성하고, 공동선은 도덕의 출발점이 된다고 주장한다(Taylor, 1989: 38). 그런 역할로 보면 학교공동체는 '구성적 공동체'가 된다. 공동체는 구성원들의 좋은 삶, 즉 공동선의 실현을 위한 것이므로 구성원들에게 공동선의 추구에 필요한 자질과 덕을 교육하는 구성적 역할을 수행해야 한다(Sichel, 1998). 구성원들은 공동체의 관습과 규칙을 따라 덕을 실천하면서 공동선을 공동으로 탐색하고 추구한다. 의무윤리가 이성을 발휘하는 자율적 실천자를 지지하는 반면, 덕윤리는 공동선을 추구하는 상호의존적 실천자를 제안한다. 정의를 보편적 원리로 지향하는 최종 단계를 향해서 도덕이 발달되어야 하고, 인지발달이 도덕발달을 촉진한다는 주장은 유지된다. 그러나 인지발달은 개인이 형식적 특성들을 조작하는 대신 공동체의 구성원으로 상호의존의 정서와 덕을 습관화하고 민주적 소통을 통해 증진되는 것으로 수정된다. 콜버그는 도덕교육을 두 단계에 걸쳐 발달하는 과정으로 생각하고, 습관화는 첫 단계라고 설명한다. 앞에서 알아 본 피터스의 주장, 즉 "습관과 전통의 정원을 거쳐야 이성의 궁전으로 들어갈 수 있다"는 의견을 인용한다(Power, Higgins & Kohlberg, 1989: 130). 콜버그는 피터스가 학문의 형식 탐구로부터 도야와 공동 탐구로 전환하는 것과 비슷한 전환을 거친다. 콜버그가 도덕교육에 크게 기여한 업적 중의 하나는 구성주의를 제안한 것이다. 구성주의는 "도덕판단이나 도덕원리를 사회적 상호작용을 통해 발생되는 인간의 구성물로 본다"(Kohlberg, Levine & Hewer, 1983: 28). 콜버그의 구성주의는 도덕판단은 선험적으로 주어진 명제와 의무가 아니고 경험될 수 있는 사실들을 일반화한 것도 아니라고 조명한다. 구성주의를 채택한다는 점에서 콜버그의 관점은 피터스의 관점과 갈라진다. 콜버그는 우리가 뒤에 배울 하버마스의 소통이론에 영향을 받아서 구성주의를 채택하게 되었다고 설명한다 (Kohlberg, Levine & Hewer, 1983: 24). 콜버그의 구성주의 관점은 대화, 협력, 합의가 도덕발달과 도덕교육의 중심이라는 결론에 도달하고, 인지발달 패러다임과 덕윤리 패러다임의 결합 가능성을 제시한다.

정의공동체교육의 원리는 국내외에서 실행되고 있다. 한국의 많은 학교도 그런 원리에 의해 공동체문화를 조성하고 학생자치를 확대하고 있다. 예컨대 서울시 교육청은 '참여와 소통의 교육자치', '평화와 공존의 민주시민교육', '모두의 가능성을 여는 책임교육'을 교육방향으로 강조하고 있다. 인격교육의 형태로 시행되면서 덕윤리교육에 활용할 수 있는 방안은 리코나(Lickona, 1998)의 『인격교육론』에서 찾을 수 있다. 다음 면에서 내가 수업에서 사용하고 있는 몇 가지 교육 소재와 토의 소재를 소개한다.

o 그리스 학교의 교훈

다음은 아리스토텔레스의 덕윤리에 기초한 그리스 학교의 교훈으로 추정된다. 아리스토텔레스의 제자였던 알렉산드로스 왕이 지금의 아프카니스탄 박트리아 지역을 정복하고, 그리스문명을 전파하는 학교를 세운 터에서 발굴된 문구이다.

> o 어릴 때는 예의 바르게 행동하라.
> o 젊어서는 정의로워라.
> o 나이가 들면 좋은 조언자가 되라.
> o 늙어서는 후회할 일을 남기지 말라.

아리스토텔레스의 덕윤리의 근간이 보이는 것 같다. 위의 덕윤리를 오늘의 맥락에 맞게 재구성하여 자신이 일하게 될 교육현장의 교훈을 만들어 보자.

o 다산과 제자 황상의 학연

'성의병심(誠意秉心, 정성으로 뜻을 세워 마음을 다잡으라)'

다산이 유배지 강진에서 문을 연 서당에서 공부하고 싶은 열망은 크나 양반 집안이 아니므로 자신이 없어 기웃거리기만 하던 소년이 있었다고 한다. 그 소년은 황상이었는데 '성의병심'은 공부하려는 그의 용기를 북돋우려 다산이 한 말이라고 한다. 황상은 다산의 가르침을 받고 추사 김정희가 감탄할 정도의 출중한 문필가로 성장한다. 스승과 제자의 교유는 스승 사후에도 이어져서 두 집안 사이에 '정황계첩'이라는 아름다운 약속이 맺어졌다고 한다. 다음은 황상이 스승의 말을 자신의 책 『치원유고(巵園遺稿)』에 옮겨 적은 내용을 요약한 것이다(정민, 2004: 182).

내가 황상에게 문사(文史)를 공부하라고 권했다. 그는 부끄러운 빛으로 사양하며 이렇게 말했다. "선생님! 제가 세 가지 병통이 있습니다. 첫째는 너무 둔하고, 둘째는 앞뒤가 꽉 막혔으며, 셋째는 답답한 것입니다." 내가 말했다. "배우는 사람에게 큰 병통이 세 가지가 있다. 네게는 그것이 없구나. 첫째, 외우는 데에 민첩한 사람은 소홀한 것이 문제다. 둘째, 글 짓는 것이 날래면 글이 들떠 날리는 게 병통이지. 셋째, 깨달음이 재빠르면 거친 것이 폐단이다. 둔한데도 계속 천착하는 사람은 구멍이 넓게 되고, 막혔다가 뚫리면 그 흐름이 성대해진다. 답답한데도 꾸준히 연마하는 사람은 그 빛이 반짝반짝하게 된다. 천착은 어떻게 해야 할까? 부지런히 해야 한다. 뚫는 것은 어찌 해야 하나? 부지런히 해야 한다. 연마하는 것은 어떻게 할까? 부지런히 해야 한다. 네가 어떤 자세로 부지런히 해야 할까? 마음을 확고하게 다잡아야 한다."

이 세 가지 가르침을 '삼근계'라고 하는데, 그 가르침을 공부건 어떤 일이건 진심을 다하는 사람의 덕으로 삼을 수 있을까? 자신이 실행하려면 어떤 수정이 필요할까? 다산과 황상의 학연을 더 알아보고 요즈음 이익집단으로 뭉치는 학연과 어떻게 다른가를 생각해 보자. 학연을 학문의 전통과 학문공동체의 관계로 해석할 수 있을까? 그런 전통을 어디에서 찾거나 스스로 만들 수 있을까? 우리가 잘 알고 있는 '학이시습지 불역열호(學而時習之 不亦說乎)' 그리고 학습(學習), 연습(練習)의 습(習)을 하나의 덕으로 여기고 그 의미와 실행 방향을 이야기할 수 있다. 실제로 강진에 있는 다산초당을 찾아가서 이런 생각을 하면 더 좋겠다. 초당으로 올라가는 길에 뻗어 올라온 수백 년 된 나무들의 뿌리를 눈여겨 담자. 다산초당에서 백련사까지 다산이 즐겨 걷던 '철학자의 길'을 걸으면서 생각하기를 추천한다.

○ 좋은 삶의 모델 탐구

좋은 삶을 사는 사람의 삶에서 덕의 실천을 배우는 시도는 유용하지만 '착한 사람'이나 '순한 사람'이 곧 좋은 사람이 아니라는 것은 인식해야 한다. 흔히 말하는 착한 사람은 그저 세상의 질서에 순응하는 사람일 수 있고 악의에 취약할 수 있다. 오히려 시민 불복종 등의 '도덕 혁명'을 시도한 사례가 덕윤리에 더 적합하다. 콜버그도 도덕교육의 초기 방식으로 도덕 예시(moral examplar)를 사용하면서 도덕적으로 훌륭하기 때문에 오히려 죽임을 당한 소크라테스, 에이브러햄 링컨, 마틴 루터 킹의 삶을 제시했다. 이처럼 역사 혹은 대중문화, 문학작품, 예술작품 등 다양한 소재에서 예시를 찾아보는 것이 적합하겠다. 현대의 인물들, 예컨대 전태일 열사 같은 사람도 훌륭한 예시가 될 것이다. 토의 사례를 찾아보자.

O 다문화사회와 덕윤리교육

오늘날 사회는 다문화사회로 전환되고 가치도 다원화되고 있다. 이
런 추세에서 덕과 공동체를 추구하는 덕윤리가 갈등을 더 촉발할지
아니면 갈등을 조정하는 계기를 제공할지를 토의해 보자. 덕윤리는
출발점을 공동체의 전통에서 찾으므로 보수적 성향이 붙박여 있다
고 종종 비판받는다. 아리스토텔레스 자신이 노예제를 옹호하고, 여
성을 무시했다는 행적이 그런 예로 제시된다. 덕윤리는 어떤 노력을
통해 스스로를 개선할 수 있을까를 토의해 보자.

8장. 도덕교육의 확장

1. 여성주의윤리교육

1) 여성주의윤리와 돌봄윤리

여성과 남성의 도덕발달과 도덕판단 유형이 다르다는 주장과 함께 여성주의윤리가 등장한다. 그 시초의 하나는 길리건(1982)의 『다른 목소리로』라는 책이다.[17] 길리건은 콜버그의 동료로서 하인츠 딜레마 등에 관한 도덕판단 인터뷰에 참여하면서 11살짜리 남아가 같은 나이의 여아보다 1~2단계 더 발달한 것으로 보고되는 것에 의문을 던진다. 그 보고에 의하면, 여아는 하인츠와 약학자의 관계에 관

---

17 영문본을 내가 번역하여 사용한다. 우리말 번역본은 허란주 역(1997), 『다른 목소리로』, 서울: 동녘.

심을 갖고 두 사람이 문제를 해결해야 한다고 판단(3단계)하지만, 남아는 생명이 돈보다 가치가 있다는 등의 정의의 원리를 적용(4~5단계)한다. 길리건은 이런 결과는 남녀의 도덕발달의 차이에 의한 것이지 우열을 보여 주는 것이 아니라고 해석한다. 또한 학문세계는 남성들의 경험만을 발달에 관한 '사실'이라고 당연시하기 때문에 남성과 다른 방식으로 발달하는 여성들의 경험을 외면한다고 설명한다. 여성들은 침묵하게 된다. 여성들이 겨우 말할 때조차도 기존 관점에 젖어 있는 학자들은 여성들의 경험을 제대로 이해하지 못하므로 여성의 도덕발달의 특징을 인식조차 못한다(Gilligan, 1982: 173). 콜버그의 관점은 남성의 비인격적 원칙을 친밀감, 공감, 돌봄, 관계 등 여성의 인격적 특성보다 우월하게 보는 가부장적 관점이라고 비판된다.

여성들은 남성과 다른 발달의 경험을 갖고 있고 윤리에 관해 '다른 목소리'를 갖고 있다. 여성의 도덕성향은 자신과 특별한 관계에 있는 사람을 돌보려는 것으로서 타자의 욕구와 관계에 민감하고, 타자의 돌봄에 대한 책임(responsibility)을 우선시한다. 책임은 관계에 중점을 두고 상황에 적합하게 대응하는 것을 말하므로 어떤 상황에서든 보편적 법칙을 따라야 하는 의무와 대비된다. 책임은 적합하게 '반응하는 능력(response + ability)'과 관련된다고 생각하면 이해가 쉽겠다. 남성에게는 의무, 평등과 권리에 중점을 두는 정의윤리가 발달되는 반면에, 여성에게는 관계와 책임에 주력하는 돌봄윤리(the ethics of care, care ethics)가 발달된다(Gilligan, 1982: 174). 길리건은 젠더 간의 경험의 차이 그리고 이에 따른 윤리의 차이를 인정하고 돌봄윤리와 정의윤리를 서로 보완하려고 노력해야 한다고 제안한다.

책임과 권리의 긴장이 어떻게 인간발달의 변증법(충돌과 통합)을 지속하는가를 이해하는 일은 결국에는 연결되어야 할 두 가지 다른 유형의 경험들의 특성을 이해하는 일이다. […] 공정성(fairness)과 돌봄에 관한 대화를 통해 젠더관계를 더 잘 이해할 뿐 아니라 성인들의 일과 가족관계를 포괄할 수 있는 방안을 구상할 수 있다. […] 여성들의 경험과 해석이 다름을 인정하면 성숙함의 비전을 확대하고 발달에 관한 진리의 맥락적 특성을 포착할 수 있다. 이렇게 관점이 확대되면 우리는 기존의 발달 이론과 여성의 발달에 관한 새로운 이해를 결합하여 인간발달과 삶의 역동성을 더 잘 이해할 수 있을 것이다. (Gilligan, 1982: 174)

젠더 간에 차이가 있다는 '다름의 명제'는 중요한 화두를 던진다. 객관적이고 보편적이라고 믿었던 윤리이론과 발달이론이 남성의 경험만을 정상적이고 우월한 것으로 정립한 편향된 이론이라고 폭로한다. 일상에서뿐 아니라 학문에서도 가부장제가 권력을 행사하여 '사실'을 왜곡하고 있음을 밝힌 것이다. 나아가서 성평등을 위해서는 ① 여성도 남성과 동등한 능력을 보유한 사람임을 인정하는 것뿐 아니라, ② 여성은 남성과 다른 특성이 있다는 것을 인정해야 한다는 방향을 지시한다. ①의 명제는 '동일성의 명제'이며 ②의 명제는 '이질성의 명제' 혹은 '다름의 명제'이다. 길리건이 관찰한 대로 도덕발달에서 성차가 어떻게, 왜 나타나는가에 관해서는 논란이 있고 아직 말끔하게 해결되지 못하고 있다. 그러나 그런 논쟁과 무관하게 길리건이 제시하는 다름의 명제는 여성주의에서 매우 중요하며 다른 학문 분야와 사회 분야에 큰 반향을 불러일으킨다.

어머니와 자녀의 애착관계를 윤리적 관계의 모델로 해석하여 돌봄윤리를 제시하고 윤리교육의 방향을 제시하는 접근도 있다. 교육철학자 나딩스(1984)는 돌봄관계는 모성(maternalism, 모성애)과 연관되고, 인간이 존재하는 방식에 공통으로 포함되어 있다고 주장한다. 모성은 '어머니됨'과 관련된 가치를 가리키며 여성들의 판단과 행동을 정당화하는 근거로 지목된다. 돌봄관계는 돌보는 사람(one-caring)과 돌봄을 받는 사람(the cared-for)에 의해 성립되고, 돌봄관계에서 쌍방은 서로 진심으로 돌봄을 제공하고 수용하는 도덕적 의무를 갖는다. 돌봄윤리는 특정한 타자(가족, 친구, 이웃 등)를 염려하고 타자에 대해 관심을 가지면서, 타자를 있는 그대로 받아들이는 '전념(engrossment)'을 윤리적 이상으로 추구한다. 그래서 이기적 동기를 대체(motivational displacement)하여 돌봄의 책임을 기꺼이 떠맡는다(Noddings, 1984: 16-21). 돌봄윤리는 특수한 애착관계에 의한 윤리이고 고유성의 윤리인 데에 반하여 정의윤리는 개인이 주도하는 익명성과 보편성의 윤리로 대비된다.

돌봄윤리는 돌봄의 책임과 관계를 우선시하는 성향을 도덕적 약점이 아니라 강점으로 인정해야 한다고 강조한다. 가족과 친구 등 특수한 관계에 대해서는 돌봄윤리가 정의윤리보다 더 적합하고 설득력이 강한 것으로 보인다. 돌봄의 범위는 특수한 관계에 있다면 사람뿐 아니라 동식물과 환경까지로 확대될 수 있다. 예컨대 반려동물은 반려인과 특수관계를 형성하므로 반려인은 반려동물을 돌볼 책임이 있다(Noddings, 1984: 157). 그러나 식용동물과는 그런 특수관계가 없으므로 돌볼 책임이 없다. 조금 더 복잡한 논의가 요구되는 경우는 예컨대 아프리카에서 굶주림에 시달리는 아이들에 대한 책임이다. 나딩스에 의하면, 우리가 모든 사람을 돌볼 수 없으므로 돌봄의 범위는 대면할 수 있는 특수한 관계에 있는 사람에게로 한정되어야 한다(Noddings, 1984: 18). 아프리카 아이들의 경우는 돌봄의 범위를 넘어서므로 직접 돌봐야 하는 책임이 없다는 것이다. 돌보기를 원한다면 '돌봄의 체인(chains of caring)'을 통해 책임을 확장하라고 조언한다. 예컨대 내가 믿을 수 있는 구호단체에 후원금을 보내면, 그 단체가 아프리카 아이를 돕거나 더 적합한 다른 단체에 돈을 전달하는 이어 가기 방식으로 돌볼 수 있다는 것이다. 이런 설명을 고려하면 돌봄을 받는 사람의 유형은 돌보는 사람과 맺는 관계에 따라 두 가지로 나뉜다(Noddings, 1984: 18, 47). 하나는 사적 관계에 있으므로 꼭 돌봐야 하는 사람(the cared-for)이다. 다른 하나는 공적 관계에 의해서 돌볼 가능성은 있지만 돌볼 책임까지는 없는 사람(the cared-about)이다. 후자의 경우, 즉 특별한 관계가 아닌 타자에게 도덕을 확장하기를 원한다면 그 역시 의무윤리가 아니라 돌봄윤리의 특성들, 즉 공감과 동일시를 확장하는 윤리교육이 더 적합하다.

2) 돌봄윤리교육

돌봄에 전념하는 성향은 누구에게나 자연적으로 주어지지만 모든 사람 특히 남학생들에게 돌봄의 책임을 증진하기 위해 돌봄교육이 필요하다. 나딩스는 돌봄교육의 방향을 다음과 같이 네 가지로 제안한다(1984: 171-201; 1995).

① '모범을 제시하기(modeling)'로서 교사가 학생들에게 돌봄을 실제로 보여 주어야 한다. 이런 방식은 덕윤리교육과 유사하다. 특히 교사는 자기 스스로에게 도취되거나 우월감에 빠지는 나르시시즘을 경계해야 한다. 그렇게 되면 돌봄을 받는 사람의 필요성과 처지에 둔감해지고 소홀해지게 되기 때문이다. 또한 모범의 의의는 교사가 모범을 보이는 데에 있는 것이 아니라 학생들이 모범에서 배워야 할 것을 배우는 데에 있으므로 학생들이 실제로 무엇을 배우고 있는가를 민감하게 평가하고 부족한 점을 보완하려고 노력해야 한다.

② 대화(dialogue)를 통해 돌봄을 받는 사람의 필요에 공감하고 돌봄의 방식을 계속 개선해야 한다. 돌봄의 적절성을 증진하기 위해 무엇이 필요한가를 돌봄을 받는 사람에게 물어서 확인하는 태도가 요구된다. 그러면서 돌봄을 받는 사람의 의견을 예단하지 말고 경청하는 인내가 필요하다. 이런 대화는 상호이해가 목적이므로 토론처럼 자신의 의견을 관철시키려는 '전투형 대화'는 지양해야 한다. 또한 대화를 통해 추론을 하는 목적이 돌봄의 증진이라는 것에 유념하여 애초의 자기 신념을 정당화하는 확신적 추론과 '확증편향'을 조심해야 한다. 실제 대화를 하지 못하더라도 '가상의 대화(inner speech)'와 자기이해를 통해 자신의 돌봄을 평가하고 보완하는 자기성찰의 노력을 유지해야 한다.

③ 실천(practice)을 격려하여 돌봄에 관한 인지학습의 한계를 보완해야 한다. 예컨대 사회봉사 교과와 수학 교과에서 수행되는 실천의 목표와 방식이 다른 것에 유의해야 한다. 특히 실천을 끝내거나 우수한 평가를 받는 일이 중요한 것이 아니라 실천과정에서 돌봄을

경험하도록 실천하는 것이 중요하다. 예를 들면, 팀별로 협업학습을 하지만 결과를 단일 기준에 의한 우열로 평가한다면 돌봄 대신 경쟁을 조장하는 경험이 된다. 그러므로 협력의 경험을 위해서는 우열 편성보다는 혼합연령 편성 등을 통해 돌봄을 진작해야 한다.

④ 돌봄을 통해 자기 자신에 관한 긍정(affirmation)의 계기를 풍부하게 만든다. 돌봄관계를 경험하면서 공감을 늘림으로써 돌봄은 상호적 행위라는 것을 인식할 수 있어야 한다. 이기적 동기를 돌봄의 동기로 대체하는 경험을 여러 방식으로 장려하면서 내면에 윤리적 이상을 형성하도록 격려해야 한다. 예컨대 장애가 있는 동료를 돌보는 경험을 하면서 누구나 취약성이 있고 자신의 약점도 부끄러운 것이 아님을 깨닫는 과정을 생각할 수 있다. 인간 공통의 취약성을 인식하는 만큼 자기이해와 자기긍정이 증진될 수 있다는 것은 도덕교육뿐 아니라 교육 전체에서 큰 의의를 갖는다. 다시 강조하지만 돌봄을 여성의 영역에 국한된 것으로 보는 경향이 정착되지 않도록 남학생의 참여를 적극 장려해야 한다.

3) 돌봄윤리와 정의윤리를 결합하는 윤리교육

돌봄을 모성과 여성의 특성으로 한정하면 여성에 대한 착취를 정당화할 수 있다는 비판이 제기된다. 남녀의 차이를 인정하는 것이 오히려 가부장제를 승인하여 여성들의 희생을 합리화하는 데에 악용될 수 있다는 지적이다. 나딩스처럼 돌봄의 모델을 모성에서 찾으면 모성을 여성의 본성으로 규정하는 '본질주의(essentialism)'의 모순을 초래한다는 것이다(Tronto, 1993: 85). 이런 모순은 현 실태를 원래 그런 것이라고 당연시하는 '자연주의적 오류(naturalistic fallacy)'의 원인이 되기도 한다. 만약 모성애와 돌봄이 여성의 본질적 특성이라면 여성은 오직 육아와 가사에 적합하다는 성 고정관념과 성 역할을 강화할 수 있다. 나아가서 여성은 돌봄 책임을 잘 감당하므로 공적 영역에서도 돌봄노동만을 전담해야 바람직하다는 억지가 조장될 수 있다(Card, 1990; Puka, 1990). 여성이 저임금을 감내하며 청소와 간병 같이 궂은일에 종사하는 착취가 정당화되는 것이다. 본질주의의 문제는 여러 측면에서 입증된다. 여성들의 집단 내 비교를 하면 돌봄 성향이 약한 여성도 있고, 여성과 남성의 집단 간 비교를 하면 돌봄 성향이 강한 남성도 있다. 차이는 개인 성향뿐 아니라 계급 차이 등 사회적 배경과 관련된다. 예컨대 상류계층 등의 일부 여성은 성장과정에서 돌봄 성향이 개발되는 경험이 부족할 수 있다. 문화의 차이도 나타나는데 동양문화권의 남성은 서양문화권의 남성보다 관계적인 특성을 더 강하게 보인다고 한다(김혜숙, 2013). 한국 남성들이 동창회나 향우회의 관계를 부지런히 돌보는 경향을 보이는 반면, 가사와 육아에는 돌봄 성향을 발휘하지 않는 경우가 다반사이다. 한국 남성들에게 중요한 것은 인맥관계이지 돌봄관계는 아닌 것 같다.

돌봄윤리와 정의윤리를 결합하자는 제안이 있다. 돌봄윤리가 특정 관계에 한정된다고 우려하면 정의윤리에 의해 보완되어야 한다고 지적할 수 있다(Card, 1990). 길리건(1982: 174)은 남녀의 도덕발달의 차이를 조명하지만 남성과 여성 모두에게 돌봄윤리와 정의윤리가 조화롭게 발달할 수 있는 교육이 필요하다고 주장한다. 만약 돌봄윤리가 여성만의 윤리로 오인되어 젠더에 따른 윤리적 경계(moral boundaries)가 굳어지고, 여성을 사적 영역에 구속하게 되면 여성의 권한 획득(empowerment)을 더욱 방해할 것이다(Tronto, 1993: 10). 돌봄윤리가 정의윤리와 결합되고 교육되어야, 사적 영역과 공적 영역을 포괄하고 그 경계를 낮추어서 성차별, 계급차별 등의 권력 문제에 개입할 수 있게 된다. 이런 입장은 여성적 특성을 부각시키는 '여성적 윤리(feminine ethics)'보다 여성에게 권력을 부여하고 해방의 가능성을 제공하는 '여성주의윤리(feminist ethics)'가 타당하다고 주장한다(Tong & Williams, 2018).[18] 여성적 윤리는 돌봄 지향 접근을 가리키고, 여성주의윤리는 지위향상을 위한 접근(status-oriented approaches)을 가리킨다. 여성주의윤리교육은 가부장제 권력에 의해 불평등이 조장되고 있음을 비판하고, 여성들의 윤리 경험이 충분히 고려되어야 타당한 도덕판단으로 발달될 수 있음을 밝힌다.

여성주의윤리의 확장은 여성뿐 아니라 그동안 침묵당하고 무시당한 다양한 목소리들을 존중하고, 그런 목소리들이 제기하는 문제를 도덕교육의 중요한 주제로 삼을 것을 요구한다. 다양한 형태의 다름, 즉 인종, 젠더, 계급, 세대, 삶의 가치와 방식 등으로 인한 다름을 존중할 수 있는 방향 모색이 윤리의 중요 쟁점으로 부상한다. 공통의 판단과 관점을 구성하려는 시도 자체가 권력의 작용이며 억압이라는 비판도 등장한다. 포스트모더니즘이라고 부르는 경향 중에서 일부 입장은 주변화된(marginalized) 경험들은 워낙 고유하고 특수하기

---

18 나딩스는 자신의 책(1984)에 '여성적 접근(A feminine approach)'이라는 부제목을 붙인다.

때문에 당사자가 아니면 이해할 수 없다고 단정한다. 당사자가 아닌 사람이 사회적 약자가 겪는 억압의 경험을 이해하고 설명할 수 있다고 대변하는 행위는 '문화적 폭력'이다. 또한 약자들의 정체성을 침해하고 부당하게 '타자화(otherization)'하는 행위이다. 사회적 약자들의 경험과 요구를 가능하면 있는 그대로 인정해야 한다고 강조하는 목소리가 결집되어 '인정의 정치학(politics of recognition)', '다름의 정치학', '정체성의 정치학'이라는 투쟁을 형성한다. 기득권자들은 투쟁의 정당성을 묵살하고 무시, 혐오와 차별이라는 기제를 동원한다. 무시, 혐오와 차별은 윤리이론과 윤리교육이 엄중하게 비판하고 거부해야 한다.

2. 소통윤리교육

보편적 의무나 특정한 덕을 지지하는 대신 소통을 통해서 타당한 판단에 합의하는 절차를 윤리교육의 중심으로 삼자는 대안이 등장한다. 사회가 다원화될수록 이런 대안이 각광을 받는다. 이런 대안은 비판철학자 하버마스(J. Habermas)가 제안하는 소통윤리(communicative ethics) 혹은 담론윤리(discourse ethics)를 활용한다. 비판철학은 지식교육을 논의할 때 더 자세하게 설명하고 여기서는 소통윤리를 간단하게 소개한다. 소통은 중요하다. 우선 우리는 이제까지 배운 윤리교육 패러다임의 적합성을 평가하려는 목적으로 소통할 수 있다. 윤리교육이 통합적 접근을 시도하기 위해 소통윤리교육을 유력한 방안으로 채택할 수 있다. 하버마스는 가치의 다원성과 삶의 방식의 다양성을 인정하더라도 보편적 도덕원리에 합의할 수 있으며 실제로 합의하는 것이 중요하다고 주장한다. 보편적 도덕원리에 합의할 수 없다면 개인들은 취향과 감정에 따라 임의로 행동하며, 갈등을 조정하는 수단으로 권력과 폭력을 남용할 위험이 커지기 때문이다. 하버마스는 칸트가 이런 현상을 걱정하여 정언명령과 도덕의무를 모든 사람이 동일하게 이행할 것을 요구하는 보편성과 공평성(impartiality)을 제시했다고 해석한다. 하버마스는 더 나아가서 보편성과 공평성은 실제로 검증되어서 타당하다고 합의되어야 정당화될 수 있다고 강조한다. "정언명령의 보편성은 각 개인이 모순없이 일반적 법칙이라고 믿어야 한다는 주장에서 벗어나서 모든 사람이 보편적 규범(a universal norm)이라고 합의함으로써 믿을 수 있다는 방식으로 전환되어야 한다"(Habermas, 1990b: 72). 어떤 도덕판단이나 관점이 타당하고 보편적인가는 오직 타당성에 관한 논쟁 과정을 거쳐서 합의하고 정당화함으로써 결정할 수 있다는 것이다.

타당성 논쟁에서 상호주관적 측면과 협력적 측면이 함께 작동해야 한다. 하버마스(1990b: 90-92)는 이를 위해 두 가지 보편적 원칙을 참여자들이 준수해야 한다고 강조한다. 첫째, 소통에 의한 결정에 영향을 받을 모든 사람들이 소통에 평등하게 참여해야 한다. 둘째, 모든 참여자는 자기중심적인 관점에서 벗어나려고 의도적으로 노력하면서 다른 사람들의 관점을 고려하고 다양한 이익을 조화시키려는 성찰에 전념해야 한다. 윤리교육은 학생들이 소통의 두 가지 보편적인 원칙을 익히고, '이상적 역할 채택(ideal role-taking)'을 통해 합의에 근접하도록 격려해야 한다. 이상적 역할 채택은 의견의 타당성에 관한 성찰 과정에서 의견을 제시하는 사람이 누구인가(내 편인가, 권력자인가 등)에 관계없이 오직 의견의 타당성만을 서로 진지하게 검토하는 일이다. 이는 호혜성과 가역성 등을 실행하는 일로서 콜버그 또한 도덕발달의 6단계의 특성으로 제시한 것이다. 하버마스(1990a: 122)에 의하면 소통윤리는 콜버그의 인지발달이론과 비슷한 '인지적 윤리모델' 혹은 '윤리적 합리주의'를 지향한다. 다만 콜버그는 딜레마 토론을 실행하기는 하였으나 소통의 보편적 절차를 제시하지 못하고 개인적 사고실험(thought experiment)에 그친 한계가 크다.[19] 소통윤리는 윤리적 갈등이 발생할 때 참여자들이 합리적인 해결방안에 합의하도록 절차를 제시하는 절차모델(procedural model)을 지향해야 한다.

여성주의윤리는 윤리적 판단이 소통에 의해 상호주관적으로 합의되어야 한다는 주장을 환영하면서 수정 방향을 제안한다(Benhabib, 1987). 첫째, 하버마스(1990a: 106)의 요구처럼 자신의 구체적인 윤리경험이나 관점을 포기하라는 것은 서로를 '구체적 타자'가 아니라 '추상적 타자'로 만들고 소통 또한 추상적인 내용을 다루는 일로 만든다고 비판한다. 추상적 소통은 실제 문제, 특히 권력 불균형의 문제에 대처하는 데에 도움이 되지 못할 수 있다. 둘째, 합의를 소통의 유일한 목표로 규정할 것이 아니라 이해, 양보, 협상 등 참여자들의 필요에 따라 다양한 목표를 설정해야 한다. 그러려면 의견의 타당성을 검증하는 일만이 아니라 경험의 고유성과 특수성이 표현될 수 있도록 소통의 규칙이 변경될 수 있어야 한다. 예컨대 자신이 이해하기 어려운

---

19 하버마스는 콜버그의 딜레마 토론이 롤스의 '원초적 상태'를 반영함으로써 가상 상황의 설정에 그치는 오류를 범한다고 비판한다. 이 비판은 나중에 롤스의 정의론에도 적용된다.

경험에 대해서는 그 진위 여부나 일반화 가능성을 따지기보다는 침묵, 경청, 질문이 요구된다. 이럴 경우 참여의 동등성이라는 보편적 원칙을 잠시 유보하면서 이해하기 어려운 경험에 참여자들의 관심을 집중시키고 민감해져야 한다. 이런 일에 물론 합의가 필요하므로 보편적 원칙은 불변하는 것이 아니라 합의에 의해 수정될 수 있다는 내용이 전제되어야 한다. 마지막으로 보편성은 전제되는 것이 아니라 소통이라는 상호작용에 의해 확인되어야 하는 것이고, 합의가 이루어지지 않아도 소통 자체가 의미 있는 일이므로 '상호작용적 보편주의(interactive universalism)'가 제안된다. 이런 입장에서는 소통이라는 상호작용 자체가 의의가 큰 활동이므로 논쟁과 토론보다 편안하게 이야기 나누기, 즉 담화(conversation)가 더 적합한 윤리적 대화가 된다.

여성주의자들은 하버마스의 소통윤리보다 더 느슨하고 자유로운 형태의 소통을 장려하는 도덕교육의 방향을 다음과 같이 제시한다(Jaggar, 1998).

○ 개인적 경험의 타당성이 입증되지 않았다는 이유로 지레 무시하지 말고 우선 타당하다고 가정

○ 대화의 초기 단계에서는 판단하는 반응을 자제하고 후기 단계에서는 비판적이지만 건설적인 반응을 지향

○ 윤리적 관점의 차이가 대화를 확장하는 데에 소중하다는 것을 인정하고 장려

○ 남의 의견을 빌리거나 의존하는 것이 아니라 자신의 의견을 말해야 할 책임이 있다고 인식

○ 전문적 지식의 유용성을 인정하지만 상대의 경험을 기각하
는 데에 사용하기보다는 상황을 분별하여 사용
○ 갈등과 불일치가 남아 있는 상황에서도 사소한 내용일지라
도 합의할 수 있는 지점을 탐색

이런 민주적인 대화를 진행하기 위해서는 공동체라는 느낌
을 공유하는 것이 필요하다. 여성주의자들은 전통에 의해 주어진 공
동체가 허구이거나 가부장주의처럼 기득권층의 이익을 대변하는 관
점을 반영한다고 비판한다. 대신 참여자들이 대화를 통해 만들어 가
는 느슨한 대화공동체, 참여공동체를 요청한다. 교실에서 대화공동
체가 조성되면 "비판적이면서도 동시에 존중감을 드러낼 수 있다. 누
군가의 말을 막을 수도 있지만, 진지하고 존중해 주는 대화를 이어 갈
수 있다"(hooks, 1994: 184). 경청하기 위해 함께 노력하고, 함께 참여하
는 느낌을 조성하기 위해 음식과 음료, 포옹처럼 호의를 표현하는 행
위를 나누는 일이 유용하다. 교사와 학생이 함께 자유로운 대화에 참
여하면 교실이 '흥(excitement)'이 나는 장소, 신나는 장소가 될 수 있다.
대화에 대한 관심과 열정이 모아지고 감정적인 반응이 자주 나타나
면 해방된 교실이 된다. 흥을 불러일으키는 소통을 진행하면서 좋은
감정을 느끼지만 탐구를 향한 진지한 열정이 진작되어야 한다(hooks,
1994: 186-187). 윤리적 소통은 진지한 감정을 유지하는 동시에 즐거운
감정을 확산하도록 진행되어야 한다. 덕윤리와 돌봄윤리가 도덕발
달에서 감정의 역할을 강조하였지만 감정에 대한 탐구가 더욱 요청
된다. 특히 "감정이 즐거움이나 고통을 생산해 내는가의 여부뿐만 아

니라 감정이 어떻게 우리를 일깨우고 변화시키는가에 초점을 맞춘다면"(hooks, 1994: 188), 도덕교육에 대한 이해와 실행방향을 더 향상시킬 수 있을 것이다.

3. 사회적 직관주의의 도덕교육

감성을 중심으로 도덕을 이해하고 도덕교육을 제안하는 여러 시도가 있다. 그중에서 사회적 직관주의를 간단하게 알아보자. 사회적 직관주의를 도덕이론으로 제시하는 하이트(J. Haidt)는 "도덕은 너무나도 감성적이다"라고 주장한다.[20] "사람들이 갖는 직감(특히 역겨움과 경멸감과 관련된 것)은 때로 도덕적 추론을 진행시키는 동력이 되기도 한다. 도덕적 추론은 때로 사후 조작과 다름없는 양상을 보인다"라는 것이다(Haidt, 2012: 69). 사람들은 도덕적 추론에 의해 도덕적 행동을 한다고 알고 있지만, 실상은 직감에 의해 판단한 후에 판단을 정당화하기 위해 추론을 고안한다고 한다. 그런 사후 추론을 전략적 추론 혹은 '동기화된 추론'이라고 부른다(Haidt, 2012: 343). 직감에 의해 믿고 싶은 것만 믿고, 믿고 싶지 않은 것은 믿지 않는 추론이다. 예컨대 카페인과 여성암의 상관관계를 지지하는 가상의 조사결과에 대한 반응을 보자. 남성들은 결과를 그대로 받아들이는 편이지만 여성들은 어떻게든 조사의 문제점을 발견하려 애쓴다고 한다. 믿고 싶지 않기 때문

---

20 하이트가 2015년에 한국을 방문하여 강의한 내용은 〈EBS 인문학 특강〉 "우리가 믿는 옳음의 진실"에 담겨 있다. https://youtu.be/Z7emXnPJGpU

이다. 사회적 직관주의 모델은 다양한 문화에서 사람들이 실제로 도덕판단을 어떻게 하는가를 관찰한다. 관찰 결과에 의하면 직관적 판단, 후속 추론, 설득이 주로 동원된다. 도덕판단에 관련되었다고 믿는 합리화된 판단과 개인적 성찰은 가끔씩밖에 일어나지 않는다. 그리고 직관은 다양한 문화에서 공통적으로 나타나는 도덕성의 기반에 대한 감정적 반응으로 구체화되는데, 도덕성 기반은 배려/피해, 자유/억압, 공평성/부정의, 충성심/배신, 권위/전복, 고귀함/추함으로 나뉜다(Haidt, 2012: 541). 어떤 도덕성의 기반을 선택하여 정서적으로 대응하는가는 문화에 따라 그리고 보수와 진보 등의 정치적 성향에 따라 달라진다고 한다.

　　사회적 직관주의는 직관이 도덕판단을 주도하는 것을 조명하지만 그런 경향에 찬동하는 것은 아니다. 하이트는 사람들이 직관에서 헤어나지 못해서 정치 양극화가 심화되고, 확증편향과 혐오가 증폭되는 것을 우려한다. "도덕은 사람들을 뭉치게도 하고 눈멀게도 한다"(Haidt, 2012: 22). 하이트는 현실을 직시하고, '눈멀게 하는 도덕'에서 '뭉치게 하는 도덕'으로 전환하는 길을 찾는다. 인지발달교육처럼 인지와 합리성의 발달에 주력해서는 도덕성의 변화를 기대하기 어렵다는 것을 강조하고, 더 실질적인 방향을 모색한다. 도덕교육의 대안적 방향으로 "직감에 말을 걸 것"을 제안한다(Haidt, 2012: 110). 학습하기를 원하는 도덕의 방향이 자신의 직관에 어긋나는데도 믿으라고 하면 사람들은 온 힘을 다해서 그것을 거부하기 때문이다. 그러므로 사회적 직관주의는 유대와 협력의 감성을 일으키는 학습방안을 제안한다. 직관은 선천적 기질로 주어질 뿐 아니라 진화와 학습을 거치면서 형성된다. 사회적 학습 혹은 '공진(co-evolution, 함께 진화하는 일)'은 참여자들이 직관을 적용하는 방법을 함께 배우는 과정으로 설명된다(Haidt, 2012: 70). 도덕교육은 사람들에게 잠재한 '군집 스위치'를 켜서 사회적 감성을 촉발하는 일이다. 그런 일은 개인을 동료 시민들과 엮어 주는 과정이고(내집단 관계, 일상세계), 개인이 자신을 전체의 일부로 느끼게 하는(외집단 관계, 초월세계) 두 측면의 과정이다(Haidt, 2012: 403). 이를테면 나를 버리고 우리로 들어가는 이중의 방법이다.

도덕교육은 특히 자신을 '그저 전체를 이루는 일부'로 느끼는 계기를 제공함으로써 사람들이 차이와 차별에 힘쓰기보다는 유대와 단결에서 더 고차원적인 삶의 의미와 기쁨을 발견하게 하는 일이다. 스스로를 자연의 일부로 느끼는 일도 유효하지만 '집단적 열광(collective effervescence)'을 느끼는 일이 효과적이라고 제안된다. 함께 모여 일하기와 공동 활동의 즐거움(예: 합창단 활동 등)을 느끼기, 개인보다 팀 사이에 건전한 경쟁을 조장하기 등이 예시된다(Haidt, 2012: 426-428). 그런 감정의 경험은 다양성보다 동질감을 증진함으로써 "스스로를 더 이상 고립된 개인이 아닌 자기보다 커다란 집단의 한 구성원으로 보게 되는 것"을 지향한다(Haidt, 2012: 428). '자기가 속한 집단에 대한 편향적 사랑'을 도덕적 감정의 근간으로 보고, 서로에 대한 동질감 중대, 운명 공동체라는 인식의 확산, 무임승차자 배제를 통해 도덕성을 함양할 수 있다고 주장한다(Haidt, 2012: 436). 사회적 직관주의는 동질성을 강렬하게 경험함으로써 공동체 안에서 연대와 책임의 감정을 고양하는 도덕교육을 제안한다. 감성을 초점에 둔다는 점에서 덕윤리교육, 돌봄윤리교육과 일맥상통한다. 실행방향은 콜버그가 실행한

정의공동체 접근과 호환된다. 사회적 직관주의를 이제까지 배운 도덕교육의 패러다임과 비교하면서 도덕교육이 '감성공동체'의 발달에 더 비중을 두어야 한다는 방향을 확인하면 좋겠다.

4. '도덕 운'과 도덕교육의 확장

도덕교육으로 모든 갈등을 해결하기 어렵다는 한계를 인식하여 도덕교육을 다듬는 계기로 삼아야 한다. '도덕 운'처럼 도덕교육이 더 고심해야 하는 쟁점들이 있다. 윌리엄스(Williams, 1981: 22, 39)에 따르면 운이 도덕적 차이를 만들 수 있는데, 도덕적 평가가 운에 좌우되는 경우를 '도덕 운(moral luck)'이라고 부른다. 도덕 운의 문제는 그러한 운이 작용해서는 안 된다는 상식적 직관과 그것이 작용하는 것을 막을 수 없다는 사실의 충돌에서 일어난다. 운이 도덕적 차이를 만든다고 할 때 가장 문제가 되는 것은 어떤 당사자는 책임을 져야 하는 반면, 다른 당사자는 책임을 질 필요가 없는 경우이다. 다음의 상황에서 누가 더 도덕적 책임이 무거운가를 생각해 보자.

○ 음주운전자가 밤길 운전을 하면서 조는데 갑자기 뛰어든 사람을 차로 치고 과실치사로 구속되었다.
○ 음주운전자가 밤길 운전을 하면서 졸았지만 무사히 집에 도착했다.

네이글(T. Nagel)이 예시한 사례다. 두 사람은 음주운전을 하며 졸았다는 점에서는 동일하고, 돌발 상황에 대해 통제력이 없는 상태였다는 점도 동일하다. 그러나 결과의 차이로 인해 두 운전사는 도덕적 차이를 갖게 된다. '운'과 '통제의 부족(lack of control)'이 연관된다는 점에서 도덕적 평가가 운에 좌우되는 상황을 '결과적 운(resultant luck)'이라고 부른다(양선이, 2010).[21] 결과적 운은 일상에서 자주 일어난다. 예를 들어, 두 학생이 교사에게 거짓말을 했지만 운이 나쁜 학생은 발각되고, 운이 좋은 학생은 발각되지 않았다. 운이 도덕적 평가에 개입한다.

도덕교육을 실행하면서 도덕적 운에 대해 책임이 없다고 말하는 것이 정당한가? 윌리엄스는 그렇지 않다고 말한다. 음주운전자의 예를 보면, 음주운전 이전 상태 혹은 사고 이전 상태로 되돌릴 수는 없다. 이 경우에 도덕적 책임은 원상태로 돌아가는 것이 아니라 자신의 행위의 결과에 대해 반성하고 괴로워하는 것이다. 도덕 운에 관한 도덕교육은 칸트처럼 도덕은 운에 영향받지 않아야 한다는 것을 배우는 것이 아니다. 또한 도덕 운은 통제가 불가하므로 결과에 대해 책임이 없다고 가르치는 것도 아니다. 아리스토텔레스의 덕윤리처럼 반성하고 회개하는 성품을 갖도록 안내하는 윤리교육이 필요하다. 성품은 주어지는 경향이 강하므로 성품이 무감각한가, 반성적인가 자체 역시 운이라는 견해도 있다. 이런 운은 '구성적 운'이라고 부르는데, 흄(D. Hume) 같은 철학자는 구성적 운에 의해 성품이 주어지는

---

21 네이글은 그 외에도 인과적 운(causal luck), 상황적 운(circumstantial luck), 그리고 구성적 운(constitutive)을 구분한다(양선이, 2010).

것을 통제할 수는 없지만 그것을 교정하는 것은 가능하다고 설명한 다(양선이, 2010). 칭찬과 비난 혹은 처벌과 보상을 통해 덕을 체화하고 성품을 바꿀 기회는 누구에게나 열려 있다. 교정 가능한 기회가 있는 데도 교정하지 않거나 나쁜 행위를 반복하여 초래한 결과에 대해서 는 책임을 져야 한다는 것을 알아야 한다. 또한 운이 개입될 소지를 줄이는 통제력을 학습해야 한다. 예컨대 음주운전 자체를 하지 않는 통제력을 학습해야 한다.

　　논의를 닫으면서 도덕교육이 실제 도덕적 상황을 개선하는 데 에 기여하도록 만드는 일을 우리 스스로가 해야 한다는 점을 강조하 고 싶다. 예컨대 도덕 운이 도덕적 해이로 왜곡되는 일을 공동으로 제 지해야 한다. 우리 사회에 '도덕적 해이(moral hazard)'가 뚜렷해지고 있 다. 도덕적 해이는 학문적으로 정착된 용어는 아니지만 일상에서 분 명하게 나타나는 반윤리적 행동이다. 자신이 이행해야 할 책임을 회 피함으로써 자신은 이익을 취하지만 타인과 사회의 이익에 해를 끼 치는 경우, 그리고 자신에게 부여된 역할을 방기하거나 '무임승차'하 는 경우를 가리킨다. 못된 짓을 저지르면서 도덕 운에 기대서 발각되 지 않거나 책임지지 않기를 기대한다. 성폭력 조사 회피, 산업재해 방 치, 횡령과 부정, 방만 경영, 낙하산 인사, 전관예우, 기업 파산으로 공 적 기금을 지원받은 임원들의 보너스 잔치, 부모 찬스 등이 도덕적 해 이에서 일어난다. 교사와 교수가 본연의 일에 소홀한 것도 도덕적 해 이이다. 법과 제도가 사회변화의 속도를 따라가지 못하니 스스로 도 덕책임과 의무를 이행하는 일이 더 중요해진다. 도덕적으로 성숙해 진다는 것은 의무와 규칙에만 의존하는 것이 아니라 직관과 덕 등 다양한 특성들을 상황에 맞게 선택하고 복합적으로 활용하는 일이라는 것을 배웠다. 도덕교육은 다양한 도덕 패러다임을 복합적이고 상황적으로 활용하는 능력을 기르는 일이 되어야 한다. 도덕교육은 도덕적인 사람이 되어서 도덕적 사회를 만들려는 노력을 격려해야 한다.

○ 교사가 학생을 돌볼 책임은 어디까지일까?

나딩스의 이론을 참고하면, 교사에게 학생은 사적 관계에 있으므로 꼭 돌봐야 하는 사람일까? 아니면 공적 관계에 있으므로 돌볼 가능성은 있지만 돌볼 책임까지는 없는 사람일까? 학생의 나이와 처지 등 판단에 앞서 고려할 사항들이 있는지 알아보자. 상황에 따라 사적인 관계, 공적인 관계 혹은 다른 관계가 요청될까? 소설 『내 생애의 아이들』에 나오는 캐나다 여교사의 다음 회고를 읽고 토의해 보자.

개학 첫 주일부터 나는 들판 쪽을 향해 놓여 있는 내 책상에 앉아서 그들이 오는 것을 목 놓아 기다리는 게 습관이 되었다. […] 나이가 서로 다른 아이들은 한 가족과도 같아서 그 자체로서 하나의 세계를 이루는 것이어서 […] 하나의 공동체라고 할 수 있었기 때문이다. […] 나는 또한 세상 구석구석으로부터 그들이 나를 향하여, 따지고 보면 그들에게 한낱 이방인에 불과한 나를 향하여, 길을 걸어오고 있다는 사실에 큰 감동을 느끼고 있었다. 나의 경우처럼 사범학교를 갓 졸업한 경험 없는 풋내기 여교사에게, 사람들은 이 지상에서 가장 새롭고 가장 섬세하고 가장 쉽게 부서지는 것을 위탁한다는 것을 느낄 때면 가슴이 뭉클해진다. (Roy, 1993: 121-122)

○ 모성성과 돌봄노동에 관한 오해와 이해

일상에서 모성은 어떤 윤리적 의미가 있는 것으로 표현될까? 영화 〈마더〉(2009, 봉준호 감독)와 영화 〈올가미〉(1997, 김성홍 감독)에서 각각 모성은 어떻게 나타날까? 이런 모성성의 재현은 어떤 함의를 보일까? 영화 〈시〉(2010, 이창동 감독)에서 어머니의 역할을 대신하는 '양미자'의 선택을 정의윤리와 돌봄윤리가 결합된 사례라고 볼 수 있을까? 영화 〈헬프〉(2011, 테이트 테일러 감독)는 돌봄노동을 어떻게 그리고 있는지 살펴보자. 돌봄노동을 통해 돌봄을 제공하는 여성들과 돌봄 혜택을 받는 여성들 사이의 연대, 여성과 남성의 연대가 가능할까?

제4부

지식교육

우리는 추론하는 존재인 동시에 우리가 추론하는 대상들 중의
하나이다.

— 데이비드 흄(D. Hume)[01]

학문의 출발점으로 삼을 수 있을 정도로 매우 견고하고 깔끔하
게 정리된 모범적 진술을 결코 확립할 수 없다. 그렇다고 백지
상태(*tabula rasa*)에서 출발해야 하는 것은 아니다. 우리는 망망대
해 한가운데에서 고장 난 배를 수리하면서 항해를 계속해야 하
는 선원들의 처지와 같다. 항구의 조선소로 돌아가서 배를 해
체한 후 최고의 부품들로 재건조할 수 없는 형편이다. 그렇다
고 배를 수리하지 않고 항해를 계속하면 배는 침몰할 것이다.
[…] 부정확한 진술 덩어리(*Ballungen*)는 항상 배의 일부분일 수밖
에 없다. 만약 부정확성이 한 곳에서 사라진다면 다른 곳에서
훨씬 더 강하게 다시 나타날 것이다.

— 오토 노이라트(O. Neurath)[02]

제 4 부 지식교육

---

01 D. Hume(1958), *A treaties of human nature*, xix, Oxford: Claredon Press.
02 '노이라트의 배'로 알려진 비유이다. 노이라트는 여러 글에서 조금씩 다른 비유를 사용했는데
   여기서 인용한 것에서 지식의 기초는 존재하지만 수정과 재구성을 지속해야 한다는 뜻이 잘
   드러난다. N. Cartwright, J. Cat, L. Fleck, & T. E. Uebel(1996: 89)에서 재인용.

서론

확증편향이 늘어나고 있다. 확증편향은 자기가 보고 싶은 것만 보고, 믿고 싶은 것만 믿는 현상이다. 정보를 듣고 보는 초기 과정에서부터 최종 결정과 행동에 옮기는 과정까지 작용한다. 물론 우리의 인식은 의외로 어설프고 유한하다. '플라톤의 동굴'에서처럼 허상을 보면서 진실이라고 믿는 착각에서 벗어날 수 없을지도 모르겠다. 최근에는 '필터버블'이 생겨서 '버블동굴'에 갇혀 살게 될 수 있다. 지식을 검색하면서 알고리즘이 걸러 낸 편향된 정보의 거품(필터버블)에 우리가 갇히게 된다고 한다. 거품 안의 정보를 '사실'과 '진리'로 착각할 뿐 아니라 착각하고 있다는 인식조차 못하며 살 수 있다.03 우리가 인터넷에서 정보를 검색한다고 믿지만 실상은 인터넷이 우리를 검색

---

03 E. Pariser, 〈온라인 필터버블을 주의하세요〉, Ted 강연(2011.05.01.). https://www.ted.com/talks/eli_pariser_beware_online_filter_bubbles

하는 셈이다. 다큐멘터리 영화 〈소셜 딜레마〉는 우리의 인식과 지식이 소셜 미디어에 의해 조작되고 지배되고 있다고 경고한다.[04] 이런 조작은 이익을 극대화하려는 '감시자본주의(surveillance capitalism)'와 권력을 증대하려는 정치체제에 의해 체계적으로 확대된다. 참과 거짓을 구분할 수 있는 기준은 있는지, 그런 기준을 학습할 수 있는지를 새삼 질문해야 하는 시대이다.

진리와 지식의 가능성과 타당성에 관한 믿음을 어느 정도는 공유해야 서로 신뢰하고 대화할 수 있다. 그런 믿음을 공유해야 교육과정을 계획하고 실행할 수 있다. 지식에 관한 교육과정은 경험, 해석, 비판 등의 인식에 관련된 활동을 통해 지식을 증진하면서 인식 주체로 성장하는 일을 지향한다. 지식에 관한 교육과정을 구상하고 실행하려면 인식론을 알아야 한다. 인식론은 지식이론을 탐구하는 철학의 한 분야이다. 교육철학에서 인식론은 교육과정의 틀을 구성하는 데에 중요한 역할을 한다(Davis & Williams, 2003). 인식의 발달을 통해 인식 주체로 성장하도록 안내하는 교육을 '지식교육'이라고 부르자. 지식교육이란 용어가 윤리교육처럼 널리 쓰이지는 않는다. 지식교육을 지식을 인식하고 정당화하여 타당한 지식을 구성하는 과정을 탐구하는 활동으로 이해하자. 지식교육은 복잡한 쟁점들이 제기되는 영역이다. 예컨대 인식과 지식의 유형(예: 경험적 지식, 해석적 지식 등) 중에서 어떤 유형이 타당할까? 그런 유형의 지식을 어떻게 학습할 수 있을까? 지식은 외부 세계에서 주어지는 걸까 아니면 참여자들이 구성하는 걸

04 유튜브에서도 볼 수 있다. 소셜 미디어 비판을 위해 유튜브 링크를 추천하는 일은 모순일까?

까, 지식이 정립되는 과정에 권력이 작용하는 걸까? 권력이 정당한가를 어떻게 검토하고 어떻게 대응해야 할까? 지식교육은 이런 질문들을 탐구해서 우리가 인식과 지식의 주체로 성장하도록 안내한다.

1. 지식의 정당화와 교육

인식론의 주요 관심사는 지식의 확실성 혹은 정당한 근거를 탐구하는 일이다. 전통적으로 '정당화된 참 믿음(justified true belief)'을 지식의 근거로 여긴다. 지식 탐구는 가장 먼저 무엇을 믿는 것에서 시작된다. 믿지 않으면 지식이 될 수 없다. 그러나 믿는 것만으로는 충분하지 않다. 믿음이 참(truth) 혹은 진리라는 것이 그럴듯한 근거에 의해 입증되어야 한다. 여기서 말하는 진리는 '영원불변한 진리'가 아니라 '진실'로 이해하는 것이 적합하다. 사실(fact)이나 실재(reality)에 근거하는 '진실(眞實)'을 뜻하기 때문이다. 사실과 실재에 관한 믿음은 흔히 명제로 표현된다. 예컨대 "지난 20년 동안 세계 인구에서 빈곤층 비율이 줄었다"라는 '사실'은 "나는 지난 20년 동안 세계 인구에서 빈곤층 비율이 줄었다는 것을 믿는다"와 같은 명제 혹은 진술로 표현되어야 참과 거짓을 따질 수 있다. 명제 중에서 '정당화된 참 믿음'을 지식이라고 한다. 정당화된다는 것은 참으로 믿을 만한 좋은 이유가 제시된다는 뜻이다. 이 의견을 요약하면 다음과 같다. S는 인식 주체(Subject)를 가리키고 p는 명제(proposition)를 뜻한다.

○ S가 p를 믿고   ○ p가 참이고

○ p에 대한 S의 믿음이 정당화되는(그에 대해 좋은 이유를 갖고 있는)

경우에 그리고 오직 그 경우에만 S는 p를 안다고 말할 수 있다.

우리는 정당화된 참 믿음이 지식이라는 의견을 수용하는 동시에 그 한계를 지적하면서 더 타당하고 정교한 정당화의 근거와 과정을 논의할 것이다.

정당화된 참 믿음이라는 기준에 의해 교육과 교육이 아닌 것을 구분할 수 있다. 교육이 아닌 것, 즉 '비교육'으로 훈련, 주입, 세뇌(brainwashing), 교화(indoctrination) 등을 꼽는다. 교화로 의심받는 활동의 범주는 의외로 넓다. 정치 이념을 가르치는 일, 심지어 종교교육, 시민교육, 평화교육을 교화로 지목하는 학자들이 있다. 또한 활동에 동원되는 처벌과 보상, 사회적 압력(예: 수치심 조장), 반복(예: 과다한 복습), 통제와 검열, 구별과 차별(예: 우등생과 열등생의 구분) 등의 방법도 교화로 취급된다. 이런 방법들은 강도는 다를지 몰라도 학교에서 흔히 사용되고 있고 지나치지 않는다면 용납되고 있다. 그러면 교화를 구분하는 기준은 무엇인가? 교화는 정당화할 수 없는 믿음을 전수하고 비합리적인 방법을 동원함으로써 생각을 제한하고 편향되게 하며, 대안적 신념과 비판적 사고를 차단하는 일이다(Bailey, 2010b). 칭찬 등의 긍정적 방법을 동원해도 그런 신념의 전수는 정당화될 수 없다. 다만 지식 정당화를 이해하는 데에 한계가 있는 어린 학생들에게는 비합리적인 방법이 어느 정도는 필요하므로 일시적으로 용납된다(Bailey, 2010b). 이런 방법을 교육의 '전주곡'으로 인정해야 한다고 주장하는

학자들도 있다. 그러나 한국의 지식교육이 시종일관 '정답 제조기'만을 길러 낸다면 교화라는 비판이 지나치지 않다. 한국 교육을 주지주의교육이라고 부르기도 어렵다. 교화와 비교육은 정당한 근거와 좋은 이유를 무시하는 태도를 길러내고, 열린 마음과 자율성을 발휘하지 못하도록 만든다. 종교교리나 정치신념을 수업에서 다루는 그 자체가 교화가 아니다. 종교교리나 정치신념을 학습해도 열린 마음을 갖고 정당한 근거를 찾아서 자율적으로 사고하게 안내한다면 훌륭한 교육이 된다. 인식론의 기준에 의해 교육과 비교육을 구분하고 교육과정을 구성하는 기준으로 활용할 수 있다.

2. 인식론과 지식교육의 패러다임

인식론에서 가장 오래된 입장은 정초주의(foundationalism)이다. 정초주의는 지식의 확실한 근거, 즉 정초 혹은 토대를 확립하려고 노력한다. 또한 인식 주체가 정초를 일관되게 파악하는 보편적 주체가 되어야 한다고 주장한다. "나는 생각한다. 고로 나는 존재한다"라는 데카르트(R. Descartes)의 주장은 이성을 정초로 정립하는 데카르트주의(Cartesianism)와 정초주의의 출발점이다. 정초주의는 정초를 두 가지로 지목한다. 하나는 지식의 유일한 정초를 감각적 경험과 관찰에 두는 경험주의(empiricism)이다. 다른 하나는 지식의 확실한 정초를 이성에 의해 성립되는 자명한 논리에 두는 합리주의(rationalism)이다.[05] 우리는 정초주의를 따르는 인식론의 패러다임으로 실증주의를 배우고, 실증주의에 기초한 '실증적 지식교육'을 배운다. 실증주의는 감각경험과 논리추론을 지식의 정초로 삼고 경험주의와 합리주의를 결합한다. 실증주의에 의하면, 인식 주체는 정초 덕분에 경험과 이성의 보편적 주체가 되고 객관적인 지식을 생산한다. 보편적 주체는 자신의 관심과 가치를 반영해서는 안 되고 오직 경험과 논리에 의해서 중립적으로 관찰하고 추론해야 한다. 이런 요구는 주체(subject, knower)가 대상을 객체(object, known)로 삼아야 하는 것이므로 주체와 객체가 철저하게 분리되는 'S-O' 모델을 지향한다(Bredo & Feinberg, 1982: 6). 실증적 지식교육은 자연과학의 지식 패러다임이 사회현상과 교육에도 적용되어야 한다고 믿는다.

반정초주의는 정초주의와 대립한다. 경험과 합리성이 인식에 작용하는 것은 인정하지만 정초가 되지는 못한다는 견해이다. 경험과 합리성은 영향을 주는 요인들, 즉 문화, 맥락, 관점, 세계관, 이데올로기, 프레임 등에 의해 구성되고 제약된다는 것이다. 예컨대 "1분 동안 코끼리를 절대 생각하지 말자!"라는 말 때문에 코끼리 생각을 피할 수 없게 되는 '틀 짓기 효과(framing effects)'가 특정 경험을 조장한다.[06] 지식의 근거는 주어지는 것이 아니라 구성되고 창조되는 것이다. 그러므로 객관적인 지식은 부정되고, 상호주관적인 지식이 등장한다. 정초주의의 'S-O' 모델과 달리 반정초주의는 'S1-S2' 모델을 추

05 로크, 버클리, 흄이 대표적 경험주의자들이고, 데카르트, 스피노자, 라이프니츠가 대표적 합리주의자들이다. 이렇게 인식론을 두 가지로 분류하는 방식은 단순화의 부작용이 있다. 그럼에도 불구하고 대표적 접근 방식을 이해하기 쉽게 하는 장점을 살리고자 한다.
06 다음 책에서 가져온 예이다. 조지 레이코프(2018), 『코끼리는 생각하지 마』, 유나영 역, 서울: 와이즈베리.

구한다. 주체(S1)는 다른 주체(S2)와 대화하는 과정에서 상대(S2)를 이해하고 자신(S1)에 대한 이해도 도모하게 된다. (S1)과 (S2)가 어떤 대상(O)에 관한 지식에 합의할 수도 있다. 인간을 이해하는 과정에는 이런 모델이 필수적이다. 상호주관적 소통에 의한 해석과 비판을 통해 지식의 타당성을 지속적으로 재구성해야 한다는 주장이 강조된다.

우리는 반정초주의의 패러다임으로 해석학과 비판이론을 알아보고, 각각의 패러다임에 기초하는 '해석적 지식교육'과 '비판적 지식교육'을 배울 것이다. 나아가서 정초 자체를 의심하거나 심지어 해체를 주장하는 패러다임으로 여성주의와 포스트모더니즘을 배울 것이다. 정초를 부정하는 목소리가 커지면서 교육철학이 인식론에서 멀어져 간다는 의견도 있다. 그러나 지식의 확실한 기반과 정초가 약화되어도 지식의 타당성 추구는 여전히 필요하므로 인식론과 지식교육은 유효하다. 지식교육은 지식의 인식론적 기반을 이해하며 타당한 지식을 생산하고 구성할 수 있는 능력을 기르는 일이다. 그래서 지식의 정당화에 관한 중요 패러다임(실증주의, 해석학, 비판이론) 그리고 이에 대한 반론(여성주의, 포스트모더니즘)을 검토하고 비교하는 일에 주력한다. 각각의 인식 패러다임은 각 패러다임에 의해 생산되는 지식이 학습해야 할 지식이라고 주장할 뿐 아니라 교육제도와 활동을 연구하는 데에도 가장 적합하다고 주장한다. 우리도 인식 패러다임이 교육연구에 어떻게 활용되는지 살펴본다. 이런 노력을 통해 학생들이 인식 주체로 성장하기를 기대한다. 지식을 정당화하는 근거와 그 근거를 인식하는 인식 주체에 관한 패러다임을 알아보면서, 지식교육의 관심 분야를 짚어 보자.

감각경험과 논리추론은 지식을 정당화하는 가장 오래된 근거로 꼽힌다. 관찰을 통해 많은 사실을 경험하고, 많은 경험의 관계를 추론하면 지식을 일반화할 수 있다는 믿음이다. 이런 믿음은 우리가 일상에서 실행하는 방식과 부합한다. 일상에서 우리는 주로 직접 보고 들은 것만을 '사실'로 간주하는 경향이 강하다. 이런 경향을 인식의 방법으로 체계화할 수 있다. 어떤 현상을 눈으로 관찰하는 등의 감각적 경험을 통해 사실을 파악하고, 사실들 간의 관계를 논리적으로 연결함으로써 확실한 명제에 도달할 수 있다. 근대의 문턱에서 흄(1958: xix)은 인간을 과학적으로 탐구하는 '인간과학'을 창출해야 한다고 주장하고, 인간과학의 인식 정초는 경험과 관찰이라고 강조한다. 감각경험을 정초로 삼기 때문에, 즉 경험에 의해서 마음에 부여된 사실을 정당화의 실제적 증거인 '실증(實證)'으로 삼기 때문에 실증주의

(positivism)라고 부른다.[07] 실증주의는 지식을 실증하는 근거가 오직 감각경험과 논리추론뿐이라고 주장한다. 감각경험에 근거하는 지식은 귀납적(a posteriori)이고 종합적(synthetic)이다. 경험한 사실들을 논리적으로 종합하는 귀납적 추론에 의해 성립되는 지식이다. 이런 지식에 관한 진술을 '종합적 명제'라고 부른다. 감각경험에 근거하는 학문은 물리학, 생물학 등이다. 논리추론에 근거하는 지식은 선험적(a priori)이고 분석적(analytic)이다. 경험하지 않아도 논리적 분석에 의해 성립되는 지식이다. 이런 지식에 관한 진술은 '분석적 명제'라고 부른다. 논리적 추론에 근거하는 학문은 수학과 논리학이다. 감각경험과 논리추론은 자연과학뿐 아니라 교육학과 사회과학도 따라야 할 정초이다. 교육철학자 셰플러(I. Scheffler)는 실증적 지식교육의 중요성과 방식을 이렇게 강조한다.

> [지식교육은] 지각 가능한 경험들을 충분히 그리고 체계적으로 제공하는 것이다. […] 학생들에게 경험으로부터 나온 학습을 위한 필수적인 특징, 즉 정확한 관찰, 합리적인 일반화, 사건의 실제 과정을 예측하는 데에 실패한 기존의 법칙들을 개선하거나 버릴 수 있는 자발적인 마음들을 훈련시켜야 한다. (Davis &
>
> Williams, 2003: 205에서 재인용)

07 실증주의를 뜻하는 positivism은 19세기에 콩트(A. Comte) 등이 사용한 불어 명사 *positivisme*에서 비롯된 것으로서 경험에 의해 마음에 주어진 실제 증거라는 뜻을 가진다. 콩트는 최초의 실증주의자로 여겨진다. 콩트에 의하면 진리를 탐구하는 일반적 법칙에 의해 학문은 신학적 단계(계몽주의 전 단계)에서 형이상학적 단계(초기 계몽주의 단계)를 거쳐 실증주의적 단계(계몽주의 단계)로 진화한다. 실증주의 단계에서 인간은 과학과 이성에 의해 자유의지와 자율성을 획득하고 신의 계시와 자연의 섭리로부터 해방된다.

과학적 실증에 의해 일반적인 지식과 이론을 생산하는 과정의 학습이 지식교육의 중심이 되어야 한다. 실증주의를 이해하고, 장점과 한계도 평가하면서 적절하게 활용할 수 있기를 기대한다.

1. 감각경험과 논리추론에 의한 보편적 지식의 생산

1) 귀납적 추론과 종합적 명제의 생산

실증주의가 '진정한 지식'이라고 가장 먼저 인정하는 지식은 귀납적이고 종합적인 명제이다. 그러므로 교육을 통해 귀납적이고 종합적인 명제를 생산하고 검토할 수 있는 능력을 개발해야 한다. 귀납적 지식은 경험으로 확인한 사실들을 논리적으로 종합하는 귀납적 추론에 의해 성립되는 지식이다. 이런 지식에 관한 진술을 종합적 명제라고 한다. "모든 A는 B이다 / a는 A다 / 그러므로 a는 B이다" 같은 진술이 귀납적 지식과 종합적 명제의 전형적인 예이다. 사회과학도 자연과학처럼 감각경험과 논리추론에 의존해야 진정한 지식을 생산할 수 있다. 심리학, 경제학 같은 사회과학이 자연과학의 모델을 주로 채택한다. 교육학의 많은 분야에서도 그런 경향이 강하게 나타면서 실증적 지식만을 학습할 가치가 있는 지식으로 여긴다.

2) '사실-가설-법칙-이론'의 체계 수립과 지식의 일반화

실증주의를 따르는 지식교육은 학생들이 '사실-가설-법칙-이론'의 체계를 구축하고, 지식을 일반화하는 과정을 학습하는 데에 중점을 둔다. 자연과학의 지식 생산모델을 습득하고 사회과학에도 그대로 적용할 수 있도록 학습하는 일이다. 다음의 체계를 이해하면 일반화를 시도하는 데에 도움이 되겠다.

● 사실: 반복적으로 관찰되어 참이라고 믿을 수 있는 진술.

후속 관찰에 의해 수정되거나 폐기될 수도 있다. "해는 동쪽에서 뜨고 서쪽으로 진다"는 진술은 사실이다. 반면에 "명왕성은 행성이다"는 진술은 근래에 기각되었다.

● 가설: 참이라고 추론할 수 있는 두 개 이상의 사실들에 관한 가정.

가설은 경험적 검증을 통해 강화되거나 기각된다. 가설을 검증하기 위해 더 많은 관찰 사실을 수집하는 것이 유용하다. "이 고니(백조)도 하얗고, 저 고니도 하얗다"는 사실들을 종합하여 "모든 고니는 하얗다"는 가설을 수립할 수 있다. 이 가설은 '까만 고니(흑조)'가 발견될 때까지 타당하다고 수용된다. 과학수사대가 범인을 체포하기 위해 펼치는 노력도 많은 가설을 검증하여 가장 타당한 가설에 도달하는 예로 볼 수 있다.

● 법칙: 일반화하기에 타당할 것으로 추정되는 가설.

일반화가 가능해야 하므로 필연성을 포함한다는 점에서 가설과 다르다. 가설은 일반명제로 표현되기도 하지만 대부분 하나의 사실에 대한 명제인 특수명제로 표현된다. 반면에 법칙은 반드시 일반명제로 표현되는 동시에 필연성을 포함해야 한다. "소행성 충돌로 공룡이 멸종했다"는 가설은 필연성도 없고, 일반명제도 아니므로 법칙이 될 수 없다. "교육철학을 공부하는 사람들은 모두 착하다"라는 가설은 일반명제이지만 필연성이 없으므로 법칙이 될 수 없다. 반면에 관성의 법칙은 필연성이 있는 일반명제이므로 법칙이라고 부른다. 윤리교육에서 배운 "모든 인간을 목적으로 존중하라"는 명제(정언명령)는 필연성(당위성)을 가진 일반명제로 간주되므로 법칙으로 제시된다.

● 이론: 참으로 증명된 여러 개의 가설 혹은 법칙들을 일반화하고 통합하여 명제들이 참인 이유와 원리를 설명하는 집합체.

가설과 법칙은 하나의 명제로 구성되고 어떤 사실이 언제나 참이라는 것을 입증하려는 명제이다. 그러나 그것이 왜 참인가는 설명하지 못하고 단지 참이라는 것을 진술한다. 반면에 이론은 명제들이 왜 참이 되는가의 원인과 원리를 설명할 수 있다. 예를 들면, 멘델(G. Mendel)의 '유전법칙'은 유전현상에 관한 사실을 관찰하지만 유전의 이유를 설명하지는 못하므로 법칙이라고 부른다. 훨씬 후에 염색체와 디엔에이(DNA)를 발견하여 유전의 이유를 설명할 수 있게 되면서 '염색체이론'과 '유전이론'으로 확장된다. 사실과 명제들이 더 축적되면 이론도 수정될 수 있다. 패러다임의 전환이 이런 수정과 관련된다.

실증주의에서 설명은 세 수준에서 일반화 혹은 추상화를 확대하면서 이루어지고, 그런 과정을 통해 '사실-가설-법칙-이론'의 체계를 구축한다. 정리하면 이렇다. ① 특정한 사실을 관찰한다. ② 반복된 관찰을 가설 혹은 법칙으로 일반화한다. ③ 가설과 법칙의 이유와 원리를 추론하여 이론으로 일반화하고 추상화한다. 사실에 관한 관찰(가설, 법칙)과 이론은 구분되고 독립적이어야 한다는 것에 유의해야 한다. 구분이 되지 않으면 가설과 법칙이 사실 관찰에 관한 진술을 동어반복하게 되기 때문이다. 실증주의에 의하면, 사실에 관한 가설과 법칙을 경험적으로 검증하고, 검증 결과에 따라 가설과 법칙을 논리적으로 수정하면서 이론을 정립하고, 이론에 의해 사회 전체를 질서정연하게 설명할 수 있게 된다. 과학이 발달할수록 더 많은 사실을 더 적고 더 일반적인 이론에 의해 설명할 수 있다. 지식은 객관적이고, 보편적이며, 인과적으로 발전하는 것으로 믿는다.

3) 논리실증주의에 의한 논리분석과 경험종합

지식의 생산과정을 더 정교하게 학습하려면 논리실증주의를 이해해야 한다. 논리실증주의(logical positivism) 혹은 '논리적 경험론(logical empiricism)'라고 부르는 인식의 방식은 콩트를 계승하기보다는 수학과 물리학의 논리적 정초를 도입한다. 러셀(B. Russel) 같은 분석철학자들이 과학의 논리적 분석방법을 철학에 적용하려고 시도한다. 감각경험과 관찰을 통해 사실을 확립하고, 사실들을 논리로 연결시킴으로써 진정한 지식을 생산할 수 있다는 주장이다. 논리실증주의는 앞에서 설명한 지식의 가장 확실한 정초 두 가지, 즉 경험주의와 합리주의를 결합한다(Bredo & Feinberg, 1982: 14). 논리실증주의는 지식의 근거를 경험과 논리라는 두 정초에 두고 수학과 과학의 방법을 활용하면, 가장 확실하게 참 지식을 생산하는 패러다임으로 도약할 수 있다고 주장한다. 추론 능력의 발달은 지식의 생산과 검증에 요긴하므로 지식교육의 관심 분야가 되어야 한다. 앞에서 알아본 피터스와 정범모의 교육개념이 논리실증주의를 시도한 결과물이다. 논리실증주의는 많은 교육학자가 채택하는 분석철학을 뒷받침한다.

논리실증주의에 의하면, 귀납적 지식과 종합적 명제 외에 선험적 지식과 분석적 명제만이 지식으로 정당화할 수 있다. 분석적 명제는 경험하지 않더라도 정의에 의해 참으로 성립되는 진술이며 논리적 분석에 의해 지식으로 성립된다.

● 다음 명제의 짝을 각각 비교하면서 분석적 명제와 종합적 명제를 구분해 보자.[08]

(1) 심장을 전문적으로 치료하는 모든 의사는 심장전문의임이 분명하다.

(2) 심장을 전문적으로 치료하는 의사 중 몇몇 의사는 부자임이

08 Rey(2020)에 나온 예시들을 변형하였음.

분명하다.

(1) A가 B를 살해하면 B는 죽는다.
(2) A가 B를 살해하면 C는 죽는다.

"심장을 전문적으로 치료하는 모든 의사는 심장전문의임이 분명하다"는 진술은 정의에 의해 참인 것이 입증되는 분석명제이다. "심장을 전문적으로 치료하는 의사 중 몇몇 의사는 부자임이 분명하다"는 진술은 심장 전문의들의 재산을 경험적으로 조사해야 참을 입증할 수 있는 종합적 명제이다. (1)에 속하는 명제들은 주어의 뜻을 알면 술어가 참인가 거짓인가를 추론할 수 있는 분석명제들이다. 단어의 뜻과 단어들 간의 논리적 관계만 알면 경험적 지식이 없이도 진위판단이 가능한 명제인 것이다. 반면 (2)에 속하는 명제들은 단어의 뜻을 알아도 경험적인 지식이 없으면 진위판단이 불가한 명제이다. 이런 명제는 주어의 뜻을 알아도 사실을 경험해야 추론이 가능한 종합명제이다. 분석명제는 필연성과 선험적 특성을 갖춘 명제들이며 수학과 논리학에서 주로 사용한다. 필연성이라는 뜻은 주어의 뜻만 알면 자동적으로 술어의 진위를 판단할 수 있고, 주어의 뜻과 술어의 뜻이 일치하지 않으면 자체 모순이며, 이런 일치는 어떤 상황에서도 동일하다는 뜻이다. 선험적이라는 특성은 경험하지 않고도, 즉 경험과 무관하게 알 수 있다는 의미이다. 철학이 분석명제를 성립시킬 수 있으면 필연성과 선험적 특성을 갖는 보편적 명제도 성립시킬 수 있다는 기대가 커졌다. 시대와 문화에 따라 달라지는 경험에 의존하는 명제(상대적 명제)가 아니라 일관되게 참이라고 입증할 수 있는 명제(보편적 명제)를 확립하고자 하는 열망을 실현하고자 한 것이다. 그런 열망에서 다양한 개념, 용어, 진술의 의미를 분석하여 정의하는 분석철학이 등장하고 논리실증주의와 결합한다.

논리실증주의는 분석적 명제와 종합적 명제를 구분하고 결합하여 의미 있는 진술과 적합한 설명의 확실한 범주를 정립할 수 있다고 믿는다. 분석적 명제는 개념 정의와 이론에 관련되고, 종합적 명제는 관찰에 관련된다(Bredo & Feinberg, 1982: 15). 개념 정의와 이론은 그것과 독립적인 경험적 사실에 의해 참인가 거짓인가가 검증되어야 한다. 앞에서 배운 대로 피터스는 교육개념을 규범적 기준, 인지적 기준, 과정적 기준에 의한 내재적 가치의 추구로 정의하고(분석적 명제 수립), 이 기준들을 적용하여 어떤 활동을 경험적으로 검증하면 교육인 것과 아닌 것을 구별할 수 있고, 교육이 무엇인가를 확실하게 정립할 수 있다(종합적 명제 수립)고 주장한다. 또 다른 예로 부모의 경제력이 교육 불평등에 미치는 영향을 파악하려면 우선 교육 불평등의 개념을 분석적 명제로 진술할 수 있어야 한다. 예컨대 기회의 불평등, 과정의 불평등, 결과의 불평등 등으로 개념화해야 한다. 그리고 그에 따라 측정을 진행함으로써 종합적 명제를 끌어내어 불평등 정도를 평가할 수 있다. 그래서 이미 언급한 대로 사실에 관한 관찰과 이론(개념, 가설, 법칙)은 구분되고 독립적이어야 하는 것이다.

4) 진리대응론과 진리정합론의 결합

논리실증주의는 지식을 확실하게 정당화하려는 획기적인 기획이었다고 여겨진다. 그 기획은 경험주의와 합리주의를 통합하려는 시도였다고 앞서 설명했다. 그뿐 아니라 진리정당화의 대표 이론이라고 할 수 있는 진리대응론과 진리정합론을 통합하려고 시도한다. 진리대응론(the correspondence theory of truth)에 의하면, 참인 명제는 실재, 사실, 사태(사물과 사건의 집합체)에 대응해야 한다. 어떤 명제 p는 p가 사실에 대응해야만 참이다. 예컨대 "지금 눈이 내리고 있다"는 명제는 '눈이 내리고 있다'는 사실에 대응해야만 참으로 인정된다. 진리대응론은 우리가 일상에서 흔히 사용하지만 무엇을 사실로 보아야 하는가에 관한 논란이 일어난다. 진리대응론에 의하면 사실은 마음과 독립적으로 존재하는 실재이다. 그렇더라도 예컨대 '진눈깨비도 눈인가'처럼 기준에 대한 논란이 생긴다. 또한 '태백에는 눈이 내리지만 서울에는 눈이 내리지 않는 것'이 사실인 경우도 자주 있다. 그래서 진리대응론은 제한된 범위와 지역적 수준에서 참을 검증한다는 한계를 갖는다(Noddings, 1998b: 24).

진리정합론(the coherence theory of truth)에 의하면, 어떤 명제의 진위 여부는 그 명제와 다른 명제들과의 관계 속에서 확인할 수 있다. 이 주장은 우리가 어떻게 참 명제와 지식에 도달하게 되는가를 조명하는 강점이 있다. 앞뒤가 들어맞는 명제는 선택하고, 그렇지 못한 것은 기각하면서 더 일관성 있고 논리정연한 지식의 체계를 구축할 수 있는 것이다. 예컨대 사고를 낸 운전자가 "길 한가운데서 분홍색 코끼리가 춤을 추고 있는 것을 보고 놀라서 사고를 냈다"고 진술한다고 가정하자.[09] 이 진술을 검증하기 위해 이미 참이라고 알고 있는 믿음들을 하나하나씩 검토해야 한다. 예컨대, "코끼리는 분홍색이 아니고 회색이다." "그 지역은 코끼리의 서식지가 아니다." "근처에 동물원이나 서커스단도 없다." "그날 밤 그 지역에서 분홍색 코끼리를 보았다는 사람이 아무도 없다." 이런 과정을 통해 진술이 거짓이라는 것을 검증할 수 있다. 정합성은 대체로 논리적 일관성을 뜻한다. 수학자들은 정합성에 의한 검증에 자주 의존하는데, 어떤 진술의 진리를 검증할 때 그 진술이 어떤 공리(axiom)로부터 타당하게 도출되고 그 공리가 참인 것으로 인정되면 그 진술을 참으로 인정한다. 그러나 공리체계가 다르면 거기서 산출되는 진리도 달라지기 때문에 수학자들은 보통 일관성을 말할 때, 이를 한정된 공리체계 내로 제한한다(Noddings, 1998b: 26). 진리정합성은 사물이나 사태로 간주할 수 있는 것이 결국 그때 사용되는 논리와 언어에 크게 의존한다는 것을 강조한다. 논리실증주의는 관찰의 반복성과 논리의 일관성을 지식의 정초로 통합하는 시도를 통해 진리대응론과 진리정합론을 결합한다. 대응론과 정합론의 결합은 자연과학뿐 아니라 사회과학의 지식을 생산하고 검증하는 발판이 된다.

---

09 Dowden & Swartz(2021)에서 인용한 사례임.

5) 검증 가능성과 반복 가능성의 증대

논리실증주의는 참인 지식을 생산하기 위해 사실과 가치를 구분해야 하고 구분 할 수 있다고 주장한다. 이런 주장은 사실과 가치는 분석명제와 종합명제 그리고 이론과 관찰처럼 논리적으로 다르다는 믿음에서 비롯된다. 사실을 있는 그대로 볼 수 있고 보아야 한다. 그러므로 있는 그대로의 사실을 전달할 수 있도록 분석명제와 종합명제의 용어는 '정제된 언어'를 사용해야 한다. 전문적 용어나 서술적 언어가 이에 해당된다. 정제된 언어를 사용해야 검증하는 사람이 개념 정의를 제공한 사람과 독립적으로 검증할 수 있다. 그리고 검증하는 사람이 누구든지, 예컨대 성별이나 나이가 어떤지, 어떤 가치를 선호하는지에 관계없이 동일한 방식으로 검증하게 된다. 이것을 '검증 가능성(verifiability)의 원리'와 '반복 가능성(replicability)의 원리'라고 부른다. 이 원리는 명제를 검증할 방법은 확실하고 동일해야 하다는 것을 뜻한다. 검증이 불가능한 명제가 있다면 그 명제는 의미가 없기 때문에 검증이 불가능한 것이다. 삶의 의미와 신의 존재 같은 형이상학의 주제는 검증 불가능한 명제이므로 인식론 차원에서는 무의미한 명제이다. 그렇다고 참이 아니라는 것은 아니고 단지 검증할 수 없다는 것이다. 분석명제를 제외하면 오직 경험을 통해서만 지식을 얻을 수 있다.

논리실증주의를 따르는 연구들은 흔히 조작적 정의(an operational definition)를 채택한다. 조작적 정의는 관찰과 계량이 가능하도록 조작(절차, 행동, 과정, 검사 등)의 용어로 검증하려는 대상, 개념, 변인을 서술하는 방식이다. 조작적 정의를 만드는 과정은 '조작화(operationalization)'라고 부른다. 예컨대 김밥을 만드는 조리법을 조작적 정의에 비유할 수 있다. 조리법을 그대로 따르면 김밥이 만들어지도록 조리법이 조작되고 정리되었기 때문이다. 심리학에서 불안(anxiety)의 조작적 정의는 검사 점수, 상황 회피, 교감신경계통의 작동이 된다.[10] 불안 검사를 통해 점수를 산출하거나, 상황을 회피하는 횟수, 교감신경계통의 작동 양상을 측정하여 불안에 도달하는지를 파악한다. 조작적 정의를 끌어내는 과정의 타당성에 관해 논란이 많지만 유용성도 뚜렷하다. 검증하기를 원하는 명제를 조작적으로 정의하면 누구든지 동일한 방식으로 검증하고, 검증을 반복할 수 있기 때문이다. 조작적 정의는 검증 가능성과 반복 가능성을 높여서 지식을 생산하는 데에 기여한다. 사회현상을 명료하게 조작 가능한 용어로 정리함으로써 검증 가능하고 반복 가능하게 전환하여 지식의 생산과 수정 과정을 체계화한다.

2. 교육연구와 교육이론의 사례

1) 교육연구

실증주의는 양적 연구방법을 지지한다. 정범모의 교육개념인 "인간 행동의 계획적인 변화" 자체도 조작적 정의이다. 그리고 행동,

---

10 미국심리학회(American Psychological Association) 사전의 정의. https://dictionary.apa.org/operational-definition

계획, 변화를 다시 조작에 의해 세부적으로 정의하여 측정하고 계량함으로써 교육의 성과를 평가할 수 있다. 양적 연구는 관찰의 결과를 계량화된 자료로 수집하고 분석한다. 자료를 계량화하지 않은 채로 관찰하고 해석하는 질적 연구와 대비된다. 평균값, 유형과 경향을 발견하고 예측하며, 상관관계와 인과관계를 검증하여 더 많은 집단과 넓은 범위에 일반화시키려고 노력한다. 양적 연구는 '방법론적 개인주의'를 지향한다고 말하는데, 실제 세계의 복잡성을 제거하거나 단순화하기 위해 실험실과 비슷한 미시차원의 환경에서 개인을 단위로 삼아서 연구하는 방법을 선호하기 때문이다.

실증주의 연구방법을 채택한 대표적인 연구는 「콜맨보고서(the Coleman Report)」라고 알려진 「교육기회의 평등에 관한 연구」(1966)이다. 이 연구는 학업성취가 계급, 인종 등의 배경에 따라 불평등하게 나타나는 경향의 원인을 조사하여 평등을 증진하는 교육정책을 수립하기 위한 연구이다. 콜맨(J. S. Coleman) 교수가 주도하여 1964년부터 2년에 걸쳐 진행되었는데 아직까지 그 규모를 넘어서는 연구가 없을 정도로 대규모의 설문조사를 실시하고 통계적 방법으로 결과를 분석했다. 무려 4,000개의 학교에서 66,000명의 교사와 600,000명의 학생(1학년, 3학년, 6학년, 9학년, 12학년)에게 설문조사를 실시했다. 독립변인은 크게 두 가지로 나누었다. ① 학교의 자원(resources)에 관련된 변인(학생 1인당 예산, 학교 규모, 학급 규모, 과학실험실 등의 시설, 고급 교과목 개설, 도서관의 책 소장 권수, 교과서 접근도, 능력별 반 편성, 교사의 질 등), ② 가정배경 변인(인종, 민족, 부모의 수입과 학력 등)을 설정했다. 연구결과에 의하면, 남부 농촌 지역의 흑인 12학년생의 학업성취수준은 북동부 도시에 사는 백인 7학년생의 성취수준과 비슷하다. 그 원인을 보면, 첫째, 가족변인이 학업성취에 가장 큰 영향을 미친다. 둘째, 학교의 자원은 학업성취에 별 영향을 미치지 못한다. 아직까지 수많은 학자들이 연구 설계를 포함하여 더 발전된 기술로 이 연구를 재검증하고 있지만, 이런 시도들을 종합한 연구(예: Hill, 2017)에 따르면, 아직 학업성취에 어떤 변인이 어떻게 영향을 미치는가를 합의하지 못하고, 설명하지 못하고 있다.

　　최근 국내의 양적 연구 중에서 흥미롭게 본 연구는 대학 입학률에 학생의 잠재력과 부모의 경제력 중 어떤 변인이 더 큰 영향을 미치는가에 관한 연구(김세직, 류근관, 손석준, 2015)이다. 이 연구는 선행연구를 따라서 '진짜 인적 자본'은 학생이 공부에 투입한 노력(시간)과 본인의 타고난 잠재력 등 두 가지 요소에 의해 결정된다고 정의한다. 서울시 구별 학생들의 진짜 인적 자본이나 잠재력 혹은 지능에 대한 직접적인 자료가 존재하지 않으므로 잠재력을 추정하는 것이 어려운 일이다. 그래서 이 연구는 "서울시 구별 학부모 소득 차이로 인해 발생하는 구별 학생들의 타고난 잠재력(또는 그를 반영한 진짜 인적 자본) 차이를 소득과 지능의 상관관계, 부모지능과 자녀지능의 상관관계를 바탕으로 연역적으로 추론"한다(김세직, 류근관, 손석준, 2015: 360). 이 연구는 논리실증주의의 방법론을 활용하여 부모의 경제력이 대학 입학 불평등을 초래하는 가장 영향력 있는 원인이라는 것을 설득력 있게 보여준다. 정책적 제언도 제시하는데, 현재의 대학입시 방식이 잠재력이 높은 인재를 가려내는 데에 성공적이지 못할 수 있으므로 더 정교한 전형 방법이 요구됨을 강조한다. 자료와 방법론상 한계를 인정하고 후속 연구를 제안한다는 점에서 유용하고 훌륭한 연구다.

2) 행동주의 교육이론

실증주의를 활용하는 교육이론으로 행동주의가 가장 유명하다. 20세기 초중반에 행동주의를 교육에 접목시킨 스키너(Skinner, 1965)는 지식과 학습이 감각경험에 기초한다고 보았다. 그리고 행동은 외적 자극을 어떻게 경험하고 어떻게 반응하는가에 따라 결정된다고 믿었다. 인간 행동은 환경적 자극에 의해 변화되고 예측 가능하므로 환경적 자극(조건)을 조작하면 기대되는 행동을 끌어낼 수 있다는 '조작적 조건화(operant conditioning)'를 주장한다. 조작적 조건화는 어떤 행동을 선택적으로 자극하여 그 행동이 일어날 확률을 증가시키거나 감소시키는 학습방법이다.[11] 조작적 조건화의 원리에 의해 프로그램 학습이 제안된다. 학습은 기초 단계에서 최고 단계까지 순차적으로 나뉘어지고, 학습자는 어떤 답을 하는가에 따라 각자의 학습통로를 거치게 된다. 이런 프로그램 학습은 '교수기계(teaching machine)'에 의해 자동화된다. 행동주의에 기초한 프로그램 학습은 1960년대에 미국에서 새로운 교육공학과 행동공학, 새로운 교수학습법으로 크게 유행하였다. 이와 비슷한 학습 프로그램이 한국에는 '완전학습'이라는 이름으로 학교에 도입되었고, 나도 중학교 시절에 완전학습 자료집을 열심히 공부했다. 그 덕을 보았는지는 잘 기억나지 않는다. 스키너(B. F. Skinner)는 학습이 조작적 조건화라고 확신하므로 "교육에서 개인의

---

11 선택적 자극은 자극 강화인(Sr, Stimulus reinforcer)을 말하는데 보상과 정적 강화(Sr+, positive reinforcement)를 통해 특정 행동을 증가시키는 반면에 벌과 부적 강화(Sr-, negative reinforcement)를 통해 특정 행동을 감소시킨다.

자유를 위한 투쟁의 자연스러운 논리적 결과는, 교사는 학생을 통제해야 하며 통제를 결코 포기해서는 안 된다는 것이다. 자유로운 학교는 학교가 아니다"라고 주장한다(Husén, 2001: 123에서 재인용).

행동주의자들은 실증주의를 따라서 모든 인간의 속성은 경험적 관찰을 통해 보편적 법칙으로 설명 가능하다고 믿었으므로 오직 관찰할 수 있는 행동만을 연구대상으로 삼는다. 인간 행동도 다른 자연대상과 마찬가지로 동일한 정도의 조작, 예측, 통제가 가능하다. 자유의지나 통찰력 같은 '비행동(non-behavior)'은 어떤 행동을 설명하거나 예측하기에 필요한 모든 변인을 알지 못한다는 표현에 불과하다 (Feinberg, 1983: 65). 그러므로 행동주의 학습법에서 학습목표는 학습자가 원하는 학습을 이루었다는 표시로 간주될 수 있는 관찰 가능한 행동요목으로 서술되어야 한다. 그런 행동요목은 지금도 교육현장에서 자주 쓰이고 있다. 학습자가 누구인가에 관계없이 누구에게나 해당되는 학습목표를 전문가가 사전에 설정하는 것이 가능하며 적절하다. 행동주의가 제시하는 학습프로그램은 단순한 행동수정이나 자전거 타기 같은 단순 기술을 습득하는 학습에 유용하다. 단시간 내에 단순한 행동을 수정하는 학습은 지금까지 널리 쓰이고 있다.

그러나 사람의 행동과 욕구는 행동주의가 설명하는 것보다 복잡하며 맥락과 상호작용에 의해 수시로 변경된다. 행동주의는 교육의 핵심이라고 볼 수 있는 교사와 학생의 상호작용에는 별로 관심이 없다. 그리고 교육목표와 학습목표의 가치 타당성 검증에 취약하다. 왜 그런 목표를 추구해야 하는지에 관해 별로 말하고 싶어 하지 않는다. 이런 취약점은 가치판단과 의미해석을 요구하는 행동을 학습하기 어렵게 만든다. 예컨대 투표하는 행동의 핵심은 투표하는 동작이 아니라 어떤 후보에게 왜 투표하는가에 관한 가치 검토와 판단이다. 또한 행동으로 표현이 어렵거나 행동으로 충분하게 표현할 수 없는 변화를 포함할 수 없는 한계도 크다, 즉 음미와 감사(appreciation), 의미부여, 이해, 공감과 교감 등 교육적으로 의미 있는 변화를 유도하고 포착하기 곤란하다(Feinberg, 1983: 77). 그러므로 교육에서 중요한 자아존중과 동기유발 등의 내면적 변화도 고려하기 어렵다. 인간과 맥락의 복잡성으로 인하여 행동목표로 서술이 어려운 학습이 많다. 인간을 이해하는 방법으로도, 지식교육의 방법으로도 행동주의의 한계는 치명적이다.

3. 검토

실증주의는 사회와 인간을 각 부분이 밀접하게 연결되어 움직이는 기계나 유기체로 보고 그에 관한 지식도 '사회공학'의 방법에 의해 생산된다고 믿는다. 자연과학과 사회과학은 동일하게 조작적 정의에 의해 원인과 법칙을 발견하고, 조건조작을 통해 행동을 통제하는 방법론적 일원론과 '통일적 과학(unified science)'을 지향해야 한다. 검증 가능성과 반복 가능성에 의해 지식을 생산하고 확대할 수 있으며, 더 많은 사실들을 더 적은 이론으로 설명하는 환원주의(reductionism)가 가능하고 바람직하다고 믿는다. 실증주의는 사회과학과 교육학이 학문으로 성립되는 데에 큰 기여를 했다. 감각경험과 논리추론이 지식을 검증하는 데에 유용한 수단인 것은 틀림없지만 그것만이 유일한 정초라고 과신하기 때문에 여러 문제가 발생한다. 교육학과 사회과학에서 실증주의 인식론이 지식의 정초로서 여전히 활용되고 있지만 여러 가지 비판이 제기된다.

1) 인식론적 개인주의의 보수성

실증주의가 내포하고 있는 인식론적 개인주의와 방법론적 개인주의의 한계 그리고 보수적 편향성이 지적된다. 실증주의는 관찰하는 대상과 개념을 가장 단순한 부분으로 나누고 쪼개어서, 부분들 사이의 논리적 관계를 파악한다.[12] 가장 밑바닥까지 나누고 쪼개어서 '근저(rock-bottom)'까지 파악하면 분석이 더 정교해진다고 믿는다(Heath, 2020). 실증주의 주된 연구방법은 사회나 집단이 아니라 개인을 미시적으로 탐구하는 일이다. 개인이라는 영어 단어(individual)는 "더 이상 나눌 수 없는, 불가분한(indivisible) 별개의 존재"인 기본 단위라는 뜻을 갖는다. 실증주의는 개인을 인식의 주체, 즉 논리추론과 감각경험의 주체로 상정한다는 점에서 인식론적 개인주의를 지지한다. 지식의 근원은 그것이 추론이건 경험이건 각 개인에게 내장되어 있으므로 지식은 개인에게서 도출된다는 것이다. 인식론 차원의 개인주의는 사회현상과 교육현상이 오직 개인의 동기와 행동에 의해 설명되

제4부 지식교육

---

12 '분석(分析)'은 '나눌 분(分)'과 '쪼갤 석(析)'이 결합된 뜻으로 어떤 사물을 이루고 있는 성분과 요소를 갈라내거나 개념을 속성 또는 요소로 세분화하는 일이다. 영어권에서는 분석(analysis)을 "논리구조가 드러나도록 개념을 더 단순한 부분들로 나누는 과정"이라고 정의한다(Oxford Dictionary of Philosophy).

어야 한다는 방법론적 개인주의로 연결된다(Lukes, 1992).[13] 실증주의의 방법론을 따르면 개인의 목표, 신념, 행동과 같은 개인의 속성과 사실에 의해서만 사회현상과 사회제도에 관한 '진정한 설명', 즉 '근저'를 설명할 수 있다고 믿는다. 즉 미시적 설명에 의해서만 거시구조를 파악할 수 있다. 이런 설명은 사회구조나 교육제도가 개인들의 합리적 선택의 결과라는 주장과 연결된다. 나아가서 방법론적 개인주의는 사회의 궁극적인 구성단위는 개인들이므로 사회라는 것은 하나의 허구이지 실제로 존재하는 것이 아니다라는 극단적인 주장으로 이어진다(Lukes, 1992).[14] 모든 거시현상은 미시적 행위와 연관되어 있다는 설명은 타당한 측면이 있다.

  방법론적 개인주의는 인식의 방식에 한정되면 어느 정도 적합할 수 있지만 개인을 각기 고립된 원자적 존재로 당연시하는 '존재론적 개인주의'로 비약되면 난관에 봉착한다(Heath, 2020). 또한 개인의 행위(미시 차원)와 사회(거시 차원)가 어떻게 연결되는지를 설명하는 데에 결정적인 한계를 드러낸다. 선택의 이유 혹은 맥락과 관계를 이해해야 그 선택을 이해하고, 다른 선택과의 관계와 사회와의 관계를 설명할 수 있는데 그런 점이 취약하다. 가장 큰 취약점은 사회문제나 교육문제의 원인이 개인에게서 비롯된다고 보는 보수성이다. 예컨대 「콜맨보고서」는 학업격차의 원인을 개인 변인과 가족 변인 그리고 개별 학교 변인까지로 한정한다. 교육기회의 분배와 결과의 보상 같은

---

13 인식론적 개인주의와 방법론적 개인주의 외에도 윤리적 개인주의와 정치적 개인주의 등으로 개인주의를 분류할 수 있다(Lukes, 1992).
14 이런 견해를 주장하는 학자로 칼 포퍼(K. Popper)가 꼽힌다(Heath, 2020).

구조적 변인이나 교과서에 반영된 차별 이데올로기 등의 문화적 변인들은 거의 고려하지 않는다. 학업격차를 감소시키기 위한 처방은 개인에게로 집중된다. 개인이 학업을 열심히 수행해야 한다는 처방은 타당하지만, 학업에 전념할 수 있는 조건과 전념에 대한 사회적 보상이 정의롭지 못하면 실효를 거두기 어렵다. 방법론적 개인주의는 개인의 동기와 효율성을 향상시키는 데에 주력함으로써 학업 실패의 원인이 개인에게 있다는 보수성을 노정한다.[15] 또한 교육개혁의 불필요성을 조장한다는 걱정을 거둘 수 없다. 존재론적 개인주의를 학생들이 학습할 경우 자신과 사회에 관한 이해가 편협하게 되는 부작용을 경계해야 한다.

2) 사회공학에 의한 인간 통제와 규격화

실증주의는 개인에 초점을 두므로 개인행동을 통제하고 조정하면 사회변화가 가능하다는 신념과 쉽게 결합한다. 그런데 인간에 관한 '미지근한 설명(a half-way explanation)'에 만족하지 못하고, '진정한 설명(genuine explanation)'을 완성하겠다고 작심하면 문제가 불거진다(Heath, 2020). 완벽한 통제를 욕망함으로써 사회공학과 인간 조건화로 인한 위험이 촉발될 수 있기 때문이다. 방법론적 개인주의에 의해 개인을 조작하면 사회개조가 가능하다고 확신하게 될 때 그 위험이 더 커진다. 스키너에게서 이런 위험을 볼 수 있다. 그는 조작적 조건화

---

15 사회를 부분들이 유기적으로 결합된 유기체로 보는 실증주의의 관점은 기능주의와 친화적이며 역시 보수성을 공유한다.

를 통해 교육뿐 아니라 사회도 이상적인 상태로 진화시키기를 원했다. 스키너(1948)는 행동조건화를 통한 이상향 건설의 포부를 담은 소설 『월든 투(Walden Two)』를 펴냈다.[16] '월든'은 1천여 명 정도의 사람들이 사는 가상공동체인데 사람들이 행복할 수 있는 조건이 조작되고 그에 따라 모든 사람들의 모든 행동이 조작된다. 조건조작에 의해 각자는 자신의 자유의지대로 선택하고 산다고 착각한다. 스키너는 조건조작과 문화적 공학을 통해 행동조작을 완전하게 실현하면 사회는 질서정연해지고 인간은 행복해진다고 주장한다. 개인의 자유의지나 자율성은 행동공학을 방해할 뿐이다. 인간과 사회를 조작하고 통제하는 시도의 암울한 결과는 알도스 헉슬리(A. Huxley)의 『멋진 신세계』, 조지 오웰(G. Orwell)의 『1984』 같은 소설과 영화 〈트루먼 쇼〉에서도 볼 수 있다. 과학주의와 실증주의에 대한 맹신이 인간과 사회에 적용되면 전체주의 언저리를 서성거리게 될 것이다.

이런 위험성은 데카르트의 생각에서 싹텄다는 견해도 있다. 데카르트는 자연현상과 인간신체 모두를 부분에 의해 전체가 구성되는 기계로 규정하고 기계론적으로 설명할 것을 제안한다.[17] 홉스(T. Hobbes)는 이런 제안을 계승하여, 인간과 사회는 동일한 기계이므로 통제가 가능해야 한다고 『리바이어던』의 서문에서 주장한다. 이런 주장이 발전되어서 『인간기계론』이라는 책이 출판되고, 인간의 신체

---

16 미국의 이상주의자이며 자연주의자였던 헨리 데이비드 소로(H. D. Thoreau)가 월든호숫가 숲에서 작은 오두막을 짓고 살면서 모든 규제를 거부하는 이상향을 담은 『월든(Walden)』(1854)에서 따온 제목이다.

17 데카르트는 『철학의 원리(Principles of Philosophy)』(1644) 등에서 이런 주장을 한 것으로 알려졌다. 이 책에서 철학은 자연철학 혹은 과학을 가리킨다.

를 조작하여 전환시키고 복종시키는 훈육의 기술이 탄생한다(Foucault, 1979: 184). 훈육의 기술은 교육에 투입되어 근대교육을 교육공학과 교육과학으로 성립시키게 된다. 교육에서 행동의 통제는 어느 정도는 필요하고 용납될 수 있다. 그러나 실증주의가 완벽한 통제와 조작을 실현하고자 한다면 규격화와 억압 그리고 비인간화의 위험을 초래할 수 있다.

3) 관찰과 이론, 사실과 가치 구분의 한계

더 강력한 비판은 관찰과 이론의 구분 그리고 사실과 가치의 구분을 겨냥한다. 패러다임이라는 개념을 소개한 쿤(1970)은 과학공동체에 속하는 과학자들이 공유하는 관점과 방식, 즉 패러다임이 이론을 생산하는 데에 결정적 역할을 한다고 주장한다. 패러다임이 다르면 다른 이론을 생산하게 된다. 이런 주장이 타당하다면 무엇을 관찰하는가는 어떤 패러다임으로 보는가에 크게 의존한다는 것을 학생들이 배워야 한다. "무엇을 보는가는 어떻게 보는가에 달려 있다"는 것에 유의해야 한다. 그러면 관찰은 논리적으로 이론에 독립적이므로 관찰에 의한 검증은 이론을 검증하는 방법이라는 논리실증주의의 주장은 흔들리게 된다. 가치와 사실의 경계도 약화된다. 패러다임에 어떤 가치와 관심이 붙박여 있다면 다양한 사실 중에서 어떤 사실을 보는가가 달라질 것이고, 다원적 측면 중에서 어떤 것을 중요하게 보는가도 달라질 것이다. 그렇다고 내가 가치를 두는 사실만을 사실로 인정하자고 주장하는 것은 아니다. 사실을 보는 관점에 의해 사실의 가치가 달라질 수 있음을 인정하고, 중립적이고 객관적인 사실은 성립하기 어렵다고 인식하자는 것이다. 교육은 객관적이고 중립적이기 어렵기 때문에 지식의 가치 성향에 민감해야 한다.

인간과 사회의 이해에 실증주의를 유용하게 적용하는 방향을 학습하는 동시에 한계에 유의해야 한다. 실증주의 학습에서 경계해야 할 지점은 지식의 확고부동한 정초가 존재하므로 우리는 그것에 의존하기만 하면 된다는 맹신이다. 그렇게 '닫힌 마음'은 지식의 생산에 치명적 장애물이 된다. 지식교육에서 절대적 정초 혹은 최초 신념을 찾는 일에 힘쓰기보다는 다양한 의견을 지속적으로 검증하고 수정하는 개방성을 학습하는 것이 바람직하다. 앞으로 배울 해석학은 가치편향성이 인식에 주어진 조건이라고 주장하고, 비판이론은 우리의 관심과 가치가 우리를 특정한 지식의 유형으로 이끈다는 것을 밝힌다. 그런 조건에서 어떻게 다양한 의견과 신념의 타당성을 검증하고 합의할 수 있는가를 알아볼 것이다.

○ 경제 동향에 관한 '사실' 토의

경제 동향에 관한 '사실'을 예로 들어 토의해 보자. 기획재정부는 매
달 〈최근경제동향〉을 공개하는데, 경제 전문가들 사이에 '경기 인식
논쟁'이 벌어진다고 한다. '같은 동향'을 두고, 부진, 축소, 둔화, 침
체, 저성장, 변동이라는 관찰 중에서 어떤 것이 정확하냐는 논쟁을
펼치는 것이다. '호황과 대비되는 수축기', '경기가 아래로 향하는 상
황'이라는 '신박한 표현'까지 등장한다. 경기 악화 혹은 침체를 확정
하는 순간, 더 가파르게 경기가 가라앉는 '자기실현적(self-fulfilling)' 속
성을 우려하기 때문이라고 한다.[18] 경제 동향 발표를 평가할 수 있는
검증 가능성과 반복 가능성의 기준은 무엇일까? 그 타당성을 어떻게
입증할 수 있을까? 경제 동향 발표의 유용성과 한계는 무엇일까?

○ 실증주의와 '사회공학'

실증주의를 이해하기에 적합한 영화나 작품을 선정해 보자. 예컨대
영화 〈트루먼 쇼〉를 보고 어떤 특징들이 실증주의와 연관되는지 살
펴보자. 기술공학이 실증주의에 의해서 발달되고, 기술공학이 인간
을 지배할 것이 우려된다면 실증주의의 어떤 특성이 수정되고, 어떤
특성은 유지되는 것이 유용할까?

---

18 방준호(2019), 「어쩌다 '그린북'은 동네북이 되었나」, 『한겨레21』 1259호, 50-51쪽.

310

    해석학의 지식교육은 이런 의문에 관심을 가진다. 어떤 학생들이 '수포자(수학포기자)'가 된 이유는 무능력 때문일까 아니면 '적극적 선택'의 결과일까? 한국의 학교와 직장에서 대화는 왜 즐겁지 않을까? 교육은 지식의 습득에 그쳐야 하는 걸까 아니면 자기변화에까지 이르러야 하는 걸까? 교육현장에서 흔히 제기되는 질문들이다. 「어떤 것을 알려면」이라는 시는 "만일 당신이 어떤 것에 대해 알고자 한다면 / 당신은 당신이 바라보는 그것이 되지 않으면 안 된다 / 그것으로 들어갈 수 있어야 한다"라고 노래한다.[19] 그것이 된다는 것, 그것으로 들어간다는 뜻은 무엇인가? 해석의 태도가 이러할 것이다. 어떤 사람의 행위를 이해하려면 그 사람이 되어서 그 사람의 입장에서 행

---

19 존 모피트(J. Moffitt)의 시 "To look at any thing."

위의 의미를 이해해야 한다. 교육이라는 활동은 학생의 행위에 대한 이해를 전제하고, 활동을 통해 이해가 향상될 것을 기대한다. 행위를 관찰하는 것만으로 의미를 이해할 수 없다. 우리 자신이 갖고 있는 생각과 경험도 총동원해야 한다. 행위의 맥락, 행위자의 관심과 의도, 행위자들(학생, 교사, 다른 학생들 등)의 관계와 사회문화적 배경을 이해하려고 노력해야 한다. 행위를 관찰하여 보편적인 법칙들을 발견함으로써 행위를 설명할 수 있다는 실증주의 접근은 이런 시도에 적합하지 못하다. 대신 교육현상과 행위의 복잡성과 의미를 이해해야 그에 관한 타당한 지식을 기대하고 지식을 정당화할 수 있다.

사람과 사회에 관한 지식을 정당화하는 방식으로 실증주의가 쇠퇴하고 해석학(hermeneutics)이 등장한다. 인식론에서 패러다임 전환으로 일컬어진다. 그런 전환을 문화인류학자 기어츠(C. Geertz, 1983: 20)는 "우리가 '생각하는 방식을 생각하는 방식'에서 일대 전환이 일어나고 있는 것이다"라고 조명한다. '인식에 대한 인식'을 바꿀 것을 요구하는 해석학적 전환은 해석학의 대화모형을 교육적 대화모형으로 적용해서 세상과 자신에 관한 이해를 증진하는 일에 주력한다. 해석학은 이해하려는 대상을 텍스트로 보고, 텍스트와 대화하는 과정을 통해 그 의미를 이해하려고 노력한다. 그리고 나서 역시 다른 사람들과 대화하면서 그 이해의 타당성에 합의할 수 있으면 그 이해를 지식으로 정당화한다. 해석은 우리가 어떠한 행위나 사건이라는 '텍스트'를 이해할 수 없는 상태에서 언어의 매개에 의해 이해 가능한 상태로 바꾸어서 이해에 이르는 과정이다. 이런 일은 일상에서 흔히 나타난다. 우리는 늘 의식하지는 않더라도 이해와 해석(interpretation)을 시도하고 있는 셈이다.[20] 해석학의 기원은 그리스의 교육, 예컨대 소피스트의 수사학과 소크라테스의 변증법적 대화에서 찾을 수 있다. 종교개혁 시대에 성서 해석을 둘러싼 논쟁을 통해 발전했다고 한다. 근현대철학에서는 딜타이(W. Dilthey), 가다머(H.-G. Gadamer), 리쾨르(P. Ricœur), 테일러, 그리고 매킨타이어 같은 철학자들이 제안한다. 우리는 여기에서 가다머를 중심으로 해석학을 살펴본다. 해석학은 예술, 문학, 법률, 신학, 문화인류학, 인문학, 의학, 철학, 사회과학 등 여러 분야에서 널리 활용된다. 1980년대 이후 교육학에서도 인간의 사고와 행위 그리고 교육제도와 교육현상 등을 이해하는 데에 널리 활용된다.

1. 대화를 통한 상호주관적 이해

1) 텍스트를 둘러싼 대화와 자기성찰

해석학은 텍스트와 대화하면서 텍스트의 의미를 탐구한다. 우리가 탐구하기를 원하는 텍스트는 어떤 관점에 의해 쓰인 것이므로 텍스트와 대화를 시도해야 그 관점과 의미를 이해할 수 있다. 사람의 행위, 사회현상, 예술작품, 건축물, 역사적 사건 등이 모두 텍스트가

---

20 해석학인 hermeneutics의 어원은 그리스어 명사로서 해석이라는 뜻을 갖는 '헤르메네이아(hermeneia)'다. 이 단어는 그리스의 날개 달린 사자신(使者神)인 헤르메스(Hermes)에서 비롯되었다. 헤르메스는 신의 섭리를 인간이 이해할 수 있도록 도와주는 역할을 한다. 그리스인들은 인간이 의미를 이해하고 전달하기 위해 사용하는 언어가 헤르메스에 의해 생겨났다고 믿었다. 『해리포터』 시리즈의 여주인공 '헤르미온느(Hermione)'가 떠오른다. 헤르메스(에르메스)는 프랑스의 패션 브랜드로도 널리 알려져 있다.

될 수 있다. 사회와 인간을 정교한 기계나 유기체로 보는 대신 텍스트 혹은 게임이나 드라마로 보는 것이다(Geertz, 1983: 23). 해석은 사회 현상이나 행위를 텍스트로 보고, 텍스트를 '읽음'으로써 그 의미를 이해하는 일이다. 해석학은 실증주의처럼 대상을 쪼개고 나누어서 분석하는 것이 아니라 텍스트가 놓여 있는 관계의 망을 통해 텍스트를 이해하는 인식방식의 전환을 요구한다. 해석과 분석은 '석'의 뜻을 공유하는 말로 보이지만 해석은 '풀 해(解)'와 '풀 석(釋)'이 결합된 단어로서 분석(分析)과 그 뜻이 다르다. 실증주의는 논리관계를 통해 법칙을 규명하지만 해석학은 의미관계를 통해 이해를 지향한다.

> 해석학에서 해석(interpretation)이 탐구하는 대상은 텍스트이거나 텍스트에 비유될 수 있는 것이어야 하고, 어떤 측면에서는 혼란스럽고 불완전하고 흐릿하거나 모순적인 텍스트이다. 해석의 목적은 그 기저에 있는 일관성이나 의미를 조명하는 것이다. […] 해석을 지향하는 모든 학문은 어지럽게 서로 연결되어 있는 의미의 관계들을 다룬다. (Taylor, 1988a: 15)

해석은 텍스트의 의미가 분명하지 않을 때 필요하다.[21] 해석학의 주관심사는 의미들의 관계를 이해하고, 그 관계 속에서 행위를 이해하려고 시도하므로 텍스트의 언어를 이해하는 데에 중점을 둔다.

---

21 그렇다고 불분명하고 애매한 모든 현상이 해석의 텍스트는 아니다. 예컨대 얼룩말은 하얀색 몸에 검정색 줄이 생긴 것인지 아니면 검정색 몸에 하얀색 줄이 생긴 것인지 애매하지만 이 문제는 과학으로 검증해야 한다.

왜냐하면 모든 종류의 텍스트는 언어로 재현(representation)되고, 우리도 언어를 사용하여 이해하기 때문이다. 물론 해석학이 언어학은 아니다. 언어학은 문법적으로 정확하고 의미론적으로 의미 있는 언어를 성립시키는 규칙의 체계를 재구성한다. 반면에 해석학은 규칙 그자체에 관심이 있는 것이 아니라 텍스트 안에서 어떤 규칙이 어떻게 활용되어 어떤 의미를 생성하는가를 탐구한다. 해석학은 언어로 재현되는 텍스트를 언어를 통하여 이해하는 과정, 즉 대화를 통해 텍스트의 의미를 탐구한다.

텍스트의 의미와 '콘텍스트(context, 맥락)'에 관해 텍스트와 질문과 대답을 주고받는 대화를 통해 이해를 진전시킬 수 있다. 해석하는 사람은 어떤 관점을 갖고 있으므로 해석은 백지상태가 아니라 항상 그 관점에 의해서 이루어진다. 해석을 텍스트를 쓴 사람(저자)의 원래 의도를 밝히는 일로 축소하는 것은 오해이다. '대학수학능력시험'에 시와 소설 등의 문학작품을 제시하고 저자의 의도를 묻는 문제는 이런 오해에서 비롯된다. 이런 문제는 우리가 알아보게 될 해석철학자인 가다머가 지적하듯이 "저자가 자신을 이해하는 것보다 해석을 하는 사람이 그 저자를 더 잘 이해할 수 있다"는 착각을 조장한다(Gadamer, 1988: 263). 저자 자신이 자기 작품의 의도를 해석하는 수능문제에 오답을 냈다는 일화를 자주 듣는다. 저자의 의도를 파악하는 일도 이해에 도움이 되지만 이것은 이해의 일부에 불과하다. 예컨대 박경리 작가의 『토지』를 이해하는 일이 작가의 의도를 아는 일로 그친다면 그 이해는 마치 진리대응론에 부응하는 일, 즉 작가의 머리에 저장된 의도를 스캔하는 일에 그칠 것이다. 텍스트의 의미는 또한 '사실'을 넘어선다. 다른 예를 생각하면, 우리가 '세월호 사건'을 이해하는 일에는 사건의 진상을 조사하는 일도 포함되지만 국가 존재의 의미, 유가족의 삶의 의미 그리고 사건의 사회적 의미를 이해하는 일이 더 중요한 과정이 될 것이다. 텍스트를 이해하는 일은 저자의 관점과 해석자의 관점이 만나서 대화하는 과정이고, 이런 대화가 가능한 상태를 가다머는 '지평의 융합(fusion of horizons)'이라고 표현한다.

해석은 해석자와 텍스트 사이의 대화이고 해석자와 다른 사람 사이의 대화이므로 상호주관적 대화이다. 상호주관성은 대화와 같은 상호작용을 통해 공유하게 되는 이해와 의미를 가리킨다. 이해와 의미의 공유는 동의와 합의에 의해 이루어진다. 다른 사람들이 자신이 타당하다고 믿는 해석에 합의해야 그 해석이 타당하다고 인정받을 수 있다. 합의는 상호주관적 의미의 형성이므로 다른 사람들이 자신의 해석에 어떻게 반응할 것이라는 것을 고려하면서 해석을 진행하고 수정해야 한다. 다른 사람들의 의견은 자신의 이해도 아니고 텍스트 자체도 아니지만 자신의 이해의 타당성을 검증할 수 있는 제3의 지점과 같다. 텍스트는 말을 할 수 없다. 텍스트에 관한 다른 사람들의 의견과 선행 연구에 비추어서, 혹은 매개로 삼아서 자신의 해석을 점검하는 일을 '삼각측량법(triangulation)'이라고 비유한다. 상호주관성은 의견이 대립하고 충돌해서 이해를 공유할 수 없다는 이해와 합의까지 포함한다. 상호주관성을 전제하고 지향한다는 뜻에서 해석의 원리와 대화의 구조가 같다고 여기는 것이다. 대화가 진행된다는 것은 관점과 관점의 융합 그리고 지평과 지평의 융합이 진전된다는 것을 말한다. 일치에 도달할 때도 있지만 우선 대화의 과정에서 접촉면, 공동 관심사, 공동 언어가 형성되기 시작한다는 뜻의 융합을 생각하자.

해석은 텍스트와의 대화 그리고 텍스트의 의미에 관한 다른 사람들과의 대화를 포함한다. 물론 텍스트와 대화하는 일은 사람과 대화하는 일과 다르기 때문에 "텍스트가 우리에게 말하도록 해야 한다."

> 텍스트는 사람들이 우리에게 말하는 방식으로 말하지 않는다. 텍스트와 변증법적으로 질문과 응답을 주고받음으로써 이해는 대화에서 나타나는 호혜적(reciprocal) 관계와 같은 특성을 갖게 된다. 텍스트가 말하도록 만드는 일은 이해를 시도하고 있는 우리가 해야 할 일이다. 그러나 '텍스트가 말하게 만드는' 일로서의 이해는 우리가 맘대로 하는 인위적인 일이 아니라 우리가 질문을 던지고 그에 관해 텍스트가 어떻게 답할 것이라고 예상하는 방식의 대화이다. (Gadamer, 1988: 340)

가다머, 비트겐슈타인, 테일러 같은 해석학자들은 텍스트에 질문한다면 텍스트가 답할 것으로 예상되는 최적의 내용을 모색하는 과정을 '언어게임'에 비유한다. 언어게임에서 동원되는 우리의 관점은 이해의 한계와 가능성을 동시에 제공한다. 관점에 따라서 어떤 의미는 잘 드러나지만 다른 의미는 가려지기 때문에 그렇다. '보이지 않는 고릴라'라는 유명한 실험이 이런 경향을 잘 보여 준다. 실험 참가자들에게 특정한 일에 집중하도록 지시하는 실험이다. 그러면 특정 시각이 형성되어서 그 일에만 몰두하므로 고릴라가 등장해서 야단법석을 벌여도 실험참가자의 반 정도는 고릴라를 보지 못한다고 한다. 관점이 '허용하는' 현상은 보지만 다른 현상은 보지 못하는 일이 일어난다. 해석이 관점에 의해 제약되고 조건화된다는 사실이 '해석의 상황성(hermeneutic conditionedness)'을 조성한다. 해석의 조건으로 인해 우리는 특정 관점을 갖고 대화와 해석에 참여하게 된다. 대화를 통해 어떤 합의에 도달하면 새로운 이해와 타당한 이해가 구성된다. 이해가 축적되면 우리가 해석에 활용했던 관점에서 타당한 측면은 유지하고 부당한 측면은 포기하는 검토와 수정의 계기가 창조된다. 타당한 이해가 확대되면 자기성찰과 자기이해 또한 증진된다는 것의 해석학의 가장 중요한 주장이고, 우리가 지식교육을 탐구하는 데에 가장 중요하게 고려해야 하는 주장이다. 해석의 과정은 자기형성의 과정, 즉 도야의 과정으로서 우리와 텍스트(세상)가 함께 변화하고 성장하는 것을 조명하므로 해석은 곧 지식교육의 주요 활동이 되어야 한다.

2) '해석의 해석'과 자기이해

대화의 원리를 알면 해석의 원리를 알 수 있다. 해석학은 타당한 지식을 획득하는 정형화된 방법이 있다고 믿고 대화를 그 방법이라고 조명하는 것은 아니다. 해석학은 "이해란 무엇인가?", "어떠한 조건과 과정으로 대화하고 이해하는가?" 그리고 "무엇이 더 타당한 이해인가?"를 탐구한다. 해석학은 어떠한 텍스트의 의미를 이해하는 과정 그리고 이해를 더 타당한 이해로 수정하고 확대하는 대화의 과정을 탐구하는 학문이다(Gadamer, 1988: 331). 해석학의 주요 과제는 의미의 관계들을 이해하면서, 이해에 관련된 다양한 요소를 식별하고, 더 타당한 이해에 도달할 수 있는 대화의 과정을 제시하는 것이다. 해석학이 조명하는 것은 특정한 관점과 특정한 경험에 의해서만 대화와 해석이 가능하다는 인식의 조건이다. 우리의 관점은 이해의 유한성과 가능성을 동시에 제공한다. 실증주의의 주장과 달리 해석은 특정한 대화에 특정한 관점을 갖고 참여하는 일이다. 실증주의처럼 고정된 절차와 방법이 진리로 인도한다고 기대할 수 없으므로 능동적이고 적극적으로 대화에 참여해야 한다. 가다머는 해석의 상황성과 이해의 조건 안에서 우리는 대화하고 해석한다고 강조한다(Gadamer, 1988: 263). 해석학에 기초한 지식교육에서 학습자들은 어떤 관점을 통해 해석을 시도하는데 그 관점에는 선입견이 포함될 수밖에 없다는 조건을 염두에 두어야 한다. 우리의 의견은 우리가 속한 문화와 성장 과정에 의해 한쪽으로 치우치고 불완전한 선입견을 가지게 된다. 그렇다고 선입견에 고착되자는 말은 아니다. 생산적인 선입견은 유지하고 비생산적 선입견은 유보하는 방식으로 자신의 관점을 수정하면서 더 타당한 이해에 도달하자는 것이다.

해석학을 따르는 지식교육을 통해 완전한 지식을 얻을 수는 없지만 타당한 지식을 향해 계속 나아갈 수 있다. 지식의 타당성을 향상하는 탐구가 가능한 이유는 텍스트가 제시하는 새로운 의견을 수용하여 자신의 선입견과 관점을 수정하고 개선하는 해석학적 경험이 작동하기 때문이다. 해석학적 경험은 해석을 통한 자기이해와 자기수정 즉 도야를 경험하는 일이다. ① 자신의 관점을 인식하는 자기이해, ② 관점의 한계와 가능성을 인식하는 자기성찰, 그리고 ③ 관점을 수정하고 확대하는 자기형성이 진전되므로 해석은 도야를 촉진한다. 자신의 관점을 갖고 해석하면서 해석을 타당하게 만드는 과정에서 자신의 관점이 더 타당하게 향상되고 성장한다. 도야의 특성이 우리가 해석학을 지식교육의 인식론으로 조명하는 이유이다. 해석학을 따르는 지식교육은 해석적 경험을 장려해야 한다. 해석적 경험에는 행위자의 의미 층위와 해석자의 의미 층위가 관련되어 있다. 한 층위는 행위자가 자신의 관점을 해석하고 적용하여 텍스트를 쓰는 일로서 행위자의 관점에 의한 의미의 층위이다. 다른 층위는 행위자의 해석에 의해 쓰인 텍스트를 해석자의 관점을 통해 해석하는 일로서 해석자의 관점을 통해 행위자의 의미를 해석하는 층위이다. 그래서 해석학은 '해석의 해석'(Geertz, 1983) 혹은 '이중적 해석학'(Giddens, 1976: 158)이 된다. 지식교육은 해석적 경험이 어떻게 이중적 해석을 통해 더 타당한 이해에 도달할 수 있는가를 탐구한다.

2. 해석학적 지식교육의 방향

해석학을 따르는 지식교육은 텍스트와 대화를 통하여 해석적 경험을 증진하고, 자신의 관점을 개선할 수 있도록 대화공동체를 조성하는 일에 중점을 둔다. 대화에 지속적으로 참여하도록 격려하면 해석적 경험이 신장되고 자신과 세상을 더 타당하게 이해할 수 있는 관점이 성숙된다. 이런 지식교육의 과정과 의의를 해석적 경험을 촉진하는 다섯 가지 활동을 통해 알아보자.

1) 상호주관성의 이해

　　이중적 해석학은 텍스트를 이해하기 위해 사람들이 공유하는 의미와 관점을 이해해야 한다고 주장한다. 텍스트를 언어게임으로 보면 그 규칙을 이해해야 하는 것이다. 해석학에서 텍스트는 어떤 가닥과 맥락(thread)에 의해 얽혀서 짜인 융단(tapestry) 혹은 직물(textile)로 비유된다. 예컨대 가닥은 하나의 행위, 하나의 경험, 하나의 사건이 되겠다. 가닥들은 서로 얽히고 짜이면서(interweaving) 관계의 망을 형성하고, 융단(텍스트)을 구성한다. 관계 망 속에서 각각의 가닥이 의미를 갖게 되고, 그렇게 의미를 갖는 가닥을 텍스트성(textuality)이라고 부른다. 각각의 텍스트성들은 관계를 구성하여 상호텍스트성(intertextuality)을 갖고 텍스트의 전체 의미를 형성한다(Derrida, 1967: 111-112).[22] 부분들이 관계를 형성하고, 관계들이 전체 의미를 구성한다. 각각의 텍스트성이 상호텍스트성을 형성하고, 상호텍스트성이 텍스트의 의미를 구성한다. 상호텍스트성은 복잡하게 얽혀서 짜이고(criss-crossing), 또 상황에 따라 변하므로 어떤 정초를 갖는 것이 아니다. 따라서 자연과학의 기계적이고 인과론적 설명모형에 의해 이해될 수 없다. 부분(가닥, 텍스트성)들이 무엇인가를 알기 위해 부분들이 구성한 전체 그림(융단, 텍스트)을 보아야 하고, 전체 그림이 어떻게 만들어졌는가를 알기 위해 부분을 들여다보아야 한다. 부분과 전체를 오가는 운동을 거듭하면 부

22　각각의 텍스트들 또한 서로 얽혀서 짜인 융단과 직물(전체 텍스트)을 구성한다. 하나의 텍스트는 다시 텍스트성이 되어 전체 텍스트를 구성하는 하위 층위(substratum)가 된다. 전체 텍스트는 여러 개의 하위 텍스트로 구성되고, 여러 개의 하위 층위를 형성한다. 해석은 텍스트성과 상호텍스트성의 관계, 텍스트를 이루는 여러 겹의 층위를 이해하여 텍스트를 이해하는 활동이다.

분들의 의미와 전체의 의미, 즉 텍스트의 의미를 이해하게 된다. 하나의 나무와 숲을 오가는 운동과 같다. 이런 해석적 운동을 '해석학적 순환'이라고 부른다. 순환에 관해서는 곧 더 알아보도록 하고 우선 텍스트성과 그 관계에 초점을 두자.

해석적 경험의 초기 단계에서 텍스트성은 다른 텍스트성의 의미와 관련하여 어떤 의미를 갖게 된다는 것을 인식해야 한다. 테일러 (1988a: 22)는 다음과 같이 설명한다.

> 홀로 떨어져서 다른 의미와 무관한 의미 요소(텍스트성)라는 것은 존재하지 않는다. […] 의미는 오직 다른 의미와의 관련성을 통해 이해할 수 있다. 이런 점에서 의미는 단어와 비슷하다. 예컨대 단어의 의미는 그것과 대비되는 다른 단어들에 의해 정해진다. 그리고 언어 영역에서 그 단어의 위치에 의해 정해진다. 예를 들면 색깔의 개념은 주어진 색상환표 범위 안에서 다른 색깔과의 대비에 의해 위치가 결정되면서 정해진다. 그리고 그 단어가 속해 있는 '언어게임' 안에서의 위치에 의해 정해진다.

예컨대 "우리의 사랑은 지금 영하 10도예요"라는 진술을 이해하려면 두 사람의 관계의 규칙과 더불어 진술의 맥락을 알아야 한다. 게임을 이해하려면 게임의 규칙을 알아야 하고, 행위자들이 규칙을 어떻게 활용하는가를 알아야 한다. 행위라는 텍스트를 이해하기 위해 행위를 단편적 행동으로 파악하면 안 되고, 어떤 규칙에 의해 다른 행위와 연결되는 '사회적 실천'으로 접근해야 한다. 예를 들자면,

혼자 있을 때 팔을 드는 행위와 공공장소에서 투표하기 위해 팔을 드는 실천을 이해하는 일은 다르다. 사회적 실천의 뜻은 매킨타이어의 사회적 실천처럼 널리 공유되는 실천이지만 그것처럼 탁월성의 기준 등을 요구하지 않고 더 느슨한 뜻을 갖는다. 테일러(1989: 204)에 의하면, 사회적 실천은 "모호하고 일반적일 수는 있지만 공유된 활동의 안정적 모습인데, 그 형태는 해도 되는 것(dos)과 해서는 안 되는 것(don'ts)의 일정한 규칙에 의해 규정된다." 실천은 사회적으로 공유된 활동이므로 해석자가 그 의미를 이해하려면 사람들이 규칙을 이해하고 활용하는 방식을 그 사람의 관점에서 이해하고, 그 이해를 자신의 관점과 결합하여 타당한 이해로 향상시켜야 한다. 우리는 그런 규칙이 '구성적 규칙'이라는 것을 이미 알고 있다. 의미의 관계망을 이해해야 텍스트의 의미를 이해할 수 있듯이 사회적 실천의 구성적 규칙을 이해해야 다양한 텍스트를 이해할 수 있다. 구성적 규칙을 이해하는 것은 사람들이 어떤 실천을 하는 배경과 조건으로서 공유하는 의미를 이해하는 일이다. 다음의 구성적 규칙을 이해하면 텍스트에 관한 해석적 경험을 증진하는 데에 유용하다(Taylor, 1988a: 36-40).

● 제도적 의미(institutional meaning): '자명한 사실(brute fact)'로 보이지만 그것이 사실이기 위해서는 어떤 사회제도 안에서 성립되어야 한다(Searle, 1984: 51). 예컨대 학업성취의 의미는 학교라는 제도에 의해 가능하다.

● 공통적 의미(common meaning)의 이해: 상호주관적 의미가 강

하게 결속되었을 때 형성된다. 사람들이 공통의 의미를 공유하면 공통의 생각을 갖고 공통의 행동을 하는 공동체의 구성원이 된다. 공통적 의미는 국가와 지역, 집단을 공동체로 만드는 토대가 된다. 이는 의견의 수렴이나 합의보다 더 강한 일치의 상태로서 그 의미를 참고하지 않고서는 공동체의 구성원인 것을 확인할 수 없을 정도로 강하다. 그러나 모든 구성원이 공통 의미의 틀을 참고하지만 똑같은 의미를 부여하지 않는 경우도 자주 발생한다. 예컨대 '애국'이라는 공통의 의미를 둘러싸고 '태극기부대'와 '촛불광장'의 사람들이 충돌하는 일을 보라.

● 상호주관적 의미: 앞서 말한 제도적 의미와 공통의 의미를 공동의 참조점으로 삼는 대화를 통해 형성된다. 혼자 생각할 때도 종종 관련된 사람들과 가상으로 대화하는 방식에 의해 생각을 전개하므로 상호주관적 의미가 작동한다. 그래서 피아제와 비고츠키는 생각을 '내적 대화'라고 말하기도 한다. 상호주관적 의미 중에서 강력하게 합의된 의미는 공통 의미로 정착되거나 제도적 의미로 정립된다. 상호주관적 의미를 해석하려면 공통 의미와 제도적 의미를 참여자들이 어떻게 활용하고 절충하면서(negotiate) 새로운 의미를 생성하는가를 이해해야 한다. 예컨대 학점을 상대평가에 의해 부여하는 것이 공정한가에 관해 협의할 때 참여자들은 상대평가의 제도적 의미를 참고하는 한편 공정성이라는 공통 의미를 참고하여 대화할 것이다. 대화의 결과로 어떤 합의, 즉 상호주관적 합의에 의해 상대평가를

수정하자는 결론에 도달할 수 있다.

텍스트 해석은 주로 상호주관적 의미를 이해하는 일이므로 의미가 형성되는 과정을 이해하는 것이 중요하다. 그 과정에서 제도적 의미와 공통 의미를 각 개인들이 활용하면서 이해를 증진하거나 충돌을 초래하는 것을 해석해야 한다. 텍스트를 타당하게 해석하기 위해 세 가지의 구성적 규칙이 어떻게 얽혀 짜이면서 텍스트의 의미를 형성하는가를 이해해야 한다. 사람들이 구성적 규칙을 어떻게 이해하고 활용하고 변형하는가를 이해해야 한다. 구성적 규칙은 사회를 구성하는 의미와 규범(제도적 의미, 공통 의미)인 동시에 특정한 상황에서 의미들이 절충되는 의미(상호주관적 의미)이다. 텍스트는 개인의 의도와 욕망이 사회적 의미와 규칙을 해석하여 구성한 결과물이다. 개인의 행위는 개인의 수준으로 보이지만 사회적 수준의 의미를 해석하여 선택된 것이므로 개인의 행위라는 텍스트를 해석하는 것은 해석의 해석, 이중적 해석이 된다.

그림3 텍스트의 짜임새[23]

23 T. Whitson(2008), "Decomposing curriculum vs. curriculum-as-text," *Journal of Curriculum and Pedagogy*, 5(1), p. 129.

2) 해석학적 순환

해석적 경험은 대화를 통해 해석학적 순환을 거듭하는 경험이다. 해석학적 순환(hermeneutic circle)은 부분과 전체 그리고 콘텍스트와 텍스트를 오가는 일을 말한다. 전체 텍스트를 이해하려면 그를 구성하는 부분들을 이해해야 하고, 그 부분들은 전체에 비추어 이해하는 순환과정을 말한다(Gadamer, 1988: 258-259; Taylor, 1988a: 18, 24). 개인의 행위를 이해하려면 사회의 규칙에 비추어 그 의미를 이해해야 하고, 사회 규칙이 어떤 의미를 갖는가를 이해하려면 개인들이 그것을 어떻게 이해하고 적용하는가를 이해하는 순환과정이 필요하다. 해석적 순환은 언어게임에 비유하면 콘텍스트와 텍스트, 의미와 의미관계망, 부분과 전체를 '이리저리 오가는 운동(to-and-fro movement)', '앞뒤로 오가는 운동(the movement backward and forward)'이다. 해석학에 기초한 지식교육은 텍스트 해석을 시작하면서 각자의 관점에 의해 전체 줄거리와 결말을 예측하지만 텍스트의 세부사항들을 깊이 파고들면서 예측을 수정하고, 계속 전체와 부분을 오가면서 점진적으로 이해를 확장하는 과정에 주력해야 한다.

해석적 순환은 텍스트의 의미가 불분명할 때는 물론이고 두 가지 이상의 다른 해석이 가능할 때 더 타당한 해석을 선택하는 과정에서 유용하다. 판결을 준비하는 판사를 예로 들 수 있다. 판사는 사건의 세부적 증거들을 조사할 것이고 이 증거들을 관련 법규와 판례에 비추어 해석한 후에 잠정적으로 몇 가지의 판결을 마음에 둘 것이다. 그리고 각각의 판결이 적용하려는 법의 취지에 적합한지를 해석하고 법적 전통에 맞는지, 그리고 사회 통념에 부합하는지도 해석할 것이다. 이런 과정을 거쳐 한 가지의 판결을 준비한 다음에 그 판결이 세부 증거들을 모두 포괄하고 그에 부합되는지를 순환하는 과정을 거쳐서 최종 판결을 내릴 것이다. 이 책을 통해 교육을 이해하려는 사람들은 이미 해석적 순환에 참여하고 있다. 먼저 교육을 포괄하는 텍스트(교육의 개념과 목적)를 이해하고, 그에 비추어 교육의 부분 텍스트(윤리교육, 지식교육, 시민교육)를 이해하는 한편, 각 부분의 이해를 통해 교육 전체를 다시 해석하는 것이다. 전체에서 부분으로, 그리고 다시 부분에서 전체로 회귀하는 운동을 통해 교육에 관한 더 타당한 해석이 이루어 질 수 있다. 해석적 순환은 실증주의의 기계적인 설명을 넘어서서 해석의 타당성을 점진적으로 향상시키는 역동적이고 상호작용적인 과정이다.

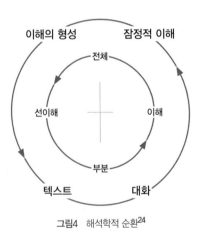

그림4 해석학적 순환[24]

24 M. Alvesson & K. Sköldberg(2008), *Reflexive methodology: New vistas for qualitative research*, 2nd ed., London: Sage, p. 66.

해석적 순환은 텍스트를 해석할 때 오직 텍스트 자체 안에서 의미를 찾고 텍스트와 지속적인 대화를 통해서 이해를 심화하는 과정이다. 텍스트를 타당하게 해석하려면 텍스트의 영역을 벗어나서는 안 된다. 오직 "전체 텍스트의 의미와 구조를 근거로 해서 텍스트의 일부분을 이해하며, 각 부분들의 의미와 구조를 밝힘으로써 전체 텍스트를 이해"해야 한다(Feinberg & Soltis, 1985: 159). 다른 말로 하면 오직 텍스트와 대화해야 하는 것이지 기존에 확립된 외부의 진리나 신념에 의지하여 해석하면 안 된다는 뜻이다. 이런 주장은 해석학의 인식론을 나타낸다. 이런 인식론은 '수직적(vertical)' 지식관을 거부하고 반정초적 지식관과 '순환적' 지식관을 채택한다(Theodore, 2020). 수직적 지식관은 실증주의가 지지하는 관점이다. 수직적 지식관에 의하면, 어떤 신념은 더 이상 정당화가 필요하지 않으므로 정초로 여겨지고, 그 정초로부터 정형화된 방법에 의해 다른 지식들을 쌓아 올릴 수 있다. 예컨대 피터스가 교육개념을 선험적으로 정당화하고, 개념을 정초로 삼아서 교육의 6가지 영역을 정하는 방식은 수직적 지식을 보여 준다. 반면에 해석학의 인식론은 텍스트를 해석하는 데에 확실한 정초는 없다는 반정초적 인식론을 선호하고, 해석적 경험과 순환을 통해 이해의 타당성을 증대해야 한다고 믿는다. 수직적 지식관이 지식을 더 높이 쌓아 올리는 것을 지향하는 반면, 해석학의 순환적 지식관은 더 깊고, 더 풍부한 지식을 생산하는 것을 지향한다(Theodore, 2020). 해석적 순환을 '해석적 나선(spiral)'이라고 부르기도 한다. 해석적 순환이 지속되면 마치 동심원이 반경을 넓혀 가면서 확산되듯이 이해하기를 원하는 범위, 자신의 선입견을 검토하고 수정하려는 범위가 더 넓고 풍부해진다. 자신의 해석에 대한 성찰과 수정이 성숙해지는 과정이다. 지식의 증대는 해석적 순환의 결과이고 부차적인 일이다. 가장 '정확한' 해석, '유일한' 해석, '불변하는' 해석 같은 것은 가능하지 않고 바람직하지도 않다. 해석에서 종결과 완결은 있을 수 없게 된다. 타당한 해석을 향해 계속 나아갈 뿐이다.

3) 선입견과 지평의 적용

지식교육의 중심은, 선입견을 갖고 해석할 수밖에 없지만 해석적 순환을 경험하면서 새로운 지식을 지향하는 태도를 격려하는 일이다. 우리는 관점을 통해 이해를 시도하는데, 관점에는 선입견(prejudice)과 선이해(fore-understanding)가 늘 작동하고 있다는 조건에 유의해야 한다. 선입견은 일상에서 부정적인 의미로 쓰여 우리의 의견을 왜곡시키는 역할을 한다고 인식된다. 물론 선입견은 종종 왜곡과 오해를 일으키지만 기본적으로는 우리의 해석을 특정한 관점에 의해 특정한 방향으로 이끄는 역할을 한다. 역설적으로 들리겠지만 선입견 덕분에 텍스트의 해석이 가능하고 타당한 해석이 증진된다. 사회화 과정에서 "우리는 이미 어떤 규범적 이미지 혹은 관념에 의해서 형성"되었기 때문이고, "우리는 그것에 의해서 성장하고 그것은 우리의 모든 사회생활의 규칙의 바탕"이 되기 때문이다(Gadamer, 1981: 135). 우리가 어떤 선입견을 갖고 해석해야 한다는 조건은 누구에게나 주어진 조건이고 피할 수 없는 조건이다.

누구나 어떤 역사적 시점에 살고 있으므로 역사적으로 구성되고 조건화된(conditioned) 선입견을 갖게 된다. 우리가 계승하여 살고 있는 역사가 우리의 의견, 관점과 합리성(rationality)에 영향을 준다는 점을 부각하여 역사를 '영향력 있는 역사(effective history)' 혹은 '전통'이라고 부른다. 영향력 있는 역사가 작용하여 우리에게 주어진 의견, 관점과 합리성의 범위를 '지평(horizon)'이라고 부른다. 지평은 관점과 비슷한 뜻으로 쓰이지만 "특정한 관점에서 볼 수 있는 모든 것들을 포함하는 비전의 범위(너비와 깊이를 모두 포함, range)"라는 뜻을 더 명확하게 담고 있다(Gadamer, 1988: 269). 지평 안에 선입견이 붙박여 있다. "이해는 역사적 지평(an historical horizon)을 요구"하고 우리는 지평을 통해서만 해석을 시도할 수 있다. 영향력 있는 역사는 우리가 의식하지 못하더라도 우리에게 이해의 모델이나 모범이 되는 예시를 제공하면서 언제나 지평으로 작용하고 있다(Gadamer, 1988: 250). 우리가 지평을 학습하고 획득하는 것이 아니라 지평은 언제나 이미 우리 안에 있다(Gadamer, 1988: 271). 물론 역사와 전통을 계승하는 정도의 차이가 있고 지평의 편향성의 차이는 있겠지만 모든 사람이 지평을 갖는다는 조건은 같다.

지평의 뜻을 이해하면 교육과 전통이 밀접한 관계에 있다는 것을 짐작할 수 있다. 가다머는 교육은 전통을 계승하고 전통에 의존한다고 주장한다. 재능보다 노력을 중시하는 지평과 교육을 출세의 수단으로 적극 활용하는 지평을 한국 교육 전통의 예로 들 수 있다. 그런 지평을 한국 교육에 참여하는 사람들은 공통 이해로 공유하고, 그래서 교육열이 과잉되는 현상이 초래되는지 모른다. 전통은 공통 이해의 기반이 되는 지평을 제공한다(Gadamer, 1988: 249). 앞에서 말한 공통적 의미, 제도적 의미와 상호주관적 의미도 전통과 지평에 의해 형성된다. 해석은 두 개의 지평, 즉 우리의 지평과 텍스트의 지평의 접점을 찾는 과정, 즉 대화를 하는 과정이다. 그래서 "해석은 항상 지평의 융합(fusion of horizons)이다"(Gadamer, 1988: 273). 지평의 융합은 해석의 해석에 의해 진전된다. 지평 사이의 대화는 해석학적 순환을 심화시키고 더 타당한 해석에 도달하는 것을 가능하게 한다. 지평은 해석에 한계로 작용하지만 동시에 해석의 '문턱(threshold)', 즉 우리의 해석이 점진적으로 발달할 수 있는 조건을 제공하기 때문이다. 이해의 과정에서 한계와 가능성이 동시에 전개될 수 있는 것은 우리가 자신의 지평을 통해 텍스트의 지평과 대화하기 때문이다.

전통에 의해 주어진 지평 속에 최소한 두 종류의 선입견이 붙박여 있다. 이 선입견을 어떻게 인식하고 활용하는가에 따라 이해가 제한되거나 증진된다. 하나는 진리를 촉진하는 선입견(the true prejudice)이고 또 다른 하나는 오류를 초래하는 선입견(the false prejudice)이다 (Gadamer, 1988: 266). 우리는 해석 이전에 미리 그것의 용도를 구분하여 적용할 수 없다. 우리는 평소에 선입견을 갖고 있다는 것을 의식하지도 않고 의식하기도 어렵다. 선입견은 일종의 무의식처럼 지평 안에 깃들어 있다. 낯선 텍스트를 이해해야 할 때 그리고 텍스트의 낯설고 불확실한 의미를 이해하려고 노력할 때 지평 속의 여러 가지 선입견을 이리저리 적용하면서 편견의 존재를 의식하게 되고 그 용도를 인식하게 된다. 이해를 시도하는 과정에서 생산적 선입견은 활용하지만 비생산적 선입견은 제거하는 노력을 해야 한다. 선입견을 평가하는 노력은 자신의 지평에 붙박여 있는 선입견과 '한시적이고 잠정적인 거리두기(temporal distance)'를 함으로써 가능해진다. 특수성과 일반성, 즉 부분과 전체를 오가고 견주어 보면서 자신의 선입견과 거리두기를 하고 더 적합한 선입견을 적용하여 더 타당한 이해에 도달할 수 있다. 선입견과 거리를 두는 일은 여러 번의 해석적 순환을 통해 숙달할 수 있다. 순환이 거듭되어야 하고 오래 시간이 필요하다. 시간이 답이다. 그러므로 지식교육은 낯설고 불확실하고 불편한 텍스트를 일단 수용하는 한편, 지평과 편견을 의식하여 적용하고 수정할 기회를 확대하는 해석적 경험을 부단히 장려해야 한다.

4) 개방성과 부정성에 의한 지평의 융합

해석적 경험은 통약 불가능한 것으로 보이는 텍스트를 직면했을 때 더욱 촉진되므로 그런 상황을 학습의 계기로 활용해야 한다. '통약 불가능성(incommensurability)'은 이해가 도저히 불가능한 상황을 이른다. 텍스트의 지평이 매우 이질적이거나 폐쇄적이고 자신의 지평과 대립하는 상황이다(Gadamer, 1988: 271). 지평 사이에 접점과 공통 부분을 발견하지 못하고, 중첩과 '교집합(intersection)'이 존재하지 않으므로 '차집합'만 두드러지는 것을 경험하는 상황이다. 예컨대 젊은 'MZ 세대'의 지평에서 보면 '꼰대 세대'의 지평은 희한할뿐더러 두 지평은 충돌하기 쉽다. 이럴 때 손쉬운 해결 방식은 그 이질성을 이해하기를 포기하거나, 무시하거나, 오인(misrecognition)하는 것이다. 혹은 자신의 지평에 비추어서 열등한 것으로 치부하는 것이다. 이런 충동을 완전히 배제할 수는 없지만 그런 시도는 이질성을 오해하고 자신과 같아지도록 강요하는 일종의 '문화적 폭력'이 될 수 있음을 인식해야 한다. 아무리 다른 지평이라도 어떤 종류의 합리성도 공유할 수 없다고 미리 단정 지어서는 안 된다. 물론 결코 이해에 도달하지 못할 수 있고, 공존하지 못한다는 결론에 이를 수도 있다. 그러나 그런 결론을 미리 당연시할 필요는 없다.

통약 불가능성의 상황에서 대략 세 가지의 해석적 경험을 증진해야 한다. 첫째, 해석의 구조가 대화의 구조와 같다는 것에 착안하여 텍스트와 문답을 주고받으면서 성찰을 환영해야 한다. 텍스트에 질문하고 텍스트 입장(지평)에서 답하려고 노력하면서 자신의 선입견을 점검하고 다시 질문과 이해에 적용한다. 이런 경우는 텍스트의 의미를 투명하고 손쉽게(transparent) 알 수 없는 경우이므로, 즉 텍스트로 직접 들어가는 것이 어려우므로 질문과 응답을 동원하는 것이다. 질문과 응답을 계속 주고받기 위해 가다머(Gadamer, 1988: 340)는 "텍스트가 말하게 만들라(making the text speak)"고 강조한다.

> 대화의 필수적인 구조는 질문과 대답의 구조이다. […] 그것은 우리가 상대방을 말로 꺾으려고 애쓰는 것이 아니라 상대의 의견의 비중을 신중하게 고려할 것을 요구한다. 그러므로 그것은 검증의 예술과 기술(art)이다. 검증의 예술은 곧 질문의 예술이다. 질문한다는 것은 개방되어 있다는 것을 의미한다. […] 질문의 예술을 실행하는 사람은 […] 타당한 의견에 도달하기 위해 계속 질문한다. […] 해석은 텍스트와 대화하는 일이고 그 근본적인 절차는 항상 질문과 대답이다. (Gadamer, 1988: 330-331)

그러므로 "질문과 이해 사이에 존재하는 밀접한 관계가 해석적 경험에서 가장 중요한 영역이다"(Gadamer, 1988: 337). 텍스트와 대화하는 과정에서 자신의 선입견에 관한 자기성찰의 계기를 맞이할 수 있다. 자기성찰은 자신의 선입견과 지평에 관한 성찰이다. 해석적 의식과 상황은 우리가 전통에 의해 주어진 지평과 선입견을 갖고 해석하는 동시에 그 지평을 개선하고 재구성하려고 노력하는 상황을 가리킨다(Gadamer, 1988: 269).

둘째, '번역'과 같은 노력을 통해 공동의 언어를 재창조해야 한다. 번역은 사용하는 언어가 크게 다를 때 필요하고, 지평 사이에 큰 간격이 있을 때도 필요하다. 번역은 그 간격을 연결하는 작업이다(Gadamer, 1988: 349). 예컨대 영화 〈기생충〉(2019)의 영어 자막에서 영미 문화권 사람들의 이해를 돕기 위해 '짜파구리'가 '람동(Ram-dong)'으로 번역된다. 이 탁월한 번역가는 단순히 한국어를 영어로 옮긴 것이 아니라 일상의 간편식에 관한 한국문화와 영미문화의 지평을 이해하고 공동의 언어를 만든 것이다. 영미문화권 사람들의 이해를 돕기도 하지만 동시에 한국 사람들도 이해할 수 있는 공동 언어를 창조한 것이다. 번역은 대응되는 단어를 찾아내는 일이 아니고 공동의 의미를 창조하는 일이다. 가다머에 의하면, 번역가는 원본으로부터 불가피한 거리를 고통스럽게 지각하므로 가능성을 이리저리 재 보고 고려하는 과정에서 최선의 해결책을 찾아야 한다(Gadamer, 1988: 348). 물론 번역은 완벽할 수 없으며 어느 정도의 상호이해에 도달하는 것임을 자각하고 지속적인 수정을 거쳐야 한다.

셋째, 통약 불가하게 보이는 텍스트의 경우에도 그 텍스트의 지평을 존중하고 그로부터 배우려는 개방성과 부정성을 확장해야 한다. 어떤 전통에 기초한 지평이 오랫동안 유지된다는 것은 '진보성'과 합리성의 기준을 부단하게 적용하면서 지평을 평가하고 수정하며 개선하기 때문이라는 것에 주목해야 한다. 이해 불가하게 보이는 텍스트이지만 그 지평은 어떤 합리성의 전통에서 비롯되었다고 믿어야 한다(MacIntyre, 1988: 355). 자신의 지평이 합리적인 지평으로 존중받기를 원한다면 다른 지평도 합리적인 것으로 존중하면서 이해하려는 개방성을 발휘해야 한다. 또한 자신의 지평이 완벽할 수 없다는 것을 인정하고 이질적인 지평이 더 나은 의견을 제공한다면 기꺼이 그 의견을 채택한다는 부정성을 함양해야 한다. 개방성과 부정성이 지평의 합리성의 핵심이다. 해석적 경험의 핵심은 더 타당한 이해에 도달하는 일 그 자체보다 자신의 이해가 부정되고 수정되어야 더 타당한 이해로 발전되는 것을 경험하는 것이다(Taylor, 1988a). 가다머(1988: 319)는 '경험이 많은 사람(experienced person)'은 많이 알고 있는 사람이 아니라 많은 경험으로부터 배우려는 개방성이 풍부한 사람이라고 말한다. 다양성과 불확실성에 대한 개방성이 증진되면 자신의 관점을 성찰하고 수정할 수 있는 기회를 적극 초대하게 된다. 자기이해와 자기형성이 증진된다. 해석적 경험은 텍스트와 대화하고 자기 자신과 대화하는 과정에서 개방성을 증진하고 자신을 재형성하는 도야(Bildung, edification)로 우리를 안내한다. 해석적 경험 자체가 교육적 경험이다.

5) 대화공동체를 통한 실천적 지식과 도야의 증진

학습자들은 자신의 지평을 통해 다른 지평을 이해할 수밖에 없지만, 다른 한편으로는 생소한 지평과 대화를 통하여 자신의 지평을 성찰하고 수정할 수 있다. 그런 과정에서 학습자들이 실천적 지식을 구성하고, 실천적 지식을 자기이해와 자기형성, 즉 도야의 자원으로 활용하도록 격려해야 한다. 다양한 지평들을 이해하려는 노력 덕분에 자신의 과거 지평과 현재의 수정된 지평이 하나의 지평으로 융합될 수 있다. 지평의 융합은 해석 이전에 자신이 가졌던 지평이 해석을 통해 수정된 지평과 통합되어 새롭게 재구성되는 것이다.

> 우리는 지속적으로 우리의 모든 선입견들을 재검토하므로 현재의 지평은 지속적으로 재형성된다. 이해의 과정에서 진정한 지평의 융합이 일어나는데 그것은 과거의 지평이 나타나는 동시에 [그 지평의 일부 편견이 부적합하면] 그 지평[의 편견]은 제거된다는 뜻이다. (Gadamer, 1988: 273)

지평의 편견이 이해에 작동되는 동시에 편견이 수정되어 지평이 융합되는 경험에 의해 실천적 지식이 구성된다. 지평의 일반성과 보편성이 특정한 상황에 적용(application)됨으로써 새로운 이해와 실천적 지식을 구성한다는 것이다. 그런 뜻에서 "이해는 보편적인 어떤 것을 특정한 상황에 적용하는 개별 사례이다"(Gadamer, 1988: 278). 지평은 문제 상황에 직면하여 새로운 해석을 시도하기 전까지는 보편적 합리성을 갖는 것으로 인정된다. 낯설고 새로운 텍스트에 대한 이해가 시작되면 지평이 갖는 한계와 가능성이 노출되므로, 상황에 적합한 이해가 진전되는 동시에 자신의 지평이 재구성된다. 이런 결과를 가능하게 하는 것은 과거 지평에 대한 거리두기와 성찰인데, 이런 활동은 전체(보편적 지평)를 부분(특수한 상황과 텍스트)에 적용하고, 부분에 관한 이해를 통해 전체에 다시 적용하는 해석적 순환이다. 해석적 순환과 지평의 융합은 적용에 의해 촉진되므로 해석적 경험은 적용적 지식, 실천적 지식(phronesis), 상황적 지식을 지향한다. 실천적 지식은 자신의 삶의 목적과 그 목적을 실현하는 수단이 되는 이해와 적용에 관한 지식이다.[25] 목적과 수단이 결합된 지식으로 '자기 자신을 향하는 지식(self-knowledge)'이다(Gadamer, 1988: 282).

대화공동체의 조성을 통해 학습자들의 해석적 경험과 실천적 지식 구성을 진작해야 한다. 숙고와 성찰을 통해 자기성장을 경험한 사람은 대화에 더 참여하고 대화를 더 지속하기를 원한다. 대화 참여자들이 자신의 지평의 유한성과 가능성을 인식하고, 이해의 개방성과 부정성을 경험하면 대화를 통해 지평을 개선하고 이해를 증진해야 한다는 공감이 강해진다. 대화와 지평의 융합이 확대되면 공동체와 연대가 형성되고, 공동의 해석을 지속하고 심화할 수 있다. 대화공동체를 구성하고 더 타당한 이해를 확대하기 위해 구성원들은 서로의 지평을 존중해야 한다는 것이 가장 강조된다. 존중은 그저 선의의 표시가 아니라 서로의 지평이 합리성과 가치가 있다는 것을 존중

25 가다머는 특정 상황에 관한 판단의 중용을 통해 적합한 덕을 선택한다는 아리스토텔레스를 지지하고 재해석한다.

하는 것이다. 그런 존중이 있어야 서로를 대화 파트너로 존중하고 대화는 더 타당한 이해를 생산할 수 있게 된다. 상대를 언제나 존중해야 한다는 요구는 도전이다. 그러나 오로지 그 도전이 대화를 해석적 경험으로 안내할 수 있다고 가다머(1985: 177, 189)는 강조한다. 대화공동체 안에서 대화를 지속하면서 이해의 타당성을 공동으로 점검하고 확대할 수 있다. 동시에 각자는 자신의 관점을 더 깊이 성찰하고 이해하고 수정함으로써 확대된 자아로 성장한다.

　　대화공동체의 형성과 지평의 융합은 해석이 기대할 수 있는 최선의 결실이며, 모든 교육에서 장려되어야 한다. 대화공동체를 통해 우리가 학습하기를 기대하는 것은 이질적인 지평을 이해하려고 노력하면서 자기 지평의 편협성과 판단기준의 한계를 성찰하고 수정하는 계기를 맞이하는 것이다. 가다머가 강조하는 이해는 자신의 지평을 기각하거나 포기하는 것이 아니라 새로운 이해를 자신의 지평에 결합하고 자신의 지평을 재정비하는 전용(appropriation)의 과정이다. 해석학이 지지하는 지식교육은 지식 습득을 넘어서는 자기형성과 도야를 지향한다. 가다머가 가장 강조하는 지점도 그렇고 우리가 새롭게 확인하는 지형도 이런 것이다.

> 가다머의 입장에서 '도야' 개념은 […] 개인과 문화가 점점 더 넓은 공동체를 향해 나아가는 과정이다. 도야된 사람이란 자신의 삶이나 관심사를 더 넓은 전망, 더 넓은 지평에 위치시킬 줄 아는 사람이다. […] 도야된 문화는 자신의 위치를 더 넓은 세계공동체의 맥락에서 이해한다. […] 우리는 도야되는 과정에서 더

나은 규범이나 가치만을 얻는 것이 아니다. 동시에 그것들을 얻는 능력[실천이성]도 배우는 것이다. [···] 자기형성, 즉 도야의 역사적 경험이나 다른 사람들과의 대화를 통해 우리는 [실천적으로] 사고하는 것을 배울 수 있다. (Warnke, 1987: 278-279)

도야로서의 해석적 경험은 엄격한 규칙을 지켜야 하는 토론이나 일방적 강의 형태보다는 담화(conversation)와 탐구처럼 더 자유롭게 펼쳐지는 것이 적합하다. 다양하고 '비공식적인' 대화의 방식이 장려되어야 한다. 경험과 생애 구술, 신세 타령과 수다 떨기처럼 매우 느슨한 소통이 교육에서도 필요할 때가 있다. 또한 경청, 인내심, 용기, 신뢰, 희망과 같은 정서와 덕도 함양되어야 한다. 기다리고 지속하는 시간도 필요하다. 실패와 좌절도 잦을 것이고, 시행착오도 수없이 겪을 것이다. 이해와 존중은 쉽게 얻을 수 없고 오랜 기간에 걸쳐 자신과 타자를 꾸준하게 성찰해서 겨우 얻을 수 있는 결실이다. 일상에서 선의만 갖고 지속하기는 어렵기 때문에 교육에서 부단히 시도되어야 한다. 해석적 경험 자체가 곧 도야이고 교육이다.

3. 해석학적 교육연구

1) 해석학적 연구의 특징

해석학적 교육연구의 특징과 사례를 알아보면서 이해와 지식의 지평을 확대할 수 있는 방향을 가늠해 보자. 연구자들이 이해를 심화하는 과정을 살펴보는 일은 해석학이 지지하는 지식교육의 실제 예를 살펴보는 일이 된다. 해석학적 연구는 검증과 일반화를 통해 지식을 생산하는 대신 텍스트와 풍부한 대화를 창조함으로써 이해의 지평과 통찰을 확장하려고 노력한다. 그리고 참여자들의 필요에 적합하도록 교육정책과 교수법 등을 어떻게 수정해야 하는가를 조언하는 실용적 역할을 한다. 그러므로 인간, 사회, 문화에 관한 텍스트가 갖는 복잡성과 다양성을 이해하는 데에 장애로 보지 않고 보고(寶庫)로 접근한다. 해석학적 연구가 지향하는 지식은 복잡성과 다양성을 통제하는 실증주의와 달리 그것들을 통해 자신의 관점과 교육실천을 성찰할 계기를 포착하는 것이다. 해석학적 연구의 타당성은 새로운 이해와 통찰을 자극하는지, 그리고 그런 자극이 자신의 지평을 성찰하고 수정하는지 여부에 달려 있다. 해석학적 연구가 텍스트와 대화하는 방식을 질적 연구(qualitative studies)라고 부른다. 사례 연구, 개인구술사(oral history)와 생애사(life history) 연구, 문화기술지 연구(ethnography), 내러티브 해석, 참여관찰(participant observation), 심층 인터뷰 등이 연구 방법이 된다. 질적 연구는 실증주의가 모델로 삼는 양적 연구와 달리 자료 수집과 분석을 위해 무선 표집 같은 획일적 방법을 채택하지 않는다. 계량화에 의존하지 않는다는 공통점을 지니고 있다. 그러나 확고하고 단일한 방법론을 지지하지 않기 때문에 해석학적 연구를 실행하거나 평가하는 일은 오묘하고 당황스러울 수 있다.

해석학적 연구에서 나타나는 특징 몇 가지는 다음과 같다. 첫째, 인간을 능동적 실천자로 인식하고 당사자의 관점을 이해하려고 노력한다. 양적 연구가 채택하는 중립적이고 객관적인 관점을 지양하고, 특정 생활세계의 내부인의 시각을 이해하며 그 시각에서 세상을 이해하는 방식을 해석한다. 둘째, 특정 현상, 현장과 사건을 텍스트로 삼아 그 의미와 관련자들이 갖는 의미를 해석하는 사례 연구를 진행한다. 연구자의 관심을 잘 보여 주는 특별한 현장을 의도적으로 선택하여 의미를 해석한다. 셋째, 장기간의 현장연구를 수행한다. 물론 문헌을 해석하는 연구도 있다. 그러나 교육학에서 대부분의 해석학적 연구는 교육현장에서 참여자들과 직접 상호작용을 하고 행위자의 상황에서 참여관찰을 하면서 수행된다.[26] 내부인의 삶을 이해하는 데에는 오랜 시간이 요구되므로 현장에서 오랫동안 생활하거나 현장을 꾸준히 방문해야 한다. 넷째, 연구자는 내부인의 입장에서 텍스트를 이해하려는 외부인이므로 내부인들과 그들을 대화하고 관찰하면서 내부인의 일상을 있는 그대로 자연스럽게 관찰하고 이해하려고 애쓴다. 그래서 참여관찰을 시도하는 것이고, '자연주의적 접근(naturalistic approach)'을 채택한다. 연구자는 여성주의 관점이론에서 말하는 '내부의 외부인(outsider within)'와 같은 위치에 서게 된다. 마지막으로 해석학적 순환과 대화를 통해 타당한 해석을 증진해야 한다. 부분과 전체의 순환을 강조한 것처럼 문화내부적 접근(emic approach, 내부인과 당사자의 관점과 특수 사례)과 문화일반적 접근(etic approach, 외부인과 연구자의 관점과 일반 사례)을 순환하는 노력을 지속해야 한다(Denzin & Lincoln,

---

26 문헌해석을 중심으로 하는 역사학, 성서학 등의 분야도 있다. 그러나 교육처럼 현장이 존재하는 경우에 현장성을 이해하려는 요건이 결여되면 '실제와 동떨어진 이론뿐인 인류학자(armchair anthropologist)'라고 지탄받기 십상이다. 영화 〈공동경비구역 JSA〉(2000)에서 배우 이영애가 연기하는 소령의 대사에서 이 표현이 나온다.

1994). 해석학적 순환을 통해 연구자와 내부인의 지평 사이의 대화를 심화하고, 상호주관성을 점진적으로 확대해야 한다. 그리고 성찰적 융합을 확대해야 한다. 해석학적 대화는 일종의 '문화적 비판(cultural critique)'으로서 그 근간은 "다양성에 대한 이해를 자기성찰과 자기성 장에 활용하는 데에 있다"(Marcus & Fischer, 1986: x). 가다머가 강조하는 것처럼 텍스트와 대화를 통해 자신의 지평을 점검하고 보완하면서 자신과 상대에 대한 이해를 더 타당하게 확대해야 한다.

2) 해석학적 교육연구의 사례

교육 분야에서 해석학적 연구는 대체로 각 참여자(교사, 학생, 부모 등)의 의도와 동기 혹은 참여자들이 공유하는 의미를 텍스트로 삼고 이해를 시도한다. 그러면서 교육현장에서 그동안 당연시되었던 행위와 현상의 의미를 새롭게 탐색한다. 또한 중심 집단으로 인정받지 못했던 '주변부 학생들'이 기존의 의미체계를 다른 관점에서 해석하고 전용하는(appropriation) 과정을 탐구하는 연구도 많다. 이런 시도는 특정한 교육 상황에서 무슨 일이 진행되고 있는가, 그리고 그 상황에 참여하고 있는 사람들에게 그 상황과 일은 어떤 의미가 있는가를 해석하려고 노력한다. 당사자들의 관점에 관한 이해는 어떤 조치와 정책이 필요한가를 새롭게 구상하는 데에 매우 유용한 자료로 활용될 수 있다. 몇몇 국내외 연구의 예를 들어 보자. 학업실패에 관한 연구가 꽤 많은데 한 고전적 연구는 그 원인이 학생의 능력 부족이 아니라고 해석한다. 우선 학업실패에는 학생과 교사의 소통 단절이 작동한다. 동시에 학업실패는 그 학생들이 몇몇 또래들과 함께 '실패자'라는 집단정체성을 유지하기로 선택한 결과라고 해석한다(McDermott, 1982). 비슷한 연구에 의하면, 학업실패는 지식이 구조화되는 공식적 방식을 받아들이기 어려운 문화배경을 지닌 학생들의 난감함을 '무능'이라고 낙인찍는 교사들에 의해 악화된다(Keddie, 1982). 이런 연구들은 학업실패가 교사와 학생의 관계의 단절 그리고 학생들끼리 공유하는 의미의 창조에 의해 구성되는 또 다른 '성취'라는 방향으로 이해의 지평을 확대한다.

국내연구 중에서 대안교육 현장이라고 부르는 공동육아 어린이집을 참여관찰을 통해 이해하는 문화기술지 연구를 소개한다. 공식화된 제도와 교육과정보다는 구성원들이 만들어 가는 교육문화와 규칙을 발견하고 해석하는 데에 초점을 둔 연구다(이부미, 2001). 이 연구는 대안교육의 독특함을 드러낼 뿐 아니라 그것을 계기로 기존 교육을 점검하고 성찰하여 새로운 교육의 가능성을 탐색한다. 연구자는 "해석에 교육의 의미를 부여함으로써 교육에 대한 이해를 새롭게 하고자 하였다"라고 말한다. 독특한 사례의 해석을 통해 교육에 관한 이해의 지평을 확대한다.

> 이러한 이해의 과정에서 나는 "이해한다는 것은 자신의 한계를 뛰어넘어 변화하는 것"임을 체험함으로써 나 자신의 삶의 지평을 확대했다고 볼 수 있다. 이는 변증법적인 과정으로 체험 현상의 본질적인 의미 구조를 해석하는 일은 내 존재 기반을 본질적인 바탕에서 통합적으로 이해하는 일이었다. (이부미, 2001: 23)

위 인용문을 앞서 논의한 해석학적 지식교육의 방향과 연관하여 살펴보면 유익하겠다. 여러 번 강조한 것처럼 부분과 전체를 연결하는 일은 연구자의 자기성찰에 의해 가능하다.

마지막으로 소개할 연구는 당연하다고 여겨지는 사실이 어떤 학습자들에게는 다른 의미로 받아들여져서 기대하는 효과를 생산하지 못하는 과정을 해석하는 연구이다. 이 연구(Delpit, 1988)는 '침묵된 대화: 타자들의 아동을 가르치는 과정에서의 권력과 교수법'이다. 델피는 글쓰기 학습에서 진보적인 교수방법으로 알려진 '과정지향접근법(process oriented approaches)'이 흑인 학생들(타자들의 아동)의 작문과 독해능력 향상에 왜 효과적이지 못한지를 탐색하고 대안을 제시한다. 과정지향접근법은 진보 성향의 백인 전문가와 교사들이 지지하는 방식인데 표준문법과 어법을 익히는 것을 목표로 하는 대신, 경험을 자유롭게 표현하고 이야기하는 과정에 초점을 두는 방식이다. 예컨대 일상에 관한 '대화 일기(dialogue journal)' 쓰기를 통해 교사가 문법이나 구문 등을 교정하는 일은 자제하고 학생과 소통하는 데에 중점을 두는 방식이다. 델피는 참여관찰을 통해 이런 교수법이 비주류 학생들을 발언하게 하는 것이 아니라 침묵시킨다고 보고한다. 많은 주류 계층의 교사들은 비주류 교사와 학생들의 세계를 자신들이 이미 안다고 믿는다. 그래서 그 사람들이 말할 때 듣는 시늉은 하지만(listen), 귀담아 듣지 않고 말귀를 알아듣지(heard) 못한다. 이런 과정이 반복되면 비주류 학생과 교사들은 좌절하고 침묵하게 된다. 비주류 학생들은 이미 자신들의 방식으로 유창하게 말할 줄 알고 있는데도 불구하고, 과정지향접근법에 의존하는 교사들이 자꾸 자신들의 방식으로 말하도록 요구하는 것에 불만을 갖는다. 그래서 "그런 선생님들은 아무것도 가르치지 않는다"고 불평한다. 비주류 학생들은 주류 집단이 자신들의 말에 귀 기울이도록 주류 언어를 능숙하게 구사하기를 원한다. 그리고 주류집단이 활용하는 권력 행사 방식을 배우고 이용해야 살아남을 수 있다고 인식한다. '주변부 아동들'이 주류 언어와 문화를 학습해야 권력체계를 비판하고 개혁을 시도할 수 있는 역량을 갖게 되는 것이다. 델피는 선의를 갖고 비주류 학생들을 교육하려면 학생들과 대화하면서 학생들 입장에서 필요성과 요구를 경청하기를 조언한다. 이런 조언은 인종뿐 아니라 세대, 지역, 젠더 등에 따른 문화와 권력의 차이에도 적용될 수 있다. 의례적인 대화가 아니라 의미 있는 대화를 하도록 교사와 학생이 함께 노력해야 지평의 융합에 의해 적합한 교수법이 창조된다.

4. 검토

해석학적 인식론에 관한 비판을 알아보면서 지식교육에서 유의해야 할 지점을 짚어 보자. 첫째, 텍스트의 자기완결성(self-containment)에 관한 믿음이 지적된다. 가다머는 텍스트가 통일성과 일관성을 이루고 있다는 것을 전제해야 텍스트와 대화할 수 있다고 믿는다. 텍스트에 일관성이 있다는 가정을 버린다면, 해석의 비일관성이 파악될 경우에 그 원인이 텍스트에 있는지, 아니면 해석자의 오류에 있는지를 구분할 수 있는 기준을 잃게 된다. 텍스트에 일관성이 있다는 것을 가정하고, 지금까지 이해하는 부분(잠정적 이해)과 미리 그려 보는 전체('완결'된 이해)를 오가는 순환을 지속해야 타당한 이해에 도달할 수 있다는 것이다. 가다머를 비판하는 사람들은 해석적 순환이 잘못된 이해를 강화하는 악순환으로 전락할 위험성을 지적한다. 가다머도 그 위험을 인지하지만 그럼에도 불구하고 텍스트의 일관성을 전제해야 그런 악순환을 방지할 수 있는 여지가 생긴다고 주장한다(Warnke, 1987: 144-145). 이런 문제는 난제이므로 따로 연구가 필요하다. 다만 여기서는 텍스트 밖의 자료와 의견을 적용한다고 해서 이 문제가 자동적으로 해결되지 못한다는 가다머의 의견에 동의한다. 예컨대 텍스트 외의 다른 자료나 권위 있는 전문가의 의견을 적용한다고 해도, 그것들 또한 하나의 해석이므로 타당성을 확정하기 어렵기 때문이다. 그러므로 일단 텍스트의 완결성 가정을 수용하면서 그에 관한 오해를 해소하는 것이 필요하다. 예를 들자면, 교실에서 일어나는 행위를 이해하기 위해서 학교의 맥락과 교육정책의 맥락을 이해하는 일은 텍스트 밖으로 나가는 것이 아니라 부분과 전체를 순환하면서 이해를 상호보완하는 과정으로 이해하고 장려해야 한다. 앞에서 말한 '삼각측량법'을 동원하여 일반적 사례와 선행연구 혹은 관련자들의 의견을 참고하면서 자신의 해석을 점검하는 일이 유용하겠다.

둘째, 이해는 특정 텍스트와 특정 사례에 국한된 지역적 이해이므로 해석의 타당성 역시 제한된다는 비판이 있다. 이에 관해 해석학의 입장을 변호할 수 있다. 특정한 사례를 해석하지만 그 사례가 연구 관심에 적합한 특성, 즉 그 사례가 속하는 범주의 전형성(typicality) 혹은 유형성(archetype)을 갖도록 선정된다면 이 문제를 어느 정도 해소할 수 있을 것 같다. 이런 변론에도 불구하고 해석학적 지식의 이해 범위가 미시적이기 때문에 지구적 체제 혹은 거시적 변화를 고려하지 못한다고 다시 지적할 수 있다. 이에 대해 거시적 현상이 특정 사례의 삶에 어떻게 반영되어 있고 영향을 미치는가를 이해하는 노력을 통해 미시와 거시를 어느 정도 연결할 수 있다고 대응할 수 있다. 오일쇼크 같은 지구적 사건이 지역의 삶에 미치는 영향을 개인들은 어떻게 이해하는가를 관찰하고 해석하는 시도를 예로 들수 있다(Marcus & Fischer, 1986: 4장). 코로나19 팬데믹을 예로 들면 개인과 개별 교육현장에서 어떤 변화가 일어나는가를 세심하게 이해함으로써 거시적 사건의 의미와 영향, 나아가서 교육정책의 방향을 가늠할 수 있을 것이다.

　　마지막으로 가장 치명적인 비판은 텍스트의 체계적 왜곡 가능성에 관해 제기되는 내용이다. 하버마스는 텍스트가 권력자 혹은 이데올로기와 사회운영 원리에 의해 체계적으로 왜곡될 수 있다고 주장한다(Habermas, 1984: 133-136). 그런데도 불구하고 텍스트의 일관성과 자기완결성을 고집하면 왜곡을 간파하지 못하므로 이해 또한 왜곡될 것이라는 지적이다. 하버마스는 대화를 통해 인간과 사회에 관한 이해를 심화시키자는 가다머의 의견에 동의하고, 그런 방식이 실증주의보다 훨씬 타당하다고 평가한다. 이해를 의미에 관한 합의라고 접근하는 것은 지지하지만, 합의가 권력과 이데올로기에 의해 왜곡될 가능성은 경계해야 한다는 것이 비판의 골자이다(Warnke, 1987: 185-188). 합의는 대화를 통한 지평의 융합이 아니라 권력과 강제력이 작용한 결과일 수 있다. 이데올로기가 교묘하게 작동하여 합의가 왜곡되었다는 사실조차도 인식하지 못할 수 있다. 아닌 게 아니라 사회적 합의는 정의롭지 못한 권력구조를 정당화하는 역할을 자주 담당한다. 가다머는 이런 비판에 대해 대화는 비판적 성찰을 동반하기 때문에 권력의 왜곡을 탐지할 수 있다고 응수한다(Warnke, 1987: 188-190). 해석자가 예리한 사회의식을 갖고 있고 대화와 성찰에 능숙한 전문가라면 가다머의 답변처럼 대처가 가능할 수 있을 것이다. 그러나 일반 교사와 학생들이 지식교육의 과정에서 텍스트 비판을 하려면 하버마스의 지적을 진지하게 고려할 필요가 있다. 하버마스는 정신분석을 통해 무의식을 탐지하는 방식처럼 텍스트에 은폐된 권력을 간파하는 '심층해석학'을 대안으로 제시한다. 하버마스의 대안은 다음 장에서 살펴본다.

제4부 지식교육

○ 문화 차이로 인한 인식과 해석 차이

EBS에서 방영한 〈다큐프라임 – 동과 서〉는 동양과 서양이 가진 전통적 인식(지평)의 차이를 잘 보여 준다. 제2부 '서양인은 보려 하고, 동양인은 되려 한다'를 보자. 동양문화의 지평은 사물들이 자신과 관계 속에 있는 것으로 보고 자신과 사물의 상호작용을 통해 세상을 본다. 반면에 서양문화의 지평은 자신과 사물을 분리된 것으로 보고, 자신은 인식의 주체로서 사물을 대상으로 관찰하며 세상을 인식한다고 한다. 앞에서 배운 실증주의가 그런 지평이다. 이런 비교는 타당할까? 집단 내에서 개인차가 있지 않을까? 자신의 인식방식은 어떤 지평에 더 가까운지 생각해 보자. 그럼에도 불구하고 지평을 공유한다고 말할 수 있을지 생각해 보고, 지평의 차이가 초래할 수 있는 해석의 차이에 어떤 예가 있을지 이야기해 보자.

○ 생산적 선입견과 부정적 선입견의 구분

가부장적 전통에 젖어 있는 남성이 부인을 보호하고 가정의 생계를 책임져야 한다는 사명감과 선입견을 갖고 있는 사례를 보자. 예컨대 그 남성은 자신이 가부장적 선입견을 갖고 있음을 인식하지 못하다가 부인이 혼자 아프리카 여행을 가겠다고 할 때 비로소 어떤 선입견이 작동하는 것을 인식할 것이다. '설거지론'이나 '퐁퐁단'이라는 용어도 잠재해 있던 가부장적 선입견이 드러남으로써 비롯되었다고

할 수 있다. 이런 예에서 생산적 선입견과 부정적 선입견을 구분할

수 있을까?

11장. 비판이론의 지식교육:
합리성의 재구성과 이상적 담화에 의한 소통적·변혁적 지식

비판이론에 기초한 비판적 지식교육은 교육을 지배하는 이데올로기 비판에서 출발하고, 권력 억압에서 해방되는 일을 지향한다. 억압과 차별을 초래하지만 그 존재를 인식하지 못하거나 인식하기를 외면했던 이데올로기와 권력의 작용을 공동의 인식으로 끌어올리는 일이 비판적 지식교육의 시작이다. 그리고 이데올로기를 비판하면서 대안을 찾는 일을 지식교육의 주제로 이어 가야 한다. 비판이론에 의하면, 자본주의사회의 학교는 우리가 현실의 모순을 자연스럽게 받아들여서 대안을 모색하지 못하도록 우리의 인식을 형성하는 일을 수행한다. 특히 학교가 지배집단의 세계관과 이익에 일치하는 이데올로기를 전달하는 방식으로 우리의 인식과 지식을 왜곡한다고 비판한다. 따라서 비판이론은 이데올로기 비판을 통해 왜곡된 인식에서 해방되고 사회변혁의 길을 모색하는 일을 지식교육이 담당해야 한다고 강조한다. 우리가 알아볼 비판적 지식교육은 ① 이데올로기 비판과 권력 비판을 자기성찰로 연결할 수 있어야 하고, ② 소통을 통해 인식과 지식이 사회진보에 기여할 수 있도록 재구성함으로써 사회변혁의 합리적 방향을 모색할 수 있어야 한다. 비판적 지식교육을 크게 두 단계로 나누어 접근할 것이다. 첫 단계의 지식교육은 초기 비판이론과 신마르크스주의이론이 제안하는 방향으로서 도구적 이성과 이데올로기를 비판하는 과정이다. 둘째 단계의 지식교육은 후기 비판이론가인 하버마스가 제안하는 방향으로서 사회진보 과정의 재구성에 기초하여 소통역량을 증진하는 과정이다. 먼저 두 단계에 걸친 변화를 이해할 수 있도록 비판적 지식교육의 일반적인 특징과 과제를 살펴본다.

1. 비판적 지식교육의 특징과 과제

1) 비판적 지식교육의 특징

자본주의교육이 정당화하는 이데올로기와 권력관계를 비판하는 일은 마르크스주의(Marxism)와 어떤 식으로든 연결되어 있다. 왜 케케묵은 마르크스주의를 말하는가? 교육을 통해 불평등이 재생산되는 모순이 더 증대되고, 능력주의 같은 이데올로기가 그런 모순을 은폐하는 일이 더 정교해지기 때문이다. 무한경쟁을 부추기는 신자유주의와 세계화 이데올로기 또한 불평등과 모순 확대에 기여하고 있다.

학교교육을 시장경쟁 논리가 장악하고, 사교육시장이 공교육을 대체함으로써 계급과 사회집단 사이에 학력격차와 기회격차가 커지고 있다. 마르크스주의이론은 자본주의의 모순을 초래하는 역사적 '총체성'을 비판하는 동시에 개인과 집단이 특정한 시점에서 주체적 인식을 형성할 가능성을 모색한다. 역사적 총체성과 상황적 특수성을 연관 지어서 인식하면서 대안을 모색해야 한다. 아직 마르크스주의이론이 필요하다는 다음의 주장에 동의한다.

> 우리에게는 아직 마르크스적 사유가 필요하다. 마르크스주의가 충분하지 않아도 그 어느 때보다 꼭 필요한 이유는 자본주의사회를 이해하고 비판하고 변혁해야 자본주의가 초래하는 인종주의, 가부장주의, 혐오, 환경파괴 등에 대처할 수 있기 때문이다. 자본의 시장 독점과 착취가 전지구적으로 확산되면서 계급갈등, 게걸스러운 소비주의와 이기주의, 혐오와 공포를 조장하는 부족주의(tribalism), 광신적 국가주의가 증폭되므로 이에 맞서서 자유를 쟁취하기 위한 지적 투쟁의 일부로 마르크스적 사유를 다듬어야 한다. (West, 1991: xiv)

한국 사회에서는 마르크스주의이론이 공산주의 등의 특정 체제를 지지한다고 비난하는 사람들이 꽤 있다. 분단 상황에서 그런 걱정이 들 수 있다. 그러나 우리의 관심은 특정 정치체제가 아니다. 비판이론이 시도하는 것처럼 역사적 총체성이 작동하지만 그것이 어떻게 작동하고 그것을 어떻게 변혁하는가는 특정 시점을 살고 있는 행위자들의 인식에 의해 달라진다는 방식으로 마르크스주의이론을 이해한다.

비판이론에 기초한 지식교육은 마르크스주의와 연관된 몇 가지 흐름을 조명한다.[27] 첫째, 자본주의체제가 착취와 빈곤, 억압과 소외, 부정의와 불평등을 초래한다고 비판하고 변혁을 모색하는 일을 지식교육의 중심으로 삼는다. 비판이론은 사회와 교육의 억압에서 해방될 수 있도록 인식의 변화를 제안하는 해방이론이다. 둘째, 현실 비판과 변혁에 깊은 관심을 갖는 일은 탐구와 인식, 즉 지식교육의 '타당성'을 방해하는 것이 아니라 오히려 필수조건이라고 주장한다 (Blake & Masschelein, 2003). 비판이론에 의하면, 인간의 관심이 탐구의 방식과 지식의 내용을 구성한다. 예컨대 현 상황을 관찰하는 일은 특정한 관심과 특정한 질문에 의해 시작되고 진전된다. 학교교육이 재생산하는 불평등에 대한 관심, 그리고 정의로운 교육제도에 대한 관심은 타당한 인식과 지식을 형성하고 변혁을 모색하는 탐구의 필수적인 조건이다. 셋째, 개인의 사회적 위치, 특히 계급에 의해 인식이 형성된다고 지적하고, 계급 인식을 왜곡하는 권력과 이데올로기를 비판하는 교육에 주력한다. 비판적 교육(critical pedagogy)은 학교가 지배계급의 이데올로기를 학생들이 '진리'라고 믿게 유도함으로써 지배계급의 이익을 일반적 이익으로 착각하게 만든다고 폭로한다. 지배계급

27 탁월한 이론이나 진지한 이론은 모두 비판적 관점을 갖고 있으므로 일반적 의미에서 비판이론이라고 부를 수 있다. 예컨대 소크라테스 등의 그리스 철학에서 자기성찰이 비판의 형태로 제시된다. 근대적 의미의 비판은, 칸트가 계몽의 시대가 열리는 것을 알리면서 선언한 대로 이성에 의한 비판적 태도와 판단에서 시작된다고 볼 수 있다. 우리가 논의하는 비판이론은 본문에서 설명하는 이론으로 한정한다.

의 특수한 이익을 자신의 이익이자 공동의 이익이라고 착각하게 만들기 때문에 이데올로기는 '허위의식(false consciousness)'이다.[28] 현실을 은폐하고 왜곡하기 때문에 이데올로기는 환상이다. 비판이론은 이데올로기의 '가면을 벗기는 일(unmasking)'과 '탈신비화(demystification)'를 실행하는 해방적 교육을 제안한다.

마지막으로 정의로운 사회를 향한 변혁을 강조하고, 계급 권력의 비판을 다양한 형태의 권력 비판으로 확장한다. 비판이론은 계급뿐 아니라 젠더, 장애, 인종, 지역 등의 사회적 범주로 인해 억압받는 사람들이 인식을 공유하고 연대를 증진하기를 요청한다. 차별과 억압은 경제적 조건뿐 아니라 교육과 문화 등 사회의 여러 측면에서 작동하므로 경제 권력뿐 아니라 다면적 권력을 비판해야 한다. 그리고 다양한 사회집단의 인식과 비전을 수렴하는 일이 요구된다. 지역 차원의 문제를 기후위기 같은 지구 차원의 문제로 연결하는 기획도 필요하다. 이런 기획에 의해 '신사회운동(new social movements)'과 '정체성의 정치'라고 부르는 새롭고 다채로운 투쟁이 나타난다. 계급을 중심에 두어야 하는가, 아니면 젠더 등의 다른 조건을 중심에 두어야 하는가를 둘러싸고 갈등이 일어나기도 한다. 그런 갈등은 인식의 지평이 성장하는 계기가 될 수 있다. 비판이론과 비판적 교육의 방향은 차별과 억압을 정당화하는 권력과 이데올로기를 다각도에서 비판하는 일로 모아진다.

28 이데올로기를 허위의식으로 보는 의견은 신마르크주의의 일부 학자들, 예컨대 알튀세르와 하버마스 등이 부정한다. 이 책 356쪽, 362쪽을 참조.

2) 비판적 지식교육의 과제:
성찰과 비판을 통한 자기변혁과 사회변혁

비판이론은 지식교육의 관점에서 볼 때 다음과 같은 과제를 갖는다. ① 권력과 이데올로기에 의해 인식과 지식이 왜곡되고 정당화되는 것을 비판해야 한다. ② 타당한 인식과 지식의 기준을 제시함으로써 비판의 기준으로 활용함과 동시에 더 정의로운 사회를 추구할 동력으로 삼아야 한다. ③ 타당한 인식과 지식의 기준을 먼저 자기성찰과 자기변혁에 적용함으로써 사회변혁으로 이어지게 안내한다. 비판이론은 '이중 과제'를 떠안는데 그것은 기존 인식론을 비판하는 동시에 새로운 자신과 사회를 향한 인식의 전환을 제안해야 하는 것이다. 이데올로기 비판은 지배 권력과 교육제도를 향한 비판과 더불어서 자신의 인식에 관한 성찰을 꼭 포함해야 한다. 자신의 관점이 형성되고 사회적 위치가 정해지는 과정에 왜곡과 불평등이 작용하고 있음을 인식하고 성찰해야 한다. 권력과 이데올로기 비판이 자기비판과 자기성찰과 결합되어서 자신의 지식과 관점을 변혁해야 세상을 변혁하는 일로 이어질 수 있다. 여기서 비판이론의 핵심 주제가 등장한다. 자신의 인식과 지식이 이미 이데올로기에 의해 왜곡되었는데 어떻게 그 왜곡을 비판하고 그것으로부터 해방될 수 있는가라는 의문이다. 자신의 인식이 이미 '허위의식'과 일체화되었는데 그것을 분리해 내어 자신과 체제를 비판하는 길을 열기는 쉽지 않다. 자신의 인식을 이해하는 난제에 대응하기 위해 비판이론은 지식을 좁게 규정하지 않고, 지식 구성의 맥락이 되는 이성과 합리성에 연관시켜서 넓게 탐구한다. 이에 따라 확장과 분화가 진행된다. 그 방향은 근대성과 계몽주의 비판, 실증주의에 기초한 과학주의와 도구적 이성 비판, 가부장제 비판, 문화식민주의 비판 등 여러 갈래로 확장된다. 변혁의 주체를 노동계급에 한정하지 않고 젠더, 인종 등의 사회집단으로 확장한다. 또한 이데올로기를 허위의식과 환상으로 파악하지 않고 합리성을 지닌 것으로 이해하는 접근이 있다. 이런 접근은 이데올로기 대신 담론(discourse), 헤게모니(hegemony), 프레임 등의 개념을 도입한다. 자본주의 비판은 공유하지만 이데올로기가 개인의 정체성을 구성하는 데에 필수적인 역할을 하는 것으로 여기는 입장도 있다. 이런 입장 중 일부는 이데올로기에서 해방되고 전면적 변혁을 주도하는 일은 불가하다고 여기므로 포스트모던이론 등으로 문턱을 넘어간다.

2. 도구적 이성과 이데올로기 비판

초기 비판이론과 신마르크스주의(neo-Marxism)이론에 의하면, 학교는 자본주의에 적합한 인력을 재생산하기 위해 여기에 필요한 도구적 이성과 도구적 지식을 전달한다.[29] 두 이론 모두 경제구조가 교육과 문화 등의 모든 사회생활을 지배한다는 고전적 마르크스주의

---

29 초기 비판이론을 신마르크스주의의 하나로 분류하기도 한다. 신마르크스주의는 문화적 마르크스주의(Cultural Marxism) 혹은 서구 마르크스주의(Western Marxism)라고도 부른다. 두 이론 모두 고전적 마르크스주의(Orthodox Marxism)의 경제결정론이 지나치게 단순하다고 간주하여 '저속한 마르크스주의(Vulgar Marxism)'라고 비판한다. 두 이론은 각각 다양한 이론들을 포괄하고 있을 뿐 아니라 두 이론 간에 차이도 드러낸다.

의 경제결정론을 거부한다. 대신 교육과 문화 등의 사회제도가 이데올로기 전달을 통해 개인의 의식을 자본주의 계급에 적합하도록 재생산하는 과정에 초점을 둔다. 자본주의체제가 유지되기 위해서는 경제구조의 재생산, 그리고 개인의 계급의식과 사회역할의 재생산이 동시에 요구된다는 데에 착안하여, 두 종류의 재생산을 결합시키는 기능을 이데올로기가 수행한다고 주장한다. 이데올로기는 경제구조와 사회제도가 충돌하지 않게 만드는 역할을 한다.

이데올로기의 역할을 알기 위해 사회가 경제구조(the base, infrastructure, 토대)와 사회제도(superstructure, 상부구조)라는 두 영역으로 구성된다는 것이 전제되어야 한다. 토대는 경제구조로서 생산양식(생산력과 생산관계의 결합)에 의해 구성되고, 노동을 통해 생산이 이루어지는 영역이다. 토대는 생산양식에 적합한 사회관계와 인식에 관련된 상부구조를 결정하는데, 상부구조에는 문화, 교육, 종교, 사회제도, 정치권력구조와 국가 등이 포함된다(Marx, 1988a: 389). 자본주의가 갈등을 조절하는 기제는 무산계급이 유산계급의 이데올로기를 자신의 것으로 인식함으로써 경제적 토대가 상부구조를 결정하고 지배하게 만드는 것이다. 마르크스는 생산력을 소유하는 계급의 생각이 교육 등의 상부구조에 그대로 반영되어야 한다고 설명한다.

> 생각, 개념과 의식의 생산은 실제 삶을 나타내는 언어라고 할 수 있는 물질적 활동과 물질적 상호작용이 연관되어서 생산된다. […] 정치, 법, 도덕, 종교, 형이상학 등의 언어에서 나타나는 정신적 생산도 마찬가지로 물질적 영향에 의해 결정된다. […]

모든 이데올로기는 '카메라 옵스큐라(camera obscura)'처럼 인간과 환경의 현실을 아래위를 뒤바꾸어 보여 준다. 이런 현상은 눈의 망막이 물리적 삶의 과정을 전도하는 것처럼 역사적 삶에서 일어난다. [···] 모든 시대에 걸쳐 지배계급의 생각이 지배적인 이데올로기가 된다. 즉 사회의 물질적 생산력을 지배하는 계급이 지적 생산력도 지배한다는 뜻이다. [···] 지배계급은 자신들의 특수한 이익을 모든 구성원들의 공동 이익인 것처럼 위장한다. 지배 이데올로기는 보편성을 갖추게 되고 유일하게 이성적이면서 보편적인 타당한 생각으로 자리 잡는다. (Marx & Engels, 1986: 47, 64, 66)

국가와 교육 등의 상부구조는 지배계급의 이익이 보편적 이익이라고 착각하게 만드는 이데올로기를 환상과 허위의식으로 조장한다. 노동계급은 자신의 이익과 의식이 아니라 지배계급의 이익과 의식을 자기 것으로 착각하는 허위의식을 갖게 된다. 이데올로기의 역할을 이해함으로써 경제구조가 정치, 교육, 문화 등의 상부구조를 결정하지만 그 과정이 기계적인 것은 아니라는 것을 알 수 있다. 학교가 이데올로기 재생산에서 어떤 역할을 하는가를 비판해야 한다.

1) 도구적 이성과 계급재생산 비판

초기 비판이론가인 아도르노는 생산력 증대와 계급재생산이라는 목적에 기여하는 도구적 이성만이 이성으로 군림함으로써 이데올로기의 역할을 하게 된다고 비판한다. 도구적 이성을 이데올로기로 추종하는 일이 자본주의교육에서 학습되고, 도야(자기이해와 자기형성)라는 계몽주의적 이성의 전통은 타락한다. 아도르노(Adorno, 1993)는 자본주의 재생산에 종사하는 교육을 '절반의 도야, 절반의 교육(*Halbbildung*, half-education)'이라고 지적한다. 원래 교육은 개인적 자율성과 사회적 적응을 동시에 확대하는 도야의 역할을 담당해야 한다. 그러나 자본주의교육은 체제에 순응하는 도구적 이성만을 학습하게 함으로써 개인의 자유와 자율성을 퇴보시키므로 그 목적의 절반밖에 추구하지 못한다. 절반의 교육은 직업훈련, 소비욕망 충족, 얄팍한 교양 추구 등 사회적응을 위한 피상적(ephemeral) 학습에만 집중한다. 아도르노(T. W. Adorno)와 호르크하이머(M. Horkheimer) 등의 비판이론가들은 특히 우리가 앞에서 배운 실증주의가 과학기술과 도구적 이성에 대한 맹신을 주도한다고 비판한다. 사고하고 행동하는 일은 목적 실현에 적합한 수단을 선택할 때에 합리적이라고 정당화할 수 있다. 그러나 학생들은 행위의 목적이 체제에 의해 주어지는 것으로 학습하고, 행위의 효율성을 높이는 일에만 몰두하게 됨으로써 자본주의의 도구로 전락한다. 도구적 이성만 발달한 노동자들은 삶의 목적을 선택하는 능력을 상실한 채, 대중문화산업(culture industry)이 조장하는 쾌락에 매혹되고 쾌락을 소비하는 데에 열광한다.[30] 자본주의교육과 문화는 욕망을 지배하고 사유를 마비시킴으로써 노동자들이 체제를 비판할 수 있는 능력을 제거한다. 초기 비판이론은 도구적 이성이

---

30 실제 논의는 이보다 정교하다. 예컨대 저항이 오히려 재생산을 강화한다는 등의 해석이 시도된다.

이데올로기로 작동하고 있음을 폭로하고 비판하지만 통쾌한 대안을 제시하는 일을 망설인다. 사회혁명과 교육변혁의 가능성을 제시하기 어렵게 된다.

1970년대 이후 등장한 '신교육사회학(new sociology of education)', 비판적 교육학과 재생산이론은 이데올로기 비판을 적극 수용한다. 학교교육은 특히 두 가지 방식으로 이데올로기를 재생산하는 것으로 보고된다. 첫째, 출신 계급에 따라 다른 종류의 지식이 분배된다. 지배계급의 학생들은 지도력과 창의력을 발휘하도록 교육받는 반면에, 노동계급의 학생들은 지시에 순종하는 성실한 노동자가 되도록 훈련받는다. 노동계급의 학생들은 주로 도구적 지식과 기술만을 학습하는 것이다. 예컨대 상류 계층의 학생들은 지식을 만들 수 있다고 여기는 반면에, 노동계급의 학생들은 지식을 따라야 한다고 믿는다(Anyon, 1981). 둘째, 지배계급의 관점을 정당화하는 지식이 '공식적 지식(official knowledge)'과 보편적인 지식으로 선택되고 학습된다(Apple, 1993). 공식적 지식을 학습한 학생들은 지배계급의 관점으로 세상을 보는 데에 익숙해진다. 예컨대 불평등과 억압은 능력의 차이에 따른 결과이므로 정당하다고 수용하게 된다. 아울러 '잠재적 교육과정 (hidden curriculum)'을 통해 계급과 사회적 위치에 적합한 태도, 성향과 행동유형을 학습하게 된다. 잠재적 교육과정은 드러나지 않는 교육과정으로서 학교의 분위기, 언어, 문화와 규칙을 통해 특정한 행동 변화를 유도할 수 있다. 예컨대 특수목적고등학교의 문화는 학생들의 자율성을 진작하는 반면에, 일부 특성화고등학교의 문화는 복종을 기대하는 차이가 나타날 수 있다. 학교문화에 잠재된 교육과정으로 인해 전자의 학생들은 자신들을 유능하고 유망한 존재로 인식하고, 후자의 학생들은 자신을 열등하거나 무력한 존재로 인식할 가능성이 크다. 학교가 이데올로기와 권력관계를 재생산함으로써 학생들의 정체성을 형성하고, 특정 계급에 배치하는 일은 젠더, 인종, 지역에 관련된 사회적 위치를 재생산하는 일과 결합된다. 이데올로기 비판은 권력관계를 정당화하는 지식과 정체성을 전달하는 방식으로 학교가 불평등을 재생산하는 과정을 폭로한다. 이데올로기 비판은 프레이리의 의식화교육이론, 부르디외(P. Bourdieu)의 문화재생산이론 그리고 여성주의이론 등과 결합되어 다양한 형태의 이데올로기 비판으로 확장된다.

2) 교육의 상대적 자율성 인정

초기 비판이론과 신마르크스주의이론의 업적 중 하나는 재생산과정이 이데올로기 학습을 통해 자발적으로 이루어진다는 점을 발견한 것이다. 지배집단은 계급재생산을 위해 가급적이면 폭력을 행사하거나 강압하지 않으려고 한다. 학교는 이데올로기 전달을 통해 계급재생산을 수행하고 지배계급의 이익에 기여한다. 국가는 학교가 재생산 기능을 실행하도록 통제하고 있으므로 학교를 '이념적 국가기구(ideological state apparatus)'라고 부른다(Althusser, 1971). 이념적 국가기구는 군대와 경찰 등 폭력에 의존하는 억압적 국가기구와 달리 지배질서에 자발적이고 자율적으로 복종하게 하는 기능을 수행한다. 그런 자율성과 자빌성은 경제구조와 정치권력이 학교에 '상대적 자율성

(relative autonomy)'을 허용하기 때문에 가능하다. 초기 비판이론과 신마르크스주의이론은 경제적 토대가 상부구조를 결정한다는 마르크스의 주장이 늘 일방적인 결정을 의미하는 것은 아니라고 해석한다. 이데올로기가 그 관계를 매개하므로 교육 등의 상부구조는 상대적 자율성을 갖는다는 것을 강조한다.

알튀세르(L. Althusser, 1982: 117-118)는 "상부구조의 다양한 요소들은 자신의 형식(역사적 투쟁)을 결정하는 과정에서 종종 결정력을 발휘한다"는 엥겔스의 말을 인용하면서, 상부구조는 상대적인 자율성을 갖고 있다고 해석한다. 알튀세르(1971)는 다양한 이데올로기들이 생성되고 경쟁한다는 것을 조명하면서, 지배 이데올로기를 추종하는 것이 필연은 아니므로 상대적 자율성이 생성될 가능성을 논의한다. 이 논의는 우리가 체계적 인식을 갖게 되는 과정을 어떤 이데올로기가 자신을 '호명(interpellation)'할 때, 거기에 응답하고 '영접'하는 과정이라고 비유한다. 이런 수용과정을 '접합(articulation)'이라고 하는데 아닌 게 아니라 우리는 여러 이데올로기에 동시에, 혹은 순차적으로 접합될 수 있다. 다양성과 접합의 설명은 또 다른 가능성을 연다.[31] 그러나 이런 이데올로기가 아니라 저런 이데올로기로 접합하는 일은 우연히 이루어지는 것이 아니고, 학교교육에서 체계적으로 이루어진다. 그런데 이데올로기 비판연구에서 학교의 상대적인 자율성을 찾기 어렵다. 학교의 이데올로기는 경제구조의 규범과 질서를 그대로 반영하여 그저 경제구조를 재생산하는 역할을 할 뿐이다. 학교 등의 상부

---

31 홀(S. Hall)을 비롯한 '문화연구(Cultural Studies)' 학자들은 접합 개념을 활용하고 확장하여 대중문화와 교육을 이해하고 대안을 모색하는 데에 기여한다. 폴 윌리스(P. Willis)도 이 흐름의 연구자다.

구조는 경제구조의 체계를 그대로 반영한다는 설명이므로 '반영이론 (reflection theory)' 혹은 '재생산이론(reproduction theory)'이라고 부른다. 또한 토대와 상부구조 그리고 노동현장과 학교의 질서가 서로 대응하므로 '대응이론(correspondence theory)'이라고 부르기도 한다. 게다가 알튀세르 는 상부구조(학교)가 자율성을 발휘하는 상황은 있지만 결국 '최종적 국면(in the last instance)'에서는 토대가 상부구조를 결정한다는 주장을 제 기한다.[32] 물론 최종적 국면은 결코 오지 않을 수 있다고 말하지만 상 대적인 자율성이 과연 자율성인가에 관한 의심을 거둘 수 없다. 지식 교육의 과정으로 이데올로기 비판을 실행해도 결국 경제결정론에 편 입된다면 한계가 크다고 할 수 있다.

3) 이데올로기 간파와 저항문화의 창조: 비판적 교육연구의 사례

지배 이데올로기에 대항하는 저항 이데올로기의 가능성을 생 각할 수 있다. 이제는 교육연구의 고전으로 꼽히는, 내가 가장 감명 깊게 읽었던 책인 『학교와 계급재생산』의 이야기를 하고 싶다. 노동 계급 출신의 문화연구자 폴 윌리스(1978)는 노동계급의 일부 청소년들 이 노동자가 되는 과정은 능동적 선택의 과정이라고 참여관찰연구에 서 밝힌다. 그 고등학생들은 거친 남성성을 으스대는 '싸나이들(lads)' 이다. 그들은 학교가 제공하는 지식과 규범을 수용하면 지적 노동자 가 될 수 있다는 것을 알지만, 지적 노동의 우월성을 허위의식이라고

---

32 Marx & Engels(1986: 55)에서 "최종적 국면(in the last instance)"이라는 표현이 등장한다.

규정하고 거부한다. 지배 이데올로기의 호명에 응답하지 않고, 지배 이데올로기에 접합되기를 거부하는 것이다. 지배 이데올로기는 개인들의 신분 상승은 보장할지 모르겠지만 자신들의 정체성, 즉 사내다움을 포기할 것을 요구할뿐더러 동료 집단 전체에게는 아무런 보상을 제공하지 못한다는 것을 꿰뚫어 보기 때문이다. 이렇게 지배 이데올로기의 모순을 알아채는 일을 '간파(penetration)'라고 부른다. 자본주의교육의 모순을 간파한 '싸나이들'은 학교문화를 지탱하는 지식과 규범을 거부한다. '싸나이들'은 반학교문화 창조를 통해 집단저항을 감행하면서 육체노동자로 재생산된다. 저항 이데올로기는 간파에도 불구하고 저항으로 끝난다. 그들은 '해방'되지 못한 채 노동현장에서 착취에 시달린다. 여성과 이민자 같은 사회적 약자들을 차별하고 억압하는 짓을 일삼는다. '싸나이들'의 이야기는 노동계급을 계승하는 것으로 끝나는 것처럼 보인다. 그러나 일부 비주류 학생들의 투쟁은 지배 이데올로기와 재생산 기제가 불확실하며 항상 저항에 직면해서 균열이 일어날 수 있음을 조명한다.

저항문화(counter-culture)가 생성된다는 관찰에서 저항권력(counter-power) 창출의 가능성을 찾을 수 있다. 이런 가능성은 지배 이데올로기가 일방적으로 작용하는 것이 아니라 피지배집단의 동의를 얻어야 효력을 발휘할 수 있다는 것을 증언한다. 신마르크스주의자인 그람시(A. Gramsci)는 '헤게모니(hegemony)'라는 개념을 통해 피지배계급의 동의를 얻어야 지배계급의 이데올로기가 지적, 도덕적 통제력을 갖게 된다고 설명한다(Gramsci, 1987: 12, 333). 헤게모니는 쌍방적 권력관계를 내포하므로 학교지식은 늘 이데올로기 비판과 저항에 직면할 긴장을 안고 있다. '싸나이들'의 사례는 이런 비판과 저항이 실제로 일어나고, 그들이 선택의 주체가 될 수 있다는 것을 생생하게 보여 준다. 이데올로기 비판과 저항은 분명 용기 있고 소중한 일이지만, 재생산체제에 도전할 만한 대안적 지식과 변혁적 합리성의 방향을 끌어내기는 어렵다. 그런 한계는 비판과 저항이 새로운 교육의 성과가 아니라 노동계급의 그릇된 남성성을 모방하는 데에 그치기 때문일 것이다. 저항이론을 지지하는 입장, 예컨대 헨리 지루(H. A. Giroux) 같은 학자들은 시민교육 등을 통해 변혁적 실천자 형성의 방향을 찾기 위해 분투한다. 전환이 필요하다.

4) 한계

　　초기 비판이론과 신마르크스주의이론이 지지하는 지식교육은 이데올로기 비판이다. 이데올로기 비판을 통해 자본주의교육의 부정적 측면은 잘 간파할 수 있지만 긍정적 대안을 생성하기는 버겁다. 이데올로기 비판이 이데올로기를 대체하는 인식과 지식을 창조할 수 있는 희망을 제공하지는 못한다는 말이다. 하버마스(1984: 384)의 표현을 빌리면 이같이 '우울한 비판'으로 인해 과연 교육이 세상과 자신을 타당하게 인식하고 변혁할 수 있는 가능성을 제공할 수 있는가에 관한 질문을 던지게 된다. 그런 의문의 원인을 알아보자.

　　첫째, 자본주의교육이 단지 도구적 이성만을 전달한다거나, 도구적 지식은 모두 이데올로기라는 주장은 지나친 단순화인 것 같다. 모든 도구적 지식이 이데올로기에 불과하다는 주장은 정당화하기 어렵다. 지식이 권력의 관점을 반영한다고 평가할 수 있지만 모든 지식이 이데올로기라는 것을 어떤 기준에 의해 단정 지을 수 있는가? 또한 지식이 이데올로기의 역할을 수행한다는 주장과 지식 자체가 이데올로기라는 주장은 구분해야 한다. 전자의 주장에서 후자의 주장으로 비약해서는 안 된다. 어떤 도구적 지식은 학습할 가치가 있는 지식이다. 게다가 학교에서 도구적 지식만을 학습하지는 않는다. 예컨대 해석과 비판도 학습한다. 둘째, 도구적 이성만을 근대적 계몽의 유일한 이성으로 단정하는 경향이 큰 문제로 보인다. 그래서 도구적 이성이 이데올로기로 작동하여 지배와 억압을 은폐한다는 결론과 함께 모든 이성에 대한 희망도 사라지고 사회진보의 이상도 포기하게 된다. 마지막으로 이데올로기 비판에는 자신의 인식이 왜곡되어 있다는 자기성찰이 꼭 포함되어야 한다고 강조했는데 자기성찰을 수행할 수 있는 방향을 찾기 어렵다. 비판이론의 핵심 주제는 자신의 인식이 이데올로기에 의해 왜곡되었음에도 불구하고 비판할 수 있는 방향을 탐색하는 일인데 이런 일을 학생들이 실행하도록 어떻게 안내할 수 있을까? 이런 한계는 하버마스가 비판이론을 재구성하는 발판이 된다.

3. 소통역량의 증진을 통한 자기성찰과 사회비판

하버마스는 초기 비판이론이 좌초한 지점에서 새로운 비판이론을 구성하기 시작한다. 하버마스는 자유롭고 평등하며 합리적인 소통을 통해 이데올로기를 비판하는 동시에 타당한 지식을 재구성할 수 있다고 주장한다. 이상적 소통을 통한 합리성과 지식의 재구성은 더 타당한 사회규범과 사회비전을 공동으로 모색하도록 안내한다. 합리성과 지식의 재구성은 근대의 약속으로 여겨지는 자유와 자율 그리고 자기결정과 평등을 가능하게 한다. 하버마스의 비판이론은 소통의 왜곡에 의해 자유와 평등이 억압되는 것을 비판할 뿐 아니라, 더 이상적인 소통과 더 보편적인 지식의 추구를 통해 우리가 사회변혁의 공동 주체가 될 수 있다는 희망을 제시한다. 하버마스가 지지하는 지식교육에 의하면, 지식은 우리의 관심과 소통의 구성물이므로 지식의 용도와 타당성을 성찰하고 개선할 수 있는 가능성 또한 소통을 통해 모색해야 한다. 비판적 지식교육은 합리성과 지식에 의해 형성되는 사회제도와 우리 자신을 협업적으로 성찰하고 변혁하는 소통의 과정이므로 소통역량을 증진하는 일에 주력해야 한다.

1) 소통적 합리성을 향한 지식교육

하버마스는 아도르노, 호르크하이머 등의 초기 비판이론이 주체의 의식만을 사회진화의 동력이라고 믿음으로써 주체들 사이의 소통을 간과하고 한계에 봉착한다고 설명한다. 오직 주체(개인, 집단)가 대상을 의식하고, 그 의식에 의해 대상을 조작하는 행위만이 역사를 추동한다고 여긴 오류가 있다는 것이다. 초기 비판이론의 관점은 대상을 통제하려는 목적에 적합한 도구적 합리성을 합리성의 전부로 오해한다. 그러므로 도구적 합리성에 의해 지배되는 자본주의체제를 비판할 수 있는 합리성의 근거를 상실하게 된다. 이를 극복하기 위해 하버마스는 행위의 목적과 의미를 협의하는 소통적 행위가 사회진화를 이끄는 중심 동력이라고 주장한다. 도구적 행위는 목적 수행에 적합한 수단을 채택하는 합목적적 행위인데 그 목적은 소통에 의해 결정된다는 것이다. 인류는 구성원들의 활동을 사회적으로 조정함으로써 진화하고, 이런 조정은 소통에 의해 이루어진다고 믿는다. 생산력의 발전도 과학기술에 관한 소통에 의해 이루어지고 특히 역할과 보상의 배분 등에 관한 생산관계는 소통에 의해 결정된다. 그러므로 경제체제의 재생산을 포함하여 넓은 의미의 사회진화는 소통적 행위와 소통적 합리성을 추구함으로써 이루어진다고 볼 수 있게 된다 (Habermas, 1984: 397). 이런 전환은 의식의 패러다임에서 언어 패러다임으로 그리고 '주체의 철학(a philosophy of subject)'에서 상호주체의 철학으로 전환하는 것을 뜻한다. 이에 따라 주체들이 서로 언어를 활용하여 소통하는 실제 방식(화용론)에 초점을 두게 된다. 소통적 합리성에 의해 사회진보의 방향이 결정된다면, 소통을 통해 방향을 민주적으로 검증하고 합의할 가능성을 제시해야 한다. 소통적 합리성을 사회진화의 중심으로 삼으면, 사회의 합리화에 의해 전개되는 진보와 계몽의 이상을 유지하는 동시에 이상을 왜곡하는 지배와 억압을 비판하는 기준을 제시할 수 있다.

소통적 합리성은 우리가 비판이론의 필수 조건으로 제시한 과제를 해결하는 방안을 제시한다. 무엇을 어떻게 비판해야 하는가의 기준을 소통 참여자들이 검증하여 합의해야 한다고 전제하면, 검증에 관한 요구는 참여자들이 자신들의 신념도 소통을 통해 성찰하고 비판하도록 안내할 수 있다. 소통의 과정에서 모든 의견이 검증되기 때문에 자신의 의견과 관점을 검증할 기회, 즉 자기비판과 자기성찰의 기회가 제공되는 것이다. 소통의 과정에서 자신의 의견을 타당하게 향상시키려고 노력하면 자기성찰과 자기수정이 더욱 증진된다. 자기이해와 자기성찰은 정신분석처럼 외부 전문가에 의해 부여되는 것이 아니라 보통 사람들이 소통을 통해 실행할 수 있는 방안을 제시하는 것은 비판이론에 활력을 불어넣고 유용성을 높인다. 타자의 의견의 타당성을 검증할 뿐 아니라 자기이해와 자기성찰을 진작하는 소통은 비판이론의 지식교육의 모델을 제공한다. 이런 전환은 특히 개인의 가치와 관심이 다원화되는 사회현상에 부합할 수 있을 것 같다. 소통을 통해 합의에 도달하면 혹은 합의에 도달하지 못할 정도의 이질성을 확인하더라도 그것은 민주적이고 협력적인 검증을 거쳤다는 정당성을 확보하기 때문이다. 하버마스가 제안하는 소통은 일상의 대화가 아니고 타당성 검증을 가능하게 하는 엄격한 조건을 충족해야 하는 소통이다. 비판적 소통의 요건을 갖춘 소통에 참여하면서 가장 타당한 의견에 합의하는 경험을 하는 과정을 비판적 지식교육의 모델로 탐구해야 한다.

2) 지식의 합리적 재구성에 의한 자기성찰과 사회비판의 기준 수립

하버마스가 지지하는 지식교육은 인간의 해방과 자유를 확대하는 데에 활용할 수 있는 비판이론을 학습하는 일이다. 그의 비판이론은 자본주의체제에서 해방되는 것만이 아니라 인류 역사 전반에서 보편화할 수 있도록 해방과 자유를 포괄하는 관심을 실현하는 작업이다. 이런 구상에서 특정한 지식은 특정한 관심에서 비롯되므로 지식과 관심(interests)은 뗄 수 없다는 주장이 부각된다. 이에 따라 마르크스의 유물론적 역사관을 사회진화의 역사로 재구성하고, 진화를 인간해방의 확대과정으로 재구성한다. 유물론적 역사관은 생산양식이 역사를 주도한다고 파악하는 반면에, 하버마스(1971)는 물질적 해방과 상징적(symbolic) 해방의 두 축이 사회진화를 이끈다고 말한다. 물질적 해방은 과학기술의 발전과 재화의 축적에 의해 환경의 제한에서 해방되어 생존을 안정화하고 욕망을 충족하는 과정이다. 상징적 해방은 전통과 권위에서 해방되어 삶의 목적과 의미를 인간 스스로가 합리적으로 만들어 가는 과정이다. 하버마스는 두 유형의 해방에 대한 관심이 각각 도구적 합리성과 소통적 합리성을 구성한다고 주장한다. 도구적 합리성과 소통적 합리성이 갈등하기도 하지만 상호보완이 이루어지는 정도에 따라 사회진화가 이루어진다. 두 종류의 합리성이 생산적 긴장관계를 유지한다는 점에서 변증법의 관점은 지속된다. 비판이론은 사회진화의 관심을 실현하기 위해 도구적 합리성과 소통적 합리성이 해방에 어떻게 작용하는가를 기준으로 삼아서 사회제도와 인간 활동을 평가하고 변혁할 것을 제안한다.

지식교육 역시 이런 관심을 구분하고 그에 적합한 기준을 채택하여 활용하는 일에 주력해야 한다. 하버마스가 말하는 합리성과 지식 그리고 행위의 개념을 더 들여다보자. 그는 "우리가 합리적이라는 표현을 사용할 때 우리는 합리성과 지식이 밀접하게 관련된다고 가정한다. […] 합리성은 지식의 소유 여부보다는 지식을 학습하고 사용하는 행위에 관련된다"고 설명한다(Habermas, 1984: 8). 즉 추구하는 목적에 적합한 지식을 활용할 때 그 행위를 합리적이라고 판단하는 것이다. 지식을 합리적으로 사용하는 방식에 따라 행위는 크게 두 가지로 나타난다. 첫째는 개인의 목표 달성과 성공을 위한 도구로 지식을 사용하는 도구적 행위이다. 이 경우에 합리성은 목적 달성의 도구와 성공의 전략이 되므로 도구적 합리성, 합목적적 합리성(teleological rationality), 목적합리성(purposive rationality) 혹은 수단-목적 합리성(means-ends rationality)이라고 부른다. 과학기술뿐 아니라 사회적 기술(예: 스키너의 조건화 기술)도 목적을 달성하는 데에 적합한 효율적 기술과 수단을 제공하여 목적합리성을 제고한다. 외부 세계와 사람들을 조작하고 통제하려는 목표가 주어져 있으므로 그 주어진 목표를 가장 효율적으로 달성하는 방법을 찾는 것이 도구적 합리성의 역할이다. 그러나 우리는 '합리적'이란 말을 효율과 비효율을 평가할 때만 사용하지 않고, 그것들이 더 상위의 어떤 목적에 관련되는가를 평가하는 더 넓은 용도로 사용한다(Habermas, 1984: 10). 그러므로 도구적 합리성보다 더 넓은 의미의 합리성이 요구되는데 그것이 소통적 합리성이다. 두 번째 행위 유형은 소통적 행위로서 타인과 소통하면서 이해와 합의에 도달하기 위해 지식을 사용하는 소통적 합리성을 지향한다. 소통적 합리성은 상호작용의 기본형인데 다양한 형태의 논쟁을 통해 자신과 타인의 의견의 타당성을 검토하는 합리성이다. 하버마스(1984: 10)는 이렇게 설명한다.

소통적 합리성은 구속되지 않고 통합적이며 합의를 지향하는 논쟁적 대화의 타당성에 관한 경험에 근거하고 있다. 논쟁적 대화의 과정에서 참여자들은 합리성을 충족하려는 신념을 공유하면서 자신의 주관적 견해를 극복하고, 객관적 세계의 통합성은 물론 생활세계(the lifeworld)의 상호주관성을 확보할 수 있다.

소통적 합리성은 구성원들이 소통하면서 자신들의 삶을 이끄는 가치, 의미와 규범에 합의하고 공유함으로써 발달된다.

하버마스는 자신의 체계적 이론화 작업을 '합리적 재구성(rational reconstruction)'이라고 부른다.[33] 인간의 관심에 의해 지식과 합리성이 구성된다는 명제에 기초하여, 사회진화를 물질 해방에 대한 관심과 상징 해방에 대한 관심의 실현으로 재구성하고, 각 해방은 도구적 합리성과 소통적 합리성에 의해 추진되는 것으로 재구성하기 때문이다. 합리적 재구성은 사실과 규범을 균형적으로 체계화하는 작업이기도 하다. 가장 중요한 의의는 사회진화과정을 재구성함으로써 사회진화를 비판하는 기준과 더불어서 우리의 행위와 지식을 스스로 평가하는 일, 즉 자기성찰을 촉구하는 기준을 수립한 것이다. 하버마스는 해방적 관심의 근간은 자기성찰이라고 믿고, 소통적 행위를 통해 자기성찰을 심화할 수 있다고 주장한다. 우리가 소통에 참여하면서 앞서 말한 기준을 적용하면 우리의 행위와 합리성이 사회진화에 작용하는 적합성과 타당성을 스스로 검증하고 성찰할 수 있기 때문이다.

---

33 '재구성적 과학(reconstructive science)'이라고도 부른다. 이럴 때는 철학과 사회과학의 다양한 이론들을 연관시키면서 철학과 사회과학을 유기적 통합하려고 노력한다는 뜻을 조명한다.

3) 실증주의와 해석학 비판과 통합

하버마스는 대표적 지식 패러다임으로 여겨지는 실증주의와 해석학이 사회진보를 이루는 과정에서 어떤 역할을 하는가를 해방적 관심을 따라 조명한다. 지식이 우리의 관심에 의해 구성된다면 지식의 가치는 그 자체만으로 평가할 수 없고, 얼마나 해방적 관심에 적합하게 활용되는가에 따라 평가되어야 한다. 사회진화의 관점에서 지식을 바라보는 시도는 지식이 구성되는 과정을 이해하고 평가하는 기준을 설정할 뿐 아니라 지식의 맥락과 유형의 체계를 제안하는 일이다. 지식체계는 사회진화라는 목적에 비추어 보면 가장 좁은 개인적 맥락(실증주의), 집단적 맥락(해석학) 그리고 해방적이고 사회적인 맥락(비판이론)에 의해 구성된다. 하버마스는 실증주의와 해석학은 각각 물질적 해방과 상징적 해방을 주도할 수 있는 잠재력이 있는 동시에 한계가 명백하다고 평가한다(Habermas, 1987: 274, xxix). 실증주의는 조작과 예측을 위한 과학기술을 발달시키고 조작과 예측의 능력을 증대함으로써 물질적 해방에 기여한다. 그러나 지식과 가치는 별개라는 실증주의의 구분 자체가 세계와 우리 자신에 관한 해방적 관심을 왜곡하는 이데올로기로 작동한다. 해석학은 소통이 상호이해를 증진한다는 것을 조명함으로써 상징적 해방에 기여하지만 권력이 이데올로기로 작용하는 것을 비판하지 못한다.

실증주의와 해석학은 특정한 관심, 행동과 해방에 적합한 부분적 지식이다. 부분적 지식이 보편성을 갖춘 지식을 자처하거나 우리가 보편적 지식이라고 믿을 때 인식론적 왜곡이 발생한다. 특정한 관심에 적합한 부분을 전체로 착각하게 되는 것이다(Bredo & Feinberg, 1982: 278). 이데올로기가 특정 집단의 이익과 관심을 반영함에도 불구하고 보편적 지식이라고 군림하는 왜곡이 일어나는 것이다. 하버마스는 두 지식 유형의 한계를 드러내고 사회진화를 더 타당하게 이끌 수 있는 방향을 제안하려고 노력한다. 사회진보라는 넓은 관점에서 실증주의와 해석학이 제시하는 지식의 업적과 한계를 평가하고, 해방적 관심을 포괄할 수 있도록 비판적 지식으로 통합하는 일을 시도하는 것이다. 비판이론은 사회진화와 해방의 관점에서 실증주의의 개인적 맥락과 해석학의 집단적 맥락을 조망하고 비판해야 하므로 더 상위의 포괄적인 인식론으로 제시되어야 한다. 비판이론은 실증주의와 해석학에 각각 적합한 역할을 부여하고 상호보완되도록 통합하는 일을 수행함으로써 물질적 해방과 상징적 해방이 균형을 이루는 사회진화에 기여해야 한다.

4) 생활세계와 소통적 합리성의 식민지화

실증주의와 해석학을 포괄하고 조망하도록 합리성과 지식의 유형을 재구성하는 일은 그런 유형이 실제로 사회영역을 구성하고 사회진화를 위해 특정 역할을 하는 것을 이해하기 위한 사전 작업이다. 하버마스에 의하면 자본주의사회는 '체제(systems)'와 '생활세계(the lifeworld)'의 두 영역으로 구분된다(Habermas, 1987: 150). 체제와 생활세계는 사회진화의 두 축이 되는데(Habermas, 1987: 118), 각각 물질적 재생산과 상징적 재생산을 담당하는 영역이고, 각각 실증주의의 도구적 합리성과 해석학의 규범적 합리성에 의해 운영된다. 체제와 생활세계는 각각의 발전에 적합한 합리성과 통합을 지향한다. 체제는 도구적 합리성에 의존하여 경제체제와 행정조직 등을 유기적으로 조정하는 체제 통합을 지향한다. 생활세계는 가족으로부터 학교와 미디어 등의 사회영역까지 포괄하는 영역이다. 소통적 합리성을 활성화하고, 개인-사회-문화의 의미와 가치를 통합하는 사회통합을 지향한다. 정치·경제체제에서 펼쳐지는 도구적 행위는 목적의 타당성과 방법의 정당성을 생활세계의 소통적 합리성으로부터 획득해야 한다 (Habermas, 1987: 148). 그래야 생활세계와 체제의 동조화(coupling)가 촉진되고 사회진화에 기여한다. 생활세계의 소통적 합리성이 체제의 도구적 합리성을 이끄는 역할을 하므로 소통적 행위를 사회진화를 이끄는 상호작용의 근본 형태로 삼아야 한다.

하버마스(1987: 325)는 도구적 합리성과 전략적 소통이 가치와 의미에 관한 소통을 지배함으로써 '생활세계의 식민지화(colonization)'가 확산된다고 지적한다. 전략적 소통은 소유를 늘리고 욕망을 쫓는 데에 효율적인 수단을 추구하는 도구적 합리성과 목적합리성에 집중된다. 전략적 소통을 통해 경제체제는 사적 영역을 지배하고, 관료체제는 공적 영역을 지배한다. 전략적 소통이 생활세계의 소통 형태를 대체하면서 시민들이 숙의에 의해 공론을 형성하는 일을 저지하고, 시민들이 정책결정을 하는 데에 참여하는 권한을 무력화한다. 재력가들과 관료들은 법과 규칙을 근거로 삼는 "법적 지배를 통해서 윤리적 문제를 기술적 문제로 왜곡시키고, 실질적 정의를 향한 요구는 정당한 절차에 의해 법적 검토를 거쳐야 한다고 일축한다"(Habermas, 1987:

325). 돈과 권력의 영향력이 증대되지만 돈과 권력을 어떻게 획득하고 어떻게 쓰는 것이 정당하며 정의로운가에 관한 소통은 축소된다. 예컨대 '정의'에 대한 요구는 '공정'으로 축소되어서 그저 법과 제도가 정한 절차와 규칙을 따르는 일로 위축된다. 돈과 권력이 정치·경제 체제뿐 아니라 언론매체를 소유하고 소통을 장악하면서 돈과 권력은 사회적 합의와 무관하게 자신의 논리로 움직인다. 한국 사회의 실태와 비슷하지 않은가? 하버마스(1987: 154, 196)는 생활세계와 체제가 분리되고, 생활세계는 체제의 하위체제로 전락하고 있다고 설명한다. 도구적 합리성이 소통적 합리성을 왜곡하고 대체하려는 시도는 '구조적 폭력(structural violence)'이다(Habermas, 1987: 196). 체제의 왜곡과 억압은 생활세계의 도구화, 기계화(techinization), 물화(reification)를 초래한다.

비판이론의 중심 과제는 체제의 도구적 합리성이 생활세계의 소통적 합리성을 대신할 수 없음을 밝히고 소통적 합리성을 활성화하는 방향을 제시하는 것이 된다. 인식론의 패러다임으로 표현하면 이렇다. 실증주의에 의한 도구적 합리성과 해석학에 의한 규범적 합리성은 각각 체제(물질적 해방의 영역)와 생활세계(상징적 해방의 영역)의 운영원리로 작동하는 동시에 상호보완되어야 하는데 체제가 생활세계를 식민지화함으로써 사회진화를 저해하는 '사회병리'가 발생하고 있다. 사회병리를 시정하기 위해 비판적 지식교육은 두 가지 과제를 수행해야 한다. ① 사회진화를 이끄는 합리성으로서 도구적 합리성과 소통적 합리성이 각자 역할을 하도록 구분하고 통제한다. ② 체제가 생활세계를 식민지화하고 있으므로 소통적 합리성이 도구적 합리성을 제어하는 역할을 회복하고 생활세계의 역할을 회복하는 일에 중점을 둔다. 이런 과제는 일상적 소통이 아니라 이런 과제를 수행할 수 있는 기준을 갖춘 엄밀한 소통을 요구한다. 하버마스는 엄밀한 소통을 '이상적 담화 상황'을 통해 제시한다. 이상적 담화를 통해 참여자들은 합리성이 적합하게 적용되는가를 검증하고 타당한 지식을 중진하면서 사회구조의 왜곡을 변혁하는 길에 합의할 수 있다.

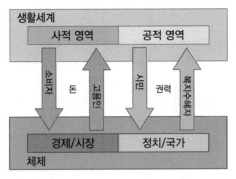

그림5 하버마스의 체제와 생활세계[34]

4. 이상적 담화와 소통역량 학습

비판적 지식교육은 소통적 합리성과 생활세계의 활력을 다시 살려서 돈과 권력의 억압을 견제하는 역량을 학습하는 일이다. 하버마스는 '담론적 검증(discursive examination)'을 통해 행동의 근거가 되는 합리성이 타당한가를 평가하면, 체제가 소통을 지배하는 일이 더 이

---

34 https://commons.wikimedia.org/wiki/File:Habermas-system-lifeworld.jpg

상 은폐될 수 없다고 주장한다(Habermas, 1987: 145). 담론적 검증은 일상과 공공영역에서 제기되는 문제 상황을 해결하려는 다양한 의견의 타당성을 소통을 통해 검토하는 과정이다. 또한 타당한 의견에 의해서 돈과 권력의 억압을 비판할 수 있게 되는 과정이다. 비판적 지식교육의 참여자들은 엄밀한 담론 혹은 이상적 담화 상황을 통해 소통역량을 학습할 것으로 기대된다.

1) 일상적 소통과 엄밀한 담론의 구분

비판적 교육의 참여자들은 성공지향 행동과 이해지향 행동을 구분하고, 나아가서 경험적으로 검증하는 사안들과 소통적 합리성을 통해 검증하는 사안을 구분할 수 있어야 한다(Habermas, 1987: 145). 수단과 절차가 얼마나 효율적인가를 따지는 문제에 관해서는 '절차적 합리성'과 도구적 합리성을 발휘할 줄 알아야 한다. 반면에 사실에 관한 명제, 공유할 가치와 의견의 내용에 관해서는 소통을 통해 타당성을 검증하는 '내용적(substantive) 합리성'과 가치합리성, 즉 소통적 합리성을 동원할 수 있어야 한다(Habermas, 1987: 325). 소통적 합리성은 생활세계에 관한 세 가지 지식과 의견의 타당성을 소통을 통해 검증하는 과정에서 학습할 수 있다. 생활세계는 하위세계로 ① 객관적 세계, ② 사회적 세계와 ③ 주관적 세계를 포괄한다. 각 세계에 관한 의견과 지식의 타당성을 검증하는 기준은 각각 ① 명제적 사실성(propositional truth), ② 규범적 정당성(normative rightness), ③ 개인적 진정성(personal sincerity)과 고유성(authenticity)이다. 하버마스는 소통적 합리성을 증진하는 네 가지 조건을 아래에서 제시하는데 이 조건의 학습을 비판적 지식교육의 조건으로 활용할 수 있다.

(1) 행위자들이 참여하는 생활세계를 구성하는 세 가지의 세계 개념을 포괄. 그것은 문화적 지식에 관련된 객관적 세계, 대인 관계에 관련된 사회적 세계, 개인의 정체성과 관련된 주관적 세계이다.

(2) 세 가지 세계에 각각 대응하는 지식의 타당성 주장의 유형들을 포괄. 그 유형은 객관적 세계에 관한 명제적 사실성, 사회적 세계에 관한 규범적 정당성, 주관적 세계에 관한 진정성과 고유성이다.

(3) 합리적으로 동기화된 동의(rationally motivated agreement, 합리성에 근거하여 도달한 동의)의 개념을 추구. 그것은 다양한 의견들이 제기하는 타당성 주장을 비판하고 검증한 후에 상호주관적으로 어떤 의견이 가장 타당한가에 동의하는 것이다.

(4) 문제 상황에 관한 공통 인식과 협력적 협의(negotiation)에 의해 이해에 도달한다는 개념. (Habermas, 1984: 137)

위의 네 가지 조건들은 보편적인 조건이다. 학습자들이 소통의 보편적 조건들을 충족하면서, 다양한 의견의 타당성을 검증하여 이해와 합의에 도달하면, 보편적으로 타당한 지식을 생산할 수 있다. 실제로 소통하는 과정에서 "합리적으로 동기화된 상호이해, 즉 결국에는 더 타당한 의견의 권위에 의존하여 합의를 형성"하는 합리성을 학습하게 된다(Habermas, 1987: 145).

하버마스는 이런 소통의 방식이 엄격한 조건을 요구하므로 보통 사람이 실행하기 어렵다고 말한다. 당연히 일상에서 그런 소통방식을 경험할 기회도 별로 없다. 그러나 하버마스는 보통 사람들이 일상적으로 하는 소통에서도 이런 조건들이 일부분 작동하는데 참여자들이 조건들을 의식하지 못하고 우연적으로 사용한다고 지적한다. 비판적 교육은 그런 암묵적인 조건들을 학습자들이 명료화하고 체계적으로 재구성하여 활용하도록 안내해야 한다. 비판적 교육이 장려하는 소통은 일상적 소통과 구별하여 '담론(discourse)' 혹은 '엄밀한 담론'이라고 부른다(Habermas, 1984: 42). 하버마스가 제시하는 담론은 이상적인 조건에서 실행될 수 있으므로 '이상적 담화 상황(an ideal speech situation)'이다. 이상적 담화 상황에서 진행되는 소통이 담론이다. 비판이론이 제안하는 지식교육은 이상적 담화 상황을 통해 보편타당한 지식을 생산하는 역량을 학습하고, 그런 지식을 통해 억압과 지배를 비판하는 일을 주도해야 한다.

2) '이상적 담화 상황'과 소통역량의 학습

이상적 담화 상황은 참여자들이 제기하는 의견들의 타당성을 검토하고 상호이해를 증진하여 합리적인 합의에 도달하는 과정을 안내할 것으로 기대된다. 이상적 담화 상황은 타당한 의견의 권위만을 인정하고 모든 강제(coercion)를 물리침으로써 진실을 협력적으로 탐구하는 동기만을 추구한다(Habermas, 1990a: 89). 이런 기대와 요구는 합리적 절차에 의해 담론을 실행하게 하는 '보편적 전제(Universal presuppositions, U)'를 참여자들이 적용할 수 있는 역량을 갖추어야 실현될 수 있다. 하버마스는 자신이 제시하는 전제를 '보편적 전제(U)'로 정립할 수 있는 것은 담론을 통해 의견을 정당화하는 절차가 모든 소통행위의 구조에 항상 이미 작용하기 때문이라고 설명한다. 다만 우리가 그것을 의식하지 못할 뿐이다. (U)를 충족하면 소통은 담론으로 발전한다. 담론을 통해 자유롭고 평등하게 의견의 타당성을 검증하고 합의에 도달할 수 있다. 비판적 지식교육은 일상적 소통을 합리적 담론으로 향상시킬 수 있도록 (U)를 학습하고 소통역량을 함양해야 한다.

소통역량은 다음과 같은 과정을 통해 학습될 수 있다. 첫째, 담론의 보편적 전제와 보편적 절차를 학습한다. (U)에서 비롯되는 다음의 담론의 규칙을 학습해야 한다(Habermas, 1990a: 89).

(1) 발언하고 행동할 수 있는 능력이 있는 모든 사람은 담론에 참여하는 것을 보장해야 한다.

(2a) 모든 참여자가 모든 주장에 의문을 제기하는 것을 보장해야 한다.

(2b) 모든 참여자가 어떤 주장이든 제기할 수 있도록 보장해야 한다.

(2c) 모든 참여자가 각자의 태도, 욕망, 필요를 주저하지 않고 표현할 수 있도록 보장해야 한다.

(3) 위의 권리를 행사하는 데에 내적 혹은 외적 강제에 의해 방

해받는 사람이 아무도 없어야 한다.

이런 규칙들은 모든 사람이 담론에서 평등하게 존중받도록 만든다. 모든 의견, 이의, 질문, 비판이 비중 있게 '경청되어야(heard)'한다. 어떤 의견도 검증되지 않은 채로 남아 있어서는 안 된다. 이런 규칙은 호혜성, 대칭성(형평성, symmetry), 다른 참여자의 입장에서 역지사지하는 가역성(전도성, reversibility)과 '상호관점채택(the mutual perspective-taking)'을 장려한다. 하버마스(Habermas, 1990a: 122)는 이런 규칙에 의한 판단이 콜버그의 도덕발달에서 '인습 후 단계'의 발달과 유사하다고 설명한다. 롤스가 제시하는 성찰적 평형성도 이와 비슷한 판단을 촉진한다.

둘째, 의견의 타당성을 검토하는 보편적 기준을 학습한다. 그 기준은 앞선 인용문에서 설명한 세 가지 세계에 관련된 기준이다. ① 객관적 세계, ② 대인관계 세계, ③ 주관적 세계에 관한 의견의 타당성을 각각 검증하는 기준, 그리고 ④ 세 가지 모두에 관련된 기준으로서 다음과 같다(Habermas, 1984: 23, 42).[35]

(1) 사실성(truth): 객관적 세계에 관련된 경험이나 사실을 담은 의견의 명제적 내용의 타당성을 검토.

(2) 정당성(rightness): 대인관계에 관련된 규범을 담은 의견의 타

---

35 하버마스(1984: 42)는 논쟁을 통해 사실성, 정당성, 이해 가능성에 관한 의견의 보편적 타당성을 검증할 수 있다고 설명한다. 진정성은 이에 해당되지 않는다. 진정성의 기준과 관련하여 고유성(authenticity)이 제시되기도 하는데 여기에서는 논의하지 않는다.

당성을 검토.

(3) 진정성(sincerity): 자신의 주관적 세계에서 우러난 감정, 욕구, 필요에 관한 의견의 타당성을 검토. 진실성(truthfulness)과 고유성 (authenticity)과 밀접하게 연관됨.

(4) 이해 가능성(comprehensibility): 의견이 얼마나 명료하고 이해할 수 있는가를 검증.

예를 들면 남북한이 협력하고 평화를 이룩할 가능성에 대해 토의하는 수업에서 어떤 학생이 "나는 북한 사람을 혐오한다"는 발언을 했다고 가정하자. 그 의견의 타당성을 검토하는 과정에서 혐오의 근거가 되는 정보나 경험을 갖고 있는지를 질문하고(사실성), 북한의 정치체제를 혐오하는 것인지 아니면 북한 사람을 혐오하는 것인지를 구분하고, 북한 사람도 인간존엄성을 갖고 있는데 혐오가 정당한지를 질문하고(정당성), 자신이 혐오를 통해서 가치 있는 욕구를 충족하는지 아니면 '멸공'을 말하는 누군가의 비위를 맞추려는지(진정성)를 질문할 수 있다. 마지막으로 의견이 일관되고 명확하게 표현되어서 이해하기에 적합한지를 따져 볼 수 있다(이해 가능성). 이런 보편적 절차를 학습하면 담론이 더 합리적으로 진전될 수 있다. 사회진화와 해방의 관점에서 하버마스가 구분한 행위, 합리성, 지식, 세계의 유형을 다음의 [표3]에 정리한다.

표3 하버마스가 구분한 행위, 합리성, 지식 등의 유형

사회진화 및 해방 유형/ 사회영역	행위	합리성	지식	관심/ 매개체	타당성 기준	관련 세계	행위 지향성
물질적 진화 및 해방/체제	1.도구적 행위	합목적적 합리성, 수단목적적 합리성	기술적· 도구적 지식	외부세계 조작/ 과학기술	효율성, 유용성	객관적 세계	비사회적 성공 지향
	2.전략적 행위			상대 조작/ 사회적 기술			사회적 성공 지향
상징적 진화 및 해방/생활 세계	3.사실진술적 발화행위	소통적 합리성	경험적· 분석적 지식	사태재현/ 과학	사실성		상호이해 지향
	4.규범적으로 조절되는 행위		윤리적· 해석적 지식	대인규범 정립/ 윤리, 법	정당성	사회, 상호주관적 세계	
	5.연극적 행위		심미적· 실천적 지식	자기표현/ 예술	진정성, 고유성	개인, 주관적 세계	

384

* Habermas(1984: 329)에 나오는 [표 16]을 확장한 것임.

셋째, 담론규칙과 검증 기준을 활용하여 그 필요성과 가능성을 구체화하고 확대해야 한다. 이상적 담화 상황은 아직 실현되지 못하고 있고 앞으로도 완전하게 실현되지 못할 것이다. 하버마스도 그렇다고 인정한다. 그러나 담론이 이성적으로 진행되기를 기대한다면 필수적으로 발휘해야 하는 헌신의 조건이다. 그런 뜻에서 이상적 담화 상황은 참여자들이 실행하여 보편성을 증대해야 한다(Habermas, 1984: 138).[36] 특히 담론이 이상에서 멀어지고 있는지, 가까이 가고 있는

36 이성적인 사람이라면 누구나 담론이 합리적이기를 기대하므로 '선험적' 조건이다. 또한 실제 사회진화의 역사를 살펴보면 그런 헌신과 기대가 부분적으로라도 추구된 것을 알 수 있으므로 경험적으로도 입증된다.

지를 평가하고 개선할 수 있다는 유용성이 부각되어야 한다. 예컨대 이상에 비추어서 담론의 결과에 영향을 받을 모든 사람이 참여하는 가를 점검할 수 있고, 참여를 방해하는 권력의 개입을 비판할 수 있다. 이상적 담화 상황은 참여자들이 합리적인 담론을 방해하는 요인들을 공동으로 인식하고 개선하는 노력을 촉진하는 '반사실적 가정(counterfactual hypothesis)'의 역할을 한다(이기범, 2004). 이상적 담화 상황은 반사실적 이상으로서 소통의 합리성을 왜곡하는 요인들을 비판하고, 참여자들의 자유와 평등을 보장하며, 의견의 타당성을 검증하는 기준을 제공한다.

3) 성찰적 도야와 사회변혁을 연결

하버마스가 제안하는 담론의 이상과 조건은 우리의 소통과 합의를 스스로 성찰할 수 있는 기준을 제공한다. 소통의 구조가 왜곡되어서 개인과 사회 차원의 지식이 왜곡되므로 그것을 변혁하려는 관심은 자기 자신을 형성하는 소통을 성찰하는 관심인 동시에 소통의 왜곡에서 해방되는 관심을 촉진한다(McCarthy, 1988: 89). 담론에 참여하면서 자기 자신과 세상을 성찰하고 변혁하는 공동 탐구를 장려해야한다. 비판이론은 자기성찰을 통한 자기변혁과 사회변혁의 연결을 강조한다. 검증과 수정의 과정에서 전문적 지식을 습득하는 일보다는 자기 자신에 관한 '성찰과 변혁(reflective refraction)'을 배우는 일에 초점을 두어야 한다(Habermas, 1987: 147). 하버마스(1973: 22-23)는 다음과 같이 자기성찰의 교육적 중요성을 강조한다.

지식에 관한 해방적 관심은 자기 자신에 관한 성찰을 지향한다. 자기성찰은 자기형성과 도야의 과정(*Bildung*), 즉 자신의 행동을 이끄는 방식과 세계에 관한 자신의 관념을 결정하는 요인들을 인식하도록 만든다. [⋯] 자기성찰은 종전에는 무의식의 수준에 있던 그런 요인들을 의식의 수준으로 드러내는 통찰력을 제공한다.

담론을 통한 자기성찰은 더 보편적 지식에 합의하는 결실로 맺어져야 한다. 다양한 배경에 있는 사람들의 의견을 공동으로 검토함으로써 더 포괄적이고 보편적인 지식에 합의하는 과정은 우리를 담론의 유능한 참여자로 만든다. 담론의 유능한 참여자들은 자기성찰과 사회변혁을 연결하는 길을 모색하는 담론에 헌신하려고 노력하게 될 것이다.

5. 검토

비판적 지식교육의 담론 모형이 초래하는 문제도 적잖이 제기된다. 그 비판의 일부분을 우리는 이미 소통윤리를 배우면서 알아보았다. 여기에서는 지식교육에 직접 관련되는 내용을 두어 가지만 톺아보자. 첫째, 담론 자체가 참여자들의 지식 격차와 소통역량 격차를 완화할 수 없으므로 기득권 계층의 학생들의 의견이 담론을 지배할 가능성이 크다. 담론에 참여하여 다른 참여자들의 의견을 검증하려면 이미 상당한 수준의 지식과 소통역량을 갖추고 있어야 하고, 이런 점에서 사회경제적 지위가 높고 성적이 좋은 학생들이 유리하다. 그러면 결국 기존 체제를 정당화하는 사회주류의 의견이 채택될 확률이 크다. 비주류의 학생들이 담론의 기준을 존중하면서 성실하게 참여해도 결국 주류 학생들의 의견의 정당성을 강화하는 데에 이용당할 우려가 적지 않다. 둘째, 낯선 경험에 개방적인 태도를 갖는 것이 자기성찰에서 중요한데 경청해야 할 경험이 추론과 상상의 범위를 넘어서면 그런 경험은 비합리적인 것으로 폄하될 소지가 크다. 나를 포함하여 학력, 사회적 지위, 전문성을 인정받는 사람들은 자신이 이해하지 못하는 경험은 없다고 확신하거나, 자신이 이해하지 못하는 경험은 의미 없는 경험으로 평가 절하하는 경향이 강하다. 예컨대 국가폭력이나 제도의 피해자들의 아물지 않은 상처와 규명되지 못한 진실을 생각하자. 그런 경험을 경청해서 제도 개선의 방향에 합의하는 과정은 지난한 일이 될 것이다. 고통의 이야기를 들어 주는 '관용'을 베풀 수는 있고 경청하는 척할 수 있다. 그러나 권력 계층의 학생과 교사들이 자기 의견과 관점을 유보하는 일을 기대하기는 매우 어렵다.

편견을 인정하더라도 자신의 타당성 기준 적용을 유보하거나 부정하는 수준으로 이어지려면 용기가 필요하다. '요상한 경험'을 말하는 사람에 대한 보답 없는 헌신과 환대가 소중한 계기가 될 때도 잦을 것이다. 그러므로 관심, 신뢰, 존중, 감사, 애정, 희망 같은 정서적 자질이 학습되어야 한다(Burbules, 1993: 76-84). 때로는 자신의 타당성의 기준을 부정할 수 있도록 소통적 덕과 정서의 함양이 병행되어야 한다. 그런 점에서 담론은 어린이들도 초보적 수준에서 실행할 수 있다. 반사실적 검증 기준이 유용한 역할을 하기 때문이다. 담론을 실행하는 동시에 그 기준에 비추어서 담론을 공동으로 개선해 나간다면 소통역량이 성장할 것으로 기대한다. 그러면 비판뿐 아니라 새로운 질서와 체제를 향한 토론과 상상이 진작되고 개인의 삶과 공공의 삶을 연결하는 모색도 활발해질 것이다. 소통을 통해 자기성찰과 현실 변혁을 통합하려는 비판이론의 시도는 다음에 우리가 알아볼 시민교육의 숙의 민주주의에 관한 논의에서도 활용된다.

O 자신의 계급의식

계급은 사회적으로 분류되기도 하지만 자신이 계급의식을 가져야 정체성의 한 부분으로 작동한다. 자신은 어떤 계급에 속한다고 생각하는지, 왜 그렇게 생각하는지 이야기해 보자. 자신이 권력과 이데올로기에 의해 억압당하고 있다고 느끼는가? 그렇다면 어떤 요인, 예컨대 계급, 젠더, 종교, 출신 지역 혹은 다른 요인들 중에서 어떤 것이 억압의 주요 요인으로 작동하는가를 생각해 보자. 주요 요인은 다른 요인과 어떻게 상호작용할까? 예컨대 일부 미취업자들은 왜 재벌 상속자들을 추종할까? 다양한 이데올로기가 있지만 특정 이데올로기가 자신을 호명할 때 응답해야 그 이데올로기에 접합된다고 한다. 이 문장의 뜻을 생각하면서 자신의 경험에서 이런 설명의 예를 찾을 수 있는지 토의하자. 자신은 과거에, 그리고 현재 어떤 이데올로기에 접합되어 있는가? 접합을 변경한 경험이 있다면 언제인가? 이런 토의를 하면서 억압에 관한 이해가 증진된다고 느끼는가? 토의 참여자들이 함께 문제를 인식하고 해결하자는 연대의식이 생기는지 돌아보자. 모든 참여자의 의견이 존중되었는가도 검토해 보자.

O 상대적 자율성과 소통적 합리성

신마르크스주의이론은 학교를 상부구조의 일부로 보고 교사와 학생들의 자율성과 저항을 확대하는 지식교육을 하자고 제안한다. 하버마스는 학교를 생활세계의 일부로 보고, 합리적 소통을 증진하는 지식교육을 하자고 제안한다. 두 제안의 차이점과 공통점을 이야기해 보자. 어떤 제안이 더 설득력이 있을까?

○ 담론규칙의 적용

담론규칙을 적용하여 원자력발전의 유지, 증대 혹은 폐지에 관한 토의를 진행하자. 원자력발전이 전기 생산력을 높이고 전기료 부담을 낮추는 데에 기여하므로 유일하게 타당한 에너지 정책이라고 믿는 태도는 과학기술을 이데올로기로 숭상하는 것인가? 하버마스는 에너지 정책은 과학기술의 실행 가능성과 효율성만을 기준으로 수립할 것이 아니라 규범적 방향에 관한 사회적 합의에 기초해야 한다고 말한다. 에너지 생산 증대와 에너지 사용감소 중에서 어느 것이 타당한지, 특히 기후위기를 고려한다면 어떠한지에 관한 사회적 소통이 필요하다. 우리 사회에서 이에 관한 소통이 어떻게 진행되고 있는지를 조사하고 담론규칙을 활용하면서 토의해 보자. 담론규칙이 토의에 도움이 되는지, 아니라면 왜 그런지에 관해서도 의견을 나누자.

○ 자기성찰과 사회변혁의 연결

하버마스는 담론을 통해 모든 의견을 검증할 뿐 아니라 자신의 의견도 검증함으로써 자기성찰을 도모해야 한다고 권고한다. 자기성찰은 사회변혁의 방향을 공동으로 모색하는 일로 이어질 수 있다. 앞선 원자력발전에 관한 토의에서 그런 경험이 발생할까? 혹은 다른 예를 들어 보자.

1. 여성주의 인식론과 지식교육

여성주의 인식론에 기초한 지식교육은 젠더가 지식의 개념, 인식 주체의 위치, 지식의 정당화에서 어떤 역할을 하고 있으며, 어떤 역할을 해야 하는가를 탐구한다. 젠더와 인식론의 연관을 탐구하는 일은 서술적인 동시에 규범적인 일이다. 가부장적 권력이 여성에 관한 지식을 다반사로 왜곡할 뿐 아니라 지식 전반을 왜곡시키는 실제를 비판하므로 서술적이다. 비판을 하는 데에 여성주의라는 관점을 적용하므로 규범적이고, 또한 더 타당한 실천 방향을 모색하므로 규범적이다. 여성주의 지식교육은 여성에 관한 탐구에서 시작하지만 그에 제한되지 않고, 가부장제를 비롯한 각종 권력이 지식에 작동되는 방식을 비판하며 인식론 전반의 변혁 방향을 모색한다.

1) 관점이론과 인식론적 특권

여성주의 인식론에 다양한 갈래가 있지만 주류의 지식패러다임이 여성을 부당하게 취급한다고 비판하고 대안을 제시하는 노력을 공유한다. 여성주의 인식론은 여성을 사회 집단으로 조명하고, 여성 집단의 공통 인식과 정체성이 형성되는 데에 작동하는 권력관계를 비판한다. 비판의 주요 내용은 다음과 같다(Anderson, 2020).

① 여성의 사유와 인식 방식을 폄하고 여성이 지식을 생산할 수 있는 능력과 권위를 갖고 있음을 부정한다.
② 여성을 지식 탐구의 주체로 인정하지 않는다.
③ 여성을 열등한 존재로 규정하고 남성의 이익에 기여할 때만 가치 있는 존재로 인정한다.
④ 여성의 활동과 관심 그리고 권력관계를 왜곡하는 젠더 고정관념이 삭제된 이론을 생산한다.
⑤ 여성과 억압받는 사람들에게 유용한 지식이 아니라 기존의 권력관계와 사회집단의 위계를 강화하는 지식을 지지한다.

이런 비판에 기초하여 다음과 같은 변혁 방향을 제안한다.

① 여성주의를 학문에 접목하여 새로운 질문, 이론, 방법, 발견을 생성한다.
② 여성주의의 가치와 관점이 사회변혁에 결정적 기여를 할 수

있음을 보여 준다.

③ 여성을 포함하여 인류의 평등과 해방을 증진하는 이론을 촉
진한다.

④ 이런 진전들에 의해 인식론과 지식의 패러다임을 향상시킨다.

비판의 방식과 대안에 관해서는 여러 입장이 갈린다. 예컨대
신마르크스주의이론과 비판이론 등 기존의 변혁이론을 비판하면서
재구성하려는 입장 그리고 이를 거부하고 해체하여 다름의 자유로운
발산을 추구하는 포스트모던이론을 채택하는 입장들이 구분된다.

여성주의의 비판과 모색을 '상황적 지식(situated knowledge)'에 초
점을 두고 살펴볼 수 있다. 아리스토텔레스, 듀이와 가다머 등을 통
해 알아본 것처럼 '인식 주체'의 상황과 관점이 지식 구성에 반영된다
는 개념이 상황적 지식이다. 상황적 지식을 조명하는 갈래가 다양하
고 찬성과 반대 등의 입장이 달라도, 공통적으로 참고하는 여성주의
관점이론(feminist standpoint theory)을 살펴보자. 여성주의 관점이론의 주
요 주장은 다음과 같다(Bowell, 2021; Harstock, 1983).

① 지식은 사회적 상황과 위치(location)에 의해 구성된다.

② 여성처럼 주변화된(marginalized) 집단은 중심의 주류집단이 인
식하지 못하는 것을 인식함으로써 세상을 더 타당하게 인식할
수 있는 사회적 상황에 있다.

③ 자연과학을 포함한 모든 탐구는 사회적 상황과 그에 작용하
는 권력관계를 탐구해야 하고, 그 탐구는 주변화된 집단의 관

점에서 출발해야 한다.

관점이론의 고전적 모형은 헤겔과 마르크스의 철학에서 비롯된다. 앞에서 보았듯이 억압과 부정의는 그것을 경험하는 당사자 집단(예: 헤겔 관념론의 노예, 마르크스 유물론의 무산계급)의 입장에서 더 타당하게 이해할 수 있다는 주장에 기초하고 있다. 마르크스주의는 계급의 관점을 우선시하지만 여성주의는 젠더가 관점을 구성하는 상황과 위치를 제공한다고 강조한다. 니체의 '관점주의(perspectivism)'를 채택하는 입장도 있는데 이 입장을 채택하는 여성주의는 종종 포스트모던이론과 결합한다.

여성주의에 의하면, 젠더는 사회적 상황과 위치 그리고 관점의 구성에 결정적 영향을 미친다. 젠더는 타고난 생물학적 특성에 국한되지 않는다. 젠더는 실제 혹은 상상의 성적 특성과 관련되어서, 개인이 타고나거나 습득한 의미, 정체성, 역할, 규범, 행동, 성향을 포괄하는 체계이다. 개인이 주관적으로 그런 체계와 어떻게 동일시하는가를 포함하기도 한다(Anderson, 2020). 개인이 젠더체계와 동일시하는 방식에 따라 남성성, 여성성 혹은 다른 젠더 성향을 갖게 된다. 특히 버틀러(J. Butler, 1990: 25)의 '젠더 수행성(gender performativity)' 개념은 "젠더를 재현하는 일과 분리된 젠더 정체성은 없다. 정체성은 정체성의 결과라고 간주되는 바로 그 재현(expressions)에 의해 수행적으로 구성된다"라고 조명한다. 젠더 특성은 본래적 특성이 아니라 젠더 역할을 규격화하는 이분법 등의 사회담론을 따르거나 벗어나서, 특정 행동 유형을 지속적이고 반복적으로 수행한 결과로 구성된다는 것이다.

젠더 수행성 개념은 젠더가 성적, 생물학적 구분에 기초한다는 본질주의를 거부한다. 대신에 사회적 이분법에 의해 남녀로 대비될 뿐, 오히려 다양하게 구성되고 구분된다(예: 논바이너리, nonbinary)고 주장한다. 젠더는 사회적으로 구성되므로 남녀의 이분법을 벗어나서 젠더를 구성하고 선택하는 가능성도 존재한다. 젠더 수행에 의해서 젠더의 범주와 관점이 형성된다.

젠더이론에 의하면, 사회적 특권이 적은 여성들은 억압을 경험하는 당사자이기 때문에 억압과 사회현실을 더 잘 파악하는 '인식론적 특권(epistemic privilege)'을 가질 수 있다. 기존의 지식은 남성과 지배자의 관점에 의해 구성되므로 왜곡된 지식이고 부분적 지식에 불과하다. 예컨대 성차별, 성희롱과 성폭력, 출산과 양육, 돌봄노동, 성적 도구화(sexual objectification) 등에 관해 가부장적 남성은 인식조차 못하거나 왜곡된 편견을 가지기 쉽다. 여성들의 관점이 반영되어야 이런 억압에 관해 더 타당한 지식이 생산되므로 여성들에게 인식론적 특권이 있다고 말하는 것이다. 정치, 경제, 문화의 영역에서 불리한 여성의 사회적 위치가 인식의 측면에서는 유리한 입장이 되는 것이다(Harding, 1986: 141-142, 162). 그러므로 젠더에 관련된 지식과 정책을 검토하는 데에는 여성들의 관점을 반영해야 한다. 사실상 젠더와 무관한 지식과 정책은 거의 없으므로 여성의 관점은 늘 고려되어야 한다. 억압을 경험하는 당사자들의 관점이 기존 관점을 비판하고 새로운 관점으로 재구성해야 더 타당한 의견과 지식이 생산될 수 있다.

2) '내부의 외부인'의 연대와 '경계 가로지르기'

　　억압을 경험한 사람들의 인식론적 특권은 자신의 경험만이 아니라 억압자들의 성향 그리고 억압적 사회규범과 체제도 잘 파악하는 인식론적 특권으로 확장된다. 억압당하는 여성들은 억압체제와 억압자들을 잘 이해해야 생존할 수 있기 때문에 그런 특권을 갖게 된다. 그래서 여성들은 '이중 시야(double vision)'을 갖고 있다고 여겨진다 (Bowell, 2020). 예컨대 여성 교사들은 출산휴가 규정을 상세하게 파악해야 할 뿐 아니라 남성 교사들이 갖는 출산에 관한 편견을 이해해야 육아와 근무를 병행하는 데에 곤란하지 않을 수 있다. 모두 그런 것은 아니겠지만 많은 여성 교사는 이중 시야를 갖고 있으므로 휴가 제도 개선뿐 아니라 성평등을 전반적으로 증진하는 방안에 관해서도 적절한 조언을 할 수 있다. 억압과 차별을 경험한 사람들은 이렇게 이중 시야의 관점을 가진 덕분에 '내부의 외부인(outsiders within)' 지위를 얻기도 한다. 흑인 영문학자이며 교육학자인 훅스(hooks, 1984: vii)는 자신의 성장과정을 『주변에서 중심으로(From margin to center)』라는 책에서 회상한다.[37] 어린 시절에 마을 외곽의 흑인 동네에서 살았지만 일하기 위해서 마을 중심의 백인 동네를 오가야 했다고 한다. 그러면서 "우리는 현실을 바라보는 독특한 방식을 개발했다. 우리는 외부에서 내부를 들여다보는 동시에 내부에서 외부를 내다보면서 양쪽을 다 볼 수

37　본명은 글로리아 진 왓킨스(G. J. Watkins)다. 외할머니의 이름을 따르고, 권력을 상징하는 대문자를 소문자로 바꾸어서 자신이 필명을 만들었다고 한다. 필명에 관해 여러 추측이 있는 모양이다.

있게 되었다"라는 경험을 소개한다. 마치 조직 내부에 존재하지 않는 사람 같지만 사실은 조직이 돌아가는 모양을 늘 파악하고 관찰해야 생존할 수 있으므로 내부의 외부인이 되는 것이다. 예컨대 회사에서 청소를 담당하거나 경비를 담당하는 사람들의 존재는 잘 안 보이지만 기실 내부 사정을 훤히 꿰고 있는 경우를 생각할 수 있다.

내부의 외부인은 두 집단 모두에 속하는 동시에 어디에도 속하지 않는다. 그러므로 두 집단의 내부 논리에 함몰되지 않고 두 집단 모두에 대해 거리를 두면서 이해하고 성찰할 수 있다. 사회경계에 제한되는 동시에 경계를 넘나들 수 있으므로 '경계 가로지르기(border crossing)' 혹은 '경계 침범하기(border transgressing)'를 할 수 있다. 가다머가 말하는 '문화적 번역가'와 같은 관점을 갖게 되는 것이다. 이런 독특한 관점의 형성은 영화 〈프라이드 그린 토마토(Fried green tomatoes)〉(1991)와 〈히든 피겨스(Hidden figures)〉(2016)에서도 그 예를 찾을 수 있다. 여성의 경험에서 비롯된 이중 비전과 내부의 외부인 지위는 포괄적 관점으로 세상 전반을 톺아볼 수 있는 인식적 특권을 제공한다. 그러므로 "여성의 삶에서부터 탐구를 시작한다면 여성의 삶만이 아니라 남성의 삶과 사회 전체에 관해서도 덜 편파적이고 덜 왜곡된 이해를 할 수 있게 된다"(Harding, 1993: 56). 관점이론에 의하면, 억압을 겪는 사람들의 인식론적 특권은 여성뿐 아니라 억압을 경험하는 다른 사회적 약자들에게도 확장될 수 있다. 관점이론은 여성과 사회적 약자들의 관점을 이해하고 존중하는 일이 사람과 세상 전반에 관한 타당한 인식과 탐구의 출발점이 된다고 믿는다.

이중 관점과 인식론적 특권은 생물학적 범주나 사회적 위치에 의해 자동으로 주어지지 않는다. 주어진 가능성을 집단 차원의 학습을 통해 실행하고 발달시켜야 한다. 관점은 개인의 입장으로 나타나지만 공통의 경험에 의해 형성된 집단의 정체성과 집단의식을 구성한다. 여성 혹은 사회적 약자라는 사회적 위치는 관점을 형성하는 발판이다. 발판을 딛고 집단 차원에서 경험을 공유하고 연대하면서 집단 정체성을 형성해야 한다. 인식론적 특권이 전지전능한 것은 아니다. 그러므로 자신들이 배제되고 차별받은 경험이 무엇을 보게 하고, 무엇을 보지 못하게 하는지를 공유하고 검토해야 개인과 집단의 관점이 형성된다(Harding, 2004: 8). 인식론적 관점은 그저 자신의 경험을 이야기해서 획득되는 것이 아니고, 경험의 공유와 검토를 통해 자신과 세상을 재인식하고 자신과 세상을 변혁하는 일에 참여하면서 향상된다. 인식론적 특권의 주체는 '여자'가 아니라 '여성주의자'이다(MacKinnon, 1991). 그러므로 '여성주의자 남성'은 이런 관점을 공유할 수 있지만 '가부장주의자 여성'은 이런 관점을 공유할 수 없다. 여성주의자는 생물학적 여성만을 '여성'으로 인정하고 여성의 억압에만 배타적으로 관심을 두어서는 안 된다. 마르크스주의 등의 비판이론과 결합하여 연대의 연결고리를 확장해야 한다는 것이 강조된다.

> 마르크스주의와 여성주의는 불평등을 확립하고 유지하는 사회
> 장치들이 전혀 정의롭지 못함에도 불구하고 어떻게 합리적인
> 것으로 인식되는지를 설명한다. 두 입장 모두 사회적 왜곡과
> 불평등한 분배를 초래하는 권력을 비판한다. 두 입장 모두 사
> 회적 불평등을 비판한다. [⋯] 마르크스주의가 사회규범과 가치

가 권력에 의해 창조된 것임을 폭로하는 것처럼 여성주의는 젠
더에 관련된 욕망이 역사적으로 우연임에도 불구하고 필연적
인 것으로 왜곡하여 불평등한 사회질서를 은폐하고 있음을 폭
로한다. (MacKinnon, 1991: ix, 4)

여성주의는 배제와 분리라는 지배원리에 대해 폭넓은 사회집
단과 함께 비판하고 투쟁할 것을 원한다. 이를 위한 여성주의 지식교
육의 목표 중 하나는 여성주의적 관점의 형성이다. 인식론적 특권과
관점 형성을 위해 교육과 공동의 투쟁이 필요하다. 여성주의 지식교
육은 여성의 억압을 중심에 두지만 억압받고 차별당한 경험을 공유
하는 집단과 '공동의 언어'를 창조하고 연대하는 일을 시도한다.

2. 포스트모더니즘과 지식교육

1) 지식의 정당성 부정과 해체

여성주의 안팎에서 특히 포스트모더니즘의 입장에서 관점이
론에 관한 비판이 제기된다. 관점이론은 여성들 사이에 존재하는 경
험의 차이를 무시하여 하나의 관점으로 동질화하는 위험을 안고 있
다는 것이다. 여성 집단 안에서도 계급, 인종, 학력, 성적 정체성, 삶
의 방식 등에 따른 사회적 위치와 상황에 따라 경험들이 분산되므로
그 이질성을 하나의 관점으로 묶을 수 없다는 것이다. 더 근본적으로

는 사회적 위치와 지식 구성의 관계 그리고 개인 경험과 집단 정체성의 관계는 매우 불확실하고 유동적이고 다면적이기 때문에 '관점'이라는 단일한 인식 범주를 설정하는 것이 가능하지도 않고 타당하지도 않다는 비판이 제기된다. 젠더 정체성만 보아도 이분화되지 않은 정체성, 예를 들어 논바이너리(nonbinary), 젠더퀴어(genderqueer)나, 두 개 이상의 정체성, 예를 들어 바이젠더(bigender), 트리젠더(trigender) 혹은 젠더 정체성이 없다고 인식하는 등 다양하고 분산적인 젠더 정체성이 있다고 주장된다. 포스트모더니즘 중에서 급진적인 입장은 이제까지 배운 모든 인식론을 부정한다.

포스트모더니즘은 단일한 이론으로 파악하기 어려울 정도로 다양한 흐름을 포괄한다. 문화적 다원주의, 해체주의(deconstructionism), 후기구조주의(post-structuralism), 탈식민주의(post-colonialism), 반인본주의(anti-humanism) 등의 여러 갈래가 나타난다. 근대와 근대성(modernity)에 대립되는 입장으로서 20세기 후반 이후 학문, 예술, 건축, 문화, 교육 등의 다양한 분야에서 등장한다. 시기적으로 근대 이후를 표방하지만 '이후(post)'의 의미가 근대성을 어느 정도 유지하면서 일부 폐해를 수정하는 '재구성적 입장'인지, 아니면 근대를 완전히 부정하는 '해체적 입장'인지에 관해서도 입장이 분산된다. 예컨대 벤하비브(S. Benhabib) 등의 재구성적 입장은 근대의 합리성 개념이 초래하는 억압성을 비판하면서 억압성이 최소화된 개념으로 합리성을 재구성하는 일을 시도한다. 반면에 푸코(M. Foucault) 등의 해체적 입장은 합리성 개념 자체가 수정이 불가하므로 전면 폐기할 것을 주장한다.[38] 또한 어떤 경향, 예컨대 다양성이 발생하는 것을 재현하는 서술적 입장과 다양성이 바람직하므로 그렇게 변화되어야 한다는 규범적 주장이 혼재되어 있다. 단순화의 위험을 무릅쓰고 이해의 편의를 위해 포스트모더니즘의 주장을 몇 가지로 정리할 수 있다.

① 근대성, 특히 근대적 합리성과 지식은 해방, 진보, 질서가 아니라 억압, 차별, 혼란과 환경 및 인간성 파괴를 초래한다. 특히 국가, 집단, 개인 간의 불평등과 격차를 확대 재생산하는 일을 조장한다.

② 근대적 이성과 지식은 정초가 없는 우연적 산물임에도 불구하고 권력과 결합되어 보편성, 객관성, 공정성을 지닌 것으로 정당화되고 특정한 제도와 실천(예: 학교교육)을 정당화한다.

③ 근대의 사회제도와 실천, 특히 그것을 지탱하는 '이분법적 구조'는 우열을 인위적으로 조장하여 특정 집단(서구, 남성, 백인, 유산계급, 고학력, 이성애자 등)의 지배를 정당화한다.

④ 권력은 다면적이고 쌍방적인 방식으로 우리의 정체성에 붙박여 있으므로 비판이론 등이 주장하는 것처럼 권력에서 해방되거나 권력과 무관하게 살 수 없다.

이런 주장에 근거하여 포스트모더니즘의 지식교육은 다음과 같은 방향을 제안한다.

---

38 여기서 말하는 해체적 입장은 데리다(J. Derrida)가 대표하는 해체주의를 특정하는 것이 아니라 본문에서 설명하는 입장들을 포괄하는 흐름을 가리킨다.

① 사회제도와 실천을 구성하는 지식의 정초나 가치체계는 없다고 밝히고, 지식과 가치의 우연성, 분절성과 주관성을 장려한다.

② 사회제도와 실천 그리고 지식전통과 가치체계에 작용하는 모든 권력을 비판하고 해체한다.

③ 모든 지식과 제도는 우연적인 것이므로 경험과 지식의 독특성과 고유성(authenticity), 이질성과 다원성을 지극히 정당하다고 인식하고 자유롭게 발산하며 변화의 동력으로 삼아야 한다.

④ 단일한 이해와 합의의 억압성을 경계하고, 다양한 의견의 통약 불가능성과 환원 불가능성을 환영한다.

2) 푸코의 '지식권력'과 근대교육 비판

푸코의 후기구조주의의 주장을 검토하면서 포스트모던 지식 교육을 살펴본다. 푸코는 근대의 지식과 교육을 구체적으로 다루면서 신랄하게 비판한다. 특히 합리성과 지식이 억압과 지배의 사회관계를 지속하는 데에 결정적 역할을 하고 있다고 지적한다. 합리성과 지식을 전달하는 교육 역시 같은 역할을 하고 있다. 푸코의 주장은 비판이론 등의 근대성 비판보다 더 근본적이고 급진적이다. 하버마스 같은 학자들은 합리성과 지식이 인간 해방을 저해한 죄과가 있지만 합리성 증진을 통한 인간 해방은 규범과 이상으로 아직 유효하다고 주장한다. 그리고 그 규범과 이상을 합리성과 지식을 비판하고 재구성하는 준거로 삼으므로 근대의 재구성주의자라고 말할 수 있다.

반면에 푸코는 '왜곡'이라는 개념 자체를 거부한다. 푸코는 특정 시기의 합리성과 지식은 특정 인식구조(episteme)에 의해 구성된다고 주장한다(Foucault, 1972: 191). 인식구조는 확고한 근거나 확실한 정초가 없고, 특정 시대에 특정 담론에 의해 성립되는 우연적 구성물이다. 다른 시대에 다른 집단은 지식을 다르게 규정할 수 있으므로 지식이 연속된 것으로 보일지라도 연속되어야 하는 근거나 정초가 부재하므로 시대에 따라 분절적이다. 합리성과 지식은 분절적이고 우연적임에도 불구하고 권력이 타당성과 보편성을 부여한다(Foucault, 1979: 25-26). 푸코는 권력과 결합된 지식을 '지식권력(power/knowledge)'라고 부른다. 권력과 지식은 18세기경에 유럽에서 등장한 근대적 형태의 정치합리성에 의하여 본격적으로 결탁하기 시작한다. 합리성과 지식은 정초가 없음에도 불구하고 오직 국가의 '통치 가능성(governmentality)'이라는 목적을 달성하기 위해 권력에 의해 정당화되고 보편화된다.

근대적 형태의 정치합리성의 틀 안에서 국민들은 사회의 안정과 통합, 생산력 증대, 그리고 국력 강화에 기여하는 정도만큼만 국가의 관심 대상이 된다. 근대의 정치적 합리성은 국가의 목적 달성에 적합하도록 사람을 순종하는 영혼과 생산적인 신체로 개별화하는 동시에 그것들을 총체화하여 국민이라는 집단을 생산하였다(Foucault, 1983). 국가의 정치합리성을 향상하기 위하여 개개인을 규격화하는 데에 적합하고 효과적인 '권력기술(technologies of power)'이 공학과 학문에 의해 탄생한다(Foucault, 1979: 27-31). 과학적 지식이 제공하는 권력기술은 행동주의처럼 우리를 감시하고, 분류하고, 조작하는 데에 동원된다. 푸코(1977: 184)는 인간에 관한 객관적 지식과 보편적 진리의 습득은 권력기술에 의해서 신체를 '분할하는 행위'에 의해 가능하다고 주장한다. 과학의 분할행위는 우리의 육체적·심리적 측면의 특정 부문과 사회의 특정 집단을 '이성적 자아'로 규정하는 반면, 우리 안의 다른 부문(특정한 감정과 욕망 등)과 다른 집단은 비이성적 타자로 낙인찍는다(Foucault, 1977: 84). 그 결과 근대과학의 틀을 구성하는 대립적 짝(binary opposition)의 체계로 '이성적 자아/비이성적 타자' 체제가 확립된다. 이러한 대립 짝은 사회 구성들의 삶 전반을 해석하고, 해부하고, 우열을 규정하는 다양한 변종으로 확대 재생산된다(Foucault, 1979: 193). 이성/감성, 정상/비정상, 건강인/병자, 시민/(잠재적)범죄자, 앎(knowing)/존재(being), 우리/그들, 남성/여성 따위가 그 예이다. 분할 행위가 정상 기준의 정당성과 과학성을 확립하고, 길들여야 하거나 없애 버려야 할 타자의 욕구, 성향, 기질, 습관들을 규정한다. 그렇기 때문에 타자가 이성과 규격의 기준에 도달할 때까지 그것들을 훈련하거나 심지어는 격리하고 제거하는 일이 정당화된다. 푸코(1980: 131)에 의하면, 지식, 이성, 진리는 우연한 해석의 산물에 불과한데도, 권력기술과 유착하여 인간을 규격화하는(normalize) 보편성과 책임을 획득하고 억압하는 기제이다.

권력기술은 교육을 통해 몸을 객관화하는 과정(objectifying process)과 마음을 주관화하는 과정(subjectifying process)을 동원하여 규격화된 시민을 생산한다. 사범대학의 전통적 영어표기가 'normal school'인 것은 규범(norm)에 의한 규격화와 무관하지는 않을 것이다. 첫째, 권력기술은 객관화과정을 통하여 개개인의 저항적이거나 비생산적 신체를 규격화한다. 푸코는 권력기술이 인간의 마음보다는 신체에 먼저 집중적으로 작용한다고 관찰한다. '신체정치(body politics)' 개념에 의하면 교육은 지식과 도덕의 학습에 앞서 신체와 욕망의 훈육에 주력한다. 근대의 권력기술들은 신체에 훈육적 기술을 반복, 적용하여 변화, 조작, 통제 가능한 것으로 만든다. 신체는 "가장 미세하고 사소한 사회 행위가 권력의 대규모 조직과 연결되는" 장소가 된다 (Dreyfus & Rabinow, 1983: 111). 신체 규격화가 시행되는 장소로 학교, 공장, 병원, 병영과 교도소가 꼽힌다. 둘째, 권력기술의 주관화과정은 개개인의 도덕 규범을 확보하여 사회생활의 도덕 질서를 보장하려는 목적으로 해석적 기술을 동원한다. 이 권력기술은 개개인에게 내재되어 있는 불순한 '타자'를 통제하기 위하여 잠재적인 성적 욕구, 감추어진 사적 환상과 비밀까지 추적한다. 바람직하지 못한 '타자'는 개인의 욕망과 사생활 속에 숨어 있기 때문에 개개인이 고백하거나 드러내지 않는 한 알 수 없고 통제할 수 없다. 그래서 권력기술은 공적·사적 생활의 도덕 행위 규범을 명시하고, 그것을 모든 자아의 진리로 부과하며, 개개인들이 그것에서 이탈하는 행위와 욕망을 고백하도록 설득한다. 푸코는 고해성사, 정신분석과 상담이 이런 역할을 한다고 주장한다. 주관화과정의 권력기술은 각 개인이 평생 자기검열을 통해 스스로 통제하며 자발적으로 행동하게 만든다. 두 측면의 권력기술이 근대적 형태의 개인 주체를 생산한다. 근대적 개인의 주체성 (subjectivity)에는 규격화에 복종하는 일(subjection)이 필연적으로 붙박여 있는 것이다. 근대국가는 권력기술과 규격화 덕분에 개인과 집단뿐 아니라 사회 전반을 지배할 수 있게 되었다. 학교 같은 사회제도는 모든 국민의 사고와 행위를 관찰하고, 통제할 수 있는 팬옵틱(panoptic)

한 시선(gaze)의 역할을 수행하여 '감금적(carceral)' 사회를 만드는 데에 기여한다.

　　근대교육과 근대국가에서 개인이 삶의 다양성을 상상하고 선택할 수 있는 자유와 자율성은 말살된다. 근대사회가 개인의 자유와 자율성을 증진한다는 믿음은 착각이다. 근대사회와 근대교육을 거부하는 초점은 우리가 스스로를 합리적 주체로 형성하는 과정에 조금의 통제력도 발휘하지 못하는 일방성이다. 푸코(1988)는 사회화, 교육, 정체성 형성은 필요하다고 인정한다. 그러나 그 과정에서 '정상' 기준과 다른 지식, 가치, 삶을 상상하고 추구하는 데에 필요한 개인의 독특함과 잠재력을 모두 제거하는 권력과 학문이 문제이다. 근대의 권력기술이 바로 우리 자신이나 교육 같은 사회제도가 자율성이 있다고 착각하게 만드는 사회 장치이다. 각자의 정체성 안에 지식과 권력이 붙박여 있기 때문에 그것을 스스로 인식하고 비판하여 해방될 수 없다. 하버마스와 같은 학자들이 말하는 해방은 가능하지도 않을뿐더러 실현된다면 개인 존재의 자기부정과 자기소멸을 뜻한다. 그러므로 푸코는 해방이 아니라 '도발(transgression)'을 결행해야 한다고 주장한다. 도발은 근대의 지식과 도덕을 수정하는 일이 아니라, 그것과 완전히 다른 기준을 지향하고 다른 자아를 지향하는 일이다. 예컨대 자신을 '예술작품'처럼 자유롭게 창조하는 일이다. 합리적으로 설명할 수 없고, 정당화할 수 없고, 그럴 필요도 없으므로 기존의 기준에서 이탈하는 '다름'의 추구 자체가 큰 의미를 갖는다.

　　푸코는 근대교육의 정당성을 부정할 뿐 아니라 그로부터의 이탈을 요구한다. 지식권력이 창조와 저항의 자원이 될 수 있는 모든 이질성과 다양성을 제거하므로 지식권력을 부정하고 지식권력에서 이탈해야 한다. 여성주의자 로드(A. Lorde, 1984: 122)의 지적처럼 부당한 지배를 정당화하는 것은 다양성을 억제하는 지식권력에 도전하지 않는 바로 우리 자신이기 때문이다. 푸코(1977: 182)는 다음과 같은 질문을 제기한다. "만약에 우리가 다름과 다양성을 희석하는 공통분모를 찾으려고 노력하는 대신에 다름과 다양성을 다르게 인식하면 어떻게 될까?" 로드(1984: 123)가 설명하는 것처럼 "주인의 연장을 가지고는 결코 주인의 성을 깰 수 없다." 그렇다면 우리가 다름과 다양성을 새롭게 평가하고 생각과 실천의 가능성과 불가능성을 가르는 경계를 거부할 때, 지배의 체제가 흔들리기 시작한다고 푸코(1983: 216; 1986: 11)는 강조한다. 기존 학문과 지식의 기준에서 떠나, 규격화된 자아의 환상에서 탈출할 수 있는 용기를 발휘함으로써 자기긍정과 자유가 증진될 수 있다. 개인 경험의 특수성을 새롭게 이해하고, 자신만의 독특한 가치와 의미를 추구하고, 자신만의 특별한 욕망을 결집하고 주장하는 지식교육을 상상할 수 있다.

3) 포스트모던 지식교육의 불가지론

여성주의와 후기구조주의에 바탕을 둔 엘스워스(E. Ellsworth, 1989)의 연구를 중심으로 포스트모던 지식교육을 검토한다. 엘스워스는 특히 프레이리와 지루 등이 대표하는 비판적 교육학이 억압적 교육을 비판한다고 자부하지만 사실은 '억압적 신화'를 조장한다고 의심한다. 억압적 교육과 매한가지로 지극히 이성적인 교사가 '가부장식 교육'을 주도하기 때문이다. 비판교육학이 지지하는 해방적 이성 역시 교실 맥락의 다원성을 단순화하고, 학생들의 다양한 경험을 침묵시킨다는 것이다. 엘스워스는 교사가 제시하는 합리성의 기준과 소통 방식에 구애되지 않고, 학생들 스스로가 경험의 다양성을 존중하면서 대안적 지식과 대안적 정체성을 개발하는 교육을 창조할 것을 촉구한다.

포스트모던 지식교육의 특징으로 '다름의 불가지성(unknowability)' 이 등장한다. 여성주의 관점이론과 비판적 교육학이 다양성을 축소한다고 지적하면서 이질성을 결코 훼손해서는 안 된다고 강조하는 것이다. 또한 푸코의 주장대로 각 개인도 이미 규격화되어서 자기 자신의 경험의 의미에 접근하는 데에 한계가 있다는 것을 지적한다.

> 어떠한 사회집단이든 다른 사회집단의 경험이나 지식 그리고 사회적 위치를 알 수 없다. 사회적 존재로서의 개인들(social subjects)도 의식과 무의식 사이에서 방황하기 마련이고 또 다중적이며 엇갈리고 모순되는 사회적 위치(subject positions)를 갖고 있으므로 자기 자신의 경험도 완전히 알 수는 없다. (Ellsworth, 1989: 318-319)

불가지성의 명제는 개인의 경험을 있는 그대로 인정할 것을 요구한다. 합리성의 기준에 어긋나는 것으로 보일지라도 경험을 문제삼아서는 안 되고 평가해서도 안 된다는 것이다. 왜냐하면 푸코의 주장대로 그 경험의 특수성은 권력이 장악하고 있는 합리성의 기준에 아직 포섭되거나 오염되지 않았으므로 새로운 상상력의 원천이 될 수 있기 때문이다. 이런 특수성은 푸코(1980: 81)가 지지하는 '주변적 지식의 부활(an insurrection of subjugated knowledges)'과 상통한다. 이런 주변적 지식은 학생들이 더 유연하고 새롭게 자신을 이해할 수 있는 인식론적 발판이 될 것으로 기대된다. 그러므로 개인의 인식론적 특권을 한껏 강조하는 '불가지의 교육학(a pedagogy of unknowing)'을 지향해야 한다.

불가지성은 교육에 깊이 내재된 긴장을 조명한다. 모든 학생과 교사는 '서로 파악하고 파악당하는 정치적 관계(the politics of knowing and being known)'에 놓여 있다(Lathner, 1991). 그러므로 교사는 물론 학생들끼리도 다른 사람을 이해한다고 가정하기보다는 가다머가 강조하는 것처럼 이해의 한계를 인정하고 개방성과 부정성을 증진하도록 노력해야 한다. 교실이 학생의 내면을 드러내기에 안전한 환경이 아니라는 점이 세심하게 고려돼야 학생들이 자신을 존중하면서 타인의 경험을 이해하려는 관심을 기울일 수 있다. 그러나 개방성과 부정성 그리고 조심스러움과 분별력에 대한 요구가 '모든 이해는 불가능하다'는 주장으로 비약하면 곤란하다. 경험을 평가하고 지식을 정당화할 수 있는 모든 기준이 사라지는 것은 아닐까 우려된다. 모든 이해와 지식이 동등하게 타당하거나 동등하게 부당한 것으로 취급된다는 걱정을 지울 수 없다. 또한 인식론적 특권을 인정하더라도 그저 자신의 경험이기 때문에 당연시되는 것은 곤란하다. 인식론적 특권은 비슷한 경험을 공유하고, 그 경험에 작용하는 권력을 비판하는 공동의 탐구에 의해 형성된다는 것을 상기해야 한다. 그러므로 불가지성은 "억압받는 계층에 속하지 않는 사람들은 생생한 억압 경험의 작은 부분이라고 이해하기 위하여서 대단히 애써야 한다"로 재해석되어야 한다(Narayan, 1988: 37). 또한 기존의 의미체계와 언어, 패러다임과 분석, 그리고 최소한의 객관성이라는 개념을 송두리째 폐기할 수는 없다. 이런 지식의 도구는 억압의 기제가 되기도 하지만, 또 힘없는 사람들이 자신을 표현하고 다른 사람들과 변화의 방향을 협의하는 매개체가 되기 때문이다(Harding, 1986: 195). 표준 영어는 흑인들을 억압하는 도구로 쓰이지만, 동시에 '흑인 영어'를 창조하고 저항의 언어로 사용하는 여지를 제공한다.

> 나는 처음에는 영어를 '억압자의 언어'로 들었지만 다음에는 영어를 저항의 가능성이 존재하는 언어로 듣는 흑인을 상상했다. [⋯] 영어를 배우는 것, 이방인의 언어를 배우는 것은 도전과 저항을 가능하게 해 준다. 억압자의 언어를 변형시키고 저항의 문화를 만듦으로써 [⋯] 대안문화와 대안적인 인식론 ―대항 헤게모니 세계관을 만들어 내는 데에 중요하게 쓰이는 다양한 사고와 지식 추구법― 이 존재할 수 있는 장을 만든다. (hooks, 1994: 204-206)

학생들이 사용하는 속어, 신조어, 사투리 등의 비주류 언어뿐 아니라 비주류적인 대화 방식, 예컨대 채팅방 담화, 뒷담화, 수다 떨기 등이 흑인 영어에 해당할 것이다. 학생과 교사가 기존의 언어를 활용하는 한편으로, 대안적 언어를 창조하고 사용하면서 문제를 발견하여 수정할 수 있을 때, 학생과 교사는 자기이해와 제도 변화를 도모할 수 있을 것이다. 이런 과정이 가다머가 말하듯이 지평을 활용하여 이해를 시도하지만 새로운 이해를 통해 지평을 수정하는 도야의 과정이다.

그러나 포스트모던 지식교육이론은 대화를 통해 타당한 지식을 구성할 수 있는 여지에 지나치게 인색한 것으로 보인다. 푸코(1977: 184-185)에 의하면, 대화는 개인의 특수성을 효과적으로 말살한다.[39] 엘스워스 또한 비판적 이성과 규칙에 의해 진전되는 대화관계가 성립할 수 없고 바람직하지도 못하다고 주장한다(Ellsworth, 1989: 315-317). 대화가 불가능한 이유는 학생과 교사 그리고 학생과 학생 사이에 작동하는 권력의 차이가 대화에 미치는 영향을 극복할 수 없기 때문이다. 또한 교사와 학생 모두 합리적이고 중립적일 수 없기 때문이다. 대화가 바람직하지 못한 이유는 기존의 사고방식과 발화방식만을 타당하다고 여기므로 다양성과 특수성의 발산이 필시 저해되기 때문이다. 그래서 대화 대신에 "이질적 [하위]문화 사이의 의견 교환(cultural or cross-subcultural exchange)"이라는 소통방식을 제시한다(Ellsworth, 1989: 318). 이런 소통은 주로 개인 경험을 이야기하는 방식이므로 개인의 관심과 참여를 증진할 것으로 기대된다. 사실 학교에서 대화하기는 어려울뿐더러 대화가 진행되어도 오해, 후회, 원망, 혼돈, 부담이 수시로 발생한다. 하버마스가 제시하는 이상적 의사소통은 다양한 경험을 교환하려는 의욕에 찬물을 끼얹을 수도 있다. '주변부 학생들'에게는 타당성을 논쟁하는 일 자체가 낯설다. 주변부 학생들이 주류집단과

---

39 후기에 들어서 푸코(1980)는 담화와 합의의 중요성을 조명한다.

다른 경험을 다른 방식으로 말하면 무시당하는 경향도 자주 나타난다. 그런 폐해를 감소시키므로 문화적 교환이라는 이야기 방식이 매력적으로 보이는 점이 있다. 그러나 그 방식은 마치 각자의 독백처럼 보인다. 모든 의견이 타당하다는 말은 모든 의견이 부당하다는 말과 구별하기 어렵다. 마찬가지로 모든 의견을 존중한다는 말은 모든 의견을 무시한다는 말과 구별하기 어렵다. 이야기와 비주류적 언어가 장려되어야 하지만 내내 독백 같은 이야기만을 할 수는 없다. 자신의 경험에 관한 성찰과 타인의 경험에 관한 존중을 수렴하면서 공동의 문제를 탐구하려는 노력을 포기할 수는 없다. 대화의 가능성을 포기한다면 이해의 진전과 합의의 가능성도 함께 포기하기 쉽다. 그러면 문제 해결의 방식으로 권력과 권위에 의존하게 되지 않을까? 각 개인은 자신의 경험에 관한 '나르시시스트'가 되지 않을까? 포스트모던 교육이론이 제시하는 불가지론은 서로에 관한 이해를 포기하고 차단하는 '분리주의(separatism)'를 초래하는 지경에 이를 수 있다.

O '내부의 외부인' 입장

20대는 생애주기에서 취약한 위치에 놓이기 쉽다. '이대남'과 '이대녀'의 갈등은 각자 이런 취약성을 어떻게 인식하는가와 관련이 있을까? 소위 '한남'으로 불리는 남성 중에도 매우 취약한 처지에 있는 남성들이 많을 것이다. 더 취약한 남성이 여성을 더 비하하고 공격한다는 의견이 있는데, 타당한지 생각해 보자. 2018년 서울의 대학로에서 열린 '미투 시위'에서 시위 참가 여성들 일부가 남성 취재진의 근접 취재를 제지하는 일이 발생했다. 이런 '차별'은 정당할까? 여성들이 겪는 차별에 비하면 이런 차별은 약과라고 말할 수 있을까? 어느경우에 이런 '차별'의 정당성을 인정할 수 있을까? 사회적 약자들의 저항에는 오직 당사자들의 참여만 정당한 것인지 생각해 보자. 학습에 의해 '내부의 외부인' 정체성이 형성된다고 설명했다. 자신이 젠더 세계 혹은 노동 세계 등의 사회 영역에서 내부의 외부인이라고 생각하는지, '경계 가로지르기', '경계 침범하기'를 실행할 필요성을 느낀 적이 있는지 이야기해 보자. 나이가 들고 기득권층이 되어서도 내부의 외부인으로 성장할 수 있을까?

O 주인의 연장

로드는 "주인의 연장을 가지고는 결코 주인의 성을 깰 수 없다"고 주장했다. 푸코는 기존 학문과 지식의 기준과 결별하고, 규격화된 자아의 환상에서 탈출할 수 있는 용기를 발휘하라고 말한다. 로드와 푸코의 주장에 동의하는지, 새로운 연장과 새로운 언어를 만들기 위해 푸코의 제안이 도움이 되는지 생각해 보자. 과연 푸코가 말하는 그런 결별과 창조가 가능할까? 그것을 위해서 어떤 태도와 능력이 요구될까? 훅스의 의견도 소개했는데, 훅스의 의견 그리고 푸코와 로드의 입장 중에서 어느 것이 더 그럴듯한지도 생각해 보자. 관심 범위를 넓혀서 본문에서 구분한 근대성에 관한 재구성적 입장과 해체적 입장 중에서 어떤 입장이 더 타당한지 의견을 나눠 보자.

제5부

시민교육

눈에 보이는 익숙한 범위 안에서 삶의 방향을 전환하지만, 그런 모든 것들로부터 떠날 수 있다는 것을 서서히 배우면서 마음을 연마하는 데에 필요한 덕을 쌓아야 한다. 자기 고향이 제일 좋다고 생각하는 사람은 아직 미숙한 초보자다. 모든 땅을 자신의 고향으로 여기는 사람은 이미 강한 사람이다. 그러나 전 세계를 타향으로 여기는 사람은 완전한 사람이다. 미숙한 영혼의 사람은 세상의 특정한 곳에만 자신의 사랑을 집중한다. 강한 영혼의 사람은 자신의 사랑을 모든 곳으로 확장한다. 완전한 영혼의 사람은 자신의 사랑을 소멸시킴으로써 영혼을 완성시킨다.

—생빅토르의 위그(Hugh of St. Victor)[01]

---

01 Hugh of St. Victor(1966), *The Didascalicon of Hugh of St. Victor: A medieval guide to the arts*, J. Taylor(trans.), New York: Columbia University Press.

　　우리는 사회제도 속에서 살고 있다. 민주주의는 우리의 삶에 영향을 미치는 사회제도를 개선하는 데에 우리가 자유롭고 평등하게 참여하는 일을 보장하는 정치 이념이다. 민주주의는 사회구성원들이 정치 세계에 참여하여 사회제도를 둘러싼 갈등을 조정하고 합의를 확대하면서 발전한다. 정치 세계에 참여하려면 학생들은 정치적 실천 주체로 성장해야 한다. 지식교육에 의해 합리적으로 판단하는 실천 주체가 되고, 윤리교육에 의해 올바로 행동하는 실천 주체가 되는 것과 더불어 시민교육에 의해 정의로운 실천 주체가 되어야 한다. 학생들이 시민교육을 통해 점진적으로 정치 세계에 입문하면서 양식 있는(informed) 참여자로 성장해야 한다. 시민교육을 통해 자유롭고 평등하게 정치에 참여하는 시민의 자격과 역량을 획득하는 일은 권리이고 의무이다.

최근 들어 시민들이 참고하는 지식과 정보의 양은 증대하지만 시민들의 의견은 극단화되고 사회갈등도 악화되고 있다. 이런 상황을 우려하여 시민교육을 확대하라는 요구, 나아가서 세계시민교육도 실행하라는 요구가 커지고 있다. 한국에서 시민들과 시민사회의 정치역량은 꾸준히 성장하는 것으로 보이지만 그 역사는 비교적 짧다. 1980년 6월에 시민항쟁에 의해 독재정권을 타파하면서 비로소 '시민'이 행위 주체로 등장한다고 볼 수 있다. 1990년대에 들어서 선거 등의 정치적 의제뿐 아니라 생활세계와 공공의 규범을 숙의하는 시민사회가 성장한다. 경제, 교육, 환경, 문화, 성평등, 지역사회, 인권, 노동 등 다양한 영역에서 시민운동이 확산되고, '신사회운동'이 세력화되었다. 시민역량은 2016년에 '촛불 혁명'을 창조하기에 이르렀다. 촛불 혁명 전후로 세계화, 사회정의, 취업과 거주, 젠더, 한반도 평화, 기후변화 등에 관한 사회적 의제는 매우 복잡해지고 있다. 그러면서 시민사회가 진보와 보수로 양극화됨으로써 시민들의 합리적인 공론 형성과 갈등 조정이 지체되고 있다. 미국 퓨리서치센터(Pew Research Center)가 2021년에 17개국 국민의 갈등 인식을 조사한 결과를 발표했는데 그 결과는 충격적이다. 조사 대상국 중에서 한국 국민의 정치 갈등과 종교 갈등 인식이 가장 높은 것으로 나타난다. 그건 그렇다고 하더라도 '인종 또는 민족 갈등이 심각하다'는 응답 비율도 미국이나 유럽 국가들 못지않게 높다. 해외이주동포, 외국인 노동자와 난민 등을 혐오하는 경향이 확산되고 있기 때문에 그런 것으로 보인다.[02] 나

---

02 '정치적 갈등이 강한가'라는 질문과 '종교적 갈등이 강한가'라는 질문에 '그렇다'로 대답한 한국 응답자는 각각 90%, 61%로 나타났다. '인종 또는 민족 갈등이 심각하다'는 응답은 57%인

아가서 재력, 권력, 학력이 우월한 사람만 사람대접을 하는 한국판 '인종주의'가 등장했기 때문이라는 지적도 있다. 사회적 갈등과 혐오가 늘어나서 시민들이 합리적 대화를 통해 사회문제를 해결하기 어렵게 되었다는 걱정이 커진다.

1. 시민교육의 필요성

사회갈등은 불가피하므로 완전히 해소할 수는 없다. 그래서 시민들이 갈등을 공동 성찰과 대화의 계기로 전환하는 '갈등 변혁(conflict transformation)'이 요구되는데 현재 한국 사회에서는 그런 변혁을 기대하기 어렵다. 사회분열 실태에 비추어서 "대한민국의 주권은 국민에게 있고, 모든 권력은 국민으로부터 나온다"라는 헌법 조항을 생각해 보자. 이 조항이 시민의 역량과 역할에 기대하는 수준은 높다. 시민들이 일정한 시민교육을 경험함으로써 양식 있는 의견(informed opinion)을 갖고 사회에 참여하는 권리와 권력의 주체로 성장해야 한다. 시민교육의 필요성은 확실하다. 교육부도 이런 필요성을 반영하여 2018년 '시민교육에 관한 종합계획'을 발표했을 것이다. 그러나 발표 이후 별 진전은 없다. 시민교육은 시급하고 중요한 사회과제이다.

시민교육은 시민성을 어떻게 이해하는가에 따라 그 방향과 내용이 달라진다. 우리 사회에서 시민성과 시민교육에 관한 사회적 합

데 미국의 경우 71%, 프랑스는 64%, 독일은 55%로 나타난다. Pew Research Center(2021).

의가 부족하다는 점이 지적되므로(교육부, 2018), 합의를 증대하려는 노력이 필요하다. 과거 독재정권 시절에 반공과 준법만을 강조한 '국민교육'의 기억 때문에 국가가 시민교육을 주도하는 것에 대한 우려가 크므로 더욱 그러하다.[03] 또한 시민교육은 사회적으로 논란이 되는 문제를 협의하는 정치적 경향이 다분한데 이런 경향 때문에 시민교육이 '정치적 수단'으로 악용될 수 있다는 거부감도 적지 않다(이쌍철 외, 2019: 139-140). 그러나 한국 사회에서 악화되는 사회갈등에 대처하려면 아래 인용문이 말하는 것처럼 다양한 이념들을 검토하고 평가하는 정치교육이 필수적이다.

> 방역이든 복지든 정부정책에 '이적 행위', '공산주의', '사회주의적 발상' 등 이념 공세가 격화되고 있다. 그러나 이것은 이념의 정치가 아니라 이념적 낙인의 정치일 뿐이다. […] 우리는 이념 자체를 위험시하거나 이념갈등은 나쁜 것이라는 통념에서 벗어나야 한다. 이념이 없는 사회는 정신이 죽은 사회며, 이념갈등이 없는 사회는 전체주의 사회다. 지금 한국 사회의 문제는 이념갈등이 심한 것이 아니라 제대로 된 이념대결이 없다는 것이다. 정적끼리 이념공방이나 하는 것이 아니라 사회 저변의 신념의 전쟁을 정치로 승화하는 것, 자본주의와 민주주의, 성평등과 지속가능성이라는 시대의 화두를 놓고 대안을 겨루는

03 전두환 독재정부가 박정희 독재정부를 이으면서 제일 먼저 한 일 중에 하나가 국민을 길들이기 위해 국민윤리를 가르치는 일이었다. 1980년대 초에 국립 및 사립대학교 사범대학에 국민윤리교육과가 설치되었다. 2차와 3차 국가교육과정에서 국민윤리가 교과로 개설되었다.

것, 그것이 진짜 이념대결이 아니겠는가?[04]

정의롭고 민주적인 사회를 바란다면, 학교에서 정치교육과 시민교육을 진지하게 실행해야 한다고 주장하는 목소리가 국내외에서 높아지고 있다. 물론 학계에서도 시민성과 시민교육의 뜻 자체에 관해 여러 해석들 사이에 견해차가 있다. 다양한 반응과 갈등을 시민성과 시민교육에 관한 사회적 대화를 추진하는 계기로 삼아야 한다.

2. 시민교육의 뜻

시민교육을 말하려면 '시민'의 뜻을 어느 정도는 알아야 한다. 헌법 제2조 1항은 "대한민국의 국민이 되는 요건은 법률로 정한다"라고 말한다. 한국에서 태어나 살고 있다고 자동적으로 시민이 되는 게 아니라 법이 정한 조건에 의해 시민권을 획득한다. 시민권에 의해 권리와 의무 등이 주어진다. 우선 시민을 특정한 법적 지위를 갖는 사람이라고 이해하자. 이런 형식적 측면을 보면 시민교육은 법과 제도, 권리와 의무에 관한 지식을 학습하고 실천하는 일이다. 시민교육을 어떤 방식으로든 실행하는 나라가 늘고 있다. 독일은 정치교육, 프랑스는 시민도덕교육, 영국은 시민성교육, 미국은 공민교육(civics study) 등의 교과를 제공한다. 국가시민을 넘어서 세계시민에 관한 논의도

---

04 신진욱, 「격화되는 이념갈등, 어떻게 볼 것인가?」, 『한겨레신문』(2021.03.02.).

확대되고 있다. 시민교육의 공통 주제는 주권을 갖고 권력을 행사하는 시민이 갖추어야 할 '시민성(citizenship)', '시민됨' 혹은 '시민다움'이다. 시민교육은 학생들이 적합한 시민성을 갖춘 '좋은 시민'으로 성장하도록 안내하는 일이다.

시민교육에서 논의하는 주제는 이런 질문들과 관련된다. 어떤 시민이 좋은 시민인가? 좋은 시민으로서의 정체성을 개인과 집단 차원에서 어떻게 형성해야 하는가? 시민은 어느 정도로 사회에 참여해야 하는가? 듀이는 "민주주의는 정치의 형태만이 아니라 더 근본적으로는 공동 생활의 형식이고, 경험을 전달하고 공유하는 방식"이라고 설명한다(Dewey, 1916: 155). 그리고 학교가 '민주주의의 실험실'이 되고, 시민교육의 현장이 되어야 한다고 강조한다. 좋은 시민은 법과 제도를 아는 것을 넘어서 공동 탐구를 통해 사회문제를 공동으로 해결하려고 노력하는 사람이다. 우리는 공동 탐구가 민주적이고 협력적인 학습의 방식이라는 것을 배웠다. 학생들이 다양한 의견을 나누면서 타당한 의견을 도출하는 공동 탐구를 경험하면 좋은 시민이 될 것을 기대할 수 있다. 앞으로 우리는 시민교육의 공동 탐구에서 다룰 만한 몇 가지 주제들을 알아볼 것이다. 먼저 시민교육이 지향해야 할 이념으로 자유주의와 공동체주의를 알아보고 두 이념을 결합할 수 있는 대안으로 숙의 민주주의를 살펴본다. 그리고 국가제도와 시민사회의 중요한 관심사인 사회정의를 실현하는 방안을 알아본다. 시민들이 인간존엄성을 누릴 수 있도록 자유롭고 평등하게 사회에 참여하는 일을 정의라고 규정한다. 정의를 실현하려면 인정정의와 분배정의를 결합해야 한다. 인정정의는 자격 있는 모든 사람을 사회구성원으로 인정하고 자유롭고 평등한 사회참여를 보장할 것을 촉구한다. 분배정의는 자격 있는 모든 사람들에게 사회참여에 필요한 사회적 기본재(교육, 문화, 소득, 직업, 자존감의 기반 등)를 평등하게 분배할 것을 요구한다. 이어서 교육정의를 탐구하는 사례로 능력주의를 비판하고 변혁 방향을 모색한다. 마지막으로 시민으로 성장하는 토대가 되는 '학생-시민'의 권리를 살펴본다. 이런 의견들을 살펴보면서 좋은 시민이 될 수 있도록 무엇에 관해 어떻게 공동 탐구를 해야 하는가에 관심을 집중할 것이다. 우리는 주권과 권력의 주체를 가리키는 말로 국민 대신에 '시민'을 채택한다.

13장. 시민교육의 이념:
자유주의, 공동체주의와 숙의 민주주의

시민이 갖추어야 할 특성, 즉 시민성에 관한 다양한 견해들 사이에서 중첩되는 부분을 파악해야 시민교육에 관한 대화와 설계가 가능할 것이다. 먼저 시민성은 최소로 충분하다는 입장과 최대로 성장되어야 한다는 입장을 알아본다. 최소입장과 최대입장 모두 민주주의를 지향한다. 민주주의의 이념 중에서 최소입장은 자유주의에 가깝고, 최대입장은 공화주의나 공동체주의에 적합하다. 한국 시민교육의 이념으로 자유주의와 공동체주의를 살펴보고, 두 이념이 상호보완될 수 있는 방향을 논의한다. 특히 한국 사회의 자유주의에 관한 신념에서 원자론과 경제자유를 재검토해야 하고, 공동체주의에 관한 신념에서는 폐쇄주의를 경계해야 한다는 것을 지적한다. 두 이념을 조정하는 원리로서 숙의 민주주의(deliberative democracy)를 제안한다. 이 원리는 앞에서 배운 하버마스의 소통윤리, 이상적 담론과 연결된다. 마지막으로 학교를 숙의 민주주의가 실행되는 '숙의공동체'로 구성하는 시민교육의 실행 방향을 제시한다.

1. 시민성과 시민교육

1) 최소입장과 최대입장

시민교육을 통해 학생들이 시민성을 갖춘 시민으로 성장하기를 기대한다. 시민교육이 어떤 시민성을 추구해야 하는지를 알아보자. 시민성의 요소를 ① 시민의 정체성, ② 시민이 갖추어야 할 자질 혹은 덕, ③ 사회참여의 정도, ④ 시민성을 발휘할 수 있는 사회조건으로 정리할 수 있다. 시민성 요소들을 다루는 시민교육의 범위를 최소한으로 제한하는 입장(최소입장)과 최대한을 요구하는 입장(최대입장)이 경쟁한다(McLaughlin, 1992). 대비되는 지점은 다음과 같다.

① 시민의 정체성을 말할 때 최소입장은 시민성이 개인에게 부여하는 정체성은 형식적이고 법률적인 수준에 그쳐야 한다고 주장한다. 예컨대 투표권과 국적을 보유하는 정도일 수 있다. 시민은 법에 의해 시민적 지위와 권리를 갖는 것으로 충분한 존재이다. 반면에 최대입장은 시민의 정체성이 사회적·문화적·심리적 측면을 모두 아울러야 한다고 주장한다. 시민은 '실제로 작동하는 공동체의 성원이라는 정체성과 민주적 문화를

공유해야 한다. 권리뿐 아니라 사회의 공동선과 연대에 관한 의무와 책임을 이행해야 한다.

② 시민의 자질 혹은 덕에 관한 최소입장은 시민이 법을 준수하고 공적 태도를 유지하는 것으로 충분하다고 본다. 소속감과 책임감 등의 적극적 태도는 특정 집단에서 특수하게 형성되는 것이므로 그 집단 안에서만 통용되어야 한다. 예컨대 정치 행사에 참여하는 일은 자신이 선택하는 자원봉사에 해당하는 것이지 시민의 덕으로 요구해서는 안 된다. 최소입장은 다른 사람들의 존엄성과 보편적 권리를 침해하지 않는다면 시민이 꼭 이행해야 할 의무는 없다고 주장한다. 반면에 최대입장은 시민에게 강한 소속감과 책임감을 요구한다. 인간은 사회적 존재이고 역사를 공유하는 존재이므로 연대의 의무가 있고 윤리적 책임과 정치적 의무를 이행해야 한다. 자신이 속한 집단과 지역에 기여하는 것은 물론 사회구성원으로서 정의와 공동선을 증진하는 데에 협력해야 할 책임이 요구된다.

③ 사회참여에 관한 최소입장은 시민이 원할 경우에만 참여할 권리를 갖는다고 판단한다. 광범위한 참여를 요구하는 것은 개인의 선택과 사생활을 침해한다고 본다. 이런 입장은 대의 민주주의를 선호한다. 최대입장은 시민들이 자신에게 영향을 미칠 모든 결정에 참여할 것을 요구하고, 참여 민주주의를 지지한다.

④ 시민성의 형성과 행사를 위한 사회 조건에 관한 최소입장은 국가의 보호와 도움을 받을 자격이 보장되고, 법적 지위와 권

리를 인정받으면 조건이 충족된다고 여긴다. 반면에 최대입장은 정치 영역뿐 아니라 경제와 문화 영역에서도 평등한 지위를 전제한다는 것을 강조하고, 각 시민을 온전한 구성원으로 인정하는 '성원권(membership rights)'을 증진하려고 노력한다. 그래서 시민이 성원권을 발휘하는 데에 장애가 되지 않도록 차별과 불평등을 감소하고 사회를 통합하는 일에 힘쓴다.

2) 자유주의와 공동체주의

최소입장과 최대입장 모두 민주주의를 지향한다. 최소입장은 자유주의(liberalism)에 가깝고, 최대입장은 공화주의(republicanism)와 공동체주의(communitarianism)에 적합하다.[05] 대부분의 민주사회는 두 이념을 결합하여 민주주의의 포용성을 증진하려고 노력한다. 한국 민주주의의 이념에도 자유주의와 공화주의가 공존하고 있다(김동수, 1994; 최장집, 2005; 황경식, 1999). 헌법에서 이런 공존을 확인할 수 있다.[06] 서구 사회에서 두 가지 이념은 민주주의가 성립하기 이전에 각각의 전통으로 기능하는 가운데 서로 충돌하고 수렴되면서 민주주의의 발판이 되었다. 한국 사회는 서구식 민주주의의 전통이 약하기 때문에 민주주의의 이념이 불분명하고 발전이 지체되었다는 의견이 있다. 특히

---

05 공화(a republic)의 라틴어 어원(res publica)은 공적인 일과 책임(public affair)을 뜻한다. 공화주의에서 국가의 권력은 시민들의 공적 협의에 의해 행사되는 것으로 이해된다.

06 헌법은 "대한민국은 민주공화국이다"(제1조 1항)라는 선언으로 시작한다. 이 조항에 기초하면 한국의 민주주의는 공화주의 이념에 의해 운영되어야 한다. 반면에 헌법 전문에 제시된 "자율과 조화를 바탕으로 자유민주적 기본질서를 더욱 확고히 하여"라는 내용과 헌법 전반에 명시된 자유권을 부각하여 자유주의를 더 조명하는 입장도 있다.

남과 북의 분단과 대립으로 인해서 민주주의 이념에 관한 사회적 논의와 다양한 실험이 충분하지 못했다고 평가할 수 있다. 이런 상황에서 "민주주의를 구성하는 중심적인 이념과 원류"로서 자유주의와 공화주의를 이해하는 일은 "적극적 시민으로서 민주적 과정에 참여하고 민주주의를 실천하는 시민적 덕을 함양함에 있어서 매우 중요한 것이 아닐 수 없다"(최장집, 2005: 222). 이념을 탐구하면서 빈부격차와 문화다원화가 증대될수록 개인의 자율성을 존중하는 동시에 사회정의와 공동 이익에 기여할 수 있는 '두터운(thick)' 시민성과 시민교육이 요구된다는 것을 고려해야 한다(McCowan, 2010).

시민교육에 관한 최소입장을 대표하는 자유주의와 최대입장을 대표하는 공동체주의(공화주의)를 이해하고 결합 가능성을 탐구하면서 두터운 시민성과 시민교육의 방향을 탐색해 보자. 그러면서 공화주의 대신 공동체주의를 논의대상으로 한다. 정치체제에 초점을 두는 공화주의보다 공동체주의가 인간과 사회에 관해 더 넓은 관점을 제시함으로써 공화주의의 철학적 토대를 제공하기 때문이다. 자유주의와 공동체주의는 각각 다양한 입장들을 포괄하므로 한 묶음으로 논의하기 쉽지는 않다. 자유주의는 공동체주의보다 더 오래되고 두터운 이념의 전통이다. 공동체주의는 아리스토텔레스와 헤겔의 철학에서 비롯되지만, 자유주의가 개인의 자유와 권리에 편향되어 사회의 연대와 공동선을 약화시키는 문제에 대응하면서 1970년대에 들어서 부각된 입장이다. 자유주의와 공동체주의를 여러 측면에서 비교할 수 있지만 시민교육에서는 각각의 이념이 정치 원리와 행위를 선택하고 정당화하는 방식을 이해하며 조정하는 데에 초점을 둔다.

즉 자유주의와 공동체주의의 규범적 입장을 알아보는 것이다. 그리고 자유주의와 공동체주의의 상호보완을 시도하기 위해 거부해야 할 방향으로 원자론, 시장 지상주의, 전체주의의 위협 등을 살펴본다.

2. 자유주의

1) 개인의 자율성과 자기결정권

자유주의자들은 개인을 사회를 구성하는 기본 단위로 보고, 개인의 자유와 평등이 전폭적으로 보장되어야 한다고 믿는다. 자유주의를 대표하는 밀은 자유주의의 고전이라고 부르는 『자유론』에서 "국가의 힘은 국가를 구성하는 개인에게서 나온다"(J. S. Mill, 1859: 147)라고 역설한다. 그리고 "개인성의 발달이 인류 번영의 필수적인 요소이다"(Mill, 1859: 73)라는 명제를 확립한다. 개인성의 발달을 보장하기 위해 개인이 신념을 형성할 권리를 보장해야 한다는 주장은 아래 인용문처럼 현대 자유주의에서도 대표적인 특징으로 계승된다.

> 자유주의에 의하면 우리의 가장 기본적 관심은 개인의 신념을 형성할 권리를 확보하고, 개인의 신념을 따라 행동하는 일이다. 그러므로 정부는 각 개인을 동등하게 대우해야 한다. 정부는 개인의 신념을 형성하고 수정하는 데에 필요한 자유와 자원들을 각 개인에게 제공하는 방식으로 각 개인을 동등하게 배려

하고 존중해야 한다. (Kymlicka, 1989: 13)

개인의 자유와 평등은 오직 정당한 이유가 있을 때만 제한할 수 있다. 밀을 비롯하여 많은 자유주의자들은 자유를 논의할 때 시민적 자유 혹은 사회적 자유를 말한다. 개인이 사회적 존재라는 것을 인정하되 사회로부터 부당한 강압을 받지 않고 자유를 누릴 수 있는 근거를 확립하려는 노력이다. 이런 자유는 흔히 '소극적 자유(negative liberty)'로서 "무엇으로부터의 자유"로 표현된다. 개인의 선택은 개인의 자유이므로 국가나 제삼자가 선택의 순위나 가치를 평가하거나 간섭하는 일이 부당하다는 것을 소극적 자유의 개념을 통해 밝히는 것이다. 자유주의의 사명은 각자가 자율적으로 선택하는 조건을 정립하는 데에 있고, 소극적 자유가 그런 조건을 보장한다. 이런 믿음은 '자유주의의 근본 원칙'이라고 부를 정도로 중요하다(Gaus, Courtland & Schmidtz, 2020). 홉스, 로크, 루소, 칸트, 밀 등 서로 다른 의견을 갖고 있는 학자들을 모두 자유주의자로 여기는 것은 이들이 모두 자유주의의 근본 원칙을 공유하기 때문이다. 그러므로 국가는 개인이 자유롭게 선택하고 결정할 수 있도록 개인의 자율성과 자기결정권을 '침해할 수 없는 권리'로 확립해야 하고, 그 권리는 의무에 우선되어야 한다. 개인의 권리는 자유로운 개인들 사이, 그리고 개인과 국가가 맺는 사회계약의 형태로 나타난다. 신체의 자유, 사상의 자유, 표현의 자유, 사생활의 자유, 집회와 결사의 자유 등이 특히 중요하다. 유엔이 정한 '시민적, 정치적 권리협약'은 모든 국가가 개인의 자유와 권리를 보편적으로 보장할 것을 요구한다.

2) 개인의 재산소유와 시장질서의 자유

개인이 자기결정권을 행사하기 위해서는 적정한 수준의 경제력이 필요하다. 재산과 소득이 어느 정도 있어야 자율성과 자유를 누릴 수 있다. 루소는 일찍이 자생적 경제력이 정치적 자유를 보장한다고 주장한다(이기범, 2021: 118-120). 삶의 자유는 경제가 제공하는 자유와 밀접하다. 이런 주장은 소극적 자유를 넘어선 '적극적 자유(positive liberty)'를 요구한다. 개인은 무엇을 할 수 있는 적극적 자유를 원하고, 그래서 경제력이 필요하다. 개인의 자유를 보장하는 중요 조건 중의 하나로 개인의 재산소유와 시장경쟁의 자유가 강조된다. 이런 물질적 조건과 경쟁이 보장되어야 삶을 자유롭게 선택할 수 있기 때문이다. 그런 입장은 자유와 소유를 같은 것으로 간주한다. 자유권을 포함한 모든 권리를 소유의 형태로 규정하고, "권리를 소유한다"고 표현한다(Gaus, Courtland & Schmidtz, 2020). 특히 미국 사회에서 이런 경향이 강하게 나타난다. 일부 자유주의자들은 자유는 오직 사유재산의 보호와 시장 질서를 통해 구현된다는 편협한 태도를 갖는다. 우리 사회에서도 자유주의의 중심 가치는 오직 시장의 자율과 경쟁이라고 주장하는 사람들이 있는데 이는 본말이 전도된 왜곡된 입장이므로 나중에 더 알아보자. 권리를 소유와 동일시하면서 자유경제를 지지하는 주장은 시장의 자율과 질서에 대한 신뢰가 낮아지면서 수정을 거치게 된다. 국가가 시장의 자율과 질서에 개입하고 규제를 가해야 평등과 정의가 증대된다는 인식이 확산된다. 자본주의 시장경제의 원조로 신봉되는 애덤 스미스(A. Smith) 그리고 다음 장에서 알아볼 롤스는 자유주의의 입장에서 이런 인식을 옹호한다.

3) 국가의 권력 제한과 중립성

개인의 자유와 선택을 국가와 사회가 간섭하거나 관여하는 것은 금지된다. 오직 개인의 자유 행사가 다른 사람에게 피해를 줄 경우에만 국가의 개입이 허용된다. 국가의 권력 제한과 중립성은 자유주의의 또 다른 근본 원리인데 밀의 '가해 원리(harm principle)'에 기초한다. 밀에 의하면, 자유주의이론은 국가와 다수가 개인의 자유를 침해하는 폭력의 한계를 설정해야 한다. 밀의 주장을 들어 보자.

> 자신에게만 관련된 행위에 대해서는 그 개인의 자율성(independence)을 절대적으로 보장하는 것이 당연하다. 개인은 자신에게 관하여, 자신의 몸과 마음에 관하여 주권자(sovereign)이다. 개인이 사회에 순응해야 하는 유일한 경우는 자신의 행위가 다른 사람과 연관될 때이다. 문명사회의 구성원에게 그 사람의 의지에 반하여 권력을 행사하는 일은 오로지 다른 사람에게 해를 끼치는 것을 방지하려는 경우에만 정당화될 수 있다. 개인에게 신체적 혹은 정신적으로 이익이 될 것이라는 이유가 권력의 간섭을 정당화하는 이유가 되지 못한다. 그렇게 하는 것이 그 개인에게 더 좋고 더 행복해질 것이 확실해도 혹은 다수의 의견이 그렇게 해야 더 현명하고 옳다고 해도 개인의 행위를 강제하거나 억제하는 것은 정당화될 수 없다. 개인의 행위가 타인

에게 치명적인 해악을 끼칠 것이 예상되는 경우에만 그 행위를 하지 못하도록 개입하는 것이 정당화된다. (Mill, 1859: 13-14)[07]

밀에 의하면 인간의 행위는 '자신에게만 관련된 행위'와 '타인도 관련된 행위'로 구분된다. 자기 자신에 관한 행위는 절대 간섭하면 안 되고 무한한 자유를 허용해야 한다. 권위주의와 간섭주의(paternalism)를 배격하는 것이다. 그러나 타인에게 영향을 주는 행위, 특히 타인에게 피해를 주거나 피해가 예상되는 행위는 국가가 간섭하는 것이 정당하다. 밀의 구분은 현재 한국 사회에서 일어나는 여러 논쟁을 해결하는 데에 참고가 되므로 「토의하기」의 주제를 살펴보기를 바란다.

위 인용문에서 '선의의 법칙'을 눈여겨보아야 한다. 타인에게 이익과 행복을 가져다줄 선의를 갖고 있더라도 선의를 강제할 수 없다는 법칙이다. 밀은 개인의 개체성(individuality)이 개인 성장의 동력이고 개인이 성장해야 사회도 발전하므로, 개체성이 작동되고 발달하도록 개인의 자유와 선택을 존중해야 한다고 강조한다.

4) '공적 옳음'과 '사적 좋음'을 구분하는 절차주의

자유주의는 개인의 가치관, 삶의 방식과 정체성을 결정하는

---

07 인용문은 나의 번역이다. 번역본이 있다. J. S. Mill(1982), *On liberty*, C. V. Shields(ed.); 서병훈 역(2010), 「자유론」, 서울: 책세상. 이 인용문은 번역본 32-33쪽에 있다. 본문의 번역과 번역본의 번역이 조금 다르니 참고하기 바란다.

데에 국가가 개입해서는 안 된다는 중립성을 강조한다. 자유주의의 공통된 주제는 국가가 특정한 포괄적 신념과 그것에 연결된 선의 관점을 선호해서는 안 된다는 것이다(Rawls, 1996: 10). 중립적 역할은 최소한의 역할을 요구하므로 국가는 법을 집행하고 개인의 재산을 보호하고, 치안을 담당하며, 전쟁을 방지하는 역할 정도만 해야 한다. 그런 최소역할은 최소국가를 옹호하므로 '작은 정부'를 지지한다. 국가의 중립성은 교육의 중립성으로 이어진다. 시민교육이 아무리 유익해도 어떤 시민이 되는 일을 국가가 강제하는 것은 정당하지 못하다는 주장이 성립될 수 있다. 그러나 강제를 금지한다는 주장이 국가가 시민교육에 아무 책임이 없다는 주장으로 과장되면 안 된다. 대부분의 자유주의자들, 예컨대 밀은 시민교육의 중요성을 강조한다.

국가와 공공영역이 특정한 가치에 편향되는 것을 금지하므로 옳음은 좋음과 분리하여 결정되어야 한다. 옳음(rightness)은 권리와 정의의 원칙은 합리적으로 정당화되어야 옳다는 믿음을 나타낸다. 권리와 정의의 원칙은 '타인도 관련된 행위'에 적용되므로 간섭과 규제가 필요하고 합리적 정당화가 필요하다. 반면에 좋음은 '자신에게만 관련된 행위'에 적용되고, 행복과 좋은 삶이 관심이 된다. 그에 관련된 가치, 의미, 취향 등을 추구하는 자율성이 보장되어야 한다. 그 중요한 이유 중 하나는 좋음은 합리적으로 검증하기에 불가능하다고 여겨지기 때문이다. 옳음은 공적 의제인 반면에 좋음은 사적 관심으로 취급된다. 자유주의는 공과 사를 구분할 수 있고, 구분해야 한다고 주장하는 것이다. 그래서 사생활의 존중이 강조된다. 그러므로 옳음을 논하는 과정에서 좋음에 관한 의견을 내세우는 것을 지양한다. 또한 가치의 중립성과 옳음의 우선성은 의사결정의 절차성을 지시한다. 정의의 원칙을 숙의하는 과정에서 특정한 가치와 권력의 영향으로부터 자유로울 수 있도록 오직 합리성만을 제시하고 검증하는 절차가 중심이 되어야 한다. 그런 점에서 자유주의는 '절차주의(proceduralism)'이기도 하다. 대부분의 자유주의자들은 공적인 옳음(권리와 정의의 원칙)의 의제를 중심에 두면서 중립적인 절차를 따라 진행하는 시민교육을 지지한다.

3. 공동체주의

1) 개인 정체성의 토대로서의 공동체

공동체주의는 자유주의가 개인의 자유와 권리에 집착함으로써 연대와 공익을 위협하고, 소외, 불안, 공허를 초래한다고 비판한다. 개인의 권리와 자유는 추상의 산물이 아니라 오랜 공동 생활의 경험에 의해 구성된 것이라는 점을 인식해야 한다. 공동체주의자인 테일러는 자유와 선택이 중요하다고 인정하는 동시에 그것이 근대와 민주주의라는 제도와 문화에 의해 형성되었다고 강조한다. 자유주의가 중립적이고 보편적이라고 제시하는 자유, 권리, 자율성과 자기결정권은 근대의 민주주의사회가 그것들을 중요하다고 장려했기 때문에 정착되었다는 것이다.

개인의 자유와 다양성은 그것의 가치를 인정하는 사회에서만 존중된다. 자유로운 개인은 그의 정체성을 특정한 사회와 문화 안에서 형성하므로 항상 그 사회와 문화의 전체 맥락에 관심을 가질 수밖에 없다. 아무도 오직 개인의 선택과 그 선택에서 비롯된 관계에만 관심을 가지고, 그러한 선택을 가능하게 하거나 불가능하게 하는 공통의 사회와 문화의 의미 체계를 무시할 수 없는 것이다. 개인의 정체성을 개발하기 위하여 특정한 행위와 제도가 특정 사회에서 가능하다는 것은 중요하다. 전체 사회가 공유하는 공통의 도덕적 경향(moral tone)은 더욱 중요하다.

(Taylor, 1988b: 207)

 개인의 정체성은 특정 문화와 특정 사회제도 안에서 형성되므로 개인은 '사회적 개인'이다. 개인이 정체성을 형성할 수 있는 것은 개인에게 특정한 역할과 가치, 기대와 책임을 부여하는 공동체 덕분이다.[08] 자유주의는 개인의 정체성을 그런 맥락과 무관하게 아무런 연고도 없이 형성되는 '무연고적 자아(unencumbered self)'로 오해하는 오류를 범한다(Sandel, 1984). 자유주의가 전제하고 우선시하는 개인은 지나치게 추상적이므로 그런 개인은 실제로 존재할 수 없다는 것이다.
 자유로운 개인은 자신의 정체성을 형성하는 과정에서 사회와 공동체에서 통용되는 공통의 의미와 가치체계에 관심을 가지게 된다. 공동체는 개인이 구성원으로서 어떤 의미와 가치 그리고 공동선

---

08 공동 생활의 경험의 틀을 전통(매킨타이어), 사회제도(테일러), 정치제도(샌델)로 각기 다르게 표현하는 차이가 있다.

(common good)을 추구할 수 있는 '도덕적 출발점'을 제공하기 때문이다. 사회는 사회계약을 따라 개인의 이익 추구를 보호하는 결사체에 불과한 것이 아니다. 사회는 구성원들에게 삶의 가치와 목적을 제공하고, 그 추구에 적합한 사회제도들을 수단으로 제공한다. 그러므로 공동체의 의미와 가치의 틀을 보호하지 못하면 공동체는 생명력을 상실하고, 공동체 구성원들은 생각하고 행동할 토대를 상실한다. 개인과 공동체는 상호의존의 관계에 있는 것이다. 샌델(1984)은 공동체는 개인의 삶과 정체성의 터전이므로 개인들은 최상의 목표를 실현하기 위해 공동체에 참여해야 한다고 강조한다. 따라서 국가와 사회는 구성원들이 참여의 의무를 학습할 수 있도록 시민교육을 적극적으로 실행해야 한다. 공동체에 참여하고 공동선을 추구하는 삶이 가치 있는 삶이므로 개인들은 시민교육을 통해 공동체와 공동선에 기여할 책임을 학습해야 한다.

2) 좋음의 우선성과 공동선의 수렴

공동체주의가 자유주의의 폐해를 비판하는 내용에서 시민교육의 필요성을 조명할 수 있다. 테일러(1992: 2-10)는 물질의 풍요와 선택의 자유에도 불구하고 근대의 자유주의와 개인주의는 치명적인 불안을 생산하고 민주주의를 위협한다고 지적한다.[09] 시민적 삶이 크게

---

09 국내에서는 다음의 책으로 번역되었다. 송영배 역(2001), 『불안한 현대사회』, 서울: 이학사. 이 책에서 테일러는 본문에서 지적한 두 문제 외에 도구적 이성에 집착함으로써 삶의 목적이 소멸되는 현상을 비판한다.

두 측면에서 왜곡되기 때문이다.

첫째, 개인주의로 인하여 사회적 관계가 단절된다. 개인주의는 자유주의가 성취한 성과이고, 그 덕분에 개인들은 더 자유롭게 삶을 선택할 수 있게 되었다. 그러나 동시에 기존 전통과 분리됨으로써 삶의 목적과 의미를 설정하는 데에 참고해야 할 '도덕적 지평'을 상실하게 되었다. 선택은 중요하지만 선택 자체가 삶의 목적과 의미를 제공할 수 없다. 그럼에도 불구하고 선택 자체가 '좋은 삶'을 결정한다고 간주되고 자아성취가 된다. 선택이 곧 자아성취로 간주되는 자기도취적 개인주의가 만연하면서 삶의 의미는 실종되고 타인과의 관계는 단절된다.

둘째, 개인주의 때문에 개인들의 시민적 자유가 상실되었다. 자유가 확대된 것으로 착각하지만 사생활의 자유에만 집착함으로써 삶에 관련된 결정을 시장과 정부에 위임하는 경향이 늘어난다. 사회제도의 결함은 방치되고, 사회제도가 개인의 자유를 침해하는 악순환이 굳어지게 된다. 하버마스가 말하는 생활세계의 식민지화 같은 현상이 초래된다.

자유의 상실과 불안에 직면하여 시민교육은 삶의 가치와 의미(좋음)를 공동으로 탐색하고, 정치참여를 격려해야 한다. 공동체주의는 좋음을 발판으로 옳음을 판단할 수 있다고 주장한다. 좋음과 옳음은 분리될 수 없다. 요컨대 시민교육에서 좋은 삶에 관한 토의가 배제되면, 자유주의가 요구하는 것, 즉 사람들이 좋음에 대한 자기 자신의 견해를 따라 사는 일조차도 하지 못하게 된다. 공동체주의는 자유주의와 달리 좋음이 옳음보다 우선한다고 보므로, 시민교육도 좋음을 공동으로 모색하는 일에 초점을 두어야 한다고 주장한다. 좋음을 탐색하는 과정에서 특정 공동체의 전통에 의존하자는 제안(매킨타이어 등) 그리고 대화를 통해 상호이해와 연대를 증진하는 공동선을 재구성하자는 제안(테일러 등)이 있는데 다문화사회일수록 후자가 더 적합하다. 이런 제안은 특정한 선(좋음)을 학습하는 것보다 선 개념의 사회적 연원(sources)을 인정하고, 다양한 선의 개념들을 두고 대화하면서 공동선에 관한 의견을 수렴하는 일이 중요하다고 여긴다. 좋음에 관한 공동 탐색은 참여자들이 삶에서 추구해야 할 가치, 의미, 선을 질문하고 수렴하는 일이 되어야 한다.

3) 실체주의에 의한 공동 탐구

공동체가 추구하는 좋음과 옳음을 둘러싼 대화는 자유주의자들이 생각하는 것처럼 늘 중립적일 수 없다. 예컨대 경제정의에 관한 원칙(옳음)을 협의한다고 가정하자. 그 협의에서 부정의로 인해 고통을 겪고 있는 사람들이 요구하는 '인간다운 삶의 의미'(좋음)를 경청하는 데에 더 편향된 관심을 쏟는 것은 자연스러운 일이다. 좋음에 관한 다양한 경험을 존중하면서 옳음의 원칙을 평가하고 개선할 수 있다. 그러므로 시민교육은 다양한 배경을 가진 사람들이 제기하는 좋음을 존중하면서 공동선에 합의하는 데에 필요한 덕을 학습하는 일이다. 윤리교육이 '좋은 사람'을 만드는 일이라면 시민교육은 '좋은 시민'을 만드는 일이다. 정치에 적극적으로 참여하는 좋은 시민을 육성하기 위해서는 참여, 책임, 존중 등 특정한 덕을 학습해야 하므로 공동체주의는 '실체주의(substantialism)'를 지향한다. 실체주의는 자유주의가 옹호하는 절차주의와 대립한다. 공동체주의의 시민교육은 다문화 사회와 민주주의에 적합한 덕의 학습과 실천을 환영한다.

　　시민교육을 통해 시민공동체를 형성하는 일이 특정 전통을 복원하거나 사회 전체를 단일한 공동체로 만드는 일로 변질되면 안 된다. 특정 전통의 가치는 억압을 초래할 소지가 크고, 직접참여가 불가능한 대규모의 공동체는 소외를 낳기 때문이다. 그러므로 시민교육이 이루어지는 현장은 지역공동체의 규모와 특성을 갖추는 것이 적합하다. 친밀한 관계와 진솔한 소통이 가능한 규모의 학급이 기본단위가 되고 학교 전체로 확산되는 과정이 바람직하다. 학생과 교사들이 서로를 동등한 구성원으로 존중하면서 삶의 의미와 가치를 탐색하는 가운데 사회문제에 자발적 관심을 갖고 참여하도록 격려하는 공동체를 형성해야 한다. 소외와 불평등을 생산하는 교육, 정치, 경제에 대항하여 구성원들이 사회참여를 통한 민주적 통제를 주장하고, 더 바람직한 삶의 형태를 공동으로 모색하는 과정을 촉진해야 한다. 공동체주의가 제안하는 시민교육은 학생들이 지역공동체의 대화와 실천을 발판으로 삼아서 더 넓은 시민사회에 참여할 수 있도록 안내한다.

4. 자유주의와 공동체주의의 중첩

　　자유주의와 공동체주의의 대립 속에서 중첩될 수 있는 지점을 찾아서 시민교육의 이념을 도출할 수 있다. 그런 모색의 하나로 큰 갈등이 초래된다고 여겨지는 개인의 자유와 공동체의 공동선이 공존할 수 있는 가능성을 탐색할 수 있다. 이런 탐색의 방안으로 개인의 무한한 자유를 지지하는 근거로 여겨지는 밀의 '선의의 간섭' 원칙과 애덤 스미스의 '보이지 않는 손' 원리의 뜻을 재해석한다. 밀과 스미스의 주장은 개인의 자유가 개별 욕망과 경제 이익 추구에 국한되지 않고 공동선의 추구를 통해 더 많은 시민의 자유로 전환되어야 함을 역설한다고 재해석함으로써 두 이념의 결합 가능성을 제시한다.

1) 원자적 개인에서 시민적 개인으로 전환: '선의의 간섭'의 재해석

공동체주의자이지만 개인주의의 장점을 수용하는 테일러에 의하면, 자유주의와 공동체주의가 대립하는 이유는 '자유'와 '공동체'가 대척점에 있기 때문이 아니다.[10] 공동체주의도 당연히 자유를 지지한다. 그런데 자유주의는 '개인'의 자유에 집착함으로써 개인과 공동체 중에서 어떤 것이 사회의 구성단위인가에 관한 혼란을 일으킨다. 테일러는 개인주의에 혼재되어 있는 '원자론(atomism)'을 제거하면 자유주의와 공동체주의가 공존할 수 있다고 설명한다. 원자론은 "홀로 자급자족할 수 있다는 신념"이며, "인간 본성과 삶의 조건에서 개인의 권리가 모든 것에 우선한다는 신념"이다(Taylor, 1988b: 189). 원자론은 오직 자신의 이익을 위해 권리를 도구로 사용한다. 원자적 개인

---

10   매킨타이어와 샌델은 개인주의와 다원주의를 반대한다.

이 자기 이익을 극대화하려는 경향은 권리와 자유를 재산의 소유와 동일시하여 자신의 '물건'으로 고집하는 '탐욕적 개인주의'로 불거진다(Taylor, 1989: 196). 분리와 고립을 자유와 권리라고 착각함으로써 타인과의 관계를 단절하고, 사회적 관심과 시민 참여도 부정한다(Taylor, 1992: 4). 원자론은 시민적 덕과 공동선에 대한 헌신을 거부하고 사회적 관계와 공동체를 해체하는 원인이 된다(Taylor, 1988b). 한국 사회에서도 원자론을 개인주의로 착각하는 사람들을 자주 만난다. 이기적 욕망을 자유라고 왜곡시키는 원자론을 들어내면, 자유주의는 시민사회의 영역으로 나아가는 데에 적합한 이념이 될 수 있다(이병태, 우대식, 2018). 자유주의에서 원자론을 제거하면 자유주의 시민교육에서도 시민적 덕, 시민 참여, 공동선이 중요 관심사가 될 수 있다.

자유주의 이념은 자유 실행의 역량이 있는 개인을 전제한다는 것에 주목해야 한다. 자유주의는 교육을 통해 합리성과 개인성(authenticity)을 계발하면서 더 격조 있고 고양된 삶으로 나아가는 개인을 요구한다(최장집, 2005; Taylor, 1992: 15-16). 밀도 부모가 자녀의 교육을 책임질 수 없을 경우에만 국가가 교육에 개입해야 한다고 주장하지만 시민교육은 국가가 책임질 것을 요구한다. 밀이 요구하는 것은 '시민적 자유'이고, 시민적 자유를 행사하기 위해서는 '웬만한 정도(tolerable amount)의 상식과 경험'이 필요하다(Mill, 1859: 87).[11] 시민교육은 "국가교육의 일부로서 [⋯] 자유인의 정치교육에 해당된다. 사람들을

443

제 5 부 시민교육

---

11 밀은 자유는 합리적 판단력이 일정한 단계 이상 발달된 사람에게만 허용될 수 있다고 말하고(Mill, 1859: 105), 미개사회에 사는 사람들은 '미성숙(nonage)' 단계에 있으므로 선의의 간섭이 필요하다고 주장한다(Mill, 1859: 14). 이런 주장은 제국주의의 침략을 합리화한다고 비난받는다.

개인과 가족의 이기주의의 편협함에서 벗어나게 하고, 공동 이익의 이해와 공동 관심의 이행에 익숙하도록 인도해야 한다"(Mill, 1859: 140). 특히 밀은 시민교육이 실행되는 공동체에서 대화와 토론을 통해 다양한 의견을 경청하고, 각자의 의견을 더 타당하게 개선할 것을 요구한다. 특히 자신의 의견에 반대하는 의견을 검토하여 타당성을 증진할 수 있으므로 반대 의견을 환영해야 한다고 역설한다. "반대 의견을 경청해야 한다. […] 만일 반대가 없으면 스스로 엄청나게 노력해서 이룩해야 하는 일을 우리 대신 이룩해 줄 사람이 있음을 기뻐해야 한다"는 것이기 때문이다(Mill, 1859: 60). 밀은 명백하게 잘못된 의견마저도 경청할 것을 권고한다. 절대 진리는 없으므로 경험의 다면성에 주목함으로써 더 타당한 의견을 갖게 되고 더 타당한 선택을 할 수 있게 되기 때문이다. 이런 견해는 나중에 논의할 숙의 민주주의와 연관된다. 밀은 개별성을 강조하지만 개인이 하는 행동의 대부분은 타인과 관련되므로 시민적 덕이 학습되어야 '진정한 자유'를 증진할 수 있음을 강조한다. 시민적 개인을 지지하는 밀의 자유주의는 공동체주의와 결합될 수 있으며 시민교육의 이념으로 공존할 수 있다.

2) 개별 욕망과 시장 자유에서 공동선으로 전환: '보이지 않는 손'의 재해석

앞서 언급한 탐욕적 개인주의는 시장의 자유 보장이 자유의 최고원칙이라고 옹호한다. 시장 자유주의자의 입장도 원자론의 오류를 범하고 있는 것이다. 그런 입장은 공공의 시장 개입을 반대하고 규제 철폐를 요구한다. 이런 주장은 편협하지만 명분은 경제 효율성이 아니라 인간의 자유 최대화라는 것에 유의해야 한다(Sandel, 2009: 89). 그러나 한국에서는 명분의 왜곡이 일어나서 경제 효율성과 사익 증대를 위해서 자유의 우선성이 이용되는 것으로 보인다. 자유주의가 재벌의 이익을 옹호하고, 국가가 경제와 시장에 개입하는 일을 부정하며, 공익을 추구하는 시민운동을 반대하는 '반정치적 자유주의'로 왜곡되는 추세는 거부되어야 한다(최장집, 2005). 아닌 게 아니라 자유를 근거로 삼아 시장자유를 옹호하는 사람들은 노동자의 자유에는 인색한 모순을 드러낸다. '선택적 자유'를 지지하는 것이다. 자유는 그렇게 누군가에 의해 선별적으로 허용되어야 할 가치가 아니고 모든 사람의 권리이다.

시장의 절대 자유를 내세우는 입장에 의하면, 경제는 수요와 공급을 조정하는 '보이지 않는 손(an invisible hand)'에 의해 가장 잘 운영된다. 시장의 자유를 더 확대해야 한다는 신자유주의는 한국 사회에서도 '보이지 않는 손'을 금과옥조로 인용하면서 무한경쟁과 무한이익 추구를 촉구한다.[12] 독점 자본주의나 천민 자본주의를 마다하지 않는 이런 입장은 보이지 않는 손의 역할을 왜곡하고 있다. 보이지 않는 손 비유의 취지는 원자적 개인의 탐욕을 증대하는 것이 아니라 개인의 이익과 공공의 이익을 결합시키는 데에 있다(Nussbaum, 2011: 161). 헌법 제23조 1항인 "재산권의 행사는 공공복리에 적합하도록 하여야

---

12 신자유주의는 시장 규제 철폐, 경제 세계화, 복지 축소, 공공 부문의 민영화, 작은 정부와 예산 축소 등을 주장하는 정책으로 1980년대에 등장한다. 한국에서는 IMF 금융위기 이후 경제 구조조정, 세계화와 시장 개방과 더불어 본격화되고 사회의 지배원리가 되어 간다고 본다.

한다"는 내용과 부합되는 취지이다. 보이지 않는 손은 애덤 스미스가
『국부론』에서 제시한다. 스미스는 『국부론』에 앞서 『도덕감정론』을
출판하였고 여기에서 이미 보이지 않는 손의 개념과 역할을 소개하
고 있다. 보이지 않는 손이 소개되는 부분을 살펴보자.

> 부자들은 '보이지 않는 손(an invisible hand)'에 인도되어서 토지가
> 모든 사람들에게 평등한 몫으로 분할되는 것처럼 의식주에 필
> 수적인 물품들을 분배하게 된다. 그러므로 의도하지도 않고 알
> 지도 못하면서도 사회의 이익을 증진시키고 인류의 번영에 필
> 요한 수단을 제공하게 된다. 신의 섭리(Providence)는 토지를 소
> 수의 귀족과 지주들에게 분할할 때도 그 분배에서 제외된 것으
> 로 보이는 사람들을 망각하거나 방기하지 않았다. 그 사람들
> 역시 토지가 산출하는 모든 것에 대한 자신들의 몫을 향유한
> 다. (Smith, 1759: 331-332)

보이지 않는 손은 신의 섭리처럼 가난한 사람들도 삶에 필요
한 것을 부족하지 않게 분배받는 원리이다. "정치구조의 유일한 목적
은 사회 구성원들의 행복을 증진하는 것"이므로 공평한 분배는 훼손
되어서는 안 되는 원칙이고, 그 원칙 이행은 국가의 의무라고 스미스
는 역설한다(Smith, 1759: 333). 더 근본적으로는 부자들과 모든 시민은
자신의 몫을 불리한 처지에 있는 사람들에게 제공함으로써 정의로운
분배를 실행해야 한다.

스미스는 시민교육을 통해 개인의 도덕적 감정을 잘 다듬으

면 개인이 정의 실현에 기여하는 시민으로 성장할 수 있다고 설명한다. 우리 마음에 있는 자비심, 공감력, 측은지심 같은 감정을 끌어내서 "타인들의 이익을 위해 우리 자신의 이익을 포기하게 만드는 능동적인 원칙"을 익혀야 한다(Smith, 1759: 245-246). 도덕적 감정과 덕이 습관화되면 이성에 의한 분별력과 원칙이 자라난다. 루소가 말하는 공감력 등과 같은 자질을 함양하는 시민교육을 통해 공공이익을 지향하는 자유주의를 실현할 수 있다고 믿는 것이다. 그러므로 사람들에게 공적 덕을 심어 주고, 공공 정신(public spirit)과 공적 열정을 일으켜서 공익을 증진하도록 격려하는 시민교육이 필요하다(Smith, 1759: 334-335). 스미스는 밀과 마찬가지로 국가권력이 경제권력과 결탁하는 것을 견제한다. 스미스는 "자본가들이 제안하는 법률과 규제들은 항상 큰 경계심을 가지고 주목해야 하는데 […] 왜냐하면 사회를 기만하고 심지어 억압하는 것이 그들의 이익이 되며, 수없이 사회를 기만하고 억압한 전력이 있는 계급으로부터 나온 제안이기 때문이다"라고 역설한다(Smith, 1776: 267). 자본주의이론의 개척자인 스미스는 아리스토텔레스의 공동체윤리를 지지하며, 그가 제안하는 보이지 않는 손은 개인의 자유와 공동선을 조화롭게 만드는 손이다(Nussbaum, 2011: 160). 보이지 않는 손의 재해석은 자유주의와 공동체주의가 결합될 수 있음을 밝힌다. 개인과 시장의 자율성을 존중하지만 시민들이 공동선과 공공이익을 위해 협력하는 것을 강조한다.

5. 숙의 민주주의와 숙의공동체를 지향하는 시민교육

1) 숙의 민주주의에 의한 자유주의와 공동체주의의 결합

숙의 민주주의(deliberative democracy)는 자유주의와 공동체주의를 연결하는 접착제 역할을 한다. 특히 자유주의의 절차주의와 공동체주의의 실체주의를 조화롭게 경험할 수 있는 시민교육의 틀을 제공할 것으로 기대된다. 숙의 민주주의는 당사자들이 의사결정에 참여함으로써 자유주의가 선호하는 대의 민주주의의 한계를 보완하려는 시도이다. 또한 숙의의 절차에 참여자들이 합의하고 그 절차를 준수함으로써 특정 개인과 공동체의 입장에 편향되는 소지를 줄이는 장점이 있다. 숙의 민주주의는 특히 합리적 절차와 공동체적 덕의 상호 보완을 시도하는 데에 적합한 학습을 조성한다. 숙의 민주주의의 학습은 자유주의와 공동체주의의 중요 요소들을 새로운 방식으로 결합하여 조성된다(Habermas, 1994). 그 요소들은 ① 개인의 권리와 자유를 존중하는 중립적 절차에 의해 소통하는 과정(자유주의), ② 공동의 가치와 의미(선)를 공동체적 대화를 통해 수렴하는 내용이다(공동체주의). 두 요소에서 공통으로 활용되는 소통과 대화를 숙의의 형태로 고양하여 개인과 공동체를 연결시키는 학습이다. 숙의 민주주의는 하버마스가 강조하는 '보편적 원칙(U)'을 따라서 자신에게 영향을 미치는 사안을 결정하는 소통의 과정에 모든 당사자들이 자유롭고 평등하게 참여할 것을 요구한다. 그리고 자신들의 합리적 추론 능력을 활용하는 숙의 과정, 즉 관련 정보를 이해하고 토론하면서 자신의 의견을 수정하고 더 타당한 결정에 도달하는 과정을 경험할 수 있다고 믿는다. 학생들은 각자의 의견을 자신이 관련된 공동체(가족, 종교, 동아리 등)의 경험에서 가져오지만 상호비판과 숙의를 통해 이성적 합의로 재구성해야 한다. 숙의는 평등하고 자유로운 토의를 통해 참여자들의 자율성과 자기결정권을 보장하고 결정에 대한 수용성을 제고함으로써 민주주의의 규범적 이상을 확인하는 시민교육의 기회를 제공한다.

숙의 민주주의를 학습하는 과정에서 타당한 결론을 생산하는 일보다 자율성과 합리성을 공동으로 증진하는 경험을 하는 것이 더 중요하다. 자유주의와 공동체주의는 각각 개인과 공동체를 중심으로 전개되는 소통에 주력하지만, 숙의 민주주의는 '탈중심적' 소통의 네트워크를 구축한다(Habermas, 1994: 7). 개인과 공동체가 소통에 참여하지만 개인과 공동체의 경계를 넘어서서 높은 수준의 상호주관성(이해와 합의)을 형성하는 소통 네트워크를 구성할 수 있다(Habermas, 1994: 8). 소통의 네트워크는 시민사회와 생활세계를 강화하는 근간이 되어 경제권력과 정치권력을 견제한다. 생활세계의 힘은 연대로 결집되어서 경제체제와 정치체제가 정의롭게 운영되도록 입법과 제도화에 이르러야 한다. 예컨대 교육정책의 결정이 행정부와 사법부 그리고 교육청에 의해 독점되면서 교사와 학생의 자기결정권이 손상되는 사례에 관해 시민교육을 토대로 숙의해야 한다. 학생들은 자신들에게 영향을 미치는 사안에 대해 의견을 형성하고 영향력을 행사하며 입법 발의에 참여해야 한다. 숙의 민주주의의 학습을 통해 합리적으로 합의하는 능력을 함양하는 일과 더불어 자신의 결정권을 침해하는 '생활세계의 식민지화'에 맞서는 연대의 경험이 결집되어야 한다.

2) 숙의 민주주의와 시민교육의 실행 방향

숙의 민주주의 학습의 중심은 자유롭고 평등한 개인들이 합리적이고 공정하게 숙고한 결과에 의해 모두가 수용할 수 있는 공공의 이익을 도출하는 절차를 학습하는 것이다. 숙의의 절차를 학습하려면 앞에서 학습한 대로 하버마스의 이상적 담화 상황에 근접하려는 노력이 유용할 것이다. 그에 앞서서 숙의의 공식 절차보다 느슨한 소통을 통해 소통에 관한 관심과 흥미를 불러일으키고 소통적 덕을 함양할 수 있다(Young, 1996). 요컨대 호혜성과 상호성의 기준을 지키는 일보다 자신의 경험을 발언하는 용기를 아무런 조건 없이 환대해야 한다. 이상적 담화 상황을 실행하는 단계에 진입하면 다음과 같은 사항들에 유념해야 한다(Benhabib, 1996: 71, 73-74).

○ 참여자들이 알고 있는 정보는 제한되므로 새롭고 유용한 정보를 획득하는 시간이 충분히 주어져야 한다.

○ 의견 교환은 순조로울 수 없고 다양한 가치와 이권들 사이의 갈등을 유발한다는 것을 인식해야 한다.

○ 잘 정리된 의견을 준비하여 관철시키려는 시도보다는 갈등 속에서 자신의 의견을 조리 있게 전달하는 노력을 통해 자신의 의견을 지속적으로 성찰하고 수정하는 과정에 초점을 둔다.

○ 참여자들의 규모가 적정해야 한다.

○ 다양한 집단들과 실제 혹은 가상으로 소통하면서 성찰과 수정을 증진하고 개방성과 연대를 확대한다.

숙의 민주주의를 학습하는 핵심은 개인과 공동체들이 더 넓은 사회에서 공유할 수 있는 공통적 의미와 가치를 만드는 과정을 경험하는 일이다. 위에서도 갈등의 가능성을 강조하지만 숙고와 소통이 논란에 휩싸일 경우에 대처할 수 있어야 한다. 최근에 불거진 어떤 고등학교의 교육 '편향성' 사태는 불행하지만 교육의 중립성의 의미를 재해석할 기회를 제공한다. 소통과 숙고의 과정에서 교사의 역할은 사려 깊게 수행되어야 한다. 우선 어떤 의견이든 특정 관점이 반영되어 있고, 어떤 관점이든 편견이 개입되어 있다는 것을 교사와 학생이 인식해야 한다. 그러면 교육은 편향적이고 정치적일 수밖에 없다는 것을 깨닫고 중립성을 장려해서는 안 된다는 이해를 공유할 수 있다(McCowan, 2010). 다만 강한 편향성은 지양해야 하므로 교사는 탐구 과정에서 중립적인 진행, 균형을 유지하기 위한 입장 표명 등 중립적인 역할을 수행해야 한다. 그러나 다른 학생이나 다른 사람들을 모욕하거나 혐오하는 발언이 등장할 때는 교사가 분명하게 개입해야 한다. 그런데 정치적 성향이 극단적인 학생과 학부모의 반발을 교사가 전적으로 감당하라는 처사는 부당하므로, 시민교육에 관한 어느 정도의 사회적 합의가 필요하다. 예를 들면, 독일의 '보이텔스바흐 합의(*Beutelsbacher Konsens*)'를 참고할 수 있겠다. 그 내용은 "학생에 대한 주입과 교화 금지, 논쟁적 성격을 갖는 주제는 그 성격을 드러내도록 논쟁을 진행, 학생의 이익을 최우선으로 고려" 등이다.[13]

숙의 민주주의의 경험을 통해 자유주의와 공동체주의를 결합

---

13 더 상세한 내용은 심성보 외(2018)의 책을 살펴볼 수 있다. 예민한 주제들을 토의하는 방안에 관해서는 관련 책(예: Noddings & Brooks, 2017)을 참고하자.

하여 시민 참여의 원리로 활용하는 방안을 모색해야 한다. 한국 교육 현장에서도 숙의 민주주의를 학습하고 있다. 초등학교와 중등학교에 서도 모둠, 학급회의, 동아리활동, 학생회의, 모의 국회와 모의 법정 등이 시도되고 있다. 숙의 민주주의가 시민교육의 중심이 되어야 한 다는 설명이 단순히 소통만 하자는 것으로 오해되어서는 안 된다. 공 동으로 숙의하는 일은 공동의 실천과 공동의 경험이 누적되어야 내 용이 공유되고 검증될 수 있다. 학교는 특히 어떤 종류의 활동이든 학생들이 주도권을 가지고 계획하고 실행하면서 경험을 공유하고 소 통하는 기회를 넓혀야 한다. '작은 공동체'에서 덕의 실천과 제도 변 화의 보람을 함께 경험하는 것이 중요하다. 일상에서 작은 변화를 체 험하면 더 큰 사회적 변화에 도전할 수 있으므로 학교 안팎의 작은 공 동체는 시민사회의 근간이 된다. 또한 특정 교과나 비교과 활동에서 만 시민적 문화와 덕들이 실천되면 숙의 민주주의를 위한 문화가 조 성되기 어렵다. 시민교육이 더 용이한 교과가 있기는 하지만 모든 교 과와 비교과 활동에서 민주주의 문화가 정착되어야 한다. 시민교육 이 모든 사회문제를 치료하는 만병통치약은 아니다. 근본 원인은 정 치·경제체제의 한계일 것이다. 그러나 시민교육이 의미 있는 역할을 할 수 있다는 것 또한 사실이다. 동시에 학교가 시민교육을 할 수 있 는 유일한 현장이 아니라는 것도 분명하다. 그러므로 학교는 가족, 지역사회, 사회기관과 협력하려고 노력해야 한다.

O 애국심과 시민교육

학생들에게 애국심은 인기 없는 주제이다. 그러나 많은 자유주의자
와 공동체주의자는 애국심을 시민교육의 중요 주제로 추천한다. 자
유주의 입장의 누스바움(M. C. Nussbaum)은 애국심을 시민에게 요구하
는 것은 정의나 권리를 실행하는 일과 마찬가지로 합리적인 일이라
고 말한다. 공동체주의 입장에서는 "나의 국가, 나의 공동체에 대한
충성은 —변함없이 여전히 하나의 핵심적 덕으로 남아 있는— 나를
우연히 지배하고 있는 정부에 대한 복종으로부터 분리된다"는 의견
이 제기된다(MacIntyre, 1981: 374). 이런 의견을 참고하여 애국심에 관한
자유주의와 공동체주의의 의견 그리고 전체주의와의 차이를 생각해
보자. '바람직한 애국심'이 무엇인지, 그것이 필요한지, 어떻게 실행
할지에 관해 이야기 나눠 보자.

O 개인의 자유와 공공의 이익

2021년 코로나19 팬데믹 상황에서 백신 접종 거부를 둘러싼 논란을
'자신에게만 관련된 행위'와 '타인도 관련된 행위'와 연관하여 토의해
보자. 피치 못할 이유로 접종을 거부하는 사람들의 선택은 존중해야
한다. 어떤 이유가 있었을지를 알아보자. 만약 자신이 감염으로 인해
죽는다고 해도 그것은 자신이 선택할 일이지 국가가 개입해서는 안
된다는 이유로 백신 접종을 거부했다면 그 주장은 타당할까? 이런

이유로 접종을 거부하는 행동은 '자기 자신에게만 관련된 행위'와 '타인도 관련된 행위' 중 어느 쪽에 속할까? 접종 거부는 자유주의의 원리에 비추어 정당화될 수 있을까? 국가가 접종을 권고하기 위해 더 제공해야 할 안전장치나 책임은 어떤 것이 있었을지 토의해 보자.

○ 선의의 법칙

한국 사회에서는 선의를 가지고 주위 사람들이 나의 일에 간섭을 하는 경우가 잦다. 부모가 자녀의 장래를 걱정해서 대학 진학과 진로를 대신 결정하고, 심지어 배우자도 대신 선택해 주는 경우가 있다. 친구와는 인생의 동료이므로 오지랖 넓게 사생활에 간섭해도 된다고 간주하는 경향도 있다. 이런 행위를 밀의 '선의의 법칙'으로 평가하면 타당할까? 윤리교육에서 살펴본 돌봄윤리와 선의의 간섭은 필연적으로 충돌하는 걸까? 돌봄윤리는 돌봄의 원칙으로 무엇을 강조하는지 다시 생각해 보자.

"넌 나에게 모욕감을 줬어"라는 영화 대사. 자신의 존재를 합당하게 인정받지 못하고, 자기 몫을 합당하게 분배받지 못하면 누구나 모욕을 느낀다. 인정받지 못하고 분배받지 못하면 사회정의가 구현되지 못하고, 그러면 '모욕의 정치'가 기승을 부린다. 지금 한국 사회는 어떠한가? 학생들이 정의를 증진하는 데에 관심을 갖고, 제도를 변혁하는 방향을 숙의할 수 있어야 한다. 특히 자신들이 참여하고 있는 교육제도에서 교육정의가 실현되고 있는가를 숙의해야 한다. 한국 사회에서 교육은 사람의 존재감을 인정하는 일은 물론 사회지위를 분배하는 '지위재(positional good)'로 취급된다. 그래서 교육은 열렬한 투자대상이 되고, 교육열이 맹렬해진다. 교육열의 속내를 보면 교육은 곧 학력을 뜻하므로 학력경쟁이 치열하다. 학력을 보상의 기준으로 확립하면서 학력주의(credentialism)가 정착된 것이다. 학력주의는 성취한 능력에 따라 사회지위를 분배받는 것이 공정하다는 업적주의 혹은 능력주의(meritocracy)에 기초한다. 능력주의는 능력을 개인의 성취라고 평가하고, 개인의 능력에 비례하여 사회적 지위와 소득 등의 특혜를 분배하는 원리이다. 그런데 한국의 학력이 입증하는 능력은 거의 시험 성적에 근거하므로 '시험 지상주의'에 불과하다. 시험 지상주의, 학력주의와 능력주의는 정의로운 분배의 원칙인가?

한국 사회는 사회정의와 교육정의에 관해 모순된 의견을 갖고 있는 것으로 보인다. 경제협력개발기구(OECD)의 「2021 불평등 보고서」에 의하면, 한국은 소득격차의 원인을 묻는 질문에 OECD 국가들 평균(26%)보다 높은 46%가 부모의 재산이라고 응답했다. 중복 응답이 가능하므로 노력이라고 답한 비중도 86%로 평균(74%)보다 꽤 높다. 세습이 초래하는 빈부격차를 지적하는 비율이 높지만 능력주의를 믿는 비율이 훨씬 더 높다. 부모의 경제적 지위가 세습되어도 노력을 통해 성공할 수 있다고 강하게 믿는 것이다. 한국 사회는 능력을 통해 세습 등의 불리함을 극복할 수 있다는 '능력주의 신화'를 정의의 원리로 믿는 것 같다. 최근 젊은 세대가 선발과 보상의 공정성에 대하여 문제를 제기하지만 능력주의를 거부하는 것은 아닌 것 같다. 절차의 공정성만 보장된다면 분배 불평등은 정당하다고 인정하는 경향이 강하다. 한국의 능력주의는 과정과 절차만 공정하다면 결과의 불평등은 정당하다고 여기는 왜곡된 정의원리로 정착된 듯하다(박권일, 2021: 162). 비판이론에 의하면 교육은 사회지위의 불평등을 재생산하는 역할을 한다. 그런데도 절차의 공정성만 개선하면 능력주의가 교육평등과 사회정의를 증진하는 데에 기여할 수 있을까? 우리는 어떤 기준과 원칙에 의해 사회정의와 교육정의를 증진할 수 있는가를 검토하고, 그를 참고하여 능력주의에 대한 대안을 모색하는 일에 도전한다. 그래야 시민교육에서 학생들이 사회정의와 교육정의를 숙고하고, 변혁 방향을 모색할 수 있다.

1. 성원권 인정과 정의

개인의 자유와 권리는 사회정의와 교육정의가 실현되는 만큼 보장된다. 인간존엄성은 물론 '소확행'이라고 말하는 소박한 꿈조차도 어느 정도로 정의로운 사회에서 가능하다. 그래서 시민교육의 기본 임무는 민주주의와 사회정의를 위한 숙의와 투쟁의 공공 영역을 창조하는 것이라고 제시된다(Giroux, 2004). 가장 널리 논의되는 롤스의 정의론에 의하면, 정의는 사회제도의 근간이며, 자유와 평등을 보장하는 최고선이다.

> 진리가 사유체계의 최고선인 것처럼 정의는 사회제도의 최고선이다. 이론이 아무리 우아하고 간결해도 진리가 아니라면 기각되거나 수정되어야 하는 것처럼 법과 제도 역시 아무리 효율적이고 질서 정연해도 정의롭지 못하면 변혁되거나 폐기되어야 한다. (Rawls, 1971: 3-4)

시민의 자유와 평등을 보장하도록 법과 제도를 정의롭게 만드는 일은 시민들이 해야 한다. 여기에서 정의는 개인에게 합당한 몫을 분배하는 분배정의(distributive justice)를 말한다. 삶에 꼭 필요한 선 혹은 자원과 재화(goods), 요컨대 교육, 보건과 의식주 등을 정의롭게 분배해야 한다. 그런데 정의로운 분배에 관해 "누가, 왜 받을 자격이 있는가를 묻다 보면 문제가 복잡해진다"(Sandel, 2009: 33). 분배받을 자격(entitlement), 즉 자유와 권리 추구에 필요한 자원을 분배받으려면 사회 구성원임을 인정받아야 한다. 구성원의 자격을 인정받으면 성원권(membership rights)을 갖는다(Benhabib, 2007; Goldiner, 2019). 형식 요건에 의하면, 법적으로 시민권을 획득하면 성원권을 획득한다. 그러나 시민권과 성원권이 일치하지 않을 때도 많다. 예컨대 자기 동네에 장애학생들의 학교가 설립되는 것을 반대하는 사람들은 그 학생들의 성원권을 인정하지 않기 때문에 반대한다. 시민권은 없지만 실제적 구성원으로 인정하는 경우도 있다. 미국 뉴욕시와 일본 도쿄도의 한 도시는 시민권이 없어도 일정 기간 이상 거주한 주민에게 투표권을 부여한다.

사람은 출생이나 법적 규정만이 아니라 사회에서 받는 대접, 즉 성원권에 의해 사람이 된다. 성원권을 인정받으면 사회에서 자신의 '자리와 장소'를 가질 수 있다(김현경, 2015: 26). 자리와 장소에는 공간뿐 아니라 지위와 직위가 포함된다. 예컨대 트랜스 여성에게 한국의 어떤 여자대학교에서는 자리가 마련되지 않지만 올림픽에서는 자리가 마련된다. 영화 〈기생충〉은 '지하'에 있어야 할 사람이 '지상'에 자리를 차지하려고 할 때 겪는 모욕과 투쟁을 재현한다. 성원권을 인정받지 못하는 데도 불구하고 자리와 자격을 주장하면 혐오를 촉발한다. 자격 없는 사람이 공동체에 자리를 차지하면 불결하게 느끼고 공동체를 오염시키는 것으로 취급된다(김현경, 2015: 73). 어떤 인류학자의 관찰처럼 자기 자리와 사회질서에서 벗어난 것을 불결한 것으로 규정하므로, 혐오와 제거가 정당화된다(Douglas, 1984: 36). 사람으로 인정받으려면 구성원으로 인정받아야 한다. 모든 종류의 혐오는 금지되어야 하고 인정을 확대해야 한다. 말로만 인정받는 것이 아니라 정당한 대우, 즉 사회적 자원을 공정하게 분배받아야 한다. 시민으로 대접받고 사람답게 살려면 정의를 요구해야 하고, 정의는 합당한 (reasonable) 분배뿐 아니라 합당한 인정에 의해 실현된다. 흔히 재화와 자원의 분배를 가장 중요한 일로 여기지만 구성원의 자격을 인정받지 못하면 분배받을 자격도 없어진다는 것을 인식해야 한다. 합당한 인정은 합당한 분배를 위한 필요조건이다. 정의는 합당한 인정과 합당한 분배가 결합되어야 실현될 수 있다.

2. 동등한 사회참여를 위한 인정정의와 분배정의

정의는 시민교육의 중요 주제이므로 학생들은 인정과 분배의 관점에 따라 두 종류의 정의를 이해하고, 정의를 확대하는 일에 적용할 수 있어야 한다. 인정정의와 분배정의 모두 정의의 핵심은 구성원들의 자유롭고 평등한 사회참여를 제도화하는 일이라고 조명한다. 인간존엄성을 인정받으면서 인간다운 삶을 사는 것이 정의라면, 시민으로서 사회에 온전하게 참여할 수 있는 자격을 인정받아야 한다. 사회참여는 경제, 정치, 문화 영역에 참여하는 일과 교육, 의료와 복지의 혜택을 받는 일을 포괄한다. 우선 두 관점이 극복해야 한다고 지목하는 두 종류의 부정의(injustice)를 알아보자. 두 종류의 부정의는 사람들에게 각각 손상(injury)과 모욕(insult)이라는 폐해를 떠안긴다(Fraser, 2008: 28-29).

첫째, 경제적 부정의는 착취, 주변화(저임금, 실업), 박탈 등의 손상을 초래한다. '분배의 정치학' 혹은 분배 패러다임은 이런 부정의를 계급, 젠더, 인종 등의 권력과 연관된 모순으로 파악하면서 자원, 기회, 재화에 관련된 분배정의를 요구한다.

둘째, 문화적 부정의는 어떤 사람들이 추구하는 가치와 의미 그리고 삶의 방식을 불인정하고 무시하는 등의 모욕을 유발한다. '인정의 정치학' 혹은 인정(recognition) 패러다임은 손상보다 모욕을 더 근본적 문제로 보고 인정정의를 요구한다. 불인정(nonrecognition)과 무시(disrespect)에 의해 개인과 집단이 자유, 평등, 권리를 요구할 수 있는 자격이 상실되기 때문이다. 불인정은 어떤 사람들의 문화를 폄하하고 낙인찍는 일이며 이런 처사는 당사자들에게 크나큰 모욕이다. 무시와 모욕을 해소한 후에야 공정한 분배를 요구하고, 경제적 손상을 회복할 수 있다. 그러므로 존재와 문화에 대한 합당한 인정을 요구하는 인정투쟁에 나서야 한다.

분배 패러다임과 인정 패러다임은 각각 정의의 한 측면만 조명하므로 함께 결합되어야 한다. 그리고 손상과 무시의 피해자를 심정적으로 긍정하는 것에 그치지 말고, 그 원인을 시정하려는 제도적 변혁을 지향해야 한다. 프레이저(N. Fraser, 2003: 94)는 '동등한 참여'를 정의의 규범으로 삼으면, 두 가지 관점을 연결하여 변혁을 시도할 수 있다고 다음과 같이 주장한다.

정의의 규범적 핵심은 동등한 참여의 개념이다. 이 규범을 따르면 정의는 사회의 모든 [성인]구성원들이 동등한 위치에서 상호작용하는 것을 보장하는 사회적 장치를 필요로 한다. 동등한 참여가 가능하려면 최소한 두 가지의 조건이 마련되어야 한다. 첫째, 물질적 자원은 참여자들의 독립성과 자유로운 발언을 보장할 수 있도록 분배되어야 한다. [⋯] 둘째, 문화적 가치의 인정이 제도로 정착되어서 모든 참여자들을 평등하게 존중하고 모든 참여자들이 의미 있는 사회적 지위를 획득할 수 있는 평등한 기회를 보장해야 한다.

동등한 참여는 모든 구성원들이 성원권을 인정받고 자유롭고 평등하게 정치, 경제, 문화와 교육에 참여한다는 뜻이다. 분배정의는 물질적 자원을 정의롭게 분배함으로써 시민들의 동등한 참여를 위한 객관적 조건을 구축한다. 이런 조건을 마련하기 위해 물질적 불평등과 경제적 취약성을 외면하는 사회제도를 개선해야 한다. 예컨대 빈곤이나 장애로 인해서 시의원 선거에 출마를 포기해야 하는 일은 부정의이다. 물질적 조건과 아울러 다른 시민들과 동등하게 상호작용할 수 있는 역량과 수단을 확보해야 한다. 자신의 문화와 삶의 가치를 동등하게 인정받으면서 소통하고 협의할 수 있는 상호주관적 조건을 마련해야 한다. 특정 사회범주에 속하는 구성원들의 특성을 열등하다고 규정하고 차별하는 관행과 제도를 개선해야 한다. 예컨대 10년이 훨씬 넘도록 논쟁만 벌이고 있는 '차별금지법'은 속히 제정되어야 한다. 개인의 특성과 다름을 문제 삼아서 교육과 삶의 기회를 차단하거나 차별하는 일은 금지되어야 한다.

정의는 자유롭고 평등한 사회참여를 제도화하는 것을 뜻하므로 인정정의와 분배정의가 결합되어야 정의가 증진된다. 교육정의도 같은 방식으로 이해해야 한다. 동등한 참여를 정의의 규범으로 설정하고, 분배정의와 인정정의를 포괄하는 정의의 틀은 적합하고 유용하다. 학생들은 그런 틀을 활용하여 부정의가 생산되는 과정을 비판하고 변혁방안을 탐색할 수 있게 된다. 교육학에서도 학교를 통해 권력이 재생산되는 과정에 정치경제적 측면과 문화적 측면이 동시에 작동하고 있음을 비판하는 연구들이 많다. 예컨대 애플(M. W. Apple, 2012: 44) 같은 교육학자는 앞서 소개한 프레이저의 이론을 시민교육에서 적극 수용해야 한다고 주장한다. 시민교육은 학생들이 분배정의와 인정정의에 관련된 제도와 규범을 검토하면서 동등한 참여를 요구하도록 격려해야 한다. 먼저 인정정의 패러다임과 그에 따른 시민교육의 방향을 알아보자.

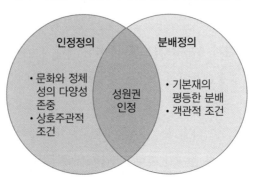

정의: 자유롭고 평등한 사회 참여/합리적인 인생설계

인정정의
- 문화와 정체성의 다양성 존중
- 상호주관적 조건

성원권 인정

분배정의
- 기본재의 평등한 분배
- 객관적 조건

그림6 인정정의와 분배정의의 결합에 의한 정의 실현

3. 인정정의를 증진하는 시민교육

1) 인정정의와 시민교육의 연관성

인정은 사람들이 서로의 존엄성과 고유성을 이해하고 수용하는 태도이다. 인정이론의 기본 명제는 인정을 통해 정체성이 형성된다는 것이다. 정체성은 자율적으로 세계를 이해하고 선택하는 틀과 범주를 제공한다(Kymlicka, 1996). 정체성은 행위 주체가 되고 사회에 참여하기 위한 필수조건이다. 정체성은 각자의 고유성에 의해 형성되므로, 고유성이 합당하게 인정되어야 정체성이 형성되는 데에 불필요한 고통과 억압이 감소된다. 개인의 고유성과 정체성은 개인이 속한 문화와 언어에 의해 형성되므로, 개인이 속한 문화를 인정하고 그 문화의 구성원인 것을 인정해야 한다(Taylor, 1994). 예컨대 특정 지역 출신의 아동이 해당 지역 사투리를 쓰는 것을 억제하면 정체성 발달에 지장이 초래된다. 어떤 사람이 속한 가족, 지역, 젠더, 계급의 문화를 인정하고, 그 사람이 그 문화의 구성원인 것을 인정해야 정체성 발달이 비교적 순조롭게 이루어진다. 인정을 통해 상호주관적 관계와 사회관계가 형성되고, 정체성과 존엄성이 형성된다. 아래의 설명처럼 인간으로 존재하려면 인정욕구가 필수적으로 충족되어야 한다.

> 불인정 혹은 오인(misrecognition)은 해를 끼칠 수 있고, 누군가를 잘못되고 비뚤어지고 왜소한 존재 방식에 가두는 억압과 구속이 될 수 있다. [⋯] 그 사람들은 열등한 자아상을 내면화함으

로써 지위 상승에 방해가 되는 객관적인 장벽이 사라져도 그런
기회를 활용할 역량을 상실하게 될 수 있다. [⋯] 오인은 합당한
존중의 결여에 그치지 않는다. 그것은 치명적 상처를 입힐 수
있으며, 그로 인해 피해자들은 자기혐오를 장애처럼 안고 살아
야 할 수 있다. 합당한 인정은 그저 인간에 대한 예의가 아니라
인간의 필수적 필요성이다. (Taylor, 1994: 25-26)

정체성이 비하되거나 혼란되면 행위 주체로 기능하기 어렵
게 된다. 자기혐오와 무력증까지 촉발할 수 있다. 오인, 불인정과 무
시는 문화적 폭력이다. 문화적 폭력의 희생자는 자신이 '권리를 주장
할 권리'가 없다고 여기고 위축된다. '권리를 주장할 권리(a right to have
rights)'는 자신이 다른 구성원들과 동등한 권리가 있다는 것을 주장할
수 있는 자격과 인식을 말한다(Arendt, 1968: 177). 성원권이 바로 이런 종
류의 권리이다. 권리를 주장할 권리가 없다고 인식하는 사람은 자유
가 있어도 행동하지 못하며, 생각이 있어도 말하지 못하고, 사회에 참
여할 수 있는 기회를 상실하게 된다. 그래서 사회적 약자와 소수자들
은 합당한 인정을 요구하는 '인정투쟁(the struggle for recognition)'에 나선
다. 다양한 문화를 존중하고 다양한 집단의 존재를 존중할 것을 요구
하는 다문화주의(multiculturalism)를 앞세운다.
　　모든 다름과 다양성을 무조건 인정하는 것이 '합당한' 인정은
아니므로 시민교육이 지향해야 할 인정의 방식을 탐색해야 한다. 예
컨대 상류층 학생의 특별 대우 요구에 호응하는 것을 다름의 인정이
라고 볼 수 없고, 혐오를 다양성의 표현으로 간주할 수 없다. 여러 형

태의 다름을 어떻게 인정하는 것이 합당한가에 관한 판단이 필요하다. 선의를 갖고 타자를 인정하려고 노력해도 인정의 주체는 자신이므로 자신의 우월성을 전제하는 위험성에 유의해야 한다. 특히 인정은 타인만을 향하는 것이 아니라 자신을 향하는 일도 되어야 한다. 자신의 인식지평을 점검하고 수정하는 자기성찰이 활력을 얻어야 진정한 뜻의 상호인정이 이룩된다는 인식이 시민교육을 통해 장려되어야 한다.

2) 인정정의를 증진하는 교육의 방향

인정정의를 증진하는 시민교육의 출발점으로 몇 가지 방향을 제시한다. 이 방향은 실제의 공동 탐구에 의해 변화되어야 하고, 이를 통하여 문화의 다양성과 권리의 보편성을 조정하는 방안을 모색해야 한다.

ㄱ. 구체적 타자의 상황에 적합한 인정의 지향

학생들은 불인정과 무시를 생산하는 사회관계와 인식체계를 탐구해야 한다. 이런 탐구에 의해 그런 생산방식을 비판하는 동시에 자신 또한 가해자가 될 수 있음을 스스로 단속해야 한다. 불인정은 기득권 집단이 오직 자신들의 경험과 관점 그리고 이익과 권력을 중심으로 사회질서를 조직하려는 필요와 욕망에서 비롯된다. 이런 욕망은 자신들의 특수한 경험과 속성을 모든 인간의 특성으로 동일시한다(Benhabib, 1987). 이런 동일시의 경향을 '대체적(substitutional) 보편주의'라고 부른다. 예컨대 "라떼는 말이야(나 때는 말이야)", "인간이라면 당연히 이렇게 해야지"라고 역설하면서 자신의 경험에 다른 사람들이 맞추어야 한다고 압박하는 경우이다. 강자들이 행사하는 대체적 보편주의는 타자들이 가지고 있는 고유한 경험, 욕구, 사고를 무시하고 일반화해서, 모든 타자를 '일반적 타자(the generalized other)'로 획일화한다(Benhabib, 1987). 대체적 보편주의는 자신들의 문화만을 정상적·합리적·도덕적 문화로 내세우고, 다른 문화는 비정상적·비합리적·비도덕적 문화로 폄하하여 그 구성원들을 무시하고 차별한다. 나아가서 기득권 집단이 지배해야 할 타자뿐 아니라 기득권 집단 안에 있을지도 모르는 또 다른 '타자'를 구분하고 배제하는 문화적 폭력을 촉발한다. 학생들은 대체적 보편주의에서 벗어나 타자를 동등한 사람으로 존중하는 동시에 사람이기 때문에 특수성을 갖는다고 이해해야 한다. 일반적 타자를 전제하는 대체적 보편주의에 대항하여 구체적인 상황에서 타자의 특수성을 이해하려고 노력해야 한다. 타자들이 겪는 모욕과 피해의 구체성을 식별해야 한다. 그러면서 사람으로서의 보편성을 인정하는 일이 적절한지, 아니면 그 사람이 드러내는 특수성을 인정하는 일이 필요한지를 분별할 수 있다. 예컨대 성차별에 대항해서는 보편적 시민권을 인정해야 하고, 이혼가정의 학생을 배려하기 위해서는 상황의 특수성을 인정해야 한다. 그러므로 "인정정의를 지향하는 방식은 어떤 모욕과 피해를 당하고 있는가에 맞추어 적용되어야 한다"(Fraser, 2003: 95-96). 보편성을 인정해야 하는 경우와 특수성을 인정해야 하는 경우를 적합하게 분별하고 불인정의 상황에 적합한 인정의 방식을 선택할 수 있어야 한다.

ㄴ. 타자에 관한 가치판단의 유보

상대의 특성에 대한 평가를 중단하고 '있는 그대로' 인정하려는 노력이 합당한 인정의 방식이 될 수 있음을 이해해야 한다. 일정 기간 이상 유지된 문화라면, 그리고 타자가 소중하게 여기는 경험이라면 나름의 가치와 의미가 있을 것으로 가정해야 한다(Taylor, 1994). 그리고 자신의 기준 혹은 제삼자의 기준으로 어떤 집단의 문화와 경험을 평가하는 것은 부적절하므로, 가치(worth) 평가를 일단 유보하고 그 내적 합리성을 이해하려고 애써야 한다. 타자의 신념이 우리가 혐오하는 신념일 때조차도 이해가 어렵다면 가치판단을 유보하는 것이 합당하다(Taylor, 1994). 물론 혐오로 인해 다른 사람에게 위해를 가한다면 단호하게 제지되어야 한다. 가치판단의 유보는 관용에서 적절한 인정이 시작된다고 보는 태도이다. 관용은 자신의 행위를 스스로 제약한다는 것을 뜻한다. 상대의 다름이 무엇인지, 그 영향은 어떠한지 잘 모르므로 그것을 일단 존중한다는 의미에서 자신의 행위를 조심하고 제한하는 관용이다. 이런 제한과 관용은 자유주의의 전통이라고 볼 수 있다. 예컨대, 세대 사이의 소통에서 위 세대는 권력과 강한 편견을 갖고 있는 경우가 더 많으므로 위 세대의 자기제약이 필요한 경우도 많을 것이다. 다른 예를 들면, 학급 학생 중에서 외국에서 이주한 학생들끼리만 어울리는 경우를 가정하자. 교사에게 그 학생들을 이해하는 데에 필요한 정보가 없다면 일단은 판단을 유보하고, 그 학생들 입장에서 어떤 사정이 있는지를 천천히 파악해야 한다. 도저히 이해하기 어려운 경우도 있을 것이다. 이해할 수 없는 행동을 직면했을 때 일단 폄하하거나 무시하지 않도록 조심하면, 머지않아 소통할 수 있는 기회를 갖게 될 수 있다. 이런 인정은 일시적인 '불간섭 주의'를 나타낸다. 어떤 다름이 문제가 있지만 그 다름을 인정하지 않으면 해당 학생의 정체성에 위협이 된다고 판단될 때는 다른 학생에게 피해를 최소화하는 범위에서 다름을 관용하는 것이 적절한 인정의 방식이다. 이런 인정은 대개 무시와 억압의 상처가 크거나, 무시와 억압에 취약한 사람들에게 적용되는 것이 적합하다. 곤란한 상황에 처할 수도 있다. 오랫동안 심하게 무시당해서 '정신적 외상(trauma)'을 입은 학생이 상징적 방어 혹은 반발로 자신의 폭력성을 발휘하면 그렇다. 폭력은 즉각 제지해야 한다. 그리고 그 학생의 상처를 공개적으로 지적하거나 과시 행동을 분석하고 처벌하는 일을 자제하는 등 교사의 행동을 당분간 제약하는 것이 필요하다. 서로 신뢰가 형성되면 다른 관계가 타진될 수 있다. 유보 기간 동안 다른 학생에게 피해가 가는 일은 금지해야 한다.

ㄷ. 타자의 행위능력과 권리 증진에 협력

학생들끼리 서로를 자유의지와 선택능력이 있는 행위자로 인정해야 한다. 교사도 학생들을 그렇게 인정해야 한다. 타자의 행위능력을 인정하지 않으면서 존엄성을 인정하다고 말하는 것은 모순이기 때문이다. 행위능력의 인정은 그 사람의 문화와 삶의 경험이 행위자로서의 가능성의 조건 혹은 행위의 지평을 제공한다고 인정하는 것이다(Benhabib, 1999a). 가능성의 인정에서 시작하여 타자가 능력을 개발하고 발휘할 수 있는 여건을 만드는 데에 협력하는 '헌신으로서의 인정'으로 나아갈 수 있다. 그러려면 불인정과 무시의 생성 원인을 함께 이해하려고 노력해야 한다. 그리고 당사자에게 피해와 억압으로 작용할 수 있는 요인들을 상대의 존엄성을 침해하지 않는 범위에서 변화시키려고 함께 노력해야 한다. 이런 협력과 헌신은 해당 학생의 요청과 동의하에 진행되어야 한다. 예컨대 '침묵의 문화'에 익숙한 학생들이 자기 목소리를 낼 수 있는 동기를 함께 찾거나, 공개적으로 목소리를 내도록 격려하는 일을 시도할 수 있다. 학생들이 서로를 행위자로 인정하는 일은 그 당위성을 관념으로 배우기보다 공동 프로젝트를 진행하면서 이루어질 가능성이 높다. 공동 작업의 과정에서 평소에 무기력한 학생이 다른 학생의 반응을 고려하면서 자신의 행위를 조절함으로써 때로는 사려 깊고 책임 있는 행위자로 변신하는 것을 알 수 있다. 그 과정에서 간섭주의 혹은 시혜주의(paternalism)가 작용하지 않도록 경계해야 한다. 타자를 위해 인정하고 헌신하는 것이 아니라 타자와 함께 노력하는 일이 되어야 한다. "돕는다는 것은 우산을 들어 주는 것이 아니라 함께 비를 맞는 것이다"라는 말을 기억하면 좋겠다. 학생들이 서로를 행위자로 인정하고 행위능력을 증진하는 일에 서로 헌신하는 인정의 방식은, 모두가 권리의 주체가 될 수 있는 디딤돌을 함께 놓는 일이 된다.

ㄹ. 자기 판단기준의 성찰과 수정

다름을 직면하여 자신을 성찰하고 자신의 의견을 수정하는 계기를 맞이하도록 장려해야 한다. 이런 형태의 인정은 다름의 '거울'을 통하여 자신을 성찰하여 자신의 입장을 수정하는 태도이다. 일종의 '문화적 비판(cultural critique)'이다. 타자의 의견이 이상하고 혐오스러워도 어느 정도 이해하고 나면 그것으로부터 배울 것이 있는 경우가 종종 있다. 예컨대 일본 사회에서 번지는 혐한현상을 보면, 그런 현상의 요인을 이해하여 시정하는 일에 참여하는 동시에 한국 사회가 이주민을 대하는 방식에 그런 요소가 있지 않은가를 성찰해야 한다. 듀이(1916: 154-155)는 자기성찰에 의해서 관심의 수와 종류가 다양해지고, 편협함의 습관이 개방적 태도로 전환되는 계기가 마련된다고 주장한다. 우리 사회에서 혐오는 여성, 이주동포, 이주노동자, 국제결혼여성, 장애인, 성적 소수자, 비정규직 노동자 등 '희생양들'을 양산하고 있다. 그 사람들이 무시당하고 억압받은 경험을 이해해야, 자기의 판단기준을 수정할 수 있다. 사회적 타자들의 상처는 표현되기 어려우므로 경청하고 상상하려 애써야 한다. 함께 기억하고 분노해야 할 때도 있다. 예컨대 국가폭력과 산업재해로 억울하게 죽고 고통받은 사람들을 기억하고, 그로부터 폭력에 대한 분노를 길어 올려서 자신과 사회의 판단기준을 수정해야 한다. 그런 점에서 자기성찰은 푸코가 이야기하는 '기억의 정치학'으로서 공식 역사가 배제한 타자들의 경험을 재현하고 인정하는 작업이다(이기범, 1996). 기억을 재구성하면서 과거를 재검토하여 미래를 전망하게 되고, 자신의 판단기준을 성찰하고 재구성할 수 있다.

　성찰을 진행하면서 학생들이 타자를 타당하게 이해하는 일은 자신을 위한 일이기도 하다는 것을 깨닫기를 기대한다. 타자를 계속 오인하고 불인정하면 자신의 인식지평이 편협한 상태에 머물기 십상이다. 거꾸로 말하면 타자를 합당하게 이해함으로써 자신의 인식지평을 향상시킬 수 있다. 자기성찰로서의 인정은 공동 탐구가 기대할 수 있는 최선의 결실이며, 모든 교육에서 장려되어야 한다(Taylor, 1994). 그러므로 타자의 지평이 괴상하고 혐오스러울지라도 이해하려는 노력이 요구된다. 동의하지 않더라도 이해할 수 있고, 모든 이해는 부분적이라는 것을 고려해야 한다. 이런 노력은 해석학에서 말하는 '번역'에 비유된다. 번역이 완벽할 수 없으므로 어느 정도의 이해에 도달하는 것에 불과하며 지속적인 수정을 거쳐야 한다. 이해는 타자의 지평을 자신에게 동화시키는 것이 아니라 '공동의 언어'를 찾을 때까지 여러 가능성을 상상하고 적용하고 수정하는 해석학적 순환 과정이다. 학생들이 타자를 이해하려고 노력하면 자기의 판단기준의 한계를 성찰하고 수정하는 계기를 맞이한다. 지평의 융합은 발견되는 것이 아니라 '창조'되는 것이다. 타자를 이해하려는 노력과 자신의 평가기준을 수정하려는 태도가 결합되면, 지평을 확대하면서 타자와 자신을 합당하게 이해하고 인정할 수 있다. 지평의 융합과 확대는 부정의와 억압을 비판하고 개선할 수 있도록 공동의 이해를 창조하는 과정이 되어야 한다. 지평의 확대는 오랜 기간에 걸쳐 자신과 타자를 성찰해서 겨우 얻을 수 있는 결실이다.

4. 분배정의에 기여하는 시민교육

1) 사회자원의 공정한 분배와 시민교육의 연관성

인정정의에 분배정의가 결합되어야 사회참여의 정의를 증진할 수 있다는 것을 학습한다. 시민은 인간 보편의 존엄성과 자기 삶의 특수성을 동시에 인정받으면서, 보편성과 특수성의 발달에 필요한 자원을 정의롭게 분배할 것을 요구해야 한다. 그러려면 학생들은 시민교육을 통해 교육, 소득, 직업 등 삶에 필요한 자원(goods)을 어떻게 정의롭게 분배할 수 있는가를 탐구해야 한다. 분배정의에 관해 가장 정연하다고 꼽는 의견은 존 롤스의 『정의론』일 것이다. 롤스는 정의를 사회적 자원 혹은 '사회적 기본재(social primary goods)'를 공정하게 분배하는 일이라고 규정한다. 롤스는 각자가 필요로 하는 기본재를 공정한 절차에 의해 분배하는 '최적분배이론'을 제안하고, 가장 불리한 사람에게 가장 큰 혜택을 주어야 한다는 '차등의 원칙'을 강조한다. 롤스가 정의를 탐구하는 이유는 "사회적 기본재는 사람이 자유롭고 평등한 시민이 되고 사회에 온전하게 협력적인 구성원으로 참여하여 가능한 최대의 삶을 사는 데에 필요하다"는 신념에서 비롯된다(Rawls, 1999: 18). 이는 시민교육의 관심과 일치한다. 롤스는 그런 관심을 실현하기 위해 분배정의로 논의를 구체화하고, 분배의 대상을 사회적 기본재로 한정한다. 그리고 각 시민에게 사회자원의 몫을 공정하게 분배하는 원칙을 제시함으로써 '공정성으로서의 정의(justice as fairness)'를 말한다. 우리 사회의 일부 의견처럼 기존의 제도와 규칙을 기계적으로 적용하는 일을 공정이라고 말하지 않는다. 그는 정의의 핵심은 공정성이라고 규정하고, 시민들이 공정한 원칙에 관한 숙의를 거쳐 합의에 도달함으로써 "정의를 만들어야 한다"고 주장한다(Rawls, 1996: 223). 불완전한 상태일지라도 시민들이 공정한 절차에 합의하고 절차를 이행하면 정의를 증대할 수 있고 자유와 평등도 증대할 수 있다. 롤스는 절차적 공정성으로서의 정의는 완전하지 못하지만 꽤 설득력이 있고 유용하리라고 기대한다.

정의의 원칙은 사회적 기본재를 분배하는 일에 한정된다. 사회적 기본재는 인간이 인간답게 살기 위해 합리적인 인생계획을 설계하고 수정하는 데에 꼭 필요한 자원이다(Rawls, 1999: 108).[14] 소득과 재산만이 아니라 자유, 권리, 기회, 권력처럼 삶의 계획을 수립하고 실행하는 데에 필요한 자원들을 포괄한다. 자존심의 기반을 포함하는 것이 특별하다. 사람들은 욕망을 더 충족하고 더 잘 살기 위해 사회 자원을 증대하려고 노력하고, 그런 노력은 지극히 합리적인 일이다(Rawls, 1999: 107-108). 그러므로 기본재의 분배를 둘러싼 갈등은 자연스러운 일이다. 그러나 분배는 개인의 삶에만 관련된 일은 아니라는 것도 인식해야 한다. 기본재를 활용해야 유능한 시민으로 성장하고, 유능한 시민이 사회에 기여하기 때문에 기본재 분배는 공공의 관심사이기도 하다. 학생들은 정의의 절차에 관한 탐구를 통해 욕망과 취향을 좇기만 하는 것이 아니라 자유롭고 평등한 시민으로 사회에 참여하기를 원하는 '높은 수준의 관심'을 가질 수 있게 될 것이다.

---

14 롤스의 *A theory of justice*의 1971년 출판본과 1999년 개정본을 함께 활용한다. 개정본을 인용할 경우 개정본을 번역한 책의 쪽수를 표기한다. 내용을 더 명확하게 하기 위해 내가 번역한 부분도 있다.

2) 분배정의에 기여하는 교육의 방향

ㄱ. 정의의 원칙 구성

　　사회적 기본재를 평등하게 분배하는 데에 기여하기 위해 학생들은 정의의 원칙을 구성하고 적용할 수 있어야 한다. 정의의 원칙은 약속이나 관행에 머무는 것이 아니라 사회구조에 적용되고 법으로 제도화되어야 한다. 그런 원칙을 학생들이 만들 수 있을까? 롤스(1999: 750)는 합리적이고 평등한 사람들이 모여서 자신들이 따라야 할 최초의 정의 원칙에 합의한다면 그 원칙은 '합당한 원칙'이 될 것이라고 말한다. 그러므로 최초의 원칙에 합의할 수 있는 최초의 상황을 가정해야 하고, 그런 가정을 학생들도 상식적으로 납득할 수 있어야 한다. 그런 상황을 롤스는 '원초적 입장'이라고 부르는데 이에 관해서는 나중에 더 알아보도록 하자. 이렇게 사람들이 공적 협의를 통해 정의의 원칙과 절차에 합의하는 일은 정의에 관한 사회계약에 합의하는 일이다. 그런 사회계약은 "자유롭고 평등한 시민들 간의 공정한 협동체"를 만드는 데에 기여할 것으로 기대된다(Rawls, 1996: 25-26). 롤스는 시민들이 원초적 입장에서 정의의 원칙을 공적으로 협의한다면 다음의 일반원칙과 두 가지의 하위원칙에 합의할 수 있을 것이라고 기대한다(Rawls, 1971: 302).[15]

15　롤스는 본문의 원칙 외에 우선성(priority)의 원칙 두 가지를 추가한다. 꼭 필요하지 않아서 소개하지 않는다. 본문의 원칙을 내가 번역했지만 번역본(Rawls, 1999: 400)의 번역도 참고하면 도움이 되겠다.

정의의 일반원칙

모든 사회적 기본재(자유와 기회, 소득과 재산, 자존감의 기반)의 전부 혹은 일부를 최소수혜자에게 유리하도록 불평등하게 분배하는 경우를 제외하고, 모든 사람에게 평등하게 분배해야 한다.

정의의 제1원칙: 평등한 자유의 원칙

각 개인은 평등한 기본적 자유를 최대로 보장하는 체계에 대하여 동등한 권리를 가져야 하고, 이 권리는 다른 모든 사람들이 갖는 유사한 자유체계와 공존할 수 있어야 한다.

정의의 제2원칙: 차등의 원칙

사회적·경제적 불평등은 다음과 같은 두 조건에 적합하도록 조정되어야 한다. (a) 최소수혜자에게 가장 이득이 되고, 정의로운 저축 원리(just savings principle)와 일치되어야 하며 (b) 모든 사람들은 공정한 기회 균등(equality)의 원칙에 따라 개방된 직위와 직책에 접근할 수 있어야 한다.

정의의 일반원칙은 제1원칙과 제2원칙이 모순 없이 양립될 것을 요구한다.[16] 일반원칙에서 '자존감(self-respect)의 기반'이 사회적 기본재로 제시되고 있음을 주목해야 한다. 자존감의 기반으로 수입과 직업 같은 물질적 기반이 필요하다. 또한 개인이 의존하는 선 관념

16　롤스에 의하면, 제1원칙이 제2원칙보다 우선되어야 하고, 제2원칙에서는 2-(b)의 공정한 기회 균등의 원칙이 2-(a)의 차등의 원칙보다 먼저 고려되어야 한다.

이 발달되어야 한다. 자존감은 경제 조건과 선 관념을 기반으로 삼아서 인생계획을 설계하고 추진할 수 있는 권리와 자유의 토대가 된다(Rawls, 1996: 82, 181; 1999: 568-569). 그런 점에서 앞서 논의한 인정정의와 연관된다. 제1원칙은 개인의 자유(freedom)와 시민적 자유권(liberties)의 우선성과 절대성을 강조함으로써 자유주의의 핵심 가치를 조명한다. 모든 시민에게 평등하게 보장되어야 할 기본적 자유와 권리는 사상, 양심, 언론, 집회, 보통선거, 공직 선출, 재산소유를 아우르는 광범위한 체계를 이른다. 한국 헌법의 정신과 거의 일치한다. 가난하거나 불리한 처지에 있더라도 자존감을 포함하는 사회적 기본재, 그리고 자유와 권리가 평등하게 주어지면 어느 정도는 자율적으로 삶을 계획하고 실행할 수 있다. 그래서 정의의 제1원칙은 모든 시민이 사회에 최대한 참여할 수 있도록 기본적 자유와 권리를 최대로 보장할 것을 요구한다.

제2원칙은 '차등의 원칙(difference principle)'으로서 가장 가난하고, 가장 불리하고, 불운한 사람에게 사회적 자산을 가장 많이 분배하는 '비평등'을 통해 평등을 실현하자는 제안이다. 롤스는 사회적·경제적 불평등은 악과 죄를 초래하는 치명적인 문제이므로 개선되어야 한다고 강력하게 주장한다.

> 뚜렷한 사회적·경제적 불평등은 낮은 사회적 지위에 있는 사람들이 스스로 혹은 다른 사람들에 의해 열등한 존재로 취급되게 만드는 사회적 지위의 불평등을 자주 초래한다. 이런 불평등은 한 집단에게는 맹종과 굴종의 태도가, 다른 집단에게

는 지배의지와 교만의 태도가 정착되는 원인이 된다. 사회적·경제적 불평등의 효과는 심각한 악이 되고 그런 태도는 크나큰 죄를 생산할 수 있다. [···] 출생, 젠더, 인종 등에 의해 사회적 지위가 결정되는 일은 특히 가증스럽다. (Rawls, 2001: 131)

제2원칙은 위 인용문에서 비판하는 모순을 개선하려는 포부를 반영한다. 2-(a)의 원칙은 태생적 배경이나 사회적 요인에 의해 가장 불리한 위치에 있는 시민들에게 최대이익을 제공하는 일을 정당화한다. 즉 최대의 '비평등'을 통해 최대로 평등을 증진하는 것이다. 예컨대 부유층의 많은 소득과 재산은 빈곤층의 삶을 어느 수준 이상으로 향상시킬 수 있는 소득재분배, 기본소득과 최저임금 제공 같은 시정과 보상의 조치에 비례하여 정당화될 수 있다. 이런 주장은 '정의로운 저축 원리'로 표현되는데, 부유층이 빈곤층의 처지를 향상시키지 못하면서도 부를 계속 축적하는 것을 금지하는 것이다. 또한 저축 원리를 통해 롤스는 미래 세대를 위해 현재의 부와 환경을 저축해야 하는 책임도 일깨운다(Rawls, 1999: 381-383). 롤스는 재산과 소득을 일종의 '공동 자산'으로 보고 사회적으로 공유할 것을 제안하는 것이다. '시장자유주의자'를 놀라게 할 만한 제안이다. 2-(b)의 원칙은 '공정한 기회 균등의 원칙'으로 태생적 배경이나 사회적 요인에 구속되지 않고 자신의 능력에 적합한 직업과 지위를 획득할 기회를 보장하는 것이다. 공정한 기준과 투명한 절차에 의한 공개 선발이 이 원칙에 부응하는 방식이다. 능력이 적합한데도 불구하고 지역, 젠더 등의 이유로 임용을 제한하는 것은 불공정한 일이다. 그럼 이 원칙은 흔히 말하는 능력주의를 승인하는 것인가? 아니다. 롤스는 재능과 학력을 운에 의해 갖게 된 것으로 보고, 선발과 임용의 기준에서 제외해야 2-(b) 원칙에 부합된다고 설명한다. 이에 관해서는 곧 더 알아보자.

불평등이 극심한 사회에서 시민들은 '각자도생'하므로 최소한의 협력도 기대할 수 없고 사회로서의 존립도 위태롭게 된다. 그래서 롤스는 불평등을 개선해야 한다고 힘주어 말한다. 롤스는 불평등을 시정할 수 있는 가장 효과적인 조치는 가장 불리한 처지에 있는 사람들의 기회를 극대화시키는 재분배라고 주장한다. 제1원칙은 자유주의의 핵심 가치인 자유와 권리를 최대화하고 있고, 제2원칙은 사회주의가 요구하는 부의 재분배와 평등을 강조하고 있다. 이런 입장은 시장경제보다 더 평등한 분배를 지향하는 '자유주의적 사회주의체제(liberal socialist regime)'와 '자유주의적 평등주의(liberal egalitarianism)'를 지지한다(황경식, 2018: 114; Wenar, 2021). 롤스가 부의 재분배가 중요하다고 강조하는 이유는 부를 포함한 모든 사회적 기본재를 평등하게 분배해야만 시민들의 자유와 역량을 확대할 수 있기 때문이다. 학생들이 정의의 원칙을 학습함으로써 물질적 이득에 구속되지 말고 더 상위의 관심, 즉 시민으로서 사회에 참여하고 자존감을 높이면서 품위 있는 삶을 설계하는 데에 관심을 늘리기를 기대한다. 높은 수준의 관심을 추구한다고 해서 꼭 경제적으로 불리해지는 것은 아니라는 점을 학생들이 이해해야 한다.

ㄴ. 원초적 입장과 성찰적 평형의 경험

정의의 원칙을 도출하고 활용하여, 사회적 자원을 어떻게 분배해야 할지를 토의하기 바란다. 원칙이 어떻게 구성되는가를 학습자들이 경험하면 원칙에 대한 합의와 적용이 더 건고해질 것이다. 그런 경험을 쌓기 위해 정의의 원칙을 협력적으로 만드는 일, 즉 정의에 관한 사회계약을 만드는 일을 '사고실험(thought experiment)'처럼 진행하자는 롤스의 제안이 유용하다. 이런 사고실험을 간단하게 살펴보면, 떡을 5명에게 나눠 주려고 조각을 내는데, 내가 그중에서 어떤 조각을 갖게 될지 모르는 상황에서 공정한 원칙을 정하는 것이다(Rawls, 1999: 135). 자신이 분배받을 순서를 모르는 상황이므로 5조각을 같은 크기로 자르는 것이 공정한 원칙이라고 모두 합의할 수 있다. 떡을 나누는 것과 같은 원리로 자신의 위치가 현재 유리한지, 불리한지 그리고 자신의 위치가 미래에 어떻게 될지를 모르는 상황에 있다면 공정한 원칙에 합의할 가능성이 높다. 그래서 롤스는 자신과 다른 사람이 어떤 사회적 위치에 있는지를 모르는 '원초적 입장(the original position)'에서 정의의 원칙을 숙의하는 사고실험을 제안한다(Rawls, 1999: 46-47). 참여자들은 자신과 다른 참여자들이 제법 합리적이라는 것, 그리고 모두가 자유롭고 평등한 시민이라는 것은 안다. 그러나 '무지의 장막(a veil of ignorance)' 뒤에 있는 것처럼 자신을 포함하여 다른 사람들의 재력과 권력, 재능과 소질 그리고 가치관과 선 관념이 어떤지를 모른다.

현실에서는 사회적 지위와 능력의 차이로 인해 불평등이 심화되고, 선 관념의 차이로 인해 갈등이 발생한다. 원초적 입장은 그런 불평등을 배제해서 모두가 평등한 '최초의 상황'을 만들어서 공정한 관계와 공정한 협상으로 이끄는 역할을 한다. 무지의 장막과 원초적 입장은 참여자들이 자신의 사회적 지위와 타고난 재능을 알지 못하게 함으로써, 우연한 불평등의 요인들에 왜곡되지 않고 정의의 원칙에 합의하도록 촉진하는 역할을 한다. 롤스는 원초적 입장이라는 가상의 상황을 통해 정의의 핵심은 최초의 관계와 상황이 공정한 가운데 합의되는 절차적 공정성이라는 것을 역설한다. 그러므로 학생들은 실제의 상황이 어떻든지 간에 원초적 입장과 절차적 공정성을 염두에 두면서 정의의 원칙에 합의할 수 있는 길을 모색해야 한다.

학습자들은 원초적 입장을 학습하는 동시에 '성찰적 평형(reflective equilibrium)'을 경험해야 한다. 성찰적 평형은 콜버그와 하버마스의 논의에서 알아본 개념인데, 새로운 문제 상황을 해결하기 위해 자신의 신념을 수정함으로써 일관성과 일반성을 증대하는 노력이다(Rawls, 1999: 90-91). 성찰적 평형을 이루려는 노력을 통해 학습자들은 합리적인 판단과 합당한 판단을 함양하고, 정의의 원칙에 합의할 수 있는 합리적이며 합당한 시민이 된다. 먼저 학습자들은 원초적 상황에서 자신의 이익을 최대화하려는 합리적인 판단을 시도한다. 참여자들은 자신의 손해를 최소화하면서 이익을 최대화하는 합리적인 사고를 하려고 애쓴다. 예상되는 대안들이 초래할 최악의 결과들(minimorum)을 평가하면서, 그중에서 최대 손실을 최소화하는 대안을 선택하여 가장 다행스러운 결과를 선택하려고 시도하는 것이다. 롤스에 의하면 모든 것이 불확실한 원초적 입장에서 참여자들은 '최소극대화의 규칙(maximin rule)'을 따라 가장 합리적인 선택을 한다(Rawls, 1999: 216). 학생들은 최소극대화의 규칙을 따라서 모두에게 균등하게 분배하는 합리적 판단을 정의의 원칙으로 받아들이게 된다.

학습자들은 이익에 관한 합리적 사고만 하는 게 아니라 판단의 명분 혹은 도덕적 의미의 합당성에 관한 성찰적 평형을 시도하면 서 협력의 필요성을 인식하게 된다. 합당성에 관한 성찰적 평형은 판단의 여러 층위 사이에 일관성과 일반성을 확보하는 일이다(Rawls, 1996: 8-9). 예컨대 자신의 특정한 판단(예: 종교적 비관용은 정의롭지 못하다)은 더 일반적인 판단(예: 시민은 종교의 자유 등의 기본적 자유를 갖는다)을 지지해야 하며, 그 판단은 다시 더 일반적이고 추상적인 신념(예: 모든 시민은 자유 롭고 평등하다)에 부합해야 한다(Wenar, 2021). 학생들이 원초적 입장에서 는 모두가 동등한 상황에 있어야 한다는 것을 기억하면 특정인이 처 음부터 불평등한 처지에 놓인 것은 합당하지 못하다고 직관적으로 판단할 수 있다(Rawls, 1999: 421). 또한 최소수혜자의 처지를 방관하면 그 처지가 더 악화되어서 장기적으로 사회에 악영향을 미칠 것이라 고 판단한다. 최소수혜자에게 사회자원을 더 분배하는 '비평등'을 통 해 그 사람들의 처지가 개선되고 사회에 기여할 수 있다면, 장기적으 로 공익이 증진되고 자기 이익도 증진된다고 생각한다. 시민들은 "사 회협동체를 통해서 모두가 더 나은 생활을 할 수 있다는 것을 안다는 점에서 이해관계가 일치"하므로 합당한 판단을 할 수 있다(Rawls, 1999: 37). 자신에게 크게 손해가 되지 않으면서 최소수혜자들의 처지를 개 선하고 결국 공익을 증진할 수 있다면 그 방안이 합당하다고 판단한 다는 것이다. 롤스는 우리가 타산적 합리성뿐 아니라 도덕적 직관과 합당성을 판단과 숙고에서 발휘할 수 있기 때문에 차등의 원칙에 호 응할 여지가 크다고 주장한다. 학생들이 과연 합리성과 합당성에 관 한 성찰적 평형을 경험할 수 있는지를 484쪽에 나오는 〈사례토의〉를 통해 시도하기 바란다.

ㄷ. 중첩된 합의에 의한 차등의 원칙 정당화

롤스는 성찰적 평형을 통해 합리성과 합당성을 증진하는 과정에서 차등의 원칙이 정의 실현에 적합하다는 것을 확인할 수 있다고 말한다. 원초적 입장에서 모두 동등한 위치에 있다는 것은 "아무도 타고난 우연의 결과나 사회적 여건의 우연성으로 인해 유리하거나 불리해지지 않는다는 점이 보장된다"는 것을 의미한다(Rawls, 1999: 46). 롤스는 최소수혜자가 되거나 최대수혜자가 되는 요인의 대부분은 "타고난 우연의 결과나 사회적 여건의 우연성"이라고 생각한다. 소질이나 능력, 지능, 체력 등은 자연적 요인이고, 이런 요인을 발달시키는 기회는 가족, 재산, 계급 등의 사회적 변인에 의해 결정된다. 롤스는 "노력하고 힘쓰며 가치 있는 존재가 되고자 하는 의욕도 행복한 가정과 사회적 여건에 의존한다"고 해석한다(Rawls, 1999: 121). 롤스의 주장을 뒷받침하는 연구들도 있다. 예컨대 자연적 요인의 영향력에 관해 "성별에 상관없이 체중이 많이 나가고 키가 작을수록 그 반대에 비해 학력이 낮고 비숙련 직종에서 일하며 소득도 떨어지는 경향이 나타났다"는 연구결과가 있다.[17] 얼마나 열심히 책임감 있게 일하는가를 뜻하는 '노동윤리'도 자연적 요인과 사회적 변인에 의해 형성된다. 예컨대, 샌델은 "형제의 출생 순서가 노동윤리에 영향을 미친다"는 연구에 근거하여, "첫째가 동생보다 노동윤리가 더 강하고 돈도 더 많이 벌고 전통적 의미의 성공도 더 많이 거둔다"고 말한다(Sandel, 2009:

---

17 영국 엑서터대학교 연구진이 12만 명의 성인 남녀 유전자 정보를 분석한 결과로서 연구결과는 『영국의학저널(BMJ)』에 게재되었다. 「남성은 키가 작을수록, 여성은 체중 많이 나갈수록 적게 번다」, 『한겨레신문』(2016.03.19.).

222).[18] 대체로 자연적 요인과 사회적 변인은 밀접하게 연관되어서 자연적 요인이 유리한 사람들은 사회적 변인도 유리할 가능성이 높다. 예컨대 높은 인지능력을 갖고 태어난 아동은 고학력의 부모의 지원과 교육을 받으면서 그 능력을 계속 계발할 유리한 기회를 갖게 된다. 자연적 요인과 사회적 변인 모두 노력에 의해 성취한 것이 아니라 우연에 의해 주어진 것이므로 분배의 기준으로 삼을 수 없다. 부모에게 재산을 상속받거나 회사를 상속받는 경우 역시 우연에 의한 것이므로 자신의 자격을 주장할 수 없다. 롤스는 "사회적 운수나 천부적 행운 같은 자연적 복권 추첨(the natural lottery)에 따라 사람들의 몫을 결정해서는 안 된다"고 강조한다(Rawls, 1999: 121). '이생망'을 외치고, 'N포 세대'가 되어서 삶의 희망과 계획을 포기하는 사람이 줄어들도록 분배정의가 증대되어야 한다.

우연이나 운 때문에 생겨난 불평등은 비평등적 조치, 즉 보상과 편향을 통해 시정해야 한다. 자연적 능력과 사회적 여건을 '공동자산'으로 여기고, 혜택을 받지 못한 사람에게 자원을 더 분배하는 비평등적 원칙에 의해 운의 중립화를 실행해야 한다(Rawls, 1999: 101, 152, 248). 물론 사회적 여건(부와 재능의 상속)과 개인적 능력은 너무 밀착되어 있어서 각각의 작용을 구분하기 매우 어렵다(황경식, 2018: 50). 그렇기 때문에 거의 유일한 시정 방안은 차등의 원칙을 통해 분배구조와 여건의 불평등을 개선하는 일이다. 아무 노력도 하지 않는 사람에게

18 샌델(2009: 222)은 매년 자신의 수업을 수강하는 하버드대학 학생들을 대상으로 조사하면 75~80%가 첫째 자녀로 나타난다고 한다. 나도 내 수업을 수강하는 학생들을 대상으로 그런 조사를 가끔 하는데 첫째 딸과 외동딸을 합한 비율이 70% 정도로 나타난다.

원하는 대로 직장과 보수를 제공하자는 말은 아니다. 동등한 열의와 재능을 가진 사람들은 동등한 직업과 직위에 접근할 수 있는 공정한 기회를 갖고, 비슷한 수준의 수입과 재산을 갖도록 하자는 제안이다 (Rawls, 1999: 121). 이런 제안이 바로 일반원칙과 제1원칙이다. 이런 원칙을 이행하려면 능력과 재능을 개발하기에 불리한 처지에 있는 사람들을 따로 고려해야 한다. 최소수혜자들에게 최대혜택을 분배하는 차등의 원칙(제2원칙)을 적용해야 일반원칙과 제1원칙의 적용이 정당화될 수 있다. 롤스는 성찰적 평형과 공적 이성을 적용하는 숙의를 통해 '중첩된 합의(overlapping consensus)'를 이끌어 내면서 정의의 원칙을 정당화할 수 있다고 강조한다(Rawls, 1996: 213, 385). 원초적 입장에서 공적 이성과 공적 추론을 통해 정의의 원칙에 합의하는 일이 가능할까?

ㄹ. 정의의 원칙 구성하기 실습

나는 아래의 문제 상황에서 정의로운 분배 원칙을 구성하는 일을 여러 해 동안 학생들과 실습했다. 토의를 시작하기 전에 토의의 목표는 원칙의 실행 가능성 여부에 관계없이 가장 정당한 정의의 원칙을 구성하는 것임을 서로 공유했다.

〈사례토의: 정의의 원칙 구성하기〉

① 돌아가신 어머니가 남긴 빚 분담

어머니가 빚 6천만 원을 남기고 돌아가셨다. 4남매가 그 빚을 나누어 갚아야 하는 상황이다. 장녀는 독신인 의사이고 연 소득이 1억 원이다. 장남은 중소기업 과장으로 전업주부인 아내와 중학생 딸 2명이 있는데 연 소득은 4천만 원이다. 차남은 공무원으로 초등학교 교사인 아내와 초등학생인 자녀 2명이 있는데 부부의 연소득을 합치면 8천만 원이다. 막내딸은 계약직판매사원으로 남편은 실직 중이고 초등학교 자녀가 있는데 연 소득은 2천만 원이다. 남매가 각각 빚을 얼마씩 부담하는 것이 공정한 분배 방식일지 분배 원칙을 토의해 보자.[19]

② 대학의 학생 1인당 교육비 분배

A대학은 성적이 최상위권인 학생들이 진학하는 서울의 대학으로 2020년 현재 학생 1인당 교육비는 한 해에 약 4천 8백만 원이 투입된다. B대학은 중상위권의 성적의 학생들이 재학하는 서울의 대학으로 학생 1인당 교육비는 한 해에 약 1천 6백만 원이다. C대학은 하위권의 성적으로 입학이 가능한 지방의 대학으로서 학생 1인당 교육비는 한 해에 약 8백만 원이다. 당신은 위 대학 중 한 곳에 입학하게 될 텐데, 그런 상황에서 학생 1인당 교육비의 격차를 그대로 두는 것이 공정할까? 어떤 방식으로 조정하는 것이 공정할까?[20]

---

19 〈EBS 다큐프라임 −법과 정의〉(2부 "정의의 오랜 문제, 어떻게 나눌까?", 2014.07.17.)에 방영된 롤스의 원초적 입장의 사례를 사용하였다. 이 영상에는 롤스의 삶 그리고 영국과 미국 대학에서 정의론을 공부하는 이야기가 담겨 있다.

20 A대학은 서울대학교다. 2021년 전국 대학의 평균은 약 1천 6백만 원이다. 최저 수준인 800만

③ 대학입시 전형의 불평등

〈EBS 다큐프라임 – 대학입시의 진실〉(6부 "대학입시, 불편한 진실을 넘어서", 2017.05.31.) 등의 자료를 보면 부모의 사회·경제적 지위, 거주 지역, 출신 고교의 유형이 불평등을 초래하는 요인으로 파악된다. 아울러 일반고교 출신의 입학생들이 1학년일 때에는 다른 유형의 고교 졸업생보다 학점이 처지지만 3, 4학년에 진입하면 가장 크게 향상되고 앞서기도 하는 경향을 보인다. 한국의 대학입시는 전형의 불평등을 감소하기 위해 자연적 운과 사회적 배경의 작용을 최소화하려고 노력하고 있을까? 최소혜택을 받은 수험생에게 대입전형에서 최대 기회를 제공하는 것, 즉 차등의 원칙을 적용하는 것이 정당할까? 대입에 닥쳐서가 아니라 더 일찍이 차등의 원칙을 실행하는 것이 더 정의로운 일이 아닐까?

가능하면 다수결에 의존하지 말고 합의에 도달해 달라고 요청했다. 토의 결과를 보면 모든 조가 차등의 원칙을 적용하는 것이 공정하다고 합의했다. 1번 사례의 경우는 조건과 이해관계가 분명하고 각자가 중립적인 입장을 채택하기 쉬운 편이다. 그래서 최소수혜자가 가장 적게 분담하고 최대수혜자가 가장 많이 분담해야 한다고 쉽게 합의한다. 2번 사례의 경우는 1번 사례보다는 논란을 거치지만 비

원대에 해당하는 대학이 서울과 지방에 여러 곳 있다. https://www.academyinfo.go.kr/(대학알리미)

교적 무난하게 차등의 원칙에 합의한다. 3번 사례의 토의에서는 자신들이 현재 재학하는 대학, 부모의 사회적 위치, 자신의 입학 성적과 입학전형 등을 고려하게 된다. 원초적 입장이라고 해도 개인 배경에 대한 고려를 완전히 배제할 수 없지만 그것을 최대한 배제하려고 노력하면서 토의를 하는 것 같다. 여하튼 차등의 원칙을 적용해야 한다는 방향에 대체로 합의한다. 반면에 그 근거로서 성적(능력)을 유일한 평가 기준으로 삼는 것을 지양해야 한다는 것에 관해서는 찬반이 나뉘었다. 대체로 70% 정도의 학생들이 능력주의의 정당성을 의심한다. 나머지 학생들은 능력주의에 한계가 있지만 대안이 없으므로 개선하면서 유지해야 한다고 주장한다. 교육정의에 관해 말하려면 능력주의에 관한 논쟁이 꼭 필요한 것으로 보인다.

5. 능력주의 비판과 교육정의의 모색

교육정의는 교육 참여에 관련된 인정정의와 분배정의를 확대함으로써 학생들이 평등하고 자유로운 시민으로 성장하도록 제도화되어야 한다. 교육정의는 개인의 정체성을 형성하고 인정하는 사회적 관계를 구성하면서(인정정의), 사회적 기본재로서의 교육기회를 공정하게 분배하여(분배정의), 자율적이고 합리적으로 인생계획을 수립하게 하는 것이다. 우리는 이런 교육정의의 틀을 참고하여 그 틀 자체를 토의하면서 한국 대학입시에서 교육정의가 실현되고 있는가를 검토하려고 한다. 다른 쟁점도 많지만 대학진학은 우리 사회에서 현재의 존재감 인정과 미래의 사회적 위치를 분배하는 데에 결정적 역할을 하므로 논의의 주제로 선정한다. 한국에서는 재학하는 대학, 캠퍼스(본교/분교, 서울/지방), 단과대학, 학과의 서열에 따라서 사람의 '등급'을 정하는 경향까지 생긴다. 입학한 전형의 유형까지 따져서 '수시충'(수시 입학생), '지균충'(지역균형선발 입학생), '기균충'(기회균형선발 입학생)이라고 차별하고 비하한다. 모욕을 퍼붓는 것이다. 한국 사회에서 대학입시는 가장 치열한 인정투쟁과 분배투쟁을 촉발한다. 사회적 기본재에 적용되는 정의의 원칙을 대학입시에 적용하는 것이 타당할까? 2020년의 경우, 일반고 학생의 대학 진학률이 약 80%라는 현실을 고려하면 한국의 고등교육은 대중교육이다. 또한 대학교육은 인생설계, 사회적 위치 그리고 개인의 자유와 자존감에 압도적 영향을 발휘하므로 사회적 기본자원으로 간주하는 것이 무리는 아닐 것이다.

1) 한국 사회 능력주의의 편협성

대학입시에서 평등을 실현하기 위해 다음의 세 가지 방식 중에서 하나를 선택할 수 있다. 능력주의를 각각 다르게 해석하고 적용하는 세 가지 방식은 ① 인습적 방식, ② 혼합적 방식, ③ 급진적 방식이다(Winstanley, 2010: 227). ① 인습적 방식은 기존 인습에 충실한 방식으로 시험 성적으로 능력을 평가하는 방식을 대표적 예로 들 수 있다. ② 혼합적 방식은 학생들이 선택하거나 통제할 수 있는 것은 평가하는 반면에 행운과 우연의 영향을 평가하지 않는 것이다. 재능을 어떻게 갖고 태어나는가는 선택할 수 없지만, 타고난 재능을 개발하도록 노력하는 일은 개인이 선택하고 통제할 수 있는 성취라고 평가한다. ③ 급진적 방식은 평가에서 재능과 능력의 영향을 최소화하고, 가장 불리한 위치에 있는 학생에게 최대의 혜택을 제공해야 한다고 주장한다. "모든 사람이 충분히 갖는 것, 가장 적게 갖고 있는 사람도 가능한 많이 갖는 것, 혹은 가장 필요로 하는 사람이 우선권을 갖는 것"이 급진적 방식이다(Winstanley, 2010: 221). 혼합적 방식은 롤스의 정의원칙을 일부분 반영하고, 급진적 방식은 대부분 반영하고 있다. 헌법은 "모든 국민은 능력에 따라 균등하게 교육을 받을 권리를 가진다"(제31조 1항)라고 명시한다. 능력에 따라 대학 진학의 기회가 평등하게 제공되어야 한다. 어떤 방식의 능력주의가 헌법의 취지에 부합되는 것인가?

한국 대학입시에서는 인습적 신념에 근거한 능력의 개념을 신봉하는 ①의 인습적 방식이 굳건하게 적용되고 있다. 능력주의는 개인의 재능과 노력에 의해서 유리한 지위와 보상을 획득하도록 교육제도와 평가가 조직되어야 한다는 신념이다. 개인의 능력을 [재능×노력]이라고 정의하고, 능력은 개인의 업적이므로 업적에 따라 분배가 이루어져야 한다고 주장한다. 서구 사회에서는 재능과 노력을 구분하고, 타고난 재능의 격차를 인정한다고 한다. 그러고 나서 각자의 타고난 재능을 최대한의 노력을 통해 극대화시키는 것을 높이 평가하므로 ②의 혼합적 방식을 선호한다. 혼합적 방식에서는 시험 성적만으로 줄을 세워서 평가하지 않는다. 학생의 다양한 재능(예: 예체능, 토론, 글쓰기, 리더십 등)을 평가할 뿐 아니라 가정배경(예: 부모 학력과 수입, 가족 중 최초의 대학 지원자인가 등), 성장과정, 동기, 사회기여도 등 다양한 측면을 평가한다. 반면에 동양 문화권과 한국 사회에서는 재능을 운이 아니라 노력의 결과로 간주하는 경향이 강하다(Winstanley, 2010). 한국 문화에서는 노력에 의해서 재능의 격차를 극복할 수 있다는 믿음이 더욱 강한 것이다. 그렇게 믿는 것은 능력을 오직 시험 성적을 기준으로 평가하기 때문이다. 재능 격차가 있어도 열심히 공부하면 격차를 해소할 수 있다고 믿는다. 재능에 우연적 요소가 작용하는 것을 인식해도 결국은 노력의 성과로 간주하는 것이다. 그래서 대학입시와 취업 등에서 기회를 분배하는 기준은 오직 노력을 통해 성취한 능력은 [노력×노력=시험 성적]이 되어야 한다고 굳게 믿는다. 능력을 [재능×노력]으로 보면 재능의 우연적 속성과 다양한 재능을 분별할 수 있지만 능력을 [노력×노력]으로 보기 때문에 능력은 절대시된다. 물론 평가하는 능력은 시험 성적에 불과하다. 시험 성적이 어떤 능력을 판별하는지는 중요하지 않다. 줄을 세우는 확실한 도구로 기능하면 된다고 믿는다. 또한 사회적 신뢰가 낮은 경향, 예컨대 학생부종합전형 등 다른 전형방식에 대한 불신도 작동할 것이다. 여하튼 한국 사회는 노력으로 모든 것을 극복할 수 있다는 믿음을 갖고 있으므로 ①의 인습적 방식의 능력주의가 강하게 신봉된다. 인습적 방식의 능력주의는 매우 편협하다. 그러나 폐해는 치명적이다.

2) 능력주의로 인한 인정정의와 분배정의의 훼손

한국 대학입시가 추구하는 능력주의는 인정정의와 분배정의를 훼손함으로써 교육정의를 저해한다. 첫째, 불리한 처지의 학생들이 노력에 전념할 수 없는 불리함을 고려하지 않을 뿐 아니라 모욕까지 느끼게 함으로써 인정투쟁을 격화시킨다. 대부분의 사람들은 무엇을 능력으로 규정하는지 그리고 능력에 영향을 주는 요인이 정당한지는 검토하지 않는다. 경쟁의 규칙을 당연시하고 규칙에 의해서 인정을 받으려는 투쟁만 나날이 치열해진다. 대입에서 작동하는 능력주의는 사회계층과 거주지역 등에 따른 불평등을 능력이라고 정당화해서 공정의 알리바이를 만드는 수단일 뿐이다(Sandel, 2020: 117, 122). 능력주의는 수험생을 승자와 패자, 우월한 자와 열등한 자로 나누어서 인정의 체계와 인간의 '등급'을 서열화하여 인정정의를 훼손한다. 능력주의 체제의 승자는 정당하게 승리를 쟁취했다는 착각에 빠지고 우월감을 과시한다. 경쟁에서 뒤처진 불리한 사람들을 조롱하고 비하한다. 무능하고 열등하고 게으른 인간 등으로 낙인찍는다. 노력과 재능을 원하는 만큼 인정받지 못한 사람들은 열패감, 좌절감, 때로는 자기비하에 빠진다. 불운이 '노력'과 '열정'을 통해 만회되는 일은 요원하므로 치욕을 감내해야 한다. 샌델이 지적한 대로 능력주의는 '굴욕(humiliation)의 정치'를 유발한다. 능력주의체제에서 실패하는 일은 견딜 수 있을지 몰라도 그 원인이 개인의 결함으로 매도되기 때문에 견디기 어렵고 분노를 유발한다. '우수한 인종적 자질'을 가진 1%를 추려 내는 것과 다름없는 한국 입시의 능력주의가 '국가인종주의'로 극단화되고 있다는 우려가 나타난다.[21] 개인에게 결함이 있다는 판정은 혐오를 정당화하기 쉽다. 일종의 인종주의는 '학업 실패자'뿐 아니라 사회적으로 불리한 위치에 있는 사람들을 혐오하고 배제하는 일

---

21 조종엽, 「난민−소수자 증오 확산 … 한국도 국가인종주의 물들었다」, 『동아일보』(2019.05.13.).

로 이어진다. 한국 사회에서 능력주의는 집단 외의 타자를 매도할 뿐 아니라 집단 내에서 새로운 타자를 제조하는 행태로 확대된다. 루소의 말처럼 인정투쟁의 승자들도 모욕은 모면하지만 언제 무시당할지 모른다는 불안감 때문에 '자기착취'에 시달린다(이기범, 2021: 47-48). 승자들도 언제 '내적 타자'로 전락할 지 불안하기 때문이다. 한국 학생들은 어릴 때부터 내내 자신과 다른 학생을 끊임없이 비교하면서 무시당하지 않으려는 절박한 삶을 산다. 성인이 되어서도 끊임없이 성과를 과시해야 한다는 압박에 시달린다. 능력주의가 조장하는 인정투쟁에서는 모두가 패자가 된다. 능력이라는 기준에 구속되어서 '유능한 집단'은 '자기착취에 따른 피로'로 고통받고, '무능한 집단'은 모욕과 상실감에 시달린다.

둘째, 능력주의는 능력을 평가하는 방식이 불공정하고, 능력을 보상하는 체제도 불공정하며, 최소수혜자를 위한 조치가 불공정한 것을 정당화함으로써 분배정의를 손상시킨다. 롤스의 차등의 원칙을 실현하는 방식은 입시에 닥쳐서가 아니라 교육에 진입하는 단계부터 사회적 우연성이나 천부적 운의 영향을 감소시키는 것이다. 롤스는 정의의 제2원칙(차등의 원칙과 균등한 기회의 원칙)에 근거하여 이렇게 주장한다.

> 재능이 있으면 출세할 수 있다는 조건에 공정한 기회 균등이라는 조건을 부가하여 부정의를 시정하기 위해 노력해야 한다. [⋯] 유사한 수준의 능력과 재능을 가진 사람들은 유사한 수준의 인생 기회를 가져야 한다. [⋯] 문화적 지식이나 기능을 획득

하는 기회가 계급적 지위에 따라 결정되어서는 안 되며, 공립이든 사립이든 모든 학교제도는 계급의 장벽을 철폐시키도록 기획되어야 한다. (Rawls, 1999: 119-120)

계급의 장벽이 철폐되도록 최소수혜 학생들에게 최대혜택을 제공해야 한다. 그래야 이미 유리한 위치에 있는 학생들이 교육자본과 문화자본을 계속 축적하는 것을 어느 정도 용인할 수 있다. 불리한 학생들에게 제공하는 혜택을 최대로 늘리는 동시에 유리한 학생들에게 제공하는 혜택을 감소하는 조치가 병행되어야 한다. 차등의 원칙이 실행되지 않은 채로 둔다면 능력주의의 승자에 대한 과다한 보상만 계속 증대될 뿐이다. 어떤 사람들은 시험 성적이 높은 학생이 가장 큰 '이윤'을 낼 수 있으므로 큰 보상을 주는 것이 정당하다고 말한다. 무엇을 이윤으로 규정하는가에 따라 달라지겠지만 공공재정과 자원이 가장 많이 투입된 대학의 졸업생이 이윤을 생산한다면 그 이윤은 공익에 기여하는 정도로 평가하는 게 타당할 것이다. 그러나 소위 명문대 졸업생들의 사회적 지위가 높고 권력이 클지언정 그 지위와 권력을 공익에 사용한다는 증거를 찾기는 쉽지 않다. 이윤을 교육투자에 대한 수익률로 규정할 경우에도 한국에서는 사회적 수익률보다 사적 수익률이 더 높게 나타난다(한국교육개발원, 2015: vii-viii). 교육수익을 개인 이익을 위해 소비하는 경향이 더 강한 것이다. '명문대' 학생들은 자기의 능력은 자신의 성취이므로 오직 자신을 위해 사용해야 한다고 믿는 경향이 있다. 그런 학생들에게 행운이 일부라도 작용한 덕분에 입학한 것이 아니냐고 물으면 불쾌해한다. 그릇된 우월감이다. 보상의 근거로 삼는 능력주의의 정당성이 취약한데도 승자독식의 경향이 너무 강하다. 보상과 권력의 격차가 너무 심해져서 능력주의체제에서 불이익을 당한 사람들의 기본소득과 기본권까지 침해하는 일이 당연시되고 있다. 능력주의에 의해 보상을 제공한다고 해도 사회참여의 기회, 소득, 권력의 격차가 만회할 수 없을 정도로 커짐으로써 분배정의가 손상되고 있다.

3) 능력주의 변혁 방안 탐색

인정정의와 분배정의를 증진하도록 능력주의를 시정하는 방안을 학생들이 숙의할 수 있다. 아예 능력 자체를 기준으로 삼지 말자는 것은 아니다. 능력이 없거나 노력을 하지 않는 사람들이 능력이 필요한 자리를 차지하거나 특혜를 받는 것 또한 정의롭지 못하다. 롤스의 말처럼 비슷한 수준의 능력과 포부를 자신 사람들은 비슷한 수준의 교육을 받고 비슷한 수준의 직업을 가질 수 있게 하자는 것이다. '선진국'을 자처하는 한국 사회가 다른 선진국과 비슷한 정도의 정의를 실현해야 하지 않겠는가? 능력주의의 왜곡이 누적되어 사회양극화와 부정의가 심해지면 노력하려는 동기와 의욕의 위기를 초래하고, 이는 국가의 정당성 위기로 이어진다는 지적(Habermas, 1975: 48)에 경각심을 가져야 한다. 능력주의의 폐해에 진지하게 대처해야 한다.

첫째, 최소수혜의 처지가 능력개발과 학업의 기회에 돌이킬 수 없는 손상을 일으키지 않도록 필요한 수준의 최대수혜를 지속적으로 제공해야 한다. 국가와 공공기관이 불리한 처지에 있는 학생들에게 성장 초기부터 보충학습과 가족단위 지원 등의 매우 적극적인 방식을 통해 교육자원을 제공해야 한다.[22] 혹은 스웨덴, 캐나다, 호주의 일부 지역처럼 우수한 학생들의 선행학습이나 영재교육 등의 특별학습을 금지할 수 있다. 한국에서 2014년부터 일명 '선행학습 금지법'이 시행됐지만 그 이후 사교육비는 오히려 증가했다. 실질적 방안을 만들기 위해 고심해야 할 것이다. 대학도 기여해야 한다. 수능성적 우수자와 서울 강남 지역 학생을 선발하는 일에만 열중하지 말고, 우수한 초중고생을 '만드는 일'에 앞장 서야 한다. 외국의 명문 대학이 명문 대학으로 인정받는 것은 교육여건이 뒤떨어진 초중고생들에게 교수와 대학원생의 학습지도, 대학시설 제공 등 대학의 자원을 활용하여, 다양한 재능을 개발하는 일에 앞장서기 때문이다.[23] 또한 가장 지원이 필요한 학생들에게 대학 입학과 학업의 기회를 보장하고, 가장 지원이 필요한 학생과 대학에 자원과 재정을 분배하는 것이 교육정의의 원칙이 되어야 한다. 예컨대 미처 능력을 개발하지 못하고 입학한 학생들의 다양한 능력을 향상시키는 '부가가치(added value)' 생산에 열의를 보이는 대학에 재정지원과 교육여건의 특혜를 제공하는 조치를 시행해야 한다. 대학의 사명은 '성적 감별'이나 '성적우수자를 보유하는 일'이 아니라 교육 부가가치를 생산하는 일이기 때문이다. 이런 조치는 선심을 베푸는 시혜적 조치로 시행되어서는 안 되고 해

---

22 미국의 헤드스타트(Head Start), 영국의 슈어스타트(Sure Start), 캐나다의 페어스타트(Fair Start), 호주의 베스트스타트(Best Start) 등이 그런 방안이다. 물론 평가를 거쳐 참고해야 할 것이다. 한국에서는 위스타트(We Start) 운동이 있지만 국가 차원의 프로그램으로 더 확대되어야 한다.

23 미국의 캘리포니아주립대학은 지난 50년 동안 로스엔젤레스와 캘리포니아 지역의 유치원부터 전문대학의 학생과 가족에게 수백 가지에 달하는 교육서비스를 제공하고 있다. 펜실베니아대학교 등 많은 대학이 비슷한 프로그램을 운영한다.

당 학생들의 권리 증진 차원에서 이루어져야 한다.

둘째, 사회적 우연성이나 천부적 운의 작용이 감소되고 배제되도록 대입전형을 개선해야 한다. 대학생활을 성공적으로 하는 데에 요구되는 능력과 자질은 다양한데도 불구하고, 대학수학능력시험의 성적을 압도적 선발 기준으로 삼는다는 것은 불합리하다. 학생들의 삶의 '종착점'이 모두 같은 것은 아니므로, 즉 개인의 인생 목표와 설계는 다양하므로 시험 성적만을 능력의 기준으로 절대시하는 것은 모순이다. 수능시험 자체도 사교육을 통해 '자동화 연습'을 반복한 학생들이 높은 점수를 받게 되어 있는 시험이다. 시험 성적 지상주의를 탈피하면 그만큼 사회적 우연성이나 천부적 운이 덜 작용할 것이다. 지역균형선발처럼 다른 기준을 활용하는 방식을 확대해야 한다. 서울대학교가 2023년 전형부터 시행한다고 발표한 것처럼 고교학생부 교과평가의 비중을 상향할 수 있다. 지방 의대와 약대가 지역출신 학생을 일정 비율 이상으로 선발하도록 의무화한 것도 적절한 방향이다. 내가 근무하는 대학에서는 2010년 입시부터 몇 년 동안 '지역핵심인재 전형'을 도입하여 모든 지자체마다 최소 1명의 학생이 학교장과 지자체장의 추천을 통해 입학하는 방식을 시도하였다. 이런 전형으로 입학한 학생들은 수능성적으로 입학한 학생들에 비해 성적향상의 정도가 뚜렷하고 학생활동 참여도 활발했다.[24] 더 급진적인 제안도 채택해야 한다. 예컨대 명문 대학 정원의 상당수를 중산층과 저소

---

24 이 시도는 미국 텍사스 주에서 시행하는 '광산의 카나리아(The miner's canary)' 프로젝트를 참고한 것이다. 이 프로젝트는 주에 소재한 고교에서 성적이 상위 10%인 학생들은 거의 자동적으로 주립대학에 입학을 허용한다. 광산에서 산소가 부족해지면 카나리아가 위험을 미리 경고한다는 것처럼 지역의 평등이 위협받는다는 인식에서 시작한 방식이라고 한다(Guinier, 2005).

득충 학생들로 선발해야 대학이 재정지원과 세금혜택을 받을 수 있게 하자는 제안, 혹은 자격 기준을 갖춘 수험생들 중에서 추첨을 통해 선발하자는 제안 등이 있다.[25]

셋째, 교육정의를 증진하는 노력과 아울러 능력에 따른 보상의 체계를 변혁하여 분배정의와 인정정의를 개선해야 한다. 자신의 노력을 합당하게 인정받고, 자신의 존재를 긍정적으로 인식하는 통로를 넓혀야 하는 것이다. 능력주의의 정당성이 취약하다는 사실이 사회적으로 공유됨으로써 승자가 겸손한 태도를 가져야 한다는 사회적 압력이 확산되어야 한다. 스스로 그런 인식을 하는 사람이 반갑다. 법관 출신으로 2022년 국회의원으로 일하는 '승자'는 겸손함에 대해 이렇게 말한다.[26]

"완벽하게 공정한 경쟁이었다." […] 나는 한번도 이런 생각을 해 보지 못했다. 내가 겸손한 사람으로 태어나서 그랬을까. 아니다. 나만큼 부모 잘 만나지 못한 친구들, 나만큼 건강하지 않았던 친구들, 나만큼 공부 잘하게 훈련받지 못한 친구들, 나만큼 자기 일에 집중할 수 없었던 친구들, 나만큼 시행착오를 감당할 여유가 없었던 친구들, 나만큼 주변의 도움을 받지 못한 친구들, 위기를 딛고 다시 일어날 기회가 없었던 친구들, 나만큼 행운이 따르지 않았던 친구들이 내 주변에는 셀 수도 없이

25 안희경, 「[안희경의 내일의 세계] 5. 대니얼 마코비츠 – 당신이 엘리트가 아니라면, 그건 당신 잘못이 아닙니다」, 『한겨레신문』(2021.08.19.). 샌델(2020)도 이런 종류의 대안을 제안한다.
26 더불어민주당 이탄희 의원의 글의 일부이다. 「자신이 승자인 입시가 공정? 이준석 반갑지 않아」, 『동아일보』(2021.06.07.).

많았다. 그 친구들이 다 대한민국의 평범한 시민들이 됐다. 그들과의 일체감이 나의 본질이다. 이들은 누구 하나도 남이 아니다.

재력가들과 유능한 사람들은 자신의 능력이 사회의 공동 자산이라는 인식을 가져야 하고 일정 정도는 공익을 위해 사용해야 한다 (Rawls, 1999: 152). 승자가 감사와 겸손함을 가지면 좋겠지만, 그렇거나 말거나 승자독식의 보상체계를 획기적으로 개혁해야 한다. 전통적인 의미로 성공했다거나 경영자라는 이유로 일반 사람들보다 수십 배, 수백 배의 소득을 독식하는 일을 시정해야 한다. 한국에서는 최근에 최저시급을 460원가량 조금 인상했다(2023년 기준). 그 일조차도 매우 힘들었다. 임원과 최고경영자의 초고액 연봉을 제한하도록 '살찐 고양이법'을 제정하자는 움직임도 있다. 이미 유럽을 중심으로 여러 나라에서 시행하고 있다. 소득분배의 격차를 완화하는 세제개혁, 기본소득과 임금보조금 제공 등의 조치도 효과를 거둘 수 있다. 경영자들이 소득뿐 아니라 조직의 모든 결정을 독점하고 구성원들이 결정에 참여할 수 있는 기회를 박탈하는 처사도 개혁해야 한다. 구성원들이 의사결정에 참여하는 지분을 늘려야 자신의 가치와 정체성을 증대하는 인정정의를 증진할 뿐 아니라 책임과 협력도 촉진된다.

지금까지 인정정의와 분배정의를 향상할 수 있는 방안으로 차등 원칙의 강화, 능력주의를 약화하는 선발방식의 다변화, 보상과 의사결정체계의 개혁을 제시했다. 이런 시도는 고통받는 사람들을 동정하는 식으로 실행되어서는 안 된다. 토마스 페인(T. Paine)의 말처럼

"그 성격상 자선이 아니라 권리"로 실행되어야 한다(Nussbaum 2011: 167). 시민들의 자유와 평등 그리고 사회참여를 증대하여 민주적 연대를 증진할 수 있는 일이므로 마땅히 실현해야 하는 정의의 원칙인 것이다. 시민교육은 모욕과 손상의 피해를 이해하는 일에서 시작하여, 그것을 초래하는 인정체계와 분배구조를 개혁할 수 있는 변혁적 정의를 모색해야 한다.

○ 성원권 인정

한국 정부가 코로나19 재난지원금을 지급하는 대상에서 약 160만 명의 장기체류 이주민을 제외한 것은 그 사람들의 구성원 자격을 인정하지 않는 차별이라는 지적이 있다. 더 복잡한 사례도 있다. 트랜스젠더 여성이 어떤 여자대학교에 입학하는 것을 반대하는 측은 트랜스 여성의 여성 자격을 인정하지 못하므로 자리를 내주어서는 안 된다고 주장한다. 반면 2020 도쿄올림픽은 트랜스 여성의 여성 종목 출전을 허용하고 자리를 마련했다. 이런 사례들에서 우리 사회는 어떤 기준에 의해 성원권을 부여하는가를 이야기해 보고, 그 기준이 정당한가를 이야기해 보자.

○ 모욕과 손상 그리고 혐오

인정정의가 훼손되면 모욕을 초래하고, 분배정의가 침해되면 손상을 초래한다고 한다. 모욕 혹은 손상을 직접 경험한 사례가 있는지 생각해 보자. 있다면 그 원인은 무엇일까? 우리 사회에서 인정정의가 훼손되는 일과 분배정의가 침해되는 일 중에서 어떤 것이 더 큰 문제일까? 인정정의와 분배정의가 향상되면 혐오가 줄어들까? 아니면 혐오가 줄어야 두 종류의 정의가 증진될까?

○ 엘리트주의와 임용시험

대학입시에서의 능력주의를 비판했는데 엘리트주의는 어떠한지 생각해 보자. 직장에서 사원을 채용할 때 공공영역, 공기업, 사기업에서 엘리트를 선발하는 것은 타당할까? 누가 엘리트일까? 대다수의 엘리트는 기득권 집단에서 배출될까? 공무원임용시험, 교원임용시험 등을 통해 성적을 평가하여 합격자를 선발하는 것은 정당한지 생각해 보자. 시험 성적이 공무원과 교사로 일하는 데에 필요한 능력과 자질을 평가하는 기준으로 어느 정도의 타당성이 있을까? 요즈음 ESG 경영[27]의 중요성이 높아지고 있는데 그런 분야에서 열심히 일한 사람을 임용하는 것은 어떨까?

---

27 Environmental, Social and corporate Governance: 환경, 사회, 기업지배구조.

"당신들은 늙어 죽겠지만,

　우리는 기후변화 때문에 죽을 것이다!"

　　많은 나라의 청소년들이 기후위기에 대한 즉각적 조치를 요구하는 시위에 앞장서고 있다. 시민교육은 학생들이 미래에 시민이 되는 것을 준비하는 일에 그치지 않는다. 현재 학생들에게 영향을 미치는 결정에 참여할 기회도 보장해야 한다. 그런 점에서 학생은 '학생-시민'이고, 아동은 '아동-시민'이다. 학생 시민은 성인 시민과 능력과 사회적 위치가 다르므로 그 역할과 권한을 고심하게 된다. 2021년 독일 헌법재판소는 온실가스 감축의 책임을 미래 세대에게 떠넘기는 것은 위헌이라고 판결했다.[28] 온실가스를 줄이는 조치는 시민의 자유를 제한하고 재정 부담을 증대한다. 그렇다고 해서 지금 조치하지 않으면 어린 세대의 권리를 침해하게 된다는 것이 판결의 근거였다. 현세대와 미래 세대가 권리와 재정에 대한 부담을 공유해야 한다는 뜻이다. 이 판결은 롤스가 말하는 '세대 간 정의'를 법적으로 인정하고 촉진한다. 미래 세대가 사용할 환경자원을 현세대가 훼손하는 것은 '정의로운 저축 원리'에 어긋나는 일이다. 아래 인용문처럼 유엔 총회 역시 미래 세대도 현재의 자유와 권리를 행사할 수 있다고 의결했다.

> (제1조 미래세대의 욕구와 관심) 현세대는 미래 세대의 요구와 관심이 충분히 보호되도록 보장할 책임이 있다.
> (제2조 선택의 자유) 인권과 기본적인 자유를 충분히 고려해 현세대뿐만 아니라 미래 세대도 그들의 정치, 경제, 사회 체제를 완전하게 선택할 자유를 누리며, 문화적·종교적 다양성을 보존할 수 있도록 보장하는 데에 모든 노력을 기울이는 것이 중요하다.
> —유엔총회: 미래 세대에 대한 현세대의 책임에 관한 선언
> (Declaration on the Responsibilities of the Present Generations towards Future
> Generations, 1997)

미래 세대의 입장에서 보면 "지체된 정의는 정의가 아니다." 청소년들은 기후재앙을 유산으로 물려받고 고통을 겪어야 한다. 환경에 관한 정의는 지금 실현되어야 한다. '학생-시민' 혹은 미래 세대

---

28 이종규, 「'기후 세대'의 이유 있는 '글로벌 파업'」, 『한겨레신문』(2021.10.22.).

의 의견을 현재 어느 정도로 존중해야 할까? 미래 세대를 권리의 주체로 인정하면 현세대가 미래 세대를 보호할 책임은 면제되는 것일까? 이런 질문을 탐구하기 위해 '학생-시민'의 권리 혹은 아동권을 구성하는 의견존중원리와 최상의 이익보장원리를 조화롭게 추구할 수 있는 시민교육의 방향을 탐색한다.

1. 아동권리협약의 이행

학생 시민들의 권리행사와 보호책임 사이의 긴장을 검토하는 기준으로 '유엔아동권리협약(UN Convention on the Rights of the Child, 이하 '협약')'을 참고하면 유용하다. 협약에서 "아동의 범위는 특별히 따로 법으로 정하지 않는 한 18세 미만까지로 한다"(1조). 한국 정부는 1991년에 협약을 비준했다. 그 이후 아동과 청소년도 권리가 있다는 인식이 확산되고 법과 제도도 개선되고 있다. 그러나 가정과 어린이집 등에서 아동학대는 늘어나고 있고, 학교에서도 인권 침해와 인격 비하는 여전하다. 아동권리에 관한 공식담론과 사회인식 사이의 격차가 만만치 않다. 학생인권법과 인권조례 제정을 반대하는 부모, 교사, 시민들의 목소리가 크다. 학생인권조례가 있는 지역은 2022년 현재 6개 지역뿐이고, 학생인권법은 아직 제정되지 못하고 있다. 이런 반대에는 여러 요인들이 작용하겠지만 학생들에게 자신들과 관련된 의사결정에 참여할 권리가 있다는 것을 일부 어른들이 부정하는 것이 큰 요인으로 보인다. 특히 아동의 참여권과 자유권에 대한 거부감이 크다.

이런 경향은 단편적으로 돌출되는 것이 아니라 아동권을 이행하는 전반적 추세에서도 나타난다. 한국 사회에서는 아동의 보호와 복지에 관련된 권리에 비해 아동의 시민적 권리와 정의의 이행이 부진하다고 지적된다(황옥경 외, 2015). 아동의 권리를 크게 복지권과 자유권으로 구분하면, 복지권에 비해 자유권에 관한 인정과 이행이 부족하다. 협약의 4대 일반원리에 복지권과 자유권의 구분이 반영되어 있다. 보호와 지원 그리고 '아동 최상의 이익보장의 원리'는 복지권을 강조하고, '차별금지와 의견존중원리'는 자유권을 포괄한다. '유엔아동권리위원회(이하 '위원회')'는 한국 사회가 최상의 이익보장원리에 비해 의견존중원리가 적절하게 구현되지 못하는 상황을 시정하라고 권고하였다. 아동과 학생들은 현재에도 권리를 행사해야 하는 주체이기 때문에 두 원리의 조화를 시도해야 한다. 한국을 비롯하여 세계 청소년들은 미래의 권리 주체가 아니라 현재 자유권과 참여권을 적극 행사하는 주체로 발전하고 있기 때문이다.

아동권을 향상하기 위하여 최상의 이익보장원리와 의견존중원리를 조화롭게 추구하는 노력이 필요하다. 그러나 아동 최상의 이익보장원리와 의견존중원리는 자주 충돌한다. 상황적 요인에 의한 충돌도 있지만 두 원리의 규범적 지향이 다르기 때문에 갈등을 빚는다(Archard, 2016; Gals, 2011; Lee, 2017). 한 예로 대학 진학에서 발생하는 부모와 자녀의 갈등을 들어 보자. 고등학교 2학년인 자녀는 자신에게 흥미가 있는 전공을 선택하기를 원하지만 부모는 전공과 상관없이 상위권 대학에 진학해야 취업 등에서 최상의 이익이 보장된다고 권고한다. 이 갈등에서 두 원리의 규범적 충돌을 볼 수 있다. 의견존중원리는 부모의 권위보다 아동의 자율성과 선택을 우선시한다. 자녀의 선택이 최상의 이익이 되지 못하고 심지어는 실패가 예상되더라도 부모는 선택을 존중해야 한다. 그러나 최상의 이익보장원리는 대학 진학이 자녀의 이익을 결정하는 중요 사안이므로 미숙한 자녀가 아니라 유능한 부모가 대신 판단하는 것을 지지할 수 있다. 최상이익이 규범으로 중시되면 아동은 대변되어야 하는 취약한 존재로 전락할 수 있다. 시민교육에서 학생들 스스로 의견존중원리와 최상의 이익보장원리 사이에 갈등의 소지를 검토하고, 이를 조화할 수 있는 이론적·실천적 방향을 모색해야 한다. 그 방향을 따라 법과 제도를 조정하고 사회인식을 변화시키는 노력을 할 수 있다. 학생들은 현재 행사해야 하는 권리를 행사하는 동시에 부모와 교사의 지도를 존중하면서 자유롭고 평등한 '학생-시민'으로 성장해야 한다.

2. 의견존중원리와 최상의 이익보장원리의 갈등

권리는 '인간이 행위와 상황을 규제할 수 있는 자격'을 뜻한다. 권리는 어떤 행위를 하고 어떤 상황을 추구할 뿐 아니라, 행위를 하지 않거나 상황을 회피할 수 있는 자격을 뜻한다. 앞 장에서 말한 대로 사람들은 권리가 부여한 자격에 따라 사회적 인정과 기본재의 분배를 요구하면서 정의실현에 참여할 수 있다. 선택이론과 이익이론이 권리의 자격에 관한 대표적인 이론이다. 선택이론이 아동의 의견존중원리의 규범적 기반이 되는 반면에 이익이론은 최상의 이익보장 원리의 기반으로 파악된다. 두 원리의 조화 가능성은 선택이론과 이익이론의 갈등을 조정함으로써 모색될 수 있다. 선택이론은 선택할 수 있는 의지와 능력이 있어야 권리의 주체가 되는 자격을 인정할 수 있다고 주장한다. 선택한다는 것은 자기결정의 능력을 보유하고 있음을 뜻하므로 자유권과 참여권 같은 시민적 권리가 강조된다. 아동의 선택능력을 인정하는 정도에 따라 그런 권리를 인정하는 정도가 달라진다. 이익이론은 자격에 관한 선택이론의 정당화 방식이 편협하다고 비판하면서, 인간존엄성의 증진에 요구되는 필요와 이익을 대안으로 제시한다. 아동도 인간이므로 존엄성을 인정받을 자격이 있고, 필요와 이익을 인정받을 자격이 있는 것이다. 아동은 취약한 존재이므로 특히 복지권과 보호권을 적극적으로 옹호해야 한다.

1) 선택이론과 의견존중원리

선택이론(choice theory)은 의지이론(will theory)이라고도 하는데, 이성에 따라 자유롭게 선택하려는 의지를 권리의 핵심 요소로 규정한다. 선택이론을 대표하는 하트(Hart, 1955)는 행위자가 이성에 의해 자신을 규제하려는 의지가 있어야 선택의 자유를 인정할 수 있다고 보고, 선택의 자유를 보장하는 의무가 권리라고 설명한다. 선택이론의 주요 주장은 다음과 같다.

첫째, 선택의 자유는 자신의 권리를 주장하고 강화하는 것뿐 아니라 포기하거나 양도하는 선택까지 포함한다(Brighouse, 2010). 예를 들면, 내가 복지권을 행사한다는 의미는 나의 복지를 위한 국가의 의무를 강화하라는 요구를 뜻하기도 하지만, 내가 국가의 복지를 거부하거나 포기하는 선택을 할 수도 있다는 것을 뜻한다. 선택이론은 권리 보유자의 자기결정능력을 전제하므로 선택의 득실을 판단하는 일 또한 권리 보유자의 몫이 된다.

둘째, 타인이 의무를 이행하도록 통제할 수 있어야 자신의 권리를 행사할 수 있다. 선택은 특정한 상황에서 관련자들을 설득하거나 경쟁을 거쳐서 이루어진다. 그러므로 선택이론은 자신의 권리행사를 위해 의무 이행자에 대한 권한과 통제가 전제되어야 한다고 강조한다(Ross, 2013). 자신과 타인을 통제할 수 있는 능력이 '어느 정도' 있을 때 선택할 수 있으며, 권리는 그런 선택을 보호한다.

셋째, 선택을 통제할 수 있는 능력이 없으면 권리를 소유할 수 없다. 물론 아동도 일상에서 선택을 한다. 그러나 선택이론은 그런 선택은 진정한 선택이 아니라고 지적한다. 왜냐하면 아동은 권리행사에 따른 결과를 예측할 수 있는 판단력이 없으며(Brighouse, 2010), 타인을 통제할 수 있는 힘도 부족하기 때문이다. 밀이 주장한 대로 판단력이 발달되어야 자유와 권리가 주어진다(J. S. Mill, 1859: 14). 동물과 아동은 선택능력이 결핍되어 있으므로 권리를 부여하지 않는 것이 타당하다.

선택이론을 그대로 따르면 아동권이 성립할 수 없다. 그러나 선택이론은 다음과 같이 아동권을 제한적으로 인정하는 방향으로 입장을 수정한다. 첫째, 선택능력의 유무에 따라 권리를 인정하므로 아동이 어느 정도의 선택능력이 있다면 그 정도의 권리를 인정할 수 있다. 모든 선택에 고도의 통제력이 필요한 것이 아니고 대부분의 선택

에 필요한 통제력은 '최소한도로 필요한 어느 정도의 통제력'이므로
아동의 통제력 발달 정도에 따라 합당한 권리를 인정할 수 있다(Ross,
2013). 둘째, 대리인이 아동을 대신하여 선택할 수 있다면 아동의 권리
를 보장할 수 있게 된다. 이런 방식으로 아동의 선택권을 인정하면서
대리인이 유능해야 아동에게 유리하다고 설명한다(Archard, 2016). '대
리'는 아동에게 능력이 있다면 선택할 것으로 예상되는 선택을 하는
것을 뜻한다.

수정된 선택이론을 따르면 아동의 의견존중원리의 규범적 방
향은 다음과 같이 해석하는 것이 타당하다. 첫째, 아동은 선택능력이
부족하므로 아동의 자유권은 성인과 동등한 자기결정권이 아니고 발
달 정도에 따라 의사결정에 참여할 권리로 인정하는 것이 적합하다
(Hodgkin & Newell, 2007: 150). 둘째, 의견 형성 능력의 발달이 촉진되도록 아
동의 참여권이 보호되어야 한다. 즉 참여권은 보호에 의해 증진될 수
있다. 셋째, 아동의 권리가 자기결정권으로 확장되는 데에 의견형성
능력의 발달이 관건이므로 능력발달을 위한 교육이 제공되어야 한다.

2) 이익이론과 최상의 이익보장원리

이익이론(interest theory)은 권리의 목적은 삶의 질을 제고하는 데
에 필요한 이익과 선을 보장하는 것이라고 주장한다. 이익이론에 의
하면 아동은 자신의 이익 보호에 취약하므로 권리가 더 적극적으로
옹호되어야 한다. 권리에 의하여 성장에 필요한 이익을 제공함으로
써 아동은 성향과 자질을 발달시키면서 자기실현의 기회를 누릴 수

있다. 이익이론의 주요 주장은 다음과 같다. 첫째, 권리의 역할은 선택을 증진하는 것보다는 인간답게 잘 살 수 있는 기회를 제공하는 것이다. 라즈(Raz, 1984)에 의하면, 권리를 갖는다는 것은 그 사람의 이익과 잘 삶(well-being)을 향한 필요성을 보호하는 의무를 부과할 충분한 이유가 있다는 뜻이다. 아동의 잘 삶도 성인과 동등한 가치를 지니므로 아동도 권리 보유자가 되고 타인들에게 그 권리를 존중해야 할 의무를 부과한다(Brighouse, 2010). 권리의 목적은 삶의 질을 향상시키는 데에 기여하는 것이므로 아동을 포함한 사회적 소수자의 잘 삶과 이익은 더 특별하게 권리로 보장되어야 한다(Federle, 1994). 이익이론을 따르면, 권리는 사회적 약자를 위한 것이고, 타인이 그 권리를 보장하여 얻게 되는 이익은 약자들에게는 결정적인 혜택이다.

　　둘째, 권리 보유의 전제 조건으로 꼭 보호해야 할 이익이 존재하므로 이를 존중해야 할 의무가 동반된다. 아동의 이익을 보장하는 의무는 최소한 세 가지 이익을 보장하는 것으로 해석된다(김정래, 2000). 그것은 ① 개인의 욕망충족으로서의 이익, ② 개인의 필요성 충족으로서의 이익, ③ 가치 있는 것을 성취하는 이익이다. 이 세 가지 이익은 꼭 충돌하는 것은 아니고 중첩되기도 한다. 우리가 교육의 목적으로 좋은 삶을 검토할 때 알아본 것처럼 '성찰 후 욕구충족' 혹은 '식견 있는(informed) 욕구' 등의 개념을 통하여 결합을 시도할 수 있다. 세 가지 이익을 구분하고 통합을 시도하는 일은 앞에서 교육목적을 논의하면서 어느 정도 알아보았다. 이런 이익이 권리로 보장되면 아동에게 자아실현의 기회가 확대되어 유능한 성인으로 성장할 것으로 기대할 수 있다.

셋째, 아동의 삶에 결정적 역할을 하는 이익과 선은 포기되거나 박탈될 수 없다. 우선 아동기에만 있는 독특한 선(line)이 보호되어야 한다. 이러한 선은 기능 발달을 위한 역할만이 아니라 아동기의 삶의 질을 향상시키는 역할을 한다(Brighouse, 2010). 놀이가 그 대표적 활동이고, 연관된 선으로 자발적 몰입, 즉흥적 즐거움 등을 예시할 수 있다. 아동에게 필요한 선은 아동의 미래와 무관하게 현재 보호되어야 할 이익이다. 나아가서 아동기를 포함하여 미래의 발달에도 중요한 가치를 갖는 선도 보장되어야 한다. 예를 들면 수면, 음식, 주거, 돌봄, 양육, 사랑, 우정, 사회적 관계, 소속감 등을 들 수 있다. 특히 돌봄과 양육은 아동의 이익 보호에 결정적이므로 '불가침의 권리'라고 강조된다(MacCormick, 1982: 154, 157). 선택이론은 이런 선에 대한 통제력이 권리의 전제조건이라고 강조한다. 그러나 아동에게는 통제력이 꼭 이익이 되는 것은 아니고, 필요한 혜택을 제공받는 것이 더 이익이 될 때도 있다(Brighouse, 2010). 예를 들면, 아동에게는 또래집단과 잘 어울릴 수 있는 소속감이 더 필요하지 꼭 리더십 같은 통제력이 필요한 것은 아니다.

아동의 최상의 이익보장원리는 이익이론의 규범에 근거하고 있는 것으로 보인다. 최상이익의 규범적 방향을 실현하는 데에 몇 가지 난점을 고려해야 한다. 첫째, 아동이 취약하기 때문에 권리가 필요하다는 이익이론의 주장은 '권위적 간섭주의'를 초래할 위험이 크다. 권위적 간섭주의는 가부장주의를 뜻하기도 하는데, 아동의 실제 능력보다 더 미숙한 단계의 존재로 아동을 취급하는 행위를 가리킨다. 이익이론은 아동의 무력을 가정하기 때문에 성인이 아동의 권리를 침해할 여지를 허용한다고 지적된다(Federle, 1994; Gals, 2011). 이런 위험성은 개념뿐 아니라 실행에서도 나타난다. 대리인이 아동의 이익을 대변한다고 주장하면서 아동의 의견을 조작하거나 대리인의 이익만 챙기는 사례는 종종 발생한다. 아동이 자신의 의견을 개진하더라도 결정은 성인의 경험, 지식과 권위에 의존하게 되므로 성인이 아동을 지배하게 될 가능성이 우려된다. 둘째, 만약 최상이익이 이익의 최대화를 의미한다면 그 이행이 부담스러워진다. 이익 최대화라는 목표는 이익을 증진해야 할 부모와 대리인들에게 과도한 책임을 부과할 수 있다(Archard, 2016). 최상이익은 아동에 관한 모든 활동에 적용되어야 하는데, 모든 사안에서 일일이 최대이익을 규정하기는 어렵다. 무엇이 최상의 이익인가를 판단하기 위해 가능한 선택지를 모두 알아야 하고, 각 선택에 따른 결과도 예상해야 하며, 각 결과의 가치도 알아야 한다(Gals, 2011). 또한 특정 아동의 최상이익이 다른 아동의 이익에 미치는 효과도 검토해야 한다. 이렇게 정교한 예측은 전문가에게도 난제이며 보통의 부모와 교사에게는 더욱 그러하다.

3. '열린 미래를 향한 권리'를 통한 의견존중과 최상이익의 조화

선택이론과 이익이론을 통하여 의견존중원리와 최상의 이익 보장원리를 해석하고, '중첩된 합의'를 모색하면 다음과 같이 정리될 수 있다. 첫째, 아동의 의견존중은 참여권으로부터 자기결정권으로 발달되어야 하고, 그러한 발달을 촉진하는 선과 이익에 관한 보호권을 필요로 한다. 둘째, 아동의 최상이익은 불확실성을 내포하고 있으므로 아동에 관한 결정을 내리는 데에 중요한 기준이지만 유일한 기준은 아니다. 셋째, 아동의 의견을 존중하여 최상이익을 고려해야 하므로, 아동의 의견형성 능력과 참여권의 발달은 최상의 이익 증진에 기여한다. 이제 중첩된 합의에 기초하여 두 원리를 통합할 수 있도록 아동권리의 유형과 개념을 재구조화하고, 그 개념을 충족할 수 있는 아동의 역량발달 방향을 제시하여 두 원리의 조화 가능성을 더 진전시키자.

1) 아동권리 유형의 재구조화를 통한 의견존중과 최상이익의 중첩

의견존중원리와 최상의 이익보장원리를 조화시키기 위하여 권리의 유형을 재구조화하고, 권리의 개념을 재해석하는 시도가 유용하다. 아동의 '열린 미래를 향한 권리(right to an open future)' 개념을 도입하여 권리를 세 가지 유형으로 재구조화하고 개념을 정교화한다 (Feinberg, 1998). 세 가지 권리 유형은 이렇다. ① 오직 성인만이 갖는 권리로서 'A 권리'(자유권), ② 성인과 아동이 동시에 갖는 권리로서 'A-C 권리'(복지권), ③ 오직 아동만이 갖는 권리로서 'C 권리'(보호권과 열린 미래를 향한 권리). 'C 권리'는 두 가지 권리로 구성된다. 첫째는 아동이 취약하여 어른에 의존해야 하는 상황으로 인해 부여되는 보호의 권리이다. 보호의 권리는 'C 권리'로서 복지권의 속성을 갖지만 'A-C 권리'로 표현되는 복지권과 구분된다. 왜냐하면 보호권은 모든 아동에게 인정되지만, 복지권은 어른의 경우에는 경제력, 장애 정도, 수요 등에 의하여 차등적으로 적용되기 때문이다.

　　주목해야 할 권리는 'C 권리'의 두 번째 항목인 열린 미래를 향한 권리 혹은 '신임에 의한 권리(rights-in-trust, 신임권)'이다. 이 권리에 의해 갈등하는 두 원리를 결합시킬 수 있다. 자율적 선택(자기결정)과 잘 삶을 위한 이익(자기실현)은 권리의 규범적 이상으로서 인간존엄성을 증진하는 데에 각기 고유한 역할을 담당한다(Feinberg, 1998). 일반적으로 자기결정의 역량이 발전되면 자기실현의 역량도 성숙되는 것으로 이해된다. 그러나 아동의 경우 두 역량 모두 발달하는 과정에 있고, 두 규범 모두 실현되지 않은 상태에 있다. 게다가 두 규범과 두 원리가 갈등하는 사태도 일어난다. 두 규범이 갈등을 일으키면 아동의 열린 미래를 향한 권리, 혹은 신임권의 개념을 통하여 두 규범이 균형을 이루도록 조정해야 한다. 그 방안은 다음과 같다.

　　자기결정과 자아실현이 충돌할 경우에는 어떤 것이 우선되어야 한다는 필연은 없으므로 두 규범이 균형을 이루도록 최선을 다해야 한다. 자율적 선택(자기결정)과 잘 삶을 위한 이익(자기실현)이라는 두 이상이 함께 열린 미래에 근거하여 아동권을 성립시키는 논의의 중심에 서야 한다. '열린 미래를 향한 권리'는 신임(trust)에 기초한 것으로 ① 아동을 독립적 주체인 '발현적 성인(emerging adult)'으로 보고 그 자율성을 존중하는 차원(그래서 자기실현에 기여할 수 있도록)에서 인정하거나, 혹은 ② 아직 아동이지만 평생에 걸쳐 인간다운 잘 삶을 추구할 수 있도록(그래서 자기결정의 필요성이 인식되고 발달되도록) 인정하거나, 혹은 두 차원 모두에서 인정해야 한다. (Feinberg, 1998: 264)

선택이론과 이익이론은 각각 자율성과 잘 삶을 전제한다. 위 인용문은 아동은 선택과 이익추구에 필요한 능력이 발달하지 못했지만 성인이 되면 그 능력을 확보할 것으로 믿고 권리를 부여해야 한다고 설명한다. 미래에 성인이 되면 자율성이 발달될 것으로 믿고 아동을 인정하는 권리가 신임권이다. 또 미래에 아동이 어떤 삶을 사는가는 현재 아동에게 부여된 권리의 영향을 받으므로 열린 미래를 향한 권리라고도 부른다. 예를 들면, 결사 및 평화적 집회의 자유(협약 15조)는 'A 권리'이지만 아동에게는 'C 권리'(신임권)로 적용되는 것이 더 적합하다는 것이다. 신임권은 아동이 성인이 되어서 자신의 권리를 실제적으로 행사할 수 있는 능력과 조건을 아동기에 갖추도록 장려하는 것이다(Feinberg, 1998). 열린 미래를 향한 권리 등을 통하여 재구조화된 권리의 유형과 규범을 협약 원리와 근거 이론과 연관시켜 정리하면 [표4]와 같다.

표4 열린 미래를 향한 권리를 중심으로 재구조화된 권리의 유형과 개념

권리유형	주체	주요 권리개념	협약의 원리	규범	근거 이론
A 권리	성인	자유권	—	자기결정	선택이론
A-C 권리	성인/아동	복지권	아동: 최상의 이익	자기실현	이익이론
C 권리	아동	보호권	최상의 이익	자기실현	이익이론
		열린 미래를 향한 권리(신임권)	의견의 존중+ 최상의 이익	자기결정+ 자기실현	선택이론+ 이익이론

열린 미래를 향한 권리는 의미 있는 삶에 대한 가능성이 차단되지 않도록 하기 때문에 부모와 국가에 제약을 거는 동시에 지도와 개입을 허용한다(Feinberg, 1998). 왜냐하면 어떤 선택은 아동이 미래에 잘 삶을 추구할 가능성을 아예 차단하거나 지나치게 위축시킬 수 있기 때문이다. 예를 들면, 아동이 부모와 함께 '사이비 종교'에 빠져 있다면 다른 종교와 삶의 가능성이 차단되기 때문에 국가는 부모와 아동을 제지해야 한다. 합당한 개입은 협약 14조 2항이 제시하는 "아동의 능력발달에 맞게 권리를 행사할 수 있도록 지도할 수 있는 부모 혹은 법적 후견인의 권리와 의무"와 부합된다. 또한 13조 2항, 14조 3항, 15조 2항은 적법하고 타당한 제약을 명시하고, 그 외에는 아동의 권리를 침해하지 말 것을 명시하고 있다. 열린 미래를 향한 권리는 합당한 지도는 물론이고 심지어는 권리 '침해'도 허용한다. 열린 미래를 향한 권리는 아동에 관한 원리 혹은 의견이 충돌할 경우 균형을 맞추는 상위 기준을 아동의 미래 가능성 확대에 둘 것을 제안한다. 열린 미래를 향한 권리 개념과 권리 유형의 재구조화는 아동의 권리를 더 정교하게 이해하는 데에 기여한다. 의견존중과 최상이익을 연계하는 열쇠는 효과적인 선택을 할 수 있는 성인으로 성장하는 것이 아동에게 매우 중요한 이익이라는 발상이다(Brighouse, 2010). 그러나 성인이 된다고 자동적으로 선택능력이 발달하는 것은 아니므로 그 능력이 발달하도록 아동의 권리행사를 장려해야 한다. 성인의 권리와 동등하지는 않지만, 참여권 등 선택의 권리를 아동에게 부여해야 선택능력이 발달될 수 있다. 선택능력의 발달은 현재 보호해야 할 이익으로 중시되어야 한다. 이런 점에서 열린 미래를 향한 권리는 의견존중 원리와 최상의 이익보장원리 그리고 선택이론과 이익이론의 취지를 충족시킬 수 있다.

앞선 인용문에서 제시된 것처럼 아동을 '발현적 성인' 혹은 미래의 행위 주체로 인식하여 두 원리와 두 이론을 결합시키는 시도도 있다. 선택과 이익을 동시에 조명하는 '행위 주체의 이익(agency interest)' 개념이 그런 시도를 가능하게 한다(Brighouse, 2010). 행위 주체의 능력은 잘 삶을 선택하고 관리할 수 있는 능력을 뜻한다. 아동은 행위 주체의 능력이 부족하다. 그렇다고 행위 주체로서의 이익이 없다고 단정지을 수 없다. 아동에게 행위 주체의 이익이 없는 것이 아니라 다음과 같은 점에서 성인과 다르다고 이해해야 한다.

> 아동은 세 가지 점에서 성인과 다르다. ① 아동의 잘 삶은 타인에게 크게 의존적이다. 아동은 자신의 정서적·신체적·발달적 필요를 충족시킬 수 없고, 이런 필요를 충족시키기 위해서 사회적 세계의 장애를 극복할 수 없다. ② 아동은 타인의 결정에 아주 취약하다. 아동이 아주 믿을 만한 성인들에게 의존해도, 그들의 결정이 실패하면 아동은 큰 피해를 입을 수 있다. ③ 의존적이고 취약한 성인들과 달리, 아동에게는 자신의 필요를 충족시킬 능력이 발달할 수 있다. (Brighouse, 2010: 158)

앞의 두 가지 특성은 아동이 행위 주체로서 의존적이므로 자기실현과 자기결정에 필요한 이익이 보호되어야 한다는 것을 밝힌다. 반면 세 번째 특성은 아동이 노인이나 장애인과 마찬가지로 자신의 필요를 충족시킬 능력이 부족하지만 그 사람들과 달리 독립적 행위 주체로 성장할 잠재력이 더 크다는 점을 드러낸다. 아동은 잠재력을 실제화하여 행위 주체의 이익을 증대하는 존재로 발달해야 하므로 그 발달을 촉진하는 기능이나 자원을 제공하는 것은 현재의 아동에게 최상의 이익이 된다. 아동의 행위 주체의 이익에 관한 논리는 아동의 발달을 조명함으로써 의견존중원리와 최상의 이익보장원리 그리고 선택이론과 이익이론이 서로 보완되도록 아동권리의 개념을 명료화하고 있다.

2) 아동의 열린 미래를 위한 역량발달의 중요성

아동의 열린 미래를 향한 권리와 행위 주체의 개념은 법적, 제도적 조치와 더불어 아동의 권리행사 능력을 개발해야 아동권이 증진될 수 있음을 조명한다. 아동권의 이행이 국가와 학교 등의 공공기관에 의한 하향식 조치라면, 아동이 능력을 개발하여 권리를 실제로 행사하는 것은 상향식 실천이다. 이런 쌍방향의 시도가 결합되어야 아동권의 증진을 기대할 수 있다. 아동의 열린 미래를 향한 권리와 행위 주체 개념의 실천적 함의는 아동을 권리의 주체로 성립시키는 시민교육에 초점을 두는 것이다. 그런 측면에서 보면 아동이 자기 의견을 형성하는 능력과 자기 이익을 이해하는 능력의 발달이 아동의 권리 증진에 필수적이다. 협약 역시 능력을 '역량(capacities)'으로 표현하면서, 역량발달의 중요성을 강조한다. 일상적으로 쓰이는 용어인 능력 대신 인간발달에 필수적인 특성을 적시하고 논의하기 위하여 역량이라는 용어를 쓴다. 역량은 구체적인 사회적 상황에서 선택하고 행동할 수 있는 상호연관된 기능의 집합으로서 '실질적 자유'라고 정의된다(Nussbaum, 2011: 35). 역량은 "아동들이 자신들의 권리와 그 최적 실현 방안을 이해하는 것을 포함하는 지식, 능력과 이해"이고, 역량을 "점진적으로 습득하는 성숙과 학습의 과정"이 역량발달이다(Hodgkin & Newell, 2007: 77-78). 역량발달을 위해 협약 5조는 "당사국은 부모 또는 기타 법적 책임자들이 아동의 발전하는 역량에 상응하는 방법으로 적절한 감독과 지도를 행할 책임과 권리 및 의무를 가지고 있음을 존중하여야 한다"라고 규정한다. '발전하는 역량'에 상응하는 방법이 부각되는데, 이는 역량발달이 지속적 과정이므로 부모와 교사는 그 과정을 주의 깊게 관찰하여 발달의 양상에 적합하게 지도해야 한다는 뜻을 나타낸다. 역량발달의 지도에 대한 일차적 책임은 부모에게 있지만 아동들이 교육기관에서 생활하는 비중이 크므로 교사의 역할도 강조되어야 한다.

4. 권리역량 발달을 위한 시민교육의 방향

역량발달의 과정은 교육의 과정과 동일시될 수 있을 정도로 방대한 과정이다. 아동의 관심과 능력에 대한 적절한 이해가 필요하고, 발달의 방향을 이끄는 구체적 프로그램도 필요하다. 가장 중요한 것은 국가와 교육 및 양육기관 그리고 부모와 교사가 아동 역량의 균형적 발달을 위한 지도책임을 기꺼이 수행하는 것이다. 앞으로 논의

할 역량을 '권리역량'이라 부르고 '권리역량' 발달을 위한 시민교육의
방향을 알아보자.

1) 권리역량 발달의 지도 방향

권리역량 발달을 지도하면서 고려해야 몇 가지 방향을 알아본
다. 첫째, 역량발달은 아동이 자기결정능력과 자기실현능력 사이를
왕복하면서 진전시키는 연속적 과정으로 이해해야 한다. 유엔아동
권리위원회는 역량발달이 긍정적으로 '권한을 부여하는 원리(enabling
principle)'에 의하여 추진되어야 한다고 설명한다(Hodgkin & Newell, 2007:
78). 이 원리는 아동의 나이에 따라 기계적으로 권리를 한정하지 말
고, 발달에 상응하도록 권리를 부여하는 동시에 권리 부여를 통하여
후속 발달을 진작하라는 방향을 제시한다. 권한부여는 듀이(1916: 94)
의 주장처럼 아동의 미성숙을 결핍으로 보는 것이 아니고 성장의 자
원으로 이해함을 전제한다. 역량발달은 점진적으로 이루어지므로 아
동이 미숙한 형태라도 권리를 행사하고자 하는 시점에 그것을 격려
하는 것이 합당한 권한을 부여하는 것이다. 아동의 발달단계를 나이
로 구분하고 단계에 따라 특정 권리를 인정하거나 거부하는 방식은
권한 부여의 과정이 아니다(Gals, 2011). 나이와 성숙도에 따른 차이는
고려해야 하지만 청소년에게도 보호와 복지권이 필요하고, 유아에게
도 자유와 참여권이 필요하다는 것을 인식해야 한다. 유아의 경우 '편
식의 자유'를 예로 들어 보자. 균형적 영양섭취는 아동의 성장에 필요
한 기본적 선이므로 보호해야 할 이익이다. 그러나 편식을 하는 이유

를 유아가 스스로 설명하게 하는 자유를 허용해야 한다. 그래야 적합한 조치, 예컨대 채식 등의 합당한 선호가 있다면 대체식품을 선택할 수 있다. 이런 시도를 통해 아동이 자신의 권리에 관심을 갖게 하고, 부모와 관계자는 그런 관심과 시도를 촉진하여 역량을 발달시켜야 한다.

　둘째, 참여권과 표현의 자유를 증진하는 데에 각별한 노력이 요구된다. 열린 미래를 향한 권리와 행위 주체의 이익을 보장하기 위하여 참여권과 보호권이 균형적으로 증진되어야 한다. 그러나 우리 실태를 보면 참여권의 신장에 더 힘을 쏟아야 한다. 아동이 자신에 관한 의사결정에 적극적으로 참여하면 자존감, 존중받는다는 인식, 타인에 대한 신뢰가 개발되고, 이러한 성향은 아동의 이익과 복지 그리고 자기실현의 발판이 된다(Gals, 2011). 아동은 선택과 참여를 통하여 자신의 이익, 선호, 가치를 스스로 파악하여 자기이해를 증진하면서 자기실현을 추구할 수 있게 되는 것이다. 그런 점에서 참여가 교육과 발달에 크게 기여하므로 참여를 아동의 중요 이익으로 보호해야 한다는 견해도 타당하다(Gals, 2011). 아동이 참여 경험을 발판 삼아 유능한 시민으로 성장하여 민주주의의 발전에 기여하므로 참여의 의의가 확인된다. 참여권과 자유권은 그 자체로도 중요한 권리이지만 전반적인 역량발달도 촉진하므로 더 활발하게 행사되어야 한다.

　셋째, 참여권과 자유권 행사를 위한 역량발달은 초기 아동기부터 증진되어야 하며, 이를 위한 프로그램의 규범적 틀이 모색되어야 한다. 위원회는 "아동의 역량발달은 아동기 초기에 의미가 크다. 영아기부터 학령기 사이에 아동의 신체적·인지적·사회적·정서적 기능이 빠르게 변하기 때문이다"라고 시기적 특성을 조명하고 있다 (Hodgkin & Newell, 2007: 78). 우리 사회에서 '과잉양육'과 '과잉보호'로 인하여 아동들의 선택과 참여의 기회가 위축되는 실태를 고려하면 초기 아동기에 선택과 참여의 기회를 더 확대해야 할 필요성이 부각된다. 이런 취지에서 영유아기의 소통을 이해하고, 참여권을 증진하는 방안을 제안하는 연구도 있다(한유미, 2014). 또한 아동도 합리적으로 선택하고 참여할 수 있음이 많은 사례와 연구들에 의해 밝혀지고 있다. 국내에서는 초등학생들이 〈국가인권위원회〉에 색연필의 색 이름 중 '살색'이 인종차별의 소지가 있다고 시정을 요구하여 '살구색'으로 바뀐 사례가 있다. 국외에서는 10살 전후 아동의 요구를 반영하여 병원의 진료방식을 개선한 사례(Walker, 2002) 등을 참고할 수 있다.

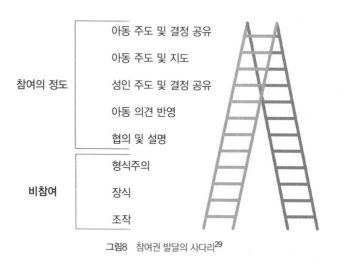

그림8 참여권 발달의 사다리[29]

---

29 https://www.slideserve.com/zareh/ladder-of-youth-participation

2) 권리역량 발달의 단계와 교육 프로그램

참여와 선택의 역량 그리고 권리역량의 발달은 아동이 성인과 동등한 자유권을 행사하거나, 아동의 의견을 전적으로 수용하는 것을 목표로 삼는 것은 아니다. 협약 12조 2항에서 제시된 대로 아동의 의견이 경청되어야 하는 권리가 의사결정권을 대체한다는 해석도 타당하다(Archard, 2016; Gals, 2011). 아동의 참여방식을 다양하게 모색하는 한편 참여역량의 발달을 도입부터 성숙까지 개념화하여 교육과 지도의 규범적 방향으로 참고하면 유용할 것이다. 워커(N. E. Walker, 2002)는 참여역량의 발달이 ① 찬동역량에서 시작하여, ② 이의제기역량을 거쳐, ③ 합의역량에 도달한다고 제시한다. 더 정교한 시도로 '참여 사다리(ladder of participation)'를 참고하여(그림 8) 발달을 평가하고, 발달과제를 도출할 수 있다(Hart, 1992: 8-14). 사다리는 발달의 진전을 비유한 것으로 2개 범주의 8개 계단을 오르게 된다. 범주는 ① 참여처럼 보이지만 아동의 의견이 의사결정에 실질적으로 영향을 미치지 못하는 상황에서 ② 실질적으로 참여하는 상황으로 발달되도록 구분된다. 실질적 참여가 아닌 ①의 범주는 세 단계로 구성된다.

(1) 조작(manipulation): 성인이 자신의 목적을 이루기 위하여 아동을 이용하고, 그 목적이 아동의 목적인 것처럼 내세우는 경우.

(2) 장식(decoration): 아동이 어떤 목적을 이루는 데에 간접적인 방식으로 이용되지만 그 목적이 아동의 목적이라고 성인이 규정하지 않는 경우.

(3) 형식주의(tokenism): 아동이 의견을 표명하는 것으로 보이지만 내용이나 방식을 선택할 여지는 없는 경우.

실질적 참여인 ②의 범주는 다음의 다섯 단계로 구성된다.

(4) 아동이 특정한 역할을 부여받고 자신이 왜, 어떻게 참여해야 하는지 설명을 듣는 경우.
(5) 아동의 의견이 반영되어 참여가 진행되고, 아동이 참여의 의미를 알고 있는 경우.
(6) 성인이 참여를 제안하지만 아동과 결정을 공유하는 경우.
(7) 아동이 참여를 제안하고 주도하는 경우.
(8) 아동이 참여를 주도하지만 성인과 결정을 공유하는 경우.

(8)이 최고 발달단계가 되는 것은 아동이 전적으로 권한을 행사할 뿐 아니라 성인과 결정을 공유하는 과정에서 식견과 판단력을 학습하는 기회가 제공되기 때문이다.

아동의 역량발달은 교육과 연계되어 조직화될 때 효과적으로 이루어질 수 있다. 발달과정 자체가 학습과정이 되고, 발달지도는 교육과정으로 체계화되어야 하기 때문이다. 역량발달의 과정에서 아동 개개인에 대한 세심한 고려가 동반되어야 하고, 발달지도에 대한 부모와 교사의 권리뿐 아니라 책임이 강화되어야 한다. 아동이 권리에 관심을 가진다는 것은 발달이 시작될 수 있다는 것을 의미하므로 적시에 지도가 시작되어야 한다. 그러므로 아동의 관심과 발달과정에 대한 세밀한 관찰을 통해 아동의 세계에 들어가는 것이 중요하다 (Dewey, 1916: 108). 협약이 '아동들'의 권리가 아니라 '아동'의 권리라는 용어를 채택한 이유 중 하나는 권리의 주체는 아동 개개인이라는 판단에서 비롯된 것이다. 대부분의 권리 이행은 개별 아동이 처한 상황의 특수성을 고려할 것을 주문한다.[30] 부모의 의무를 강화하는 추세는 영국, 독일 등 유럽에서 부모의 책임을 입법화하는 것으로 나타나고 있다(Lee, 2017). 물론 권위적 간섭주의는 경계해야 하고, 개입의 정도와 방식이 극단적이면 금지하고 처벌해야 한다. 권위적 개입의 정당성은 열린 미래를 향한 권리를 보장할 수 있도록 아동의 역량을 합리적인 방식으로 발달시키는가의 여부에 달려 있다.

교육활동에 관한 관점이 변화되어야 한다. 아동의 권리역량 발달에서 참여권이 지렛대 역할을 하듯이 학교 안팎에서 아동의 상호작용과 참여가 활성화되어야 한다. 역량교육을 실현하는 데에 장애가 되는 요인 중 하나는 학교가 실제 세계로부터 고립되고, 교사와 학생이 실제 세계에 참여하는 기회가 차단되는 것이다. 교육현장은 '가족-학교-지역사회'로 결합되고, 아동은 사회문화적 세계에 참여하고 또래와 성인들과 상호작용함으로써 '아동-또래-성인(부모, 교사 등)'의 소통 네트워크를 넓혀 가야 한다. 학습은 개별적 과정이 아니라 관계와 참여를 통해 이루어지는 과정으로 재개념화되어야 한다. 아동은 자신에 관련된 문제를 또래, 성인과 함께 탐구하면서 권리역량을 개발할 수 있다. 예를 들면, 사회적 교섭력을 학습하여 협력능력, 사

---

30 3조 3항처럼 '아동들'이라는 표현이 쓰이는 경우는 아동 모두에게 함의가 있거나 사법적·행정적 조치가 요구될 때로 특정된다.

태이해능력, 자신의 위상을 주장하는 능력 등을 익힐 수 있다(이기범, 2005). 시민교육은 아동의 눈높이에 맞추어 아주 어릴 때부터 실행될 수 있다.

○ 부모의 책임과 자녀의 선택의 충돌 그리고 권리와 특혜의 구분

고등학교 졸업반인 '레이철'이라는 미국 여학생이 부모를 상대로 소송을 제기한 사건이 KBS뉴스(2014.03.07.)에 보도됐다. 이 학생은 부모가 자신의 생활을 간섭하는 데에 불만을 품고 가출한 후 고등학교 수업료, 대학교 등록금, 생활비를 부모에게 청구하는 소송을 제기했다고 한다. 이 학생의 선택권과 사생활의 권리는 부모의 보호책임과 충돌하는 걸까? 의견존중과 최상이익을 함께 고려하면 법원 판결은 어때야 타당할지 생각해 보자. 당신이 만약 20살이라면 대학 등록금 혹은 용돈을 부모가 주어야 할 의무가 있다고 생각하는지 이야기해 보자. 그런 경우에는 성인으로서의 권리를 부모가 보장하라고 요구할 수 있을까? 10살 자녀에게 부모가 스마트폰을 사 주는 일은 부모의 의무인가, 아니면 배려에 의한 특혜인가를 생각해 보자.

○ 대학진학에 관한 부모와 자녀의 갈등

역량발달의 중요성을 대학진학에 관한 부모와 자녀의 갈등을 예로 토의해 보자. 이 갈등에서 역량발달을 고려한다는 것은 어떤 뜻일까? 역량발달의 개념은 의견존중과 이익증진 중 무엇에 비중을 둘지 판단하기 이전에 자녀가 전공을 선택할 수 있는 역량이 있을까? 또한 부모가 진학을 지도할 역량이 있는지를 평가해야 한다. 부모와 자녀 모두 그런 역량을 갖추고 있을까? 아니라면 어떻게 해야 갈등이 줄어들까?

참고문헌

교육부(2015a), 『초·중등학교 교육과정 총론』, 세종: 교육부.

_____(2015b), 『도덕과 교육과정』 교육부고시 제2015-74호[별책 6].

_____(2018), 『민주시민교육 활성화를 위한 종합계획』, 세종: 교육부.

김동수(1994), 「민주주의와 공동체주의」, 『한국정치학회보』 28(1): 275-296.

김세직, 류근관, 손석준(2015), 「학생 잠재력인가? 부모 경제력인가?」, 『경제논집』 54(2): 357-383.

김정래(2000), 「아동 최선의 이익: 철학적 논의」, 『한국교육』 27(2): 43-60.

김현경(2015), 『사람, 장소, 환대』, 서울: 문학과지성사.

김혜숙(2013), 「양성성의 사람들이 더 행복한가?」, 김문조 외(2013), 『한국인은 누구인가: 38가지 코드로 읽는 우리의 정체성』, 파주: 21세기북스, 186-197.

권숙도(2016), 「'국민대토론회'를 통해 본 숙의민주주의의 발전 가능성」, 『사회과학연구』 42(3): 355-377.

박권일(2021), 『한국의 능력주의』, 서울: 이데아.

송호근(2016), 「한국의 시민과 시민사회의 형성: 시민성 결핍과 과잉 '국민'」, 『지식의 지평』 (20): 1-18.

심성보, 이동기, 장은주, 케르스틴 폴(2018), 『보이텔스바흐 합의와 민주시민교육』, 서울: 북멘토.

유재봉, 정철민(2007), 「후기 허스트(P. H. Hirst)의 '잘 삶' 개념과 교육」, 『교육과정평가연구』 10(1): 1-22.

양선이(2010), 「도덕 운과 도덕적 책임」, 『철학연구』 (91): 265-293.

이기범(1996), 「포스트모던 교육이론의 비판적 이해」, 『교육철학』 (11): 327-353.

_____(1997), 「후기구조주의의 근대 공교육 정당성 비판과 그 대안」, 『사회·교육과학연구』 (1), 서울: 숙명여대 사회·교육과학연구소.

_____(2000), 「제도교육의 재구조화를 위한 "좋은" 학교의 교육철학·문화의 비교문화연구」, 『교육인류학연구』 3(3): 185-211.

_____(2004), 「참여민주주의와 '공교육'의 의미」, 강영혜 외(2004), 『현대사회와 교육의 이해』(개정판), 서울: 교육과학사, 357-394.

528

_____(2005), 「사회적 실천에 참여'로서의 학습과 공동체」, 『교육철학』 (33): 101-116.

_____(2018), 「열린 미래를 향한 권리'를 통한 아동의 의견 존중과 최상 이익의 조화 방안」, 『아동과 권리』 22(1): 23-43.

_____(2021), 『루소의 『에밀』 읽기』(초판 2쇄), 서울: 세창미디어.

이돈희(1994), 『교육철학개론: 교육행위의 철학적 분석』, 서울: 교육과학사.

이부미(2001), 『놀면서 자라고 살면서 배우는 아이들』, 서울: 또하나의문화.

이병태, 우대식(2018), 「찰스 테일러의 개인주의 정당화에 관하여 ― 개인주의의 재정의, 그리고 '대화' 개념을 중심으로」, 『시대와 철학』 29(3): 163-198.

이쌍철 외(2019), 「초·중등학교 민주시민교육 활성화를 위한 방향과 과제」, 『한국교육개발원 연구보고 RR 2019-04』.

이지영(2015), 「비성찰적 인식으로서 영성개념과 교육적 함의」, 『교육철학연구』 37(4): 17-49.

이진우(1999), 「자유의 한계 그리고 공동체주의」, 『철학연구회 학술발표논문집』, 84-100.

조상식(2016), 「제4차 산업혁명과 미래 교육의 과제」, 『미디어와 교육』 6(2): 152-185.

정 민(2004), 『미쳐야 미친다: 조선 지식인의 내면 읽기』, 서울: 푸른역사.

정범모(1976), 『교육과 교육학』, 서울: 교육과학사.

_____(1997), 『인간의 자아실현』, 서울: 나남출판.

진병운(2006), 「홉스 리바이어던」, 『철학사상 별책』 7(13).

최장집(2005), 「한국민주주의의 발전을 위한 과제」, 『민주화 이후의 민주주의』, 서울: 후마니타스, 203-230.

한국교육개발원(2015), 「데이터기반 교육정책분석 연구(IV): 학교급별 교육투자수익률」, 『연구보고 RR 2015-34』.

한유미(2014), 「영유아의 소통과 참여권」, 『한국아동권리학회 2014년도 추계학술대회 자료집』, 35-43.

홍은숙(2007), 『교육의 개념: 실천전통에의 입문으로서의 교육』, 서울: 교육과학사.

황경식(1999), 「왜 자유주의와 공동체주의인가?」, 『철학연구』 (45): 1-15.

_____(2018), 『존 롤스 정의론: 공정한 세상을 만드는 원칙』, 파주: 쌤앤파커스.

황옥경 외(2015), 「대한민국 아동, 국민인가? ― 국제기준에 비추어본 아동권리 수준 평가」, 『한국아동권리학회 2015년도 추계학술대회 자료집』, 7-63.

Adorno, T. W.(1993), "Theory of pseudo-culture(1959)," D. Cook(trans.), *Telos*, (95): 15-38.

Althusser, L.(1971), "Ideology and ideological state apparatuses," His *Lenin and philosophy and other essays*, B. Brewster(trans.), New York: Monthly Review Press, 127-186.

_____(1982), "Appendix. Contradiction and overdetermination," His *For Marx*, B. Brewster(trans.), London: Verso, 89-128.

Anderson, E.(2020), "Feminist epistemology and philosophy of science," E. N. Zalta(ed.), *The Stanford Encyclopedia of Philosophy*. (https://plato.stanford.edu/entries/feminism-epistemology/)

Anyon, J.(1981), "Social class and school knowledge," *Curriculum Inquiry*, 11(1): 3-42.

Apple, M. W.(1993), "The politics of official knowledge: Does a national curriculum make sense?" *Teachers College Record*, 95(2): 222-241.

_____(2012), *Can education change society?*, 강희룡, 김선우, 박원순, 이형빈 역(2014), 『교육은 사회를 바꿀 수 있을까? 또 다른 교육 더 나은 세상』, 서울: 살림터.

Archard, D. W.(2016), "Children's rights," E. N. Zalta(ed.), *The Stanford Encyclopedia of Philosophy*. (https://plato.stanford.edu/entries/rights-children/)

Arendt, H.(1958), *The human condition*, Chicago: The University of Chicago Press.

_____(1968), *The origins of totalitarianism*, New York: Harcourt Inc.

Aristoteles(1894), *Aristotelis Ethica Nicomachea*; 이창우, 김재홍, 강상진 역(2006), 『니코마코스 윤리학』, 서울: 이제이북스.

Bailey, R.(2010a), "Introduction," R. Bailey(ed.), *The philosophy of education: An introduction*; 이지헌 역(2011), 『철학이 있는 교육, 교육을 찾는 철학』, 서울: 학이당, 13-16.

_____(2010b), "What's wrong with indoctrination and brainwashing," R. Bailey(ed.), *The philosophy of education: An introduction*; 이지헌 역(2011), 『철학이 있는 교육, 교육을 찾는 철학』, 서울: 학이당, 259-278.

Bateson, G.(1972), *Steps to an ecology of mind*, New York: Ballantine Books.

Beckett, K. S.(2011), "R. S. Peters and the concept of education," *Educational Theory*, 61(3): 239-255.

Benhabib, S.(1987), "The generalized and the concrete other: The Kohlberg-Gilligan controversy and feminist theory," S. Benhabib & D. Cornell(eds.), *Feminisim as critique*, Minneapolis: University of Minnesota Press, 77-95.

_____(1996), "Toward a deliberative model of democratic legitimacy," S. Benhabib(ed.), *Democracy and difference: Contesting the boundaries of the political*, Princeton: Princeton University Press, 67-94.

_____(1999a), "Sexual difference and collective identities: The new global constellation,"

Signs, 24(2): 335-361.

_____(1999b), "Citizens, residents, and aliens in a changing world: Political membership in the global era," *Social Research*, 66(3): 709-744.

_____(2007), "Just membership in a global community," *Macalester Civic Forum*, 1(1): 45-61.

Blake, N. & J. Masschelein(2003), "Critical theory and critical pedagogy," N. Blake, P. Smeyers, R. Smith & P. Standish(eds.), *The Blackwell guide to the philosophy of education*; 강선보 외 역(2009), 『비판이론과 비판적 교육학. 현대 교육철학의 다양한 흐름 II』, 서울: 학지사, 19-50.

Boud, D., R. Keogh, & D. Walker(1985), "Promoting reflection in learning: A model," Their(eds.), *Reflection: Turning reflection into learning*, London: Routledge, 18-40.

Bowell, T.(2021), "Feminist standpoint theory," The Internet Encyclopedia of Philosophy. (https:// iep.utm.edu/fem-stan/)

Bredo, E. & W. Feinberg(1982), *Knowledge and values in social and educational research*, Philadelphia: Temple University Press.

Brighouse, H.(2006), *On education: Thinking in action*, New York: Routledge.

_____(2010), "Do children have any rights?" R. Bailey(ed.), *The philosophy of education*; 이지헌 역(2011), 「아동은 어떤 권리를 갖는가?」 『철학이 있는 교육, 교육을 찾는 철학』, 울: 학이당, 143-166.

Brookfield, S. D.(1987), *Developing critical thinkers: Challenging adults to explore alternative ways of thinking and acting*, San Francisco: Jossey-Bass.

Burbules, N. C.(1993), *Dialogue in teaching: Theory and practice*; 강선보, 고미숙 역(2011), 『대화와 교육-이론과 실천』, 서울: 교육과학사.

Burbules, N. C. & M. Peters(2001), "Ludwig Wittgenstein," J. A. Palmer(ed.), *Fifty modern thinkers on education: From Piaget to the present*; 조현철, 박혜숙 역(2009), 『50인의 현대교육사상가: 피아제에서 현재까지. 루트비히 비트겐슈타인』, 서울: 학지사, 41-56.

Butler, J.(1990), *Gender trouble: Feminism and the subversion of identity*, New York: Routledge.

Card, C.(1990), "Caring and evil," *Hypatia*, 5(1): 101-108.

Cartwright, N., J. Cat, L. Fleck, & T. E. Uebel(1996), *Otto Neurath: Philosophy between science and politics*, Cambridge: Cambridge University Press.

Coleman, J. S. et al.(1966), "Equality of educational opportunity," Washington, D.C.: National Center for Educational Statistics. (https://files.eric.ed.gov/fulltext/ED012275.pdf)

Conroy, J. C.(2010), "Can we teach ethics?" R. Bailey(ed.), *The philosophy of education: An introduction*; 이지헌 역(2011), 「윤리를 가르칠 수 있는가?」『철학이 있는 교육, 교육을 찾는 철학』, 서울: 학이당, 119-142.

Crain, W. C.(1985), *Theories of development*, Hoboken: Prentice-Hall, 118-136.

Cuypers, S. E.(2012), "R. S. Peters' 'The justification of education' revisited," *Ethics and Education*, 7(1): 3-17.

Davis, A. & K. Williams(2003), "Epistemology and curriculum," N. Blake, P. Smeyers, R. Smith & P. Standish(eds.), *The Blackwell guide to the philosophy of education*; 강선보 외 역(2009), 「현대교육철학의 다양한 흐름들 II」, 『인식론과 교육과정』, 서울: 학지사, 203-234.

Delpit, L. D.(1988), "The silenced dialogue: Power and pedagogy in educating other people's children," *Harvard Educational Review*, 53(3): 280-298.

Denzin, N. K. & Y. S. Lincoln(1994), "Introduction: Entering the field of qualitative research," Their(eds.), *Handbook of qualitative research*, Thousands Oaks: Sage Publications, 1-17.

Derrida, J.(1967), *Speech and phenomena*, D. Allison(trans.)(1973), Chicago: Northwestern University Press.

Dewey, J.(1916), *Democracy and education: An introduction to the philosophy of education*; 이홍우 역(2007), 『민주주의와 교육: 교육철학 개론』, 서울: 교육과학사.

_____(1934), *Art as experience*; 이재언 역(2005), 『경험으로서의 예술』, 서울: 책세상.

_____(1938), *Experience and education*, New York: Collier Books.

_____(1966), *The child and the curriculum*, Chicago: The University of Chicago Press.

_____(1971), *Experience and nature*, 2nd ed., La Salle: Open Court Publishing.

Dowden, B. & N. Swartz(2021), "Truth," Internet Encyclopedia of Philosophy. (https://iep.utm.edu/truth/)

Dreyfus, H. L. & R. Paul(1983), *Michel Foucault: Beyond structuralism and hermeneutics*, 2nd ed., Chicago: The University of Chicago Press.

Douglas, M.(1984), *Purity and danger: An analysis of concepts of pollution and taboo*, London: Routledge.

Eagleton, T.(1991), *Ideology: An introduction*, London: Verso.

Ellsworth, E.(1989), "Why doesn't this feel empowering? Working through the repressive myths of critical pedagogy," *Harvard Educational Review*, 59(3): 297-325.

Federle, K. H.(1994), "Rights flow downhill," *International Journal of Children's Rights*, 2(4): 343-368.

Feinberg, J.(1998), "The children's rights to an open future," P. H. Hirst & P. White(eds.), *Philosophy of education: Major themes in analytic tradition, Vol. III: Society and education*, New York: Routledge, 250-270.

Feinberg, W.(1983), *Understanding education: Toward a reconstruction of educational inquiry*, Cambridge: Cambridge University Press.

Feinberg, W. & J. F. Soltis(1985), *School and society*; 고형일, 이두휴 역(1993), 『학교와 사회』, 서울: 풀빛.

Foucault, M.(1972), *The archeology of knowledge and the discourse on language*, A. M. S. Smith(trans.), New York: Pantheon Books.

_____(1977), *Language, counter-memory, practice: Selected essays and interviews*, Ithaca: Cornell University Press.

_____(1979), *Discipline and Punish: The birth of the prison*, A. Sheridan(trans.), New York: Vintage Books.

_____(1980), *Power/knowledge: Selected interviews and other writings, 1972-1977*, C. Gordon(ed.), New York: Pantheon Books.

_____(1983), "On the genealogy of ethics: An overview of works in progress," H. L. Dreyfus & P. Rabinow(ed.), *Michel Foucault: Beyond structuralism and hermeneutics*, Chicago: The University of Chicago Press, 229-252.

_____(1986), *The use of pleasure. The history of sexuality, Vol. 2*, R. Hurley(trans.), New York: Vintage Books.

_____(1988), "Technologies of the self," L. H. Martin, H. Gutman & P. H. Hutton(eds.), *Technologies of the self*, Amherst: The University of Massachusetts Press, 16-49.

Fraser, N.(2003), "Recognition without ethics?" C. McKinnon & D. Castiglione(eds.), *The culture of toleration in diverse societies: Reasonable tolerance*, Manchester: Manchester University Press, 86-110.

_____(2008), "From redistribution to recognition? Dilemmas of justice in a 'postsocialist' age," K. Olson(ed.), *Adding insult to injury: Nancy Fraser debates her critics*; 문현아, 박건, 이현재 역(2016), 『불평등과 모욕을 넘어: 낸시 프레이저의 비판적 정의론과 논쟁들』, 서울: 그린비, 24-68.

Freire, P.(2000), *Pedagogy of the oppressed*, 30th anniversary ed.; 남경태 역(2002), 『페다고지』, 서울: 그린비.

Gadamer, H.-G.(1981), *Reason in the age of science*, F. G. Lawrence(trans.), Cambridge: The MIT Press.

_____(1985), "On the origins of philosophical hermeneutics," *Philosophical apprenticeships*, R. R. Sullivan(trans.), Cambridge: MIT Press, 177-194.

_____(1988), *Truth and method*, G. Barden & J. Cummin(eds.), New York: Crossroad.

_____(2001), "Education is self-education," *Journal of Philosophy of Education*, 35(4): 529-538.

Gals, Y.(2011), "Children's rights," *Child victims and restorative justice: A need-rights model*, New York: Oxford University Press, 11-50.

Garrison, J., S. Neubert & K. Reich(2012), *John Dewey's philosophy of education: An introduction and recontextualization for our times*, New York: Palgrave Macmillian.

Gaus, G., S. D. Courtland & D. Schmidtz(2020), "Liberalism," E. N. Zalta(ed.), *The Stanford Encyclopedia of Philosophy*. (https://plato.stanford.edu/archives/fall2020/entries/liberalism/)

Geertz, C.(1983), "Blurred genres: The refiguration of social thought," His *Local knowledge: Further essays in interpretive anthropology*, New York: Basic Books, 19-35.

Gert, B. & J. Gert(2017), "The definition of morality," E. N. Zalta(ed.), *The Stanford Encyclopedia of Philosophy*. (https://plato.stanford.edu/archives/fall2017/entries/morality-definition/)

Giddens, A.(1976), *New rules of sociological method*, London: Basic Books.

Gilligan, C.(1977), "In a different voice: Women's conceptions of self and of morality," *Harvard Educational Review*, 47(4): 481-517.

_____(1982), *In a different voice: Psychological theory and women's development*, Cambridge: Harvard University Press.

Giroux, H. A.(1988), *Schooling and the struggle for public life*, Minneapolis: University of Minnesota Press.

_____(1992), *Border crossing: Cultural workers and the politics of education*, New York: Routledge.

_____(2004), "Critical pedagogy and the postmodern/modern divide: Towards a pedagogy of democratization," *Teacher Education Quarterly*, 3(1): 31-48.

Goldiner, A.(2019), "Membership rights: The individual rights of group members," *The Canadian Journal of Law and Jurisprudence*, 32(2): 343-364.

Gramsci, A.(1987), *Selections from the prison notebooks of Antonio Gramsci*, Q. Hoare & G. N. Smith(ed. & trans.), London: Lawrence & Wishart.

Greene, M.(2007), 「철학하기와 세상 만들기」, 양은주 역(2007), 『교사를 일깨우는 사유』, 서울: 문음사, 13-33.

Grimmett, P. P., A. M. MacKinnon, G. L. Erickson & T. J. Riecken(1990), "Reflective practice in teacher education," R. T. Cliff, W. R. Houston & M. C. Pugach(eds.). *Encouraging reflective practice in education: An analysis of issues and programs*, New York: Teachers College Press, 20-38.

Guinier, S.(2005), "The miner's canary: Enlisting race, resisting power & transforming democracy," *Liberal Education*, 91(2).

Habermas, J.(1970), *Toward a rational society*, J. J. Shapiro(trans.), Boston: Beacon Press.

_____(1971), *Knowledge and human interest*, J. J. Shapiro(trans.), Boston: Beacon Press.

_____(1973), *Theory and Practice*, J. Viertel(trans.), Boston: Beacon Press.

_____(1975), *Legitimation crisis*, T. McCarthy(trans.), Boston: Beacon Press.

_____(1984), *The theory of communicative action, Vol. 1: Reason and the rationalization of society*, T. McCarthy(trans.), Boston: Beacon Press.

_____(1987), *The theory of communicative action, Vol. 2: Lifeworld and system: A critique of functionalist reason*, T. McCarthy(trans.), Boston: Beacon Press.

_____(1990a), *Moral consciousness and communicative action*, C. Lenhardt & S. W. Nicholsen(trans.), Cambridge: The MIT Press.

_____(1990b), "Discourse ethics: Notes on philosophical justification," S. Benhabib & F. Dallmayr(eds.), *The communicative ethics controversy*, Cambridge: The MIT Press, 60-110.

_____(1994), "Three normative models of democracy," *Democratic and Constitutional Theory Today*, 1(1): 1-10.

Haidt, J.(2012), *The righteous mind: Why good people are divided by politics and religion*; 왕수민 역(2014), 『바른 마음—나의 옳음과 그들의 옳음은 왜 다른가』, 서울: 웅진지식하우스.

Harari, Y. N.(2018), "Yuval Noah Harari on what the year 2050 has in store for humankind," *WIRED*(September/October). (https://www.wired.co.uk/article/yuval-noah-harari-extract-21-lessons-for-the-21st-century)

Harding, S.(1986), *The science question in feminism*, Ithaca: Cornell University Press.

_____(1993), "Rethinking standpoint epistemology: What is "strong objectivity"?," L. Alcoff & E. Potter(eds.), *Feminist epistemologies*, New York: Routledge, 49-82.

_____(2004), "Introduction: Standpoint theory as a site of political, philosophic, and scientific debate," Her(ed.), *The feminist standpoint theory reader: Intellectual and political Controversies*, New York: Routledge, 1-15.

Hart, H. L. A.(1955), "Are there any natural rights?," *The Philosophical Review*, 64(2): 175-191.

Hart, R. A. (1992), *Children's participation from tokenism to citizenship*, Florence: UNICEF.

Hartsock, N. M. (1983), "The feminist standpoint: Developing the ground for a specifically feminist historical materialism," S. Harding & M. Hintikka(eds.), *Discovering reality*, Boston: D. Reidel, 283-310.

Heath, J. (2020), "Methodological individualism," E. N. Zalta(ed.), *The Stanford Encyclopedia of Philosophy*. (https://plato.stanford.edu/archives/sum2020/entries/methodological-individualism/)

Hedberg, T. (2011), "Why Be Moral?" https://sevenpillarsinstitute.org/ethics-101/why-be-moral/

Hildebrand, D. (2020), "John Dewey," E. N. Zalta(ed.), *The Stanford Encyclopedia of Philosophy*. (https://plato.stanford.edu/archives/win2018/entries/dewey/)

Hill, C. H. (2017), "The Coleman Report, 50 Years On: What do we know about the role of schools in academic inequality?" *The Annals of the American Academy of Political and Social Science*, 674(Nov.): 9-26.

Hodgkin, R. & P. Newell(2007), *Implementation handbook for the Convention on the Rights of the Child*, Fully Rev. 3rd ed., Geneva: UNICEF.

Holt, J. (1982a), *How children fail*; 공양희 역(2007), 『아이들은 왜 실패하는가: 교실과 아이들의 내면에 관한 미시사적 관찰기』, 서울: 아침이슬.

_____ (1982b), *How children fail*, Rev. ed., New York: Delta/Seymour Lawrence.

hooks, b. (1984), *From margin to center*, Boston: South End Press.

_____ (1994), *Teaching to transgress: Education as the practice of freedom*; 윤은진 역(2008), 『벨 훅스, 경계 넘기를 가르치기』, 서울: 모티브북.

Hume, D. (1958), *A Treaties of human nature*, Oxford: Claredon Press.

Husén, T. (2001), "Burrhus Frederic Skinner," J. A. Plalmer(ed.), *Fifty modern thinkers on education: From Piaget to the present*; 조현철, 박혜숙 역(2009), 『50인의 현대 교육사상가: 피아제에서 현재까지』, 서울: 학지사, 119-128.

Jaggar, A. (1991), "Feminist ethics: Problems, projects, prospects," C. Card(ed.), *Feminist ethics*, Lawrence: University of Kansas, 78-104.

_____ (1998), "Towards a feminist conception of moral reasoning," J. P. Sterba(ed.), *Ethics: The big questions*, Oxford: Blackwell, 356-374.

_____ (2001), "Feminist ethics," L. C. Becker & C. B. Becker(eds.), *Encyclopedia of ethics*, New York: Routledge, 528-539.

Kant, I. (1785), "Grundlegung zur metaphysik der sitten," M. Gregor(ed. & trans.)(2006), *Groundwork of the metaphysic of morals*, Cambridge: Cambridge University Press.

_____(1991), "Idea for a universal history with a cosmopolitan purpose," H. Reiss(ed.), N. B. Nisbet(trans.), *Kant: Political writings*, Cambridge: Cambridge University Press, 41-53.

Keddie, N.(1982), "Classroom knowledge," E. Bredo & W. Feinberg(eds.), *Knowledge and values in social and educational research*, Philadelphia: Temple University Press, 219-251.

Kohlberg, L.(1971), "From is to ought: How to commit the naturalistic fallacy and get away with it in the study of moral development," T. Mischel(ed.), *Cognitive development and epistemology*, New York: Academic Press, 151-235.

_____(1979), "Justice as reversibility," P. Laslett & J. Fishkin(eds.), *Philosophy, politics and society: Series 5*, New Haven: Yale University Press, 257-272.

_____(1984), *The psychology of moral development: The nature and validity of moral stages. Essays on moral development, Vol. 2*, New York: Harper & Row.

Kohlberg, L. & R. Kramer(1969), "Continuities and discontinuities in childhood and adult moral development," *Human Development*, 12(2): 93-120.

Kohlberg, L., C. Levine & A. Hewer(1983), *Moral stage: A current formulation and a response to critics*; 문용린 역(2000), 『콜버그의 도덕성 발달 이론』, 서울: 아카넷.

Kraut, R.(2018), "Aristotle's ethics," E. N. Zalta(ed.), *The Stanford Encyclopedia of Philosophy*. (https://plato.stanford.edu/archives/sum2018/entries/aristotle-ethics/)

Kuhn, T.(1970), *The structure of scientific revolution*, 2nd ed. Chicago: The University of Chicago Press.

Kymlicka, W.(1989), *Liberalism, community and culture*, Oxford: Claredon Press.

_____(1996), "Education for citizenship," *Institute for Advanced Studies Vienna*, Political Science Series No. 40. (https://nbn-resolving.org/urn:nbn:de:0168-ssoar-266162)

Lapsley, D. K.(1996), *Moral psychology*; 문용린 역(2000), 『도덕 심리학』, 서울: 중앙적성출판사.

Lathner, P.(1991), "Deconstructing/Deconstructive inquiry: The politics of knowing and being known," *Educational Theory*, 41(2): 153-173.

Lee, S. J.(2017), "A child's voice vs. a parent's control: Resolving a tension between the Convention on the Rights of the Child and U. S. law," *Columbia Law Review*, 117(3): 687-727.

Legg, C. & C. Hookway(2020), "Pragmatism," E. N. Zalta(ed.), *The Stanford Encyclopedia of Philosophy*. (https://plato.stanford.edu/archives/fall2020/entries/pragmatism/)

Lickona, T.(1991), *Education for character: How our schools can teach respect and responsibility*; 박장호, 추병완 역(1998), 『인격교육론』, 서울: 백의.

Lorde, A.(1984), *Sister outsider*, New York: The Crossing Press.

Lukes, S.(1992), "Individualism," L. C. Becker & C. B. Becker(eds.), *The Encyclopedia of Ethics, Vol. I*, New York: Garland Publishing, 606-609.

MacCormick, D. N.(1982), *Legal rights and social democracy*, Oxford: Clarendon Press.

MacKinnon, C. A.(1991), *Toward a feminist theory of the state*, Cambridge: Harvard University Press.

MacIntyre, A.(1981), *After virtue*; 이진우 역(1997), 『덕의 상실』, 서울: 문예출판사.

_____(1987), "Relativism, power, and philosophy," K. Baynes, J. Bohman & T. McCarthy(eds.), *After philosophy: End or transformation*, Cambridge: The MIT Press, 385-411.

_____(1988), *Whose justice? Which rationality?* Notre Dame: University of Notre Dame.

_____(2001), *Dependent rational animals: Why human beings need the virtues*, Peru: Carus Publishing Company.

Marcus, G. E. & M. J. Fischer(1986), *Anthropology as cultural critique*, Chicago: The University of Chicago Press.

Marples, R.(2010), "What is education for?" R. Bailey(ed.), *The philosophy of education: An introduction*; 이지헌 역(2011), 「교육은 무엇을 위한 것인가?」, 『철학이 있는 교육, 교육을 찾는 철학』, 서울: 양서당, 71-94.

Martin, J. R.(1985), *Reclaiming conversation: The ideal of the educated women*; 유현옥 역(2002), 『교육적 인간상과 여성 이상적인 여성상 정립을 위한 탐색』, 서울: 학지사.

Marx, K. & F. Engels(1986), *The German ideology*, C. J. Arthur(ed.), New York: International Publishers.

Marx, K.(1988a), "Preface to a critique of political economy," D. McLellan(ed.), *Karl Marx: Selected writings*, Oxford: Oxford University Press, 388-392.

_____(1988b), "Theses on Feuerbach," D. McLellan(ed.), *Karl Marx: Selected writings*, Oxford: Oxford University Press, 155-158.

McCarthy, T.(1975), "Translator's Introduction," J. Habermas, *Legitimation Crisis*, Boston: Beacon Press, vii-xxiv.

_____(1988), *The critical theory of Jürgen Habermas*, Cambridge: The MIT Press.

McCowan, T.(2010), "Can schools make good citizens?" R. Bailey(ed.), *The philosophy of education: An introduction*; 이지헌 역(2011), 「학교는 좋은 시민을 만들 수 있는가?」, 『철학이 있는 교육, 교육을 찾는 철학』, 서울: 양서당, 167-190.

McDermott, R. P.(1982), "Social relations as contexts for learning in school," E. Bredo & W. Feinberg(eds), *Knowledge and values in social and educational research*, Philadelphia: Temple University Press, 252-270.

McLaughlin, T. H.(1992), "Citizenship, diversity and education: A philosophical perspective," *Journal of Moral Education*, 21(3): 235-250.

Mill, J. S.(1859), "On Liberty," J. M. Robson(ed.)(1966), *John Stuart Mill-A selection of his works*, New York: The Odyssey Press, 1-147.

_____(1981), *The collected works of John Stuart Mill, Vol. I: Autobiography and literary essays*, J. M. Robson & J. Stillinger(eds.), Toronto: University of Toronto Press.

_____(1982), *On Liberty*, C. V. Shields(ed.); 서병훈 역(2010), 『자유론』, 서울: 책세상.

Narayan, U.(1988), "Working together across difference," *Hypatia*, 3(2): 31-47.

Nietzsche, F.(1974), *The gay science*, W. Kaufmann(trans.), New York: Vintage Books.

Noddings, N.(1984), *Caring: A feminine approach to ethics and moral education*, Berkeley: University of California Press.

_____(1995), "Care and moral education," W. Kohli(ed.), *Critical conversations in philosophy of education*; 곽덕주 외 역(2010), 「배려와 도덕교육」, 『다문화시대 대화와 소통의 교육철학』, 서울: 학지사, 287-307.

_____(1998a), *Philosophy of education*, Boulder: Westview Press.

_____(1998b), *Philosophy of education*; 이지헌 역(2003), 『교육의 철학적 차원』, 서울: 교육과학사.

_____(2003), *Happiness and education*; 이지헌, 김선, 김희봉 역(2008), 『행복과 교육』, 서울: 학이당.

_____(2013), *Education and democracy in the 21st century*; 심성보 역(2016), 『21세기 교육과 민주주의』, 서울: 살림터.

Noddings, N. & P. J. Shore(1984), *Awakening the inner eye: Intuition in education*, New York: Teacher College Press.

Noddings, N. & L. Brooks(2017), *Teaching controversial issues: The case for critical thinking and moral commitment in the classroom*; 정창우, 김윤경 역(2018), 『논쟁 수업으로 시작하는 민주시민교육: 비판적 사고와 시민성 교육을 위한 안내서』, 서울: 풀빛.

Nussbaum, M. C.(1997), *Cultivating humanity: A classical defense of reform in liberal education*, Cambridge: Harvard University Press.

_____(2010), *Not for profit*; 우석영 역(2011), 『학교는 시장이 아니다』, 파주: 궁리.

_____(2011), *Creating capabilities: The human development approach*; 한상연 역 (2015), 『역량의 창조』, 파주: 돌베개.

OECD(2018), "The future of education and skills: Education 2030." (http://www.oecd.org/education/2030/oecd-education-2030-position-paper.pdf)

Peters, R. S.(1966), *Ethics and education*; 이홍우, 조영태 역(2004), 『윤리학과 교육』, 서울: 교육과학사.

_____(1977), "John Dewey's philosophy of education," R. S. Peters(ed.), *John Dewey reconsidered*, New York: Routledge & Kegan Paul, 102-123.

_____(1981), *Moral development and moral education*, London: George Allen & Unwin.

Pew Research Center(2021), "Diversity and Division in Advanced Economies." (https://www.pewresearch.org/global/2021/10/13/diversity-and-division-in-advanced-economies/)

Power, C., A. Higgins, & L. Kohlberg(1989), "The habit of the common life: Building character through democratic community schools," L. P. Nucci(ed.), *Moral development and character education: A dialogue*, Berkeley: McCutchan Publishing Corporation, 125-143.

Pring, R.(2010), "Does education need philosophy?" R. Bailey(ed.), *The philosophy of education: An introduction*; 이지헌 역(2011), 「교육은 무엇을 위한 것인가?」, 『철학이 있는 교육, 교육을 찾는 철학』, 서울: 양서당, 47-70.

Puka, B.(1990), "The liberation of caring: A different voice for Gilligan's 'Different Voice,'" *Hypatia*, 5(1): 58-82.

Rachels, J.(2002), *The elements of moral philosophy*; 노혜련, 김기덕, 박소영 역(2009), 『도덕철학의 기초』, 서울: 나눔의집.

Rawls, J.(1971), *A theory of justice*, Cambridge: Harvard University Press.

_____(1996), *Political liberalism*, New York: Columbia University Press.

_____(1999), *A theory of justice*, Rev. ed.; 황경식 역(2003), 『정의론』, 서울: 이학사.

_____(2001), Justice as fairness: A restatement. Cambridge: Harvard University Press.

Raz, J.(1984), "On the nature of rights," *Mind*, 93(370): 194-214.

Reid, A.(1998), "The value of education," *Journal of Philosophy of Education*, 32(3): 319-331.

Rey, G.(2020), "The analytic/synthetic distinction," E. N. Zalta(ed.), *The Stanford Encyclopedia of Philosophy*. (https://plato.stanford.edu/entries/analytic-synthetic/)

Rilke, R. M.(1962), *Letters to a young poet*, H. D. H. Norton(trans.), New York: W. W. Norton & Company.

_____(2000), *Reise nach Ägypten: Briefe, gedichte, notizen*; 정현규 역(2015), 『릴케의 이집

트 여행』, 파주: 문학판.

Rosling, H., O. Rosling & A. S. Rönnlund(2018), *Factfulness: Ten reasons We're wrong about the world and why things are better than you think*; 이창신 역(2019), 『팩트풀니스: 우리가 세상을 오해하는 10가지 이유와 세상이 생각보다 괜찮은 이유』, 파주: 김영사.

Ross, H.(2013), "Children's rights and theories of rights," *International Journal of Children's Rights*, 21(4): 679-704.

Roy, G.(1993), *Ces enfants de ma vie*; 김화영 역(2003), 『내 생애의 아이들』, 서울: 현대문학.

Sandel, M.(1984), "The procedural republic and the unencumbered self," *Political Theory*, 12(1): 81-96.

_____(2009), *Justice: What's the right thing to do?*; 이창신 역(2010), 『정의란 무엇인가』, 파주: 김영사.

_____(2020), *The tyranny of merit: What's become of the common good*; 함규진 역(2020), 『공정하다는 착각』, 서울: 와이즈베리.

Schön, D. A.(1983), *The reflective practitioner: how professionals think in action*, New York: Basic Books.

Schultz, B.(2021), "Henry Sidgwick," E. N. Zalta(ed.), *The Stanford Encyclopedia of Philosophy*. (https://plato.stanford.edu/archives/win2021/entries/sidgwick/)

Schwab, K.(2016), *The Fourth Industrial Revolution*; 송경진 역(2016), 『클라우스 슈밥의 제4차 산업혁명』, 서울: 메가스터디북스.

Shaull, R., P. Foreword. Freire(2000), *Pedagogy of the oppressed*, 30th anniversary ed.; 남경태 역(2002), 「머리말」, 『페다고지』, 서울: 그린비, 35-42.

Searle, J. R.(1984), *Speech acts: An essay in the philosophy of language*, Cambridge: Cambridge University Press.

Sennett, R.(1998), *The corrosion of character: The personal consequences of work in the new capitalism*, New York: Norton.

Sichel, B. A.(1998), "Character, community, and education," P. H. Hirst & P. White(eds.), *Philosophy of education: Major themes in the analytic tradition, Vol. IV*, New York: Routledge, 65-81.

Simon, R.(1987), "Empowerment as a pedagogy of possibility," *Language Arts*, 64(4): 370-382.

Skinner, B. F.(1948), *Walden Two*, Rev. ed.(1976), New York: Macmillan.

_____(1965), "Review lecture: The technology of teaching," *Proceedings of the Royal Society of London, Series B, Biological Sciences*, 162(989): 427-443. (http://www.jstor.org/

stable/75554)

Smith, A.(1759), *The theory of moral sentiments*; 박세일, 민경국 역(1996), 『도덕감정론』, 서울: 비
봉출판사.

_____(1776), *An inquiry into the nature and causes of the wealth of nations*, R. H. Campbell,
A. S. Skinner & W. B. Todd(eds.)(1979), Oxford: Oxford University Press.

Standish, P.(2010), "What is the philosophy of education?" R. Bailey(ed.), *The philosophy of
education: An introduction*; 이지헌 역(2011), 「교육은 무엇을 위한 것인가?」, 『철학이
있는 교육, 교육을 찾는 철학』, 서울: 양서당, 17-45.

Taylor, C.(1988a), "Interpretation and the sciences of man," *Philosophy and the human sciences,
Philosophical papers, Vol. 2*, Cambridge: Cambridge University Press, 15-57.

_____(1988b), "Atomism," *Philosophy and the human sciences, Philosophical papers, Vol. 2*,
Cambridge: Cambridge University Press, 187-210.

_____(1989), *Sources of the self: The makings of the modern identity*. Cambridge: Harvard
University Press.

_____(1992), *The ethics of authenticity*, Cambridge: Harvard University Press.

_____(1994), "Multiculturalism and the politics of recognition," A. Gutmann(ed.),
Multiculturalism and the politics of recognition, Princeton: Princeton University Press,
25-73.

Theodore, G.(2020), "Hermeneutics," E. N. Zalta(ed.), *The Stanford Encyclopedia of Philosophy*.
(https://plato.stanford.edu/archives/win2020/entries/hermeneutics/)

Thompson, J. B.(1985), *Studies in the theory of ideology*, Berkeley: University of California
Press.

Tong, R. & N. Williams,(2018), "Feminist ethics," E. N. Zalta (ed.), *The Stanford Encyclopedia of
Philosophy*. (https://plato.stanford.edu/archives/win2018/entries/feminism-ethics/)

Tronto, J.(1993), *Moral boundaries: A political argument for an ethic of care*, New York:
Routledge.

Vygotsky, L.(1978), *Mind in society: The development of higher psychological processes*, M.
Cole, V. John-Steiner, S. Scribner & E. Souberman(eds.); 조희숙 외 역(1994), 『사회 속의
정신: 고등심리과정의 발달』, 서울: 성원사.

Walker, N. E.(2002), "Meaningful participation of minors with HIV/AIDS in decisions regarding
medical treatment: Balancing the rights of children, parents, and state," *International
Journal of Law and Psychiatry*, 25(3): 271-297.

Warnke, G.(1987), *Gadamer: Hermeneutics, tradition and reason*, Stanford: Stanford University Press; 이한우 역(1993), 『가다머의 철학적 해석학』, 서울: 사상사.

WEF(World Economic Forum)(2015), "New vision for education: Unlocking the potential of technology." (http://www3.weforum.org/docs/WEFUSA_NewVisionforEducation_Report2015.pdf)

Wenar, L.(2021), "John Rawls," E. N. Zalta(ed.), *The Stanford Encyclopedia of Philosophy*, (https://plato.stanford.edu/archives/sum2021/entries/rawls/)

West, C.(1991), *The ethical dimensions of Marxist thought*, New York: Monthly Review Press.

White, J. B.(1985), *Heracles' bow: Essays on the rhetoric and poetics of the law*, Madison: University of Wisconsin Press.

White, J.(1990), *Education and the good life*; 이지헌, 김희봉 역(2002), 『교육목적론』, 서울: 학지사.

Williams, B.(1981), *Moral Luck*, Cambridge: Cambridge University Press.

_____ (1985), *Ethics and the limits of philosophy*, Cambridge: Harvard University Press.

Wills, P.(1978), *Learning to labor: How working class kids get working class jobs*; 김찬호, 김영훈 역(2007), 『학교와 계급 재생산: 반학교문화, 일상, 저항』, 서울: 이매진.

Winch, C. & J. Gingell(1999), "Education," Their(eds.), *Key concepts in the philosophy of education*, New York: Routledge, 70-74.

Winstanley, C.(2010), "Educational opportunities-Who shall leave out?" R. Bailey(ed.), *The philosophy of education: An introduction*; 이지헌 역(2011), 「교육은 무엇을 위한 것인가?」, 『철학이 있는 교육, 교육을 찾는 철학』, 서울: 양서당, 217-237.

Wittgenstein, L.(1922), *Tractatus Logico-Philosophicus*, C. K. Ogden(trans.), *Project Gutenberg*. (https://www.gutenberg.org/files/5740/5740-pdf.pdf)

_____ (1958), *Philosophical investigations*, 3rd ed., G. E. M. Anscombe(trans.), New York: MacMillan.

Wringe, C.(1988), *Understanding educational aims*, London: Unwin Hyman.

Young, I. M.(1996), "Communication and the Other: Beyond deliberative democracy," S. Benhabib(ed.), *Democracy and difference: Contesting the boundaries of the political*, Princeton: Princeton University Press, 120-135.

찾아보기

544

549

용어

찾아보기

562

579

찾아보기

582

586

학문의 이해
9